新・フード
コーディネーター
教本

2級資格認定試験対応テキスト

特定非営利活動法人
日本フードコーディネーター協会

三恵社

新・2級フードコーディネーター教本　刊行にあたり

　日本フードコーディネーター協会（FCAJ）は1994年（平成6年）に設立し、2024（令和6）年には創立30年を迎えました。この間、3級、2級資格試験制度に続き、1級資格試験を設け、現在、有資格者、個人会員、企業会員、認定校と規模を拡大しています。このような発展は、協会会員の皆様、認定校の皆様、ならびに関係団体各位のご尽力の賜物とあらためて感謝申し上げる次第です。

　2級資格認定試験の教本である「2級フードコーディネーター教本」は、2002年に初版を刊行し、その後、マイナーチェンジを続けてきました。
　しかし、昨今のさまざまな社会現象の発生や食を取り巻く環境の大きな変化などに伴い、新たに必要な知識や情報の補填、記載内容との差異の修正をする必要性が生じたこともあり、全面改訂し、「新・2級フードコーディネーター教本」として刊行いたしました。
　記載している内容につきましては、さまざまな分野のスペシャリストと連携・協力し、食ビジネス・食生活の改善と新たな提案・創造をするフードコーディネーターとして活躍したい方々に必要な知識を掲載しています。
　また、この新版では各分野の企画書作成の基本を最終章である第7章2節以降に記載することによって1級へのプロローグの役割としています。

　協会としては、これからもフードコーディネーターの社会的認知の促進と地位の向上をめざし、さまざまな改革を進めていく所存です。
　最後に、「新・2級フードコーディネーター教本」の刊行にあたり、監修をしていただいた髙城孝助名誉理事（女子栄養大学客員教授）、ご執筆いただいた理事・委員の方々、また協会事務局の皆さまに厚く御礼申し上げます。

特定非営利活動法人　日本フードコーディネーター協会
理事長　江上種英

第3章
3 レストランプロデュース

第6章

6 フードプロモーション

第7章

企画書作成の実際

第1章

食市場の動向と
マーケティング

1. 食の消費動向

1 | 20年間の家計の所得と支出の変化

1) 家計所得は16.4%の減少

　日本人の家計の所得（1世帯当たりの1年間）は、2000（平成12）年から2020（令和2）年までの21年間でどのように変化したのか。厚生労働省「国民生活基礎調査」で5年ごとの数値をたどってみると、2000（平成12）年の6,169,000円が2005（平成17）年は5,668,000円、2010（平成22）年は5,380,000円、2015（平成27）年は5,454,000円と、2010年〜2015年は増加したものの、その後、減少に転じ、2020（令和2）年には、5,160,000円となっている。この21年間で16.4%もの減少である（表1-1-1. 家計所得・食料消費の変遷）。

2) 家計消費支出は大幅な減少

　所得金額のうち、一部は貯蓄に回され、残りは、モノやサービスの支出に充てられるわけだが、このモノやサービスの年間消費支出が、所得同様2000（平成12）年から2020（令和2）年までの21年間でどのように変化したのか。総務省「家計調査年報」で5年ごとの数値をたどってみた。

　2000（平成12）年の3,805,600円が2005（平成17）年は3,198,092円、2010（平成22）年は3,027,938円、2015（平成27）年は2965,515円、そして、2020（令和2）年は2,802,811円となっている。所得が減れば、支出も減ることは予想できるが、この21年間での所得の減少に対し、消費支出の減少はそれを上回る26.4%の減少である。所得が減るなかで、節約をする厳しい家計状態が浮き彫りになっているといえよう（表1-1-1.

家計所得・食料消費の変遷）。

3) 食料支出も減少

　消費支出のうち、食料（内食向け食料、外食、調理食品＝中食）には、1年間どの程度の金額が使われているのか。これも、総務省「家計調査年報」で5年ごとの数値をたどってみた。

　2000（平成12）年の972,424円が2005（平成17）年は799,817円、2010（平成22）年は772,546円、2015（平成27）年は812,646円、そして、2020（令和2）年は800,137円となっている。この21年間で17.7%の減少である（表1-1-1. 家計所得・食料消費の変遷）。

4) 食料の品目別支出

　2000（平成12）年から2020（令和2）年までの食料支出を品目別に見ると（表1-1-1. 家計所得・食料消費の変遷）、米の支出金額が、2000（平成12）年の40,846円から2020（令和2）年は18,503円とマイナス54.7%と最も高い減少となっている。次いで魚介類44.9%減、外食30.6%減、果物24.0%減、酒類22.5%減の順となっている。

　ほとんどの品目が減少となっている中で、飲料（14.0%増）と調理食品（11.7%増）の2品目が増加となっている。

2 | エンゲル係数の推移

　エンゲル係数（消費支出に占める食料支出の割合）の推移を見てみると

◆ 1948（昭和23）年の60.4%は食べるために働く時代で、食費以外に使う余裕がなかった。

◆ 1979（昭和 54）年には欧米並みの 29.2% に（生活を楽しむ時代）

◆ 2020（令和 2）年には食料価格上昇の影響で増加したが、27.0% と低い水準が続いている

エンゲル係数の低さは、食べること以外（通信費・教育・趣味・娯楽・住宅など）の出費が増えていることを示している。

参考文献
◎厚生労働省「国民生活基礎調査」
◎総務省「家計調査年報」

3 | 調理食品の利用が高まっている

食料消費支出全体に占める調理食品への支出割合は、2 人以上の世帯及び単身世帯のいずれの世帯類型においても増加している。2019（令和元）年の食料消費支出の内訳について世帯類型別に見

表 1-1-1. 家計所得・食料消費の変遷

単位：円

	2000 年 平成 12 年	2005 年 平成 17 年	2010 年 平成 22 年	2015 年 平成 27 年	2020 年 令和 2 年	2000 年～ 2020 年 比較
所得	6,169,000	5,668,000	5,380,000	5,454,000	5,160,000	− 16.4%
消費支出	3,805,600	3,198,092	3,027,938	2,965,515	2,802,811	− 26.4%
食料支出	972,424	799,817	772,546	812,646	800,137	− 17.7%
米	40,846	27,192	23,315	18,249	18,503	− 54.7%
パン	27,501	22,243	23,773	25,378	25,551	− 7.1%
麺類	18,689	13,877	15,124	14,639	16,510	− 11.7%
魚介類	110,147	76,152	67,055	65,648	60,731	− 44.9%
肉類	80,775	59,633	59,716	68,708	74,179	− 8.2%
乳卵類	44,955	34,178	32,544	36,107	39,712	− 11.7%
野菜・海藻	112,709	86,114	83,802	87,695	89,521	− 20.6%
果物	44,625	33,808	31,529	33,294	33,912	− 24.0%
油脂・調味料	40,344	31,537	32,380	34,283	37,502	− 7.0%
菓子類	78,136	63,890	66,412	69,775	70,153	− 10.2.%
調理食品	99,280	90,825	90,465	101,668	116,634	＋ 17.5%
飲料	46,043	43,570	43,924	46,950	52,491	＋ 14.0%
酒類	49,577	39,555	38,046	36,261	38,400	− 22.5%
外食	174,465	172,916	160,024	169,165	121,060	− 30.6%

所得の数値は厚生労働省「国民生活基礎調査」、支出の各数値は総務省「家計調査年報」より

第 1 章 食市場の動向とマーケティング―

ると、支出割合が最も大きいのは2人以上の世帯では生鮮食品（28.3%）、単身世帯では外食（27.4%）となっているが、2009（平成21）年と比較すると、いずれの世帯類型においても支出割合の増加幅が最も大きいものは調理食品である（表1-1-2）。

食料消費支出全体に占める調理食品への支出割合は、いずれの年齢階級においても増加している。2009（平成21）年と2019（令和元）年を比較すると、生鮮食品の支出割合はいずれの年齢階級においても減少し、加工食品及び外食への支出割合は年齢階級によって増加している場合と減少している場合に分かれている一方、調理食品への支出割合はいずれの年層においても増加している。

なお、年齢階級が高いほど生鮮食品及び加工食品への支出割合が高く、外食への支出割合が低いという食料消費の傾向は、10年前と変わっていない。一方で、調理食品への支出割合については、年齢階級の違いによるそのような傾向は見られない。

4 冷凍食品の評価が高まる

一般社団法人日本冷凍食品協会の調査（2014年、2017年、2020年）によると、冷凍食品を購入する際に魅力と感じる項目は2020（令和2）年で、「調理の手間が省ける」が63.1%、「買い置きができる」が57.6%、「おいしい」が54.6%の順となっている。2014（平成26年）と比較すると、特に「おいしい」に魅力を感じる消費者が増加しており、21.2%と大幅に増加している。このようなことも、調理食品への支出の増加につながっているものと考えられる。

5 生鮮食品から加工食品への移行進む

我が国の家族類型別割合では、標準世帯（夫婦と子供2人）の世帯は大きく減少する一方、単身世帯は大きく増加し、2035年には、その割合が37.2%まで増加することが見込まれている。

このような中、外食及び加工食品、生鮮食品別に食料支出の構成割合をみると、全世帯において生鮮食品から加工食品への移行が進み、食の外部化が進展すると見込まれている。

特に、今後、増加が見込まれる単身世帯においては、外食及び生鮮食品から加工食品への移行の割合が著しく増加すると見込まれている。食産業では、こうしたニーズに対応していくことが重要と考えられる。

表1-1-2. 世帯類型別食料消費支出の内訳の変化

◆2人以上世帯　　　　　　　　　　　単位：%

	2009年平成21年	2019年令和元年
生鮮食品	31.1	28.3
加工食品	18.1	17.7
調理食品	11.6	13.8
外食	16.8	16.9
飲料	5.3	5.2
その他	17.1	17.0

◆単身世帯　　　　　　　　　　　単位：%

	2009年平成21年	2019年令和元年
生鮮食品	19.6	19.3
加工食品	12.9	14.0
調理食品	14.3	16.4
外食	31.5	27.4
飲料	7.4	7.7
その他	14.3	15.2

総務省「家計調査年保」より

2. 食産業・食市場の構造

1 食品産業

1）農林水産業は食品産業に含まれず

国では、「食品産業」を構成するのは、

- ◆食品製造業（飲食料品製造業、食品工業や食品加工業、食品メーカーなどといわれる）
- ◆食品流通業（食品卸売業や食品小売業）
- ◆外食産業（中食産業を含む）

の3つの産業であり、食品・食事・料理の材料である青果・畜肉・魚などを生産する最重要な産業である農林水産業は食品産業には含まないとしている。

2）フードシステムという考え方

1994（平成6）年に発足した「フードシステム研究会（現日本フードシステム学会）」では、フードシステムを川の流れにたとえ、

- ◆川上の農林水産業
- ◆川中の食品製造業、食品卸売業
- ◆川下の食品小売業、外食産業

とし、最終消費である人々の食生活をつなぎ、全体としてフードシステムを構築しているという観点に立って、食料問題や食品産業の課題を扱っている。

2 食産業・食市場の構造

1）食産業

上記のフードシステムの考え方に立てば、「食品産業（食品製造業、食品流通業、中食産業を含む外食産業）」に「農林水産業」を加えた産業は「食産業」と呼んでも良いのではないだろうか。

2）食市場の構造

食産業が形成する市場を「食市場」とするが、この食市場の構造を表わしたのが、図1-2-1である。この食市場は、4つの産業部門（農林水産業・食品製造業・食品流通業・外食産業）と消費者、キーパーソン、オピニオンリーダーなどさまざまな担い手が関係する市場である（図1-2-1）。

それぞれの関係者にはどのような働きが求められるのか、図1-2-1の下部に記載した。

3）食市場の変化

この食市場は、さまざまな要因が複雑に絡み合って変化している。その主な要因を挙げると以下の通りである。

- （1）食生活の変化
- （2）人口動態の変化
- （3）経済・政治の変化
- （4）自然環境の変化（地震・津波・噴火・台風・気候変動
- （5）疫病（新型コロナウイルス、家畜の病気）の蔓延
- （6）技術（農業生産技術・食品製造・加工技術、調理技術、輸送技術・保存技術・包装技術、IT技術）の変化
- （7）流通業の変化・競争関係の変化・情報の変化

そして、最も明らかな変化の傾向はフードシステムの構成主体である4つの産業部門（農林水産業・食品製造業・食品流通業・外食産業）の構成の相対的な地位の変化である（表1-2-1）。

4）農林水産業の市場規模の低下が続く

1970（昭和45）年、農林水産業の市場規模は、

図1-2-1. 食市場の構造（担い手・関係者）

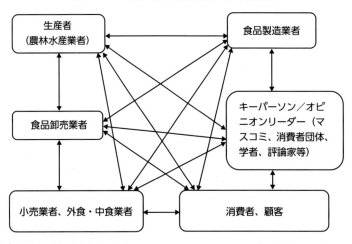

◆**食市場の担い手（関係者）に求められる働き**

1）生産者（農林水産業者）
　食品・料理の原料調達に関する4定（定時・定量・定質・定価）のニーズへの対応

2）食品製造業者
　商品（ブランド）開発力、流通開発・支援力

3）キーパーソン／オピニオンリーダー
　適正な情報の発信力

4）食品卸売業者
　品揃え力、小売業への支援力、ブランド開発力

5）小売業者、外食・中食業者
　集客力、品揃え力、生活支援力、商品・メニュー（ブランド開発）力

6）消費者、顧客
　購買力、情報選択力、商品選定力

表1-2-1. 食産業の市場規模の推移

単位：兆円（%）

	1970 年 昭和 45 年	1980 年 昭和 55 年	1990 年 平成 2 年
農林水産業	34.6 (36.1)	24.0 (25.5)	16.7 (16.2)
食品製造業	28.2 (29.4)	27.7 (29.5)	38.1 (37.0)
食品流通業	25.5 (26.6)	27.7 (29.5)	22.5 (21.8)
外食産業	7.6　(7.9)	14.6 (15.5)	25.7 (25.0)
合計	95.9 (100.0%)	94.0 (100.0%)	103.0 (100.0%)
	2000 年 平成 12 年	2010 年 平成 22 年	2019 年 令和元年
農林水産業	12.8 (11.9)	11.1 (12.0)	10.5 (9.4)
食品製造業	37.9 (35.2)	33.9 (36.7)	37.9 (33.8)
食品流通業	30.0 (27.9)	23.9 (25.9)	34.7 (31.0)
外食産業	27.0 (25.1)	23.5 (25.4)	28.9 (25.8)
合計	107.7 (100.1%)	92.4 (100.0%)	112.0 (100.0%)

農林水産省「農業・食料関連産業の経済計算」、日本フードサービス協会「外食産業市場規模の推移」より

約35兆円、シェアは約36%で4つの産業部門の中でトップの地位を占めていた。しかし、1980（昭和55）年には24兆円、約26%に下がり、トップの座を食品製造業と食品流通業に奪われた。農林水産業はその後も下がり続け、2019（令和元）年には約11兆円、約9%と最下位となってしまった。他の3部門は浮き沈みがあるものの、1970（昭和45）年と2019（令和元）年を比較すると、シェアを高めている。中でも最もシェアを高めたのは、外食産業であり、1970（昭和45）年の7.9%から2019（令和元）年の25.8%へと大幅にアップしている。

我が国の農林水産業を復権させるためにも農業の6次産業化、輸出の増加、食品産業との連携の強化などが必要である。

フードシステムが変化した主な原因は消費者の食生活（食の嗜好・選択行動）の変化にある。その変化の方向は、「食の外部化」といわれる現象である。

3 食市場を取り巻く環境の変化

食市場を取り巻く主な環境の変化を以下にまとめみよう。

1）経済の失速

1989年（平成元）年、バブル経済の絶頂期。翌年にはバブルが崩壊。平成の約30年間の経済は、昭和の高度経済成長期に比べ、バブル崩壊後の経済の失速、デフレによる個人所得増加率の低迷、少子・高齢化の進展、総人口の減少による需要減少・労働力不足等が顕在化し、将来に向けて経済的課題が多く浮き彫りにされた厳しい時代だったといえよう。

国の経済成長の度合いを示すGDP（Gross Domestic Product：国内総生産）から日本経済の推移を見てみよう。

それまでの42年間、アメリカに次ぐGDP世界2位の日本が中国に座を奪われ3位に転落したのは2010年（平成22）年のことだった。

1989（平成元）年に導入された消費税（3%）は、1997（平成9）年に5%に、2014（平成26）年に8%に増税され、2019（令和元）年10月1日に10%へと増税された。平成時代にはこうした消費に大きな影響を及ぼす消費税の増税が続いた。

日本のGDPは1990（平成2）年のバブル崩壊から2021（令和3）年の約30年間、低迷を続けている。2020（令和2）年の実質GDP成長率（推計）では、アメリカ－3.5%、中国＋2.3%、日本－4.8%、2021（令和3）年では、アメリカ＋6.4%、中国＋8.4%、日本＋3.3%となっている。

2）総人口と生産年齢人口の減少が続く

食市場に最も影響があるのは、総人口と生産年齢（15歳～64歳）人口である。2021（令和3）年6月公表の日本の総人口は1億2,622万7,000人で、前回5年前と比べ、86万8,000人減った。1920（大正9）年の調査開始以来初めて人口が減少した前回の調査に続いての減少だが、日本で生活する外国人が大幅に増えたほか、新型コロナウイルスの影響で海外から帰国した日本人が多かった結果、減少幅はおよそ9万4,000人縮小した。日本の総人口に占める生産年齢人口の割合は、1990年代半ばには70%近くあったが、2015（平成27）年には60.7%まで低下。2018（平成30）年には59.8%となり、初めて60%を下回った。2021（令和3）年には59.15%となっている。

総人口が減るということは、食べる人の数が減るということであり、食市場にはマイナスの影響がある。また、生産年齢人口の減少は、特に、外食産業にマイナスの影響を及ぼすことになる。

3）大規模な自然災害が続く

　平成から令和にかけて、以下の通り、大規模な震災・台風被害・雪害などが相次いだ。

◆ 1995（平成7）年の阪神・淡路大震災
◆ 2004（平成16）年の新潟県中越地震
◆ 2011（平成23）年の東日本大震災
◆ 2016（平成28）年の熊本地震
◆ 2018（平成30）年7月の豪雨による被害額が、1兆2,150億円
◆ 2019（令和元）年の東日本台風による被害額は、約1兆8,600億円と、統計開始以来最大の被害額となった。

　こうした大規模な自然災害が、食市場に影響を及ぼした。

4）超高齢社会の進展

　世界保健機関（WHO）では、高齢者65歳以上の人々を「高齢者」と定義している。

　「高齢化」とは、高齢化率（総人口に占める高齢者の率）が7％から14％へ移行する変化を表わすが、日本は、1970（昭和45）年に高齢化率が7％に達し、1994（平成6）年に14％に達している。

　「高齢社会」とは、高齢化率15〜21％の社会だが、日本は、「高齢社会」を経て、既に、高齢化率21％を超えた「超高齢社会」に達している。

　2021（令和3）年9月15日時点の我が国の高齢者人口は、3,640万人と、前年（3,618万人）に比べ22万人増加し、過去最多となり、高齢化率も、29.1％と、前年（28.8％）に比べ0.3ポイント上昇し、過去最高となった。2040年には、3,868万人（高齢化率35.3％）でピークを迎えると予想されている。一般的に、高齢者になると、食が細くなり、食べる量が減る。このことは、総人口の減少同様に食市場にマイナスとなる。

5）新型コロナウイルス感染症の蔓延

　2020（令和2）年1月15日、神奈川県で初の新型コロナウイルスの感染者を確認。その後、第1波から第4波と続き、2021（令和3）年6月下旬から始まった第5波は、8月20日には、新規感染者が約2万6千人となったが、それ以降は減少に転じた。しかし、オミクロン株を主力にした第6波が、2021（令和3）年12月1日には約10万3千人と急増した。2022（令和4）年2月現在も多少、感染者数の減少は見られるものの、予断を許さない状況が続いている。

　消費者の行動自粛、政府・自治体による緊急事態宣言、まん延防止等重点措置などにより食市場は、深刻な影響を受けている。さらに、海外からの入国制限によりインバウンド需要が大幅に減少したことで、特に、外食市場は大きな影響を受けている。

6）進む食の外部化

　4つの産業部門（農林水産業・食品製造業・食品流通業・外食産業）の構成の相対的な地位の変化が食市場を変化させたと述べたが、より根本的な原因は消費者の食生活（食の嗜好・選択行動）の変化にある。その変化の方向は、「食の外部化」といわれる現象である。

（1）現代の食事の3形態

　現代の食事は、「内食（ないしょく）」、「外食（がいしょく）」、「中食（なかしょく）」の3つに区分できる。内食とは、「家庭内食」の略称で、小売店で購入した食材を家族や家族の友人・知人が家庭内で調理したものを家庭内または家庭外（弁当として職場や学校等）で食する食事形態である。

　外食とは家庭外の飲食店、給食施設等によって調理されたものを飲食店、給食施設等内で食する食事形態である。

　そして、中食とは、内食と外食の中間的な食事

形態で、物菜・弁当・外食企業などによって調理されたものを家庭または家庭外で食する食事形態である。

外食は喫食の場所が飲食店、給食施設等と特定されているのに対し、中食では喫食の場所が購入者の任意に任されている。持ち帰り（テイクアウト）商品、宅配食、商品、デリカ、料理品、調理品などともいわれる。

2019（令和元）年の消費税の増税の折り、外食は10％に増税されたが、内食向けの食料品と持ち帰り（テイクアウト）商品、宅配食など中食商品については、軽減税率が適用され税率は8％に据え置かれた。

（2）食の外部化率

家庭で行なっている食材の購入、保管、調理、提供、後片づけなどの家事を外部（外食、中食）に置き換えることを「食の外部化」という。

「食の外部化率」とは「家計の食料支出に占める、外食と中食の合計支出の割合」であり、以下のように算出する。

◆食の外部化率（％）＝（外食支出＋中食支出）
　÷（食料支出額）× 100

我が国の食の外部化率は、1975（昭和50）年の28.4％（外食率27.8％、中食率0.6％）から年々高まり、2019（令和元）年には、43.2％（同33.9％、同9.3％）に達している（表1-2-2）。

（3）年齢層別の食の外部化率（外食率、中食率）

食の外部化率（外食率、中食率）を年齢層別にみると、年齢が高まるに従って低くなる傾向が見られる。その中で、外食率は年齢が高まるにつれて低下するのに比べ、中食率は逆に、40歳代に比べ50歳代では高くなっており、60歳代は30歳代と同等で、40歳代よりも高くなっている。

7）食べる量の減少

前述の通り、我が国では、少子化・人口減少、高齢者の増加が続いている。人口減少とは食べる人の数が減ることであり、高齢者が増えるということは食べる量が減るということである。

さらに、メタボ対策の進展や健康志向の高まりによっても食べる量は減っていく。摂取エネルギーは1971（昭和46）年の2,287kcalをピークに減少し続け、1999（平成11）年には1,979kcal、2019（令和元）年には1,903kcalとなって

表1-2-2. 食の外部化率の推移

単位：％

	1975年 昭和50年	1985年 昭和60年	1995年 平成7年	2005年 平成17年	2015年 平成27年	2019年 令和元年
食の外部化率	28.4	35.2	41.7	44.9	43.6	43.2
外食率	27.8	33.5	37.5	36.6	34.6	33.9
中食率	0.6	1.7	4.2	8.3	9.0	9.3

日本フードサービス協会「食の外部化率の推移」より

表1-2-3. 年齢層別食の外部化率

単位：％

	食の外部化率	外食率	中食率
20歳代	52.4	34.9	17.5
30歳代	37.8	23.0	14.8
40歳代	32.7	18.5	14.2
50歳代	31.7	15.8	15.9
60歳代	25.2	10.4	14.8
70歳以上	22.6	14.7	7.9

令和元年総理府「家計調査年報」より

いる。

8）食の安全・安心・健康志向の高まり

1996（平成8）年O-157中毒、2000（平成12）年大手乳業メーカーの戦後最大規模の食中毒事件、2001（平成13）年BSE感染牛日本で発見、2002（平成14）年から偽装表示など食品企業、ホテル、老舗和食店などの不祥事が相次ぐ、2003（平成15）年鳥インフルエンザ、2007（平成19）年ミンチ肉を偽装した「ミートホープ」事件、2008（平成20）年中国製冷凍ギョーザ中毒事件などにより食の安全・安心に対する人々の関心や意識が高まっていった。

また、平成は、健康志向が強まった時代であった。「成人病」から「生活習慣病」へ名称が変更され、「国民は、健康な生活習慣の重要性に対する関心と理解を深め、生涯にわたって、自らの健康状態を自覚するとともに、健康の増進に努めなければならない」と規定する「健康増進法」が2003（平成15）年に施行された。人々の健康志向が高まったことを受け、国は1991（平成3）年に特定保健用食品（トクホ）、2009（平成21）年に栄養機能食品、さらに、2015（平成27）年には機能性表示食品などの制度を導入した。

矢野経済研究所の調査結果では、2019（令和元）年の健康食品市場規模は2016（平成28）年の8,196億円から年々伸び続け、2020（令和2）年は8,680億1,000万円となっている。

9）食を原因とした病気が増加

厚生労働省の2017（平成29）年「患者調査」によると糖尿病の患者数は328万9,000人（男184万8,000人、女144万2,000人）となり、前回（2014年）調査から12万3,000人増えて過去最高となった。

生活習慣病では、「高血圧性疾患」が17万1,000人減って993万7,000人、「脂質異常症」が14万

3,000人増えて220万5,000人、心疾患が3,000人増えて173万2,000人、「がん」が15万6,000人増えて178万2,000人、脳血管疾患が6万4,000人減って111万5,000人という結果となっている。

日本では、糖尿病有病者と糖尿病予備群は、いずれも約1,000万人と推計されている（平成28年厚生労働省「国民健康・栄養調査」）。

10）Food Faddismの蔓延

フードファディズム（Food Faddism）とは、食べものや栄養が健康と病気に与える影響を過大に信じること、科学が立証した事実に関係なく何らかの食べものや栄養が与える影響を過大評価することである。日本ではマスコミ発のFood Faddismが異常なほど広がり、多くの人々が単純に信じ込んでいるというのが実態である。「○□を食べると危険」「□△には注意」「○△を摂ると○○に効く」などの見出しの記事や番組には、注意が必要である。また、「天然酵母パン」といった誤った言葉や「有機野菜」が健康に役立つといったエビデンス（科学的根拠）の無い情報も氾濫している。

4 コロナ禍で外食・中食市場は縮小

前述の通り、新型コロナウイルス感染症の影響は食産業全体に大きな打撃を与えている。

表1-2-4は、2018（平成30）年から2020（令和2）年までの外食市場と料理品（中食）市場の市場規模の推移を示したものである。2019（令和元）年～2020（令和2）年の増減率を見ると、外食市場全体で-30.7%、中でも、飲料主体の喫茶店・居酒屋・料亭等が-46.8.%と大打撃を受けていることが分かる。また、飲食店・機内食・宿泊施設などでも-29.0%と大幅に落ち込んでいる。

一方、料理品（中食）市場は-1.8%と比較的

小幅の縮小となっているが、消費者が、外食店舗での飲食を控え、テイクアウトやデリバリーサービスの利用を増やす傾向にあるためだと推察できる。

5 | コロナ禍で導入された新しいビジネスモデル

ここでは、日本の外食市場と小売市場で導入された新しいビジネスモデルを紹介しよう。ともに、海外で生まれたビジネスモデルであるが、コロナ禍を脱する方途として注目を集めている。

1）ゴーストレストラン

店舗を持たず、電話やインターネットで注文を受け、料理をお客に配達するレストランは「ゴーストレストラン（店舗の姿が見えないことからゴースト＝幽霊）」と呼ばれ、効率的な新しいビジネスの形として注目を集めている。ゴーストレストランの最大のメリットは、店舗を持たないことで初期投資や固定費を最小限に抑えられることである。

フードデリバリーサービスを利用して料理を届ける方法を利用するので、ターゲットとするお客にデリバリーサービスで配達可能なエリアに厨房がある必要はあるが、厨房の立地の制約は多くない。抑えられる固定費は店舗に関するものだけではなく、店舗でお客にサービスしないため、サービススタッフの人件費を削ることができる。

2）ダークストア

オンライン注文専用の即配スーパーが欧米や中国で急成長しており、「ダークストア（店舗の所在が分からないということでダーク＝暗い）」と呼ばれている。

コロナ禍で巣ごもり需要が伸びるなかネットスーパーが注目されているが、ダークストアの特徴は注文から10分で商品が届くというスピード感だ。

扱っているのは、生鮮食品から洗剤などの日用品まで約1,000品目。商品を届けるのは宅配トラックなどではなく、専用の電動アシスト自転車である。

表1-2-4. 外食・中食市場規模の推移（2018〜2020年）

単位：億円

	2018年 平成30年	2019年 令和元年	2020年 令和2年	2019年〜 2020年 増減率
飲食店・機内食・宿泊施設等	174,287	178,997	127,065	− 29.0%
給食（事業所・学校・病院等）	33,612	33,538	28,273	− 15.7%
喫茶店・居酒屋・料亭等	49,443	50,149	26,667	− 46.8%
外食市場計	257,342	262,684	182,005	− 30.7%
料理品（中食）市場	71,209	72,214	70,298	− 1.8%

日本フードサービス協会　公表資料より

3. 生産市場（農林水産業）の動向

1 | 農業生産の動向

1) 農業総産出額は8.9兆円

ここでは、農林水産省の「令和2年度 食料・農業・農村白書（令和3年5月25日公表）」をもとに、近年の我が国の農業（畜産を含む）の動向をまとめた。

農業総産出額は、ピークであった1984（昭和59）年から長期的に減少傾向が続いていたが、近年、米、野菜、肉用牛等における需要に応じた生産の取り組み等により、2015（平成27）年以降は増加傾向で推移した。2019（令和元）年は、野菜、鶏卵等において、生産量の増加に伴い、価格が低下したことなどにより、前年に比べ1.8%減少の8兆8,938億円となった。内訳を見ると、畜産の割合が最も高く36.1%、次いで野菜が24.2%、米が19.6%となっている。

2) 米の産出額が5年連続で増加

2019（令和元）年の部門別の産出額では、米の産出額が、前年に比べ0.1%増加の1兆7,426億円となり、5年連続の増加となった。この要因は、一部の地域で大雨や病害虫等の影響により作柄が悪化し、全国の生産量が減少したことから、相対取引価格が前年に比べ上昇したことなどが寄与したものと考えられる。

3) 野菜の産出額は減少

野菜の産出額は、前年に比べ7.3%減少の2兆1,515億円となった。この要因としては、北海道でトマト、たまねぎ、にんじんなどについては生産量が増加し、価格が低下したことや、ねぎ、キャベツ、だいこんなどの葉茎菜類や根菜類については生育が良好で、低価格で推移したことなどが影響したものと考えられる。

4) 果実の産出額も減少

果実も野菜同様、前年に比べ0.1%減少の8,399億円となった。この要因としては、ぶどうの優良品種の生産が拡大した一方で、りんごの生産量が減少し価格が上昇したことや、日本なしについては自然災害等の影響で生産量が減少したこと、みかんについては天候不順等により品質が低下し価格が低く推移したことなどが影響したものと考えられる。

5) 畜産の産出額も減少

畜産の産出額は、前年に比べ0.1%減少の3兆2,107億円となった。この要因としては、生乳については牛乳・乳製品の消費が堅調に推移する中、牛乳などに向けた生乳の取引価格の引上げや生乳生産量が上昇したこと、肉用牛については生産基盤の強化に伴い和牛の生産頭数が増加したことや、交雑牛において堅調な需要を背景に価格が上昇したことなどから産出額が増加した一方、鶏卵については需給緩和により価格が低水準で推移した影響から産出額が減少したことなどが影響したものと考えられる。

6) 農業産出額は北海道がトップ

都道府県別の農業産出額を見ると、北海道が1兆2,558億円で1位となっており、2位は鹿児島県で4,890億円、3位は茨城県で4,302億円、4位は千葉県で3,859億円、5位は宮崎県で3,396億円となっている。

農業産出額上位5位の道県内で産出額が1位の部門を見ると、北海道、宮崎県、鹿児島県で畜産、茨城県と千葉県で野菜となっている。

7）生産農業所得は減少し 3.3 兆円

農林水産省「生産農業所得統計」によれば、生産農業所得は、農業総産出額の減少や資材価格の上昇により、長期的に減少傾向が続いてきたが、2015（平成27）年以降は、農業総産出額の増加等により増加傾向で推移した 。 しかし、2019（令和元）年は、農業総産出額の減少等により、前年に比べ4.8％減少の 3 兆 3,215 億円となった。

1 経営体当たりの農業収入は、前年よりも 1.7％増の 892 万円となったが、農業の諸経費の増加で所得は 前年と比べて 1.7％減の 194 万円となった。

8）農業経営体が減る中で法人経営が増加

2020（令和2）年の農業経営体は、5 年前に比べ22％減少し 107 万 6,000 経営体。農業経営体のうち法人経営体は、5 年前に比べ 13％増加し 3 万 1,000 経営体。農業経営の法人化が着実に進展している。

9）農業従事者の平均年齢は67.8歳

2020（令和2）年の基幹的農業従事者の平均年齢は 67.8 歳、従事者数は 136 万 3,000 人。10 年前の 66.2 歳から約 2 歳高齢化し、従事者数は 34％減少。

10 年前と比べると、49 歳以下は 31％減少、59 歳以下は 47％減少となっている。農業従事者の高齢化が進み、従事者が減るという厳しい状況が続いている。

2 ｜ 農業経営改善の対策

農業経営における人手不足が深刻となっている

が、専門家の意見を参考にして、その対策を考えてみよう。

1）就労環境・労働条件の改善

新規就農者を定着させるためには、安心して働ける就労環境を整える必要がある。そのためには経営体として、他の産業のように労働契約や就業規則を定めることが求められる。

職場環境を整えることも重要である。トイレなどの衛生環境の改善は必須で、高温期や寒冷期の対策として温熱環境の改善も考える必要がある。

2）外国人技能実習生の採用

外国人技能実習生を採用することも人手不足の解決策として有効である。実際に農業分野での外国人就労者数は、2014（平成26）年の 17,476 人から、2019（令和元）年には 35,513 人にまで倍増しており、そのほとんどが外国人技能実習生である。

3）スマート農業の推進

今後の農業経営を大きく変える可能性があるのが、IT 化によるスマート農業への転換である。現在すでに自動航行ドローンによる農薬散布など、スマート農業への取り組みは始まっている。

ほ場（田畑）での作業管理に関しても、クラウドシステムを活用し、農業用機械と連動させて作業を効率化するしくみが実用化されている。将来は農業用ロボットの導入により、さらに省力化が進むことも考えられる。

ハウス栽培で施設内環境を一括管理できるシステムの運用も行なわれている。こうした最新技術を活用したスマート農業も人手不足の解消に大いに役立つと思われる。

4）通勤農業やスポット農業

若者が現在の都市型の生活スタイルを維持しな

がら、自宅から農地に出勤して農業に就くという「通勤農業」や休日だけ農業を行なうという「スポット農業」も農業の担い手確保の可能性を秘めると思われる。「通勤農業」という形も若者の農業離れが進んでいる背景として、都市型の生活を送っており現在の生活スタイルを変えたくないという事情が垣間見える。この問題への解決が期待できるものとして、「通勤農業」という方策がある。

参考文献

● 農林水産省「令和2年度 食料・農業・農村白書」
● 農林水産省「農業分野の外国人材の受け入れ・人手不足の状況（令和2年6月）」
● 公益社団法人　みやざき農業振興公社「私の新規就農　自立へのステップ」

3 水産業の動向

　我が国の漁業生産量や魚介類の消費量が減少傾向にある一方、新興国での消費量が増加するとともに、養殖業を中心とした生産量は増加傾向にある。このような中、世界的な新型コロナウイルス感染症の拡大により、我が国の水産業は、輸出の滞留、外食需要の減少、魚価の低下等、大きな打撃を受けている。

　さらに、一部の魚種では、気候変動や海洋環境の変化、外国漁船による漁獲の影響等が要因と考えられる過去最低水準の不漁も記録している。

　東日本大震災からは10年が経過し、漁港等の水産関連施設の復旧・復興が進んだ一方で、依然として水産加工業における生産能力や売上の回復等に向けた継続的な取り組みが必要となっている。

　こうした中、2020（令和2）年12月には新漁業法が施行され、新たな資源管理の実行とともに「養殖業成長産業化総合戦略」に基づく養殖業の振興や、「輸出拡大実行戦略」に基づく水産物の輸出拡大等といった新たな取り組みも開始された

ところである。

1）日本の消費量は50年前の水準にまで減少

　世界では、1人当たりの食用魚介類の消費量が過去50年間で約2倍に増加し、近年においてもそのペースは衰えていない。特に、魚食習慣のあるアジアやオセアニア地域では、生活水準の向上に伴って顕著な増加を示している。中国では過去50年間で約9倍、インドネシアでは約4倍となるなど、伸びが目立つ。

　一方、我が国の1人当たりの食用魚介類の消費量は、世界平均の2倍を上回ってはいるものの、約50年前の水準にまで減少してきており、世界の中では例外的な動きを見せている。

2）食用魚介類の国内消費仕向け量は減少傾向

　我が国における食用魚介類の国内消費仕向け量は、2001（平成13）年度までは850万トン前後で推移した後に減少し続け、2016（平成28）年度には肉類の国内消費仕向け量を下回り、2019（令和元）年度には568万トン（概算値）となった。

　また、我が国における食用魚介類の1人当たり消費量は、2001（平成13）年度の40.2kgをピークに減少傾向にあり、2011（平成23）年度に初めて肉類の消費量を下回り、2019（令和元）年度には23.8kg（概算値）となった。

　また、年齢階層別の魚介類摂取量では、1999（平成11）年以降はほぼ全ての世代で摂取量が減少傾向にある。

3）魚食の潜在的ニーズは高い

　農林水産省による「食料・農業及び水産業に関する意識・意向調査（令和元年12月）」によれば、魚を食べる量や頻度を増やしたいと回答した人は約6割となっている。これは、水産物の潜在的なニーズが高いことを示しているものと考えられる。

同調査で、肉類との比較で魚介類を消費する理由及びしない理由について見てみると、消費者が肉類と比べ魚介類をよく購入する理由について、「健康に配慮したから」と回答した割合が75.7％と最も高く、次いで「魚介類の方が肉類より美味しいから」（51.8％）となっている。

一方、肉類と比べ魚介類をあまり購入しない理由について、「肉類を家族が求めるから」と回答した割合が45.9％と最も高く、次いで「魚介類は価格が高いから」（42.1％）、「魚介類は調理が面倒だから」（38.0％）の順となっている。

4）漁業・養殖業の生産量は減少傾向

我が国の漁業・養殖業生産量は、海洋環境の変動等の影響から資源量が減少する中で、1984（昭和59）年の1,282万トンをピークに減少傾向が続いている。

漁業生産額は、1982（昭和57）年の2兆9,772億円をピークに2012（平成24）年まで長期的に減少してきたが、海面養殖業における消費者ニーズの高い養殖魚種の生産の発展や養殖技術の普及・発展等に伴い、2013（平成25）年以降は増加傾向となっている。

5）生鮮魚介類の購入量は増加

生鮮魚介類の1世帯当たりの年間購入量は、2019（令和元）年まで一貫して減少してきた。しかし、2020（令和2）年には、新型コロナウイルス感染症拡大の影響で、3月以降に外食の利用が大きく減少する一方、家での食事（内食）の機会が増加したことにより、外食を代替するものとしてスーパーマーケット等での購入が増えた結果、年間購入量は前年より4％増の23.9kgとなった。

一方、近年の年間支出金額は概ね横ばい傾向となっていたが、2020（令和2）年には前年より5％増の4.36万円となった。

6）よく消費される魚種の変化

我が国の1人当たり生鮮魚介類の購入量は減少し続けているが、よく消費される生鮮魚介類の種類は変化している。1989（平成元）年にはイカやエビが上位を占めていたが、近年は、切り身の状態で売られることの多いサケ、マグロ及びブリが上位を占めるようになった。

消費の上位を占めているサケ、マグロ及びブリの3魚種について、1世帯1年当たりの地域ごとの購入量を1989（平成元）年と2020（令和2）年で比較すると、地域による購入量の差が縮まっている。

かつては、地域ごとの生鮮魚介類の消費の中心は、その地域で獲れるものだったが、流通や冷蔵技術の発達により、以前はサケ、マグロ及びブリがあまり流通していなかった地域でも購入しやすくなったことや、調理しやすい形態で購入できる魚種の需要が高まったことなどにより、全国的に消費されるようになったと考えられる。

特にサケは、平成期にノルウェーやチリの海面養殖による生食用のサーモンの国内流通量が大幅に増加したこともあり、地域による大きな差が見られなくなっている。

7）食用魚介類の自給率は56％

2017（平成29）年4月に策定された水産基本計画における我が国の食用魚介類の自給率目標は70％に設定されている。

我が国の食用魚介類の自給率は、1964（昭和39）年度の113％をピークに減少傾向で推移し、2000（平成12）年度〜2002（平成14）年度の3年連続で最も低い53％となった。

その後は、微増から横ばい傾向で推移し、2019（令和元）年度における我が国の食用魚介類の自給率（概算値）は、前年度から3ポイント減少して56％となった。

これは、主に国内生産量が減少する一方で、輸

入量が増加し、輸出量が減少したことによるものである。

8）ねり製品と冷凍食品は横ばい傾向

　水産加工品のうち食用加工品の生産量は、1989（平成元）年以降、総じて減少傾向にあったが、ねり製品や冷凍食品の生産量については、2009（平成21）年頃から横ばい傾向となっている。

　また、生鮮の水産物を丸魚のまま、またはカットしたりすり身にしただけで凍結した生鮮冷凍水産物の生産量は、平成前期には食用加工品の生産量を上回っていたが、1996（平成8）年以降は食用加工品の生産量の方が上回っており、ねり製品や冷凍食品など、多様な商品に加工されている。

9）今後の動向

　国内外における食の安全や持続可能な漁業・殖業への関心が今後も継続して高まっていくと考えられる中で、HACCPなどの食品安全の対応や水産エコラベル認証の取得等の対応が課題となっている。

　特に欧米では、水産エコラベルやHACCPを含む食品衛生管理の認証の取得を調達基準とする動きが広がりつつあり、輸出拡大を目指すにあたってこうした認証の取得の重要性が増している。

　厳しい環境の中で、スーパーとの直接取引をスマートフォンアプリで効率化する動きも見られる。全国の産地とスーパーマーケットが鮮魚を直接取引する法人向けのスマートフォンアプリによるサービスを提供する企業も現れた。2019（令和2）年12月末の時点で、45社200店舗のスーパーマーケット及び約45社の産地の販売者がこのサービスを利用している。

　購入の際には、商品の情報をリアルタイムで確認し、注文することができるというものだ。近年、スーパーマーケットにおいて、これまでのような

伝票作成や電話での注文等の作業を見直す動きがある中で、利用者であるバイヤーからはこのサービスの利便性が評価されているようだ。

　一方、産地の販売者は、日々の漁の状況や顧客のニーズを考慮して、商品の規格と単価の提案を自由に行なうことができる。これまでネットワークがなかったスーパーマーケットとも直接取引が可能となること自体も大きなメリットになっているだろう。

　2020（令和2）年には、新型コロナウイルス感染症拡大の影響でバイヤーが産地に足を運びにくくなるとともに、多くの産地で販売先の確保が難しくなった中で、全国の産地とスーパーマーケットにおける利用者が大きく増加したそうである。

参考文献

◉水産庁「令和2年度水産白書」
◉Cabinet Office「我が国水産業の現状と課題」(2017)
◉三井住友銀行「水産業界の動向」(2017)

4. 食品製造業の市場

1 食品製造業とは（定義）

　「食品製造業」とは、生ものである原材料を購入し、工業規模で食品・飲料の製造を行ない、製造した製品を販売することで収益を得るものをいう。

　経済産業省「工業統計表」では、以下のいずれかの食料品を製造する事業所を「食料品製造業」としているが、ここでは、簡略化して「食品製造業」という名称を使用する。

- ・畜産食料品
- ・水産食料品
- ・野菜缶詰、果実缶詰、農産保存食料品
- ・調味料
- ・糖類
- ・精穀・製粉
- ・パン・菓子
- ・動植物油脂
- ・その他の食料品（でんぷん、めん類、豆腐、油揚げ、あん類、冷凍調理食品、惣菜、他に分類されない食料品）

　なお、飲料（清涼飲料、酒類、茶・コーヒー）製造業、製氷業、たばこ（たばこ・葉たばこ）製造業、飼料・有機質肥料製造業の4つは、日本標準産業分類では、「食品製造業」とは別に「飲料・たばこ・飼料製造業」に分類されているが、「飲食料品製造業」という言葉もあるように、消費者の口に入り、流通経路も似ていることから飲料製造業は、「食品製造業」に含むものと考えても良いのではないだろうか。

2 食品製造業の特徴

　食品製造業の特徴をまとめると以下の通りとなる。

1）生ものの使用

　食品製造業の定義で触れたように、食品製造業は生ものを使用する点で、他の製造業と大きく異なる。

　原料が生もの、ということから以下の条件が付くことになる。

- ・原料の入手時期に季節性がある
- ・生産数量が原料の豊凶に影響される
- ・経時変化があり、保存性に乏しい（消費期限がある）
- ・加工しやすい
- ・消費者の口に入るものであるため、安全性が求められる

2）付加価値

　食品製造業は、農林水産物などの原料を加工し、付加価値をつけ、販売している。付加価値としては、以下のようなものがある。

- ・貯蔵性
- ・利便性
- ・美味性
- ・簡便性
- ・栄養性
- ・変形性

3）事業特性

　事業特性としては、以下の様な点が挙げられる。

（1）業種の多様性と地域密着性

　全国展開している大規模な企業から地域に密着した小規模企業が存在している。

（2）中小企業と大企業の共存

　地域特産物を製造する企業やこだわりの商品を製造する中小の食品企業が多数あり、大企業と棲み分けしている。

（3）原材料費率の高さと付加価値率の低さ

　製造原価率は動物性油脂（66.3％）、コーヒー（59.1％）、糖類（58.0％）、小麦（56.8％）、みそ（56.4％）、豆腐・油揚げ（53.0％）、パン（52.5％）など高いものから、清酒（9.8％）、清涼飲料（16.7％）、冷凍調理食品（20.6％）、肉製品（22.3％）、ビール（27.0％）など低いものもある。他の製造業と比較すると原材料費率は高いといえよう。販売価格を高く設定することが難しいため、付加価値（利益）率は低くなる。

（4）多い広告宣伝費と少ない研究開発費

　家庭向けの食品は消費者にその存在を知ってもらうため、広告宣伝費が比較的多くなる。食品製造は比較的容易な技術で製造されるため、研究開発費は低くなっている。売上高広告宣伝費率は、食品によって異なり、蒸留酒（5.5％）、ビール（3.7％）、パン・菓子（3.7％）などが高いが、他の食品は1％に満たない。

　因みに、外食業の平均原材料費率は30％だが、大手回転すしチェーンでは44.8～47.4％と高い店もある。

（5）消費者の「安心・安全」を守るための取り組みが重要

　食品製造者が取り組むべき最も重要なことは、食品の安全性である。食中毒、異物混入などによる食の安全を脅かす事故が後を絶たず、消費者の「安心・安全」に対する要求がますます高まっている。

　食の「安心・安全」に関連する事故は、一回の発生で企業の存続自体を脅かすほどとなっており、HACCP等の工程管理システムの導入のほか、老朽設備の入れ替えや、設備メンテナンスの実施等、安全に対するコストは年々増している。

（6）消費期限があり、かつ大半が見込生産食品

　製造業の取り扱う製品には消費期限がある。特に、豆腐や納豆など日配品に区分されるものは、消費期限が数日程度のものが多く、作り過ぎによる廃棄ロスのリスクが高い傾向にある。

　一方、大手量販店等の販売先から求められる納品リードタイムは短く、加えて納入できない場合にはペナルティが課されることもあることから、精度の高い受注予測及び生産管理が重要となる。

（7）季節性があり、繁閑対応が必要

　食品は、季節・暦や年中行事、地域行事によって売れるものが変化する。小売側では仕入れる品目とその量を変えることで対応できるが、食品製造業では人繰りが問題となる。多くの場合、繁忙期には臨時でパートや契約社員を雇い入れて対応しているが、繁閑差が大きいほど、無駄なコストや雇用リスクが大きくなるため、賞味期限の伸張など、繁閑対策が重要となる。

（8）販売価格の下落圧力が強い

　商品の差別化が難しいことに加え、近年はEDLP（エブリディ・ロウ・プライス）の普及や、小売業同士の競争激化を背景に、取引先からの価格交渉圧力が年々強まっている。いったん値段を下げ、その価格が販売先や一般消費者に根付くと、次の値上は容易ではない。加えて、小売業者が食品製造業者と提携してPB商品の開発を積極的

に行なっており、既存の食品製造業者にとっては脅威となる。

（9）為替相場・原料相場の影響

　食品製造業で取り扱う原材料は、多くは農産物ないし農産物の加工品である。輸入品を使用していた場合はもちろんであるが、国内原料においても、肥料や飼料等が輸入品であることも多いため、為替相場の影響を受けやすく、円安では原料価格は上昇する。

　また、近年では世界的な原料の取り合いになっていることに加え、異常気象による不作や海外生産地での生産品目の変更等により、多くの品目で原料相場自体が上昇しており、下落の見込みが立っていない。

3 ｜ 食品製造業の市場動向

1）規模の推移

　食品製造業の市場規模は、1970（昭和45）年の28兆2,000億円から伸び続け、1990（平成2）年には、38兆1,000億円となったが、それ以降は減少傾向が続き、2019（令和元）年には37兆9,000億円となっている。

　2020（令和2）年6月1日時点の事業所数（集計対象数）は18万1,299事業所、従業者数は769万7,536人だが、事業所数、従業員数ともに減少傾向である。業種分類でみた場合には、長期的な動向にはバラつきがある。畜産、油、惣菜やパンといった分類は増加傾向である一方で、水産、調味料系、漬物等は減少傾向が強い。

　これは、肉を中心とした食の欧米化や中食業界の伸張を始めとした調理の簡易化等、われわれの食卓の変化を反映した結果といえる。

2）2020年以降の動き

　2020（令和2）年以降の食品業界は新型コロナウイルス感染症の影響を大きく受けた。新型コロナウイルス感染症が広がるなかで、巣ごもり（内食）需要の増加で、冷凍食品、調味料やレトルト食品、即席めんや食パン、ハム・ソーセージなど家庭向け食品が好調に推移した。

　一方で、テレワークの浸透や飲食店の時短営業や休業などもあり、外食向け業務用食品や学校・企業向けの給食や弁当、土産品の食品などの注文が大幅に減少した。

　こうした中で多くの食品製造企業は、使用量の多い主要原料や、最終製品の質に大きく影響を及ぼすものは、生産者から直接仕入れるなどの対策を講じている。

　2021年中頃から2022年にかけては、小麦や大豆、食肉などの原材料費の高騰が目立つようになり、食品各社は値上げを余儀なくされた。

　ここ2年間の食品業界は、業務用需要の落ち込み、巣ごもり需要の増加、物価上昇という環境に置かれてきた。

3）2022年度の動向予想

　以下、2022年度の食品製造業の動向を予想してみた。

（1）原材料費や輸送費の上昇

　新型コロナウイルス感染症による渡航制限に伴なう原産国の労働力の不足、原油価格高騰による輸送費の上昇などを背景に原材料の価格が上昇しているが、2022年度も食品製造業に重くのしかかることが予想される。

　さらに、2021年から進行している「円安の影響」も原材料費の高騰に拍車をかけている。原材料の高騰によるコストの増加は、食品製造業の稼ぐ力を減退させる。最近の食品メーカーの相次ぐ値上げにはこうした背景がある。

　消費者は商品の値段に非常に敏感に反応する。値上げが常態化・長期化すれば、食品製造業の業

績に大きな影響を及ぼす。現在の物価上昇は、未だ収束する見通しが立っていない。

（2）海外市場の開拓

近年、多くの食品メーカーは「時短・簡便化商品」や「健康志向食品」の開発・販売に注力してきた。いずれも、共働き世帯や高齢世帯の増加といった社会的なニーズを背景としており、従来の食品にない「付加価値」を加えることで、売上と利益の改善を図ってきた。

日本の人口は長期的に減少傾向にあり、超高齢社会も進展していく。今後も食品製造業界市場は緩やかな縮小が予想される。食品メーカーは国内市場縮小の穴埋めとして、「高付加価値戦略」と「海外市場の開拓」に力を入れていくのではないだろうか。

参考文献
- 経済産業省「工業統計調査」
- 農林水産省「令和2年度食料・農業・農村白書」
- 山田コンサルティンググループ「食品製造業界の最新M&A動向」

5. 食品流通（卸売・小売）市場

1 食品卸売市場

1）食品卸売業者

食品流通業とは「生産者」と「食品製造業者」と「消費者」を結びつける位置にあり、「食品卸売業」と「食品小売業」に分類されている。

最初に、食品卸売業とその市場動向について述べていく。原材料を主に扱う青果卸売業者や水産卸売業者も食品卸売業の重要な役割を担っているが、ここでは加工食品を中心により広範に食品を流通させている食品卸売業者を取り上げる。

高度経済成長期を経て日本の社会では、より消費者ニーズが多様化し、グローバル化（世界中から欲しいものが手に入る）するようになった。結果として時間的差をより短縮し、かつ適正な価格で購入できるようにするために、食品卸売業者の存在はよりいっそう、なくてはならないものとなっている。

1960年代にスーパーマーケットが登場してからの変化は「流通革命」として定義されることが多い。それはすなわち、鮮魚店や八百屋、酒販店、日用雑貨店などの専門小売店が活躍していた「業種別流通」の時代から、スーパーマーケット、コンビニエンスストア、ドラッグストアなどのチェーン・オペレーション型小売業が台頭する「業態型流通」への移行を意味している。

この小売業の変化により、食品卸売業も扱う品目を多様化する「多品目卸売業」が登場するなど、大きな変革を余儀なくされることになる。

今また、インターネットを通じて、作り手や卸売業者が直接、消費者と取引を行なう「ネット型流通」がこれに加わっている。

流れとしては、多数のメーカーからの商品を集荷し、小売企業あるいは店舗ごとに仕分けを行ない、各店舗への配送はもちろん、これらに伴なう、情報の伝達（商品の提案なども含まれる）や危険負担と与信を伴なう支払代行を行なっている。

特に大手食品卸売業では支払代行機能が大きな役割となっており、小売業からの求めに応じて、メーカー各社のPL法（製造物責任法）保険加盟の確認を行なったり、返品の廃棄処理等、静脈流

通面での支援を行なうなどの事例もあり、メーカー側と小売業側にとって必要不可欠な役割を担っている。

2)食品卸売業の役割と機能

食品卸売業の基本的な役割は、以下の7つである（表1-5-1）。

- ・商品の集荷・仕分け・分荷
- ・取引総数の最小化
- ・物流（配送）
- ・危険負担
- ・情報伝達
- ・支払（決済）機能
- ・リテール・サポート

3)食品卸売業の分類

食品卸売業の分類方法としては以下の4つがある。

- ・取扱い商品による分類
- ・機能別による分類
- ・流通経路による分類
- ・地域範囲による分類

（1）取扱い商品による分類

取扱い商品による分類は大別すると「産業財卸」と「消費財卸」の2つに分類される。前者は「別の商品の原料となる商品」を扱う卸、後者は「そのまま消費者に販売される商品」を扱う卸である。

この2種類の財を扱う業者としては以下のような企業体が上げられる。

①総合卸売業

あらゆる商品を幅広く取り扱う卸売業者を示す。したがって「産業財」も「消費財」も取扱い、輸出入にも深く関与している。代表的なものに総合商社があり、かなり大きな与信機能を持っている。

②専門卸売業

「産業財」においても「消費財」においても特定分野の商品を専門的に扱う卸売業のことをいう（例えば食品卸売業や医薬品卸売業、酒類販売業など）。概ね卸売業とはこれらの専門卸売業をいうことが多い。

（2）機能別による分類

いわゆる「商流」部分（商取引）のみを行なう業者や「物流」のみを行なう業者などを示す。大手食品卸売業者は多くの場合、前者であることが多く、地域ごとに物流業者と契約して、倉庫管理や配送業務を委託している。

（3）流通経路による分類

流通経路において、メーカーに最も近い位置にある順に「一次卸」や「二次卸」などと呼ぶ。ほかに、「三次卸」、「四次卸」なども存在する。

表1-5-1. 食品卸売業の基本的な役割

役割	具体的な内容
■商品の集荷・仕分け・分荷	多数のメーカーからの商品を集荷し、業態別に仕分け後、各小売店舗用に分荷を行なう。
■取引総数の最小化	上記を行なうことで、小売店のメーカーとの取引総数を最小化できる。これにより取引費用を軽減化可能。
■物流（配送）	分荷された商品を小売店に送り届ける。
■危険負担	種々の理由により「売れない商品」を一次保管するなどのリスクヘッジ機能がある。
■情報伝達	小売店のＰＯＳデータ分析によるメーカーの商品開発への還元や、メーカーの新商品情報の提供など。
■支払（決済）機能	生産者やメーカーに対する支払代行や小売業に対する掛け売り、延べ払いなど。
■リテール・サポート	小売業に対する商品開発や売場作り支援など。

（4）営業地域の範囲による分類

営業する地域による分類方法で、全国的に営業している卸を「広域卸」と呼び、特定の地域で営業する場合を「地域卸」と称する。交通網や情報化が進む昨今、「広域卸」が全国的に活動の場を広げており、「地域卸」には厳しい現状となっている。

一般に卸売業者として分類される企業は、（1）～（4）のいろいろなタイプを組み合わせた形で事業を行なっている（例えば、「地域卸」であり「専門卸売業」である「一次卸」など）。

特に「専門卸売業」においては業種別、商品別に複層化しており、各業種ごとの体質や商品ごとの特性などにより細分化される。一方、大手スーパーチェーンなどから支払の簡便化や与信管理、危険負担などの卸売機能を集中化させる動きがますます強くなっており、総合商社的な機能を有する大手食品卸売への集約化が進んでいる。

4）物流の作業分類

流通過程で商品を移動させる行為を「物流」というが、「物流」を作業別に分類すると表1-5-2の通りである。

5）IT化の進展

近年、一連の物流活動においてIT化が進み、受発注はもちろん、保管、加工などの倉庫内作業や輸送、配送などの作業の情報システム化が在庫管理をはじめ、作業効率の上昇やコスト削減などに重要な効果を発揮するようになってきた。そのため、IT企業と物流行程のIT化に取り組む大手食品卸売業者も少なくない。

流通業界では「ロジスティクス」という言葉をよく耳にする。「ロジスティクス」とは、「商品を

ムダなく、効率的に生産したり、運んだり、保管すること」を意味する言葉である。消費者のニーズに合わせて、生産したり、在庫を持ったり、最適な輸送方法や配送センターの立地を計画することなどを含む考え方である。いかに戦略的に物流ルートを構築するかは、食品卸売業界の中では大きなテーマとして位置づけられている。

商品をいかに効率的に最終目的地まで送り込むかは、取扱い数量が多品目化している現在では、食品卸売業者にとって利益率を左右する大命題であり、小売業の仕入れ計画などの支援を行なうなど、従前より一歩踏み込んだ支援機能が求められるようになっている。

6）製販同盟〜共同販促へ

食品卸売業の最も重要な機能は「在庫調整機能」である。食品製造業や小売業は、良く売れる商品は絶えず製造、販売を続けたい。しかし、作り過ぎて在庫を抱えれば、その分の保管コストや利子がかさむため、この部分の調整機能を担ってきたのが卸売業者の「中間在庫」である。

しかし、チェーンオペレーションや情報技術の発達（POS化など）により、メーカーの在庫状況が即時に卸売業者に通達されるようになり、以前に比べると現在は中間在庫を大量に抱える必要はなくなりつつある。

小売における販売状況の変化に応じて、食品製造業者側は、柔軟に製造を行なうことが可能となり、小売と製造との距離が縮まった。

また、リアルタイムで「売れ筋」情報などが食品製造業者に入ってくることで、消費者ニーズに素早い対応ができるようになった。

このような流通業者と食品製造業者側との一体化した連携は「製販同盟」や「製販統合」と呼ば

表1-5-2. 物流の作業分類

作業名	作業内容
輸送	メーカーが生産した商品を物流拠点に運ぶ作業
保管・分荷	物流拠点における「保管」「荷役」「ピッキング（仕分け）」「加工」「ラッピング」「情報付加」など
拠点内移動	物流拠点内部における物の移動
配送	保管・分荷を経た商品を小売業まで運ぶ作業

れる。

　この「製販同盟（製販統合）」により、緊密に「売場提案」を行なう体制づくりが可能となり、食品製造業者側もマーケティング能力を強化できるようになった。

　食品卸売業においても、このような情報技術の進展に伴なう動きが活発化している。2006（平成18）年に酒類・食品業界の卸売業者が共同で商品マスターを登録・管理し、業界の合理化に資することを目的とした㈱ジャパン・インフォレックスが設立された。現在、240万件を超える商品マスターを一元管理して提供する我が国の食品業界最大のデータベースセンターとなっており、取扱いマスターのベースとなる参加企業の総年商は9兆円を超えている。

　このジャパン・インフォレックスのシステムは、互いに重複する業務の一元化やメーカーと卸売業間のEDI化（注）を推進して、商品案内などの即時化、高精度化を目指すものである。

　自社が物流センターを持たない地域では、他社の物流センタースペースを共有するなどもその活動のひとつであり、お互いに共有するほうがメリットがあると判断する分野は一元化していくというものである。競合他社だからといって、競うばかりではなく、必要とされるのであれば、協同して社会や時代にあった形にともに変化していこうという画期的な動きだといえよう。

――――――――――――――――――――
（注）EDI（Electronic Data Interchange）：経済産業省の定義では、「異なる企業間で、商取引のためのデータを通信回線を介して標準的な規約（可能な限り広く合意された各種規約）を用いて、コンピュータ（端末を含む）間で交換すること」である。

7）食品卸売業の今後の課題
（1）業態型流通への進化
　現在、流通市場において、最も支配力を発揮しているのは大手小売業である。この大手小売業の動きに対応し、商品の多品目化や品揃えをフルライン化し、再編などを通じてより大型化する食品卸売業者の動きが顕著になってきている。

　また、「業種別流通」から「業態別流通」への変換が今後、加速していくことを前提とすると、これからの食品卸売業に求められる方向は①販売代行の強化②物流＆ロジスティクス機能の強化③リテールサポートの強化の3つとなるであろう。

　まず販売代行の強化である。小売業がPB化を推進するようになり、メーカーと小売業の連携はより緊密なものとなりつつある。その間で多様な調整機能を要求される食品卸売業者にとって、在庫を極力もたないようメーカーの販売代行業務を強化することが求められる。メーカーと一体化することで効率よく、かつ利益性の高い商売につなげていくということである。

　また、管理温度帯の異なる商品をさまざまな地域から集荷し、即時に店舗配送を行なうといった流通の生命線でもある物流業務の高度化に徹するという意味で、物流＆ロジスティクス機能の強化に特化する業者も出てくるであろう。

　今、最も小売業者から求められているのは、いわゆるリテールサポート（小売支援）である。多数の食品製造業者や小売店と取引している食品卸売業は流通情報の宝庫ともいえる。これらの有益な情報を活かし、店舗に合った品ぞろえや販促をはじめ、バックヤードの合理化なども含む全面的な支援が、店舗の採算性を優先する小売業にとってますます必要となる。

　より積極的に小売店舗の支援を行なうことで、そこで得られる販売情報や消費動向などの情報を食品製造業者支援にも還元させることができるということである。

（2）情報化と流通
　情報化社会の進展は、流通市場に、「ネット購買による市場の拡大と活性化」や「顧客一人ひとりのニーズへの個別対応を容易にする」といった

変革をもたらしている。流通における情報化進展の発展段階をまとめてみると表1-5-3の通りとなる。

これらの情報化が流通にもたらす効果として、効率的な「在庫補充」や「品揃え」、「販売促進」、「ムダのない商品導入」といったことが挙げられる。いわば、調達から消費までの全行程を見通すことが可能となり、最終的には経営管理の抜本的改革まで志向することにつながる。

（3）消費者の流通ビジネス参入

インターネットの利用人口のますますの増加により、いわゆる「ネット販売」の急成長が顕著となっている。

矢野経済研究所の「国内インターネット通販（主に消費者向け物販分野）市場調査」によると、2020（令和2）年の国内消費者向けインターネット通販物販（BtoC）分野の市場規模は12兆1,960億円。コロナ禍による外出自粛の流れから、インターネット通販の需要は増加し、EC市場は大きく成長している。

「ネット販売」とは、いわゆる「無店舗販売」であるが、「リアル店舗」に比べ、限られた売場という範囲を超えて「世界中の商品にアクセスができる」、「アクセスの利便性がよい（わざわざ店舗まで行かなくても買物ができる）」といった消費者側のメリットに加え、売る側も、消費動向に合わせて「タイミングよく品ぞろえを変えることができる」といった優位点がある。また「大勢の人と簡単に直接取引ができる」ために食品製造業者が食品卸売業者や小売業者を通さずに消費者と直接取引することが容易に可能になったことも大きな変化である。

一方、「リアル店舗」にも、商品を目で見て手にとることができる優位性がある。例えば生鮮食品などは、鮮度を気にする消費者が少なくないため、「リアル店舗」の存在意義は十分にある。今後さらに「ネット販売」が技術的に進化し、購買者が増加しても「リアル店舗」が減少することは考えにくい。消費者が商品特性に応じた多様な購買行為によって使い分けを行なうため、互いのメリットを活かしつつ共存していくことになるだろう。

むしろ、流通業者全般にとって脅威といわれているのは、消費者自身がネット販売をしかけ、消費者同志で取引行為を行なうケースが増えていることである。

例えば、ネットオークションや、特定の商品知識にプロ並みの選択眼を有する消費者が自ら仕入れ、自らネット販売を行なうという、いわゆる「C to C」スタイルはフェイスブック使用者の拡大に連れ、ますます盛んになっている。この「C to C」の世界では、既に厚い信頼を勝ち得ている消費者も登場しているし、卸売業者や小売業の段階を経ないため、割安な商品も散見されている。今後、流通業者には、より専門的かつ高度な調達、販売技術が要求されることになるだろう。

8）食品卸売業市場の動向

日経MJ「2020年度卸売業調査」によれば、食品卸の2020（令和2）年度の売上高は、前年度比3.9%減の17兆2,261億円だった。0.8%増だった2019（令和元）年度から一転して減収となった。

新型コロナウイルス感染症の拡大で飲食店など外食向けが苦戦した。また、外出自粛や在宅勤務などの広がりで、繁華街のコンビニ向けが落ち込んだ。

この結果、2020年度の営業利益率も前年比

表1-5-3. 流通における情報化進展の発展段階

第1段階	POSシステムの発達	どの商品がいつ、どの店で幾ら売れたかなどの販売情報の詳細把握⇒在庫管理の的確化
第2段階	EDI化の推進	POSがEDIと結びつき、メーカー、卸、小売の機能が連動⇒消費者対応の効率化
第3段階	インターネット活用	インターネットを使った流通戦略の構築⇒顧客管理の徹底化

16.5％減と、2019年度の8.8％減に比べ、大幅な減少となった。

2021年度についても新型コロナウイルス感染症の拡大が続いていることから、売上、営業利益ともに厳しい結果となると予想される。

参考文献
- 矢野経済研究所「国内インターネット通販（主に消費者向け物販分野）市場調査」2021
- 経済産業省「工業統計」2020
- 株式会社フォーバル「食品卸売業界のM&A」2021
- 日本経済新聞社　日経MJ「2020度卸売業調査」2021年9月1日

2 ｜ 食品小売市場

1）食品小売業者とは（定義）

食品小売業者とは、食品製造業者（メーカー）や食品卸売業者から食材や食品を仕入れ、流通の最終段階に位置する消費者に直接、商品などを販売する事業者のことである。しかし、例えば酒屋は消費者に酒類を販売する一方で、飲食店などの事業者（ユーザー）にも酒類を卸すなど、小売業務と卸売業務を兼ねる場合が少なくない。

経済産業省では、年間販売額の半分以上が消費者に対する販売であれば、小売業としている。また、主として次の業務を行なう事業所を小売業としている。

（1）個人または家庭用消費者のために商品を販売する事業所
（2）製造小売（自店で製造した商品をその場所で消費者に販売）する事業所（パン・ケーキ屋など）
（3）主として個人または家庭用消費者に無店舗販売を行なう事業所（通販会社）
（4）産業用使用者（業務用として商品を購入する業者のこと。メーカー、工場、飲食店、官公庁、学校、病院、ホテルなど多岐にわたる。産業需要家または産業用需要者ともいう）に少量または少額で商品を販売する事業所

2）小売業が扱う商品

小売業が扱う商品は、有形財（形のあるもの）と無形財（形のないサービス。商品の配送や公共料金の振り込み、チケット、宅配便、ATM、保険の取次ぎなども含む）である。

3）消費者に対する小売業の役割

小売業の役割としては、以下の9つが挙げられる。

①販売代理と購買代理機能

食品小売業は、メーカーに代わって消費者への「販売代理」をしていると同時に、消費者の「購買代理」もしている。消費者は、自分の欲しい商品をつくっているメーカーがわからないし、そのメーカーがわかっても直接買える機会は少ない。そこで、小売業は消費者に代わって、メーカーや卸売業から商品を調達しているのである。これが「購買代理」の機能である。

この購買代理の機能がより強く小売業に求められるようになってきている。小売業は直接、消費者を販売の対象としているので、変化する消費者のニーズをつかみやすい位置にいる。消費者のニーズは、メーカーにおいても市場調査によってつかむことができる。しかし、小売業は自店の販売データから消費者のニーズを直接、把握しやすい。

特に、「Point Of Sales（販売時点情報管理）、POSデータ（POSシステムから得られる商品カテゴリー別などに単品レベルでの販売数量や金額などをリアルタイムでとらえた販売動向データのこと。主に売れ筋や死に筋などの商品動向をつかむことに利用される）」などを活用して、どのような顧客が、何を、いつ、どのくらい買ったかが

リアルタイム（瞬時）にわかるようになっている。そのPOSデータの解析により、精度の高い「マーチャンダイジング（品揃え）」（注）が可能になってきている。

　ただし、購買結果は、POSのシステムで詳細に把握することが可能だが、顧客の購買動機（なぜ、その商品を選択し、購入したのかという動機・理由）については、把握ができない。

　また、特定の顧客が、どの商品を購入するためにその店を選択しているのかも把握は難しい。

　ある高齢の顧客が、ある「せんべい」を好きで、Ａコンビニ店で継続して購入していたが、その商品がなくなってしまった。そのＡコンビニ店では、POSデータで、その「せんべい」の売れ行きが良くないことから、カットしてしまったのである。

　その結果、その高齢の顧客は、これまで長年利用していたコンビニから別のＢコンビニ店にスイッチしてしまったのである。このＡコンビニ店はこうして固定客を失うことになった。

　POSでは把握ができないこうしたことを把握することは、顧客の行動を観察する、という小売業の原点に立ち還ることが必要である。

（注）「マーチャンダイジング（品揃え）」：「企業のマーケティング目標を達成するために特定の商品、サービスを最も役に立つ場所と時期と価格で、数量を扱うことに関し計画し管理すること」「インストア・ディスプレイを展開するメーカーの販促活動および、小売業における商品アイテムと商品ラインの明確化」などと定義されている。

　主に小売業で使われる言葉で、「品揃え計画」「リテール・マーチャンダイジング」などともいわれる。食品メーカーでも「製品戦略」「商品化計画」を、マーチャンダイジングということもあるし、「ブランド・マーチャンダイジング」という言葉が使われることもある。

　飲食業においては、このマーチャンダイジングという言葉が使われることはほとんどないが、マーチャンダイジングを広義の意味で「商品政策」と捉えれば、飲食業においても、マーチャンダイジングの考え方を参考にすることは可能であろう。

　米国マーケティング協会（American Marketing Association、AMA）では、マーチャンダイジングを「適正な商品またはサービスを、適正な場所で、適正な時期に、適正な数量を、適正な価格で、マーケティングすることに関する諸計画である」と定義している。

　マーチャンダイジングは、以下の「5適正（ファイブ・ライト）」（表

1-5-4）の実践であるともいわれている。この5つの適正を考えるにあたって、起点になるのは、その商品のターゲットと想定する顧客であり、誰に対して最適なのかを考えることである。自店のメインターゲットの顧客像を想定し、絞り込んで、その顧客層が望む、5適正（ファイブ・ライト）を実践していくことが必要である。

　②アソートメント機能
　消費者が欲しいものを欲しいときに買うことができるように、メーカーや卸売業者から仕入れた商品を組み合わせ（アソートする）ことが、一番の役割である（これを「アソートメント機能」という）。

　③分散立地型販売機能
　消費者は日本全国にいて、消費者に商品を販売するために、小売業も全国各地域にある。日本のどこかの工場（もしくは海外）で製造された商品を、各地域に分散して販売しているということ自体が、小売業の役割である（分散立地）。

　④在庫の調整機能
　消費者の保管スペース（家、冷蔵庫など）には限りがあるので、小売店が商品の在庫を持って、消費者には小分け販売をしている。

　⑤情報の提供機能
　商品に詳しくない消費者に対して、ニーズに合わせた情報提供を行なっている。

　⑥品質のチェック機能
　商品を検品して、不良品はメーカーや卸売業に返品して、安全なものだけを販売する機能。

　⑦生活の快適性を提供する機能
　「買物難民」「買物弱者」という言葉もあるように、お店があること自体が便利なことである。また、楽しく買物できるという、体験も提供している。

　⑧卸売業を兼業する機能
　例えば、豆腐製造販売店は、自ら豆腐を製造し、

表1-5-4. 5適正（ファイブ・ライト）

①適正な商品（Right Goods）
②適正な場所（Right Place）
③適正な時期（Right Time）
④適正な量　　（Right Quantity）
⑤適正な価格（Right Price）

消費者に販売する製造小売業である。しかし、つくった豆腐の全部を自ら消費者に小売するわけではない。多くの豆腐製造販売店は、豆腐を製造する一方、それらの一部を他の食料品店に出荷する卸売業を兼業している。このようなケースは、パン屋、ケーキ屋、八百屋などでも見られる。

　⑨商品開発の機能（PB、NB、LB）

　プライベートブランド（Private Brand）とは、小売店・卸売業者が企画し、メーカーに製造委託、独自のブランドで販売する商品のこと。PBと略され、別名「ストアブランド」「自主企画商品」といわれる。大手メーカーが全国販売するナショナルブランド（National Brand、NB）との対義語である。

　まだ数は多くはないが、近年は、ローカルブランド（Local Brand、LB）も見られるようになっている。これは、地元で生産された食材のみを使用し、その地元だけで販売されるブランドである。

4）供給先に対する小売業の役割

　メーカー、卸売業者に対する役割もある。メーカーの商品を消費者に届ける役割はもちろん、消費者から入手した商品の使い道や流行などの情報を、メーカーや卸売業者に伝達する機能がある。

5）地域社会に対する小売業の役割

　地域社会に対する役割もある。地域のイベントのポスターを貼ったり、地域の交流の場にもなっている。母の日や父の日には、近くの幼稚園・保育園児・小学生が描いたお父さん、お母さんの顔が店頭に飾ってあったりする。また、その地域で従業員を雇うことで、働き場（雇用機会）を提供する機能もある。

6）日本の小売業の構造と特徴

　日本の小売業の構造は、欧米と比較して以下の3つの特徴がある。

　・零細性（従業者4人以下の零細小売店が70％を占める）

　・過多性（人口当たりの店舗数が多い）

　・多段階性（中間流通が多い）

7）食品小売業の種類

　食品を取り扱う小売業は、百貨店、スーパー、コンビニ、ドラッグストア、ホームセンター、ディスカウントストア、100円ショップ、各種食料品店などと多岐にわたっている。

8）小売業の形態

　一口に小売業といっても、その形態はさまざまである。以下、代表的なものを挙げてみよう。

（1）百貨店
　①大型百貨店 - 売場面積3,000㎡以上（特別区と政令指定都市は6,000㎡以上）
　②その他の百貨店 - 売場面積3,000㎡未満（特別区と政令指定都市は6,000㎡未満）

（2）総合スーパー
　①大型総合スーパー - 売場面積3,000㎡以上（特別区と政令指定都市は6,000㎡以上）
　②中型総合スーパー - 売場面積3,000㎡未満（特別区と政令指定都市は6,000㎡未満）

　産業分類での「百貨店、総合スーパー」とは、衣、食、住にわたる各種商品を小売し、そのいずれも小売販売額の10％以上70％未満の範囲内にある事業所で、従業者が50人以上の事業所をいう。

（3）専門スーパー - 売場面積250㎡以上
　①衣料品スーパー - 衣料品が70％以上
　②食料品スーパー - 食料品が70％以上
　③住関連スーパー - 住関連が70％以上
　④ホームセンター - 住関連スーパーのうち、金

物、荒物、苗・種子が 70％ 未満

（4）コンビニエンスストア - 飲食料品を扱い、売場面積 30㎡ 以上 250㎡ 未満、営業時間 14 時間以上

（5）ドラッグストア - 産業分類「医薬品・化粧品小売業」に分類された事業所で一般用医薬品を扱っていること

（6）その他スーパー - 総合スーパー、専門スーパー、コンビニエンスストア、ドラッグストア以外のセルフ販売店

（7）専門店（非セルフ販売）
　①衣料品専門店 - 衣料品が 90％ 以上
　②食料品専門店 - 食料品が 90％ 以上
　③住関連専門店 - 住関連が 90％ 以上

（8）中心店 - 非セルフ販売、上記の専門店を除く
　①衣料品中心店 - 衣料品が 50％ 以上
　②食料品中心店 - 食料品が 50％ 以上
　③住関連中心店 - 住関連が 50％ 以上

（9）その他の小売店 - 百貨店、専門店、中心店以外の非セルフ販売店

（10）その他
　①SC（Shopping Center）ショッピングセンター
　　街中の商店街に代わる大型複合施設。複数の専門店とシネコンが隣接。
　②SUC（Super Center）スーパーセンター
　　売場面積が 3,000 ～ 4,000 坪、広大な駐車場を有する郊外型の超大型店。食料品・雑貨品・衣料品など幅広く取り扱う。
　③HC（Home Center）ホームセンター

住居づくりとメンテナンスに必要な材料と生活雑貨など、DIY 商品を取り扱う。
　④DS（Discount Store）ディスカウントストア
　　主に非食品の商品で大衆実用品を低価格で販売する大型店。2021（令和 3）年 1 月時点での店舗数は 2,095（前年比 3.4％増）。
　⑤100 円ショップ
　　原則として、100 円均一で販売。2021（令和 3）年 1 月時点での店舗数は 79,282（前年比 2.4％増）。

9）業種・業態とは

　流通業において、業種とは、小売店を取扱商品の種類によって分類したものをいう。例えば、八百屋・酒屋・電器屋・薬屋などといったものがこれにあたる。つまり「何を売るか」による分け方が業種である。

　一方、業態とは、営業形態による分類をいう。例えば、百貨店・コンビニエンスストア・ディスカウントストアなどのことで、同じ商品を売っているとしても、その提供方法は異なる。つまり「どのように売るか」による分類が業態といえる。また広い意味では、事業分野による区分（サービス業・小売店・飲食店など）も業態に含まれる。

（1）業種から業態へ

　日本では、古くから業種別小売業が発達していたが、近年、商品が多様化し、一方でお客の願望も単に「何を買うか」だけでなく、「何を」「いつ」「どのようにして」「どれくらいの値段で買うか」を通じ、生活におけるソリューション（解決策）を求めるようになってきた。

　そのため、売っているものが明確であり、単一の商品カテゴリーを取り扱う伝統的な業種店では顧客のニーズを満たしきれなくなってきた。こうしたことに対応するために、生まれてきたのが業

態という考え方である。

　例えば、百貨店・総合スーパー・専門スーパーは、業種店の取扱商品を組み合わせて品揃えを広げることにより、顧客が個別の業種店を一軒ずつ回る手間を省くとともに、生活におけるソリューションを提供してきた。

　こうした業態店はチェーン化し、広域に店舗を展開するようになった。一方、その影響下で業種店は大幅に減少した。これは、日本だけに限らず、世界に共通してみられる傾向である。

10) 市場動向

　2020（令和2）年1月から日本でも感染者が出始めた新型コロナウイルス感染症は、世界中で猛威をふるい、ビジネスから家庭の生活様式にまでさまざまな変化をもたらしている。ここでは、小売業に焦点を当て、コロナ禍が引き起こした影響と市場動向について見てみよう。

（1）新型コロナウイルス感染症が小売業に与えた影響

　緊急事態宣言解除後においてもテレワークや休校要請、巣ごもり需要による需要の変化により、売上が増えた業種と、逆に減った業種とで明暗が生じた。売上が増えた業種としては、スーパーマーケット・ドラッグストア・ホームセンター・家電大型専門店などが挙げられる。売上が減少した業種としては、百貨店・コンビニが挙げられる。

　テレワークや巣ごもり需要で売れる商品も変化した。テレワークや休校要請、巣ごもりに関連して住環境や自宅で過ごす時間を充実させてくれる商品の需要が伸び、逆に外出時やレジャー時に使うような商品は売上が減少した。

　売上が増加した商品としては、巣ごもり・内食向け食品・備蓄食（袋インスタント麺、乾麺、パスタソース、食品保存袋など）・感染防止関連（手指消毒剤、マスク、体温計、せっけん、うがい薬、

家庭用手袋など）・テレワーク関連（デスク、チェアなど）・清掃用品（食器用洗剤、浴室用洗剤、芳香剤など）・ペット用品（ペットフード、おやつ、トイレシートなど）が挙げられる。

　売上が減少した商品としては、レジャー関連（酔い止め薬、眠気防止剤、日焼け止めなど）・化粧品（口紅、ほほ紅、ファンデーション）・インバウンドにより"爆買い"されてきた医薬品などが挙げられる。

（2）顧客の行動の変化

　「3密」を避けるため、また、これまでは都会に集中しがちだった消費行動が、テレワークの促進により郊外に分散されたり、実店舗を避けてオンラインショッピングにシフトしたりと、消費行動の場所と時間が散らばる傾向にある。

　特に、コロナ禍を機にインターネットで日用品や食品、食材を購入・契約する消費者が増加傾向にある。

　食品小売業としては、EC関連のWebサイトや決済サービスなどをこれまで以上に充実させる必要がある。

　現金を介しての支払いではウイルスに触れる可能性を心配して、コロナ禍を機にスマートフォンやカードによるキャッシュレス決済を好む消費者が増えている。こうした消費者の非接触サービス志向の高まりに対し、食品小売業としてはアプリなどデジタルの活用促進が求められる。このように、2020年上期は、小売業の中でも新型コロナウイルス感染症の影響は業態によって大きく異なり、明暗が分かれることとなった。

参考文献
●経済産業省「2020年上期小売業販売を振り返る」
●日本経済新聞社　日経MJ「2020年度小売業調査」2021年7月28日

6. 外食市場

外食市場については、日本フードコーディネーター協会「新・フードコーディネーター教本（3級資格認定試験対応テキスト）に詳細に記述されているので、是非、再読いただきたい。

この新しい2級教本では、上記の新3級教本と一部重複する箇所もあるが、新しいデータをもとに、記述していきたい。

1 外食産業の動向

1）外食産業の歩み

我が国の外食産業は、1960（昭和35）年以降の日本の高度経済成長とともに市場規模が拡大していったが、1970（昭和45）年を起点にチェーンレストランが次々に登場した。

1969（昭和44）年の第2資本の自由化を機に、米国大手のファストフードやファミリーレストランのチェーン店が我が国に進出したことがきっかけとなり、国内外食企業においてもチェーン化の動きが始まった。その後の外食産業の急成長の起点となった1970年は「外食元年」と呼ばれている。

この年、大阪万博のパビリオンに「ロイヤル」と「ケンタッキーフライドチキン」が出店した。また、この年、日本初のファミリーレストラン「すかいらーく」が誕生した。翌年の1971（昭和46）年には、マクドナルド、ミスタードーナツの第1号店がオープンした。1972（昭和47）年にはモスバーガー、1974（昭和49）年にはデニーズがそれぞれ1号店を開店した。

1970年代～1980年代、郊外の道路の整備が進み、「モータリゼーション（自動車保有者数が急速に増えて、自動車が日常の買物や外食の移動手段となっていく現象）」に支えられ、駐車場を有するチェーンレストランの店舗展開は中心都市から郊外のロードサイドに広がり、さらに日本全国に広がっていった。

また、生産年齢（15歳～64歳の有職者）人口の増加、第1種兼業主婦（家事を主に仕事を従にする主婦）や第2種兼業主婦（仕事を主に家事を従にする主婦）など、家事以外に仕事を持つ主婦の増加が外食市場の拡大の要因となった。

外食産業の歩みを年代別にまとめると表1-6-1のようになる。

2）外食産業市場規模の推移

外食産業の市場規模は、外食元年といわれる1970（昭和45）年以降、急速な伸びを示し、1997（平成9）年には、29兆702億円と30兆円に手が届くまでに成長した。しかし、この年をピークにそれ以降は縮小が続いた。

2006（平成18）年以降、伸びと縮小を繰り返し、2018（平成30）年には、25兆7,692億円となっている。生産年齢人口の減少や少子高齢化など人口構造の変化に加え、2019（令和元）年10月に外食の消費税が8％から10％へと上がったこと、さらに、新型コロナウイルス感染症の拡大が外食産業全体にかつてないほどの打撃を与えた。

2020（令和2）年の外食産業の市場規模は前年比 30.7％減少の 18兆2,005億円と推計された。各部門ごとの推計値は、以下の通りである。

（1）給食主体部門

飲食店、宿泊施設、社員食堂、病院給食などを含む「給食主体部門」の市場規模は、市場規模全体の85.3％を占め、15兆5,338億円と、前年より26.9％減少した。

（2）営業給食

「給食主体部門」のうち、飲食店、宿泊施設などの「営業給食」の市場規模は、全体の69.8%を占め、12兆7,065億円で、前年より29.0%減少。

① 「飲食店」の市場規模は、前年より24.7%減少し、10兆9,780億円となった。内訳をみると、ファミリーレストランや一般食堂、専門料理店等を含む「食堂・レストラン」（対前年28.5%減）、立ち食いそば・うどん店を含む「そば・うどん店」（同26.9%減）、回転寿司を含む「すし店」（同18.3%減）、ファストフードのハンバーガー店、お好み焼き店を含む「その他の飲食店」（同1.4%減）はいずれも減少した。

② ホテル、旅館での食事・宴会などの「宿泊施設」の市場規模は、旅行客の減少によりインバウンド需要が3月以降ほぼ無くなるなどの影響で、前年より46.0%減少した。

（3）集団給食

「集団給食」の市場規模は、全体の15.5%を占め、2兆8,273億円と、前年より15.7%減少した。

① 「学校給食」（主として小学校、中学校等の給食で、大学の学生食堂は含まない）は、新型コロナウイルス感染症による休校などの影響で16.9%減となった。

② 「事業所給食」は、テレワークの増加など働き方の変化が影響し、「社員食堂等給食」は18.5%減、「弁当給食」は22.3%減となった。

③ 「病院給食」は、コロナ禍で通常の医療活動が減少したことなどから、5.2%減少した。

表1-6-1. 外食産業の年代別動向

年代	主な動き
1970	産業化スタート、急成長の時代。1970（昭和45）年は外食元年といわれ、外食産業という言葉が生まれた。米国の大手外食チェーンが次々と上陸。マクドナルド、すかいらーく、モスバーガー、ロッテリアなどファストフードやファミリーレストランの1号店が相次いでオープンした。1975（昭和50）年の市場規模は8兆6,257億円。
1980	一億総グルメ、外食の多様化の時代。激辛ブームによりエスニック料理店が増える。グルメブームでイタめし（イタリア料理店）、高級フランス料理店、食べ歩きが流行。グルメガイドブック、レストラン紹介記事や番組が増え、漫画「美味しんぼ」が人気を博し、カフェバーがブームに。1980（昭和55）年、ドトールコーヒー、1985（昭和60）年にドミノ・ピザが1号店を出店。居酒屋チェーン、弁当チェーンが拡大。1986（昭和61）年、市場規模が20兆円を超えた。
1990	低価格化、新メニュー導入の時代。バブル景気が終わり、市場規模がピークに達した。店舗拡大による売上拡大路線が崩れる。客数減による売上減少で、前年割れの大手チェーンが相次ぐ。1993（平成5）年、すかいらーくが「ガスト」へ業態転換を加速し、吉野家が100円値引きセールを行なう。1995（平成7）年、マクドナルドがハンバーガーを大幅値下げするなど低価格が広がる。サイゼリア、回転寿司、ラーメンチェーンなど低価格の店が躍進。価格競争の一方で、大型ショッピングセンターや商業施設内では新業態の外食店舗の出店やアジアンテイストなど新メニューの導入の動きが広がる。1996（平成8）年、スターバックスが1号店を出店。1997（平成9）年、市場規模29兆702億円でピークに達した。
2000～	市場の成熟・飽和化、競争激化の時代。2000（平成12）年に入っても、市場規模の縮小傾向が続く。2005（平成17）年、24兆3,903億円に。2006（平成18）年、2007（平成19）年は、法人交際費の回復や一般家庭の外食支出額の増加などにより、前年実績を上回り、2006年24兆6,403億円、2007年24兆7,009億円となった。2008（平成20）年には24兆4,315億円と再び縮小。それ以降は、縮小と回復を繰り返し、2018（平成30）年、25兆7,692億円。市場規模縮小の中で、海外進出、M&A（企業の合併や買収）、中食市場への参入、メニューの健康志向などの動きが広がっている。2019（令和元）年10月、外食の消費税が10%に増税。2020（令和2）年1月からの新型コロナウイルス感染症の拡大により、外食産業全体にかつてないほどの影響が及んでいる。2020（令和2）年の市場規模は、前年より30.7%の大幅減で18兆2,005億円となった。

月刊食堂、日経MJ、日経レストラン、週刊ホテルレストランより

④「保育所給食」は、コロナ禍で登園自粛要請に従ったところもあり、前年より18.1％減少した。

（4）料飲主体部門

「料飲主体部門」の市場規模は、全体の14.7％を占め、2兆6,667億円と、前年より46.8％減少した。飲酒業態を中心に、夜間の営業自粛などが大きく影響した。

①「喫茶店」は、前年より31.6％減少し、8,055億円となった。

②「居酒屋・ビヤホール等」は、前年より36.0％減少して、6,489億円に、「料亭・バー等」は、前年より57.1％減少して、1兆2,123億円となった。

3）食品関係営業施設

厚生労働省「令和2年度衛生行政報告例」によると、2020（令和2）年度の許可を要する食品関係営業施設のうち、一般食堂・レストラン等は、約726,700件、仕出し屋・弁当店は、約82,400件、特定給食施設（注1）は、約51,000件、その他の給食施設（注2）は、約43,000件で合計すると、約903,100件である。仕出し屋・弁当店を除く、外食店舗は、約820,600件である（表1-6-2）。特定給食施設、その他の給食施設に含まれるのは、学校、病院、介護老人保健施設、老人保健施設、児童福祉施設、事業所、寄宿舎、矯正施設、自衛隊、一般給食センターなどである。2014（平成26）年からの外食店舗数の推移をみると、増加傾向にあるのが、その他の給食施設であり、特定給食施設は横ばい、一般食堂・レストランは減少傾向にある。外食店舗（仕出し屋・弁当屋を除く）全体では、2014年に比べ2020年は、2.5％の減少である（表1-6-2）。

（注1）特定給食施設とは、「特定かつ多数の者に対して、継続的に1回100食以上又は1日250食以上の食事を供給する」施設である（健康増進法の定めにより届け出義務がある）。

（注2）その他の給食施設とは、「特定かつ多数の者に対して、継続的に1回50食以上又は1日100食以上の食事を提供する小規模な施設」である（都道府県の定め、届け出義務はない）。

2 中食市場

中食はFF（ファストフード）のテイクアウトによって一般化し、その後のCVS（コンビニエンスストア）の弁当・惣菜の品揃えの拡大、百貨店、スーパー、外食店での弁当・惣菜の取り扱いの拡大、ピザ・弁当などの宅配ビジネスの拡大などによって「中食市場」として開花していった。

中食市場拡大の牽引役となったCVSのセブン-イレブンの第1号店は1974（昭和49）年、東京江東区の豊洲に開店した。また、ほっかほっか亭の第1号店は1976（昭和51）年、埼玉県草加市にオープンした。

（1）中食市場の動向

中食市場は伸び続け、1997（平成9）年の3兆6,122億円から2007（平成19）年には5兆6,400

表1-6-2． わが国の食品関係営業施設数

年次	一般食堂レストラン	仕出し屋弁当屋	特定給食施設	その他の給食施設	合計（仕出し屋・弁当屋を除く）
2014	753,853	82,473	49,332	38,370	841,555
2015	750,779	81,538	49,744	38,901	839,424
2016	746,891	80,920	50,350	40,069	837,310
2017	745,191	81,122	50,542	40,460	836,193
2018	741,917	81,046	50,985	41,262	834,164
2019	740,693	81,108	51,110	42,008	833,706
2020	726,666	82,419	51,005	43,007	820,678

　厚生労働省「令和2年度衛生行政報告例」より

億円へと大きな伸びを示した。2008（平成20）年には前年比で2.0％マイナスの5兆5,464億円となったが、2009（平成21）年から再び伸びに転じ、2018（平成30）年には前年より2.2％増加し、7兆3,237億円となったが、2020（令和2）年には、コロナ禍の影響もあり、7兆1,209億円となっている。

中食市場の規模については、日本フードサービス協会がまとめている外食産業市場規模推計値の料理品小売業（弁当給食を除く）の数値を示した

が、日本惣菜協会がまとめた「2021年版惣菜白書」によれば、2020年の惣菜市場規模はコロナ禍の影響で前年比4.8％減の9兆8,195億円となっている。

参考文献
◎高城孝助「外食・中食産業のマーチャンダイジング（建帛社「四訂食品の消費と流通」）2021
◎日本フードサービス協会「令和2年外食産業市場規模推計」2021

7. 食市場のマーケティング

経営学者のピーター・F・ドラッカー（Peter Ferdinand Drucker）は、企業の目的は、顧客の創造であり、そのために必要なことは、マーケティング（Marketing）とイノベーション（Innovation）の2つであると説いている。

マーケティングとは、市場（Market）創造に関する考え方・技術であり、イノベーションとは、革新的な発想・考え方・技術である。

食市場のマーケティングとは、「食品製造業」「食品流通（卸売・小売）業」「外食・中食業」「農林水産業」などの「食産業」を対象としたマーケティングである。「食産業」については、第1章の第1節～第6節で記述したので、再読いただきたい。

ここでは、マーケティング理論・技術についてまとめることとしたい。

1 マーケティングとは

マーケティング（Marketing）とは、20世紀初頭にアメリカで生まれた市場（Market）創造に関する理論であり技術である。市場の創造とは、

言い換えれば、顧客の創造である。

顧客を創造するためには、消費者が何を欲し（ウォンツ）、必要としているか（ニーズ）を知り、そのウォンツとニーズに対応した商品・サービスを提供し、満足を与えることが必要である。

つまり、提供する商品やサービスに対し、消費者に、「購入してみたい」と期待を与え、購入してもらった結果、満足を与え、さらに、継続して購入してもらう（リピート購入）ことを実現するのが、マーケティングということである。そして、マーケティングの目的は、企業であれば売上の増加であり、非営利の組織であれば利用者の増加である。

1）顧客を知ることがマーケティングの出発・原点

マーケティングの出発点は、自社や自店の顧客を知ることである。顧客は商品・メニュー、サービスに何をどの程度、期待しているのか？　その期待にどの程度応えられているのか？　顧客は何にどの程度、不満を抱いているのか？　また、顧客のうちリピーターはどのくらいいるのか？　こ

うしたことを知ることからマーケティングははじまる。

新聞や雑誌で紹介される「消費者調査」の結果は、自社・自店の顧客を調査したものではない。したがって、参考にはできても、マーケティングの具体的な手掛かりとはならない。

マーケティング学者のセオドア・レビットは、「ドリルを買いに来た人が欲しいのはドリルではなく穴である。顧客は商品を買うのではない。その商品が提供するベネフィット（価値）を購入しているのだ」としている。

顧客は、その商品によってもたらされる価値を得るために購入しているというわけである。飲食店を例にとれば、顧客の期待する・求める価値は、「健康」「ボリューム」「提供のスピード」「おいしさ」「バラエティ」「安さ」のどれであるかを知ることからはじまり、その期待する・求める価値に対して、どの程度満足を与えることができているのかを知ることが必要となる。

2）マーケティングの基礎理論
（1）4Pと4C

4PとはProduct（商品、サービス）、Place（立地、流通）、Promotion（促進）、Price（価格）であり、ミシガン州立大学教授のジェローム・マッカーシーが1961年に提唱したものである。約60年前の経済成長期の考え方と技術であり、作り手・売り手主体の考え方（Product Out）、大量生産・大量消費を前提とした考え方といえる。

4Cとは、ノースカロライナ大学教授のロバート・ラウターボーンが1980年代、4Pが売り手側の視点（Product Out）で捉えられているのに対し、買い手側（顧客）の視点（Market In）でマーケティングを捉え直そうと提唱したものである。4Cとは、Customer Value（顧客価値〜商品・サービスによって顧客が得られる価値）、Convenience（利便性〜商品・サービスが欲しいときに手に入る）、Communication（コミュニケーション〜企業と顧客が自由に対話できる）、Customer Cost（顧客コスト〜顧客が商品・サービスを入手するために必要なコスト）である。4Pと4Cを対比したのが表1-7-1である。

（2）プロダクト・アウトとマーケット・イン

プロダクト・アウト（Product Out）とは、作り手がいいと思うものを作る、作ったものを売るという考え方で、企業が商品開発や生産を行なう上で、作り手の理論を優先させることである。従来の大量生産がこのやり方に当たる。

一方、マーケット・イン（Market In）とは、顧客が望むものを作る、売れるものだけを作り、提供するという考え方で、ウォンツとニーズを優先し、顧客視点で商品の企画・開発を行ない、提供していくことである。

日本では長い間、良いものを作れば売れるというプロダクト・アウトの時代が続いてきた。しかし1970年代以降、市場が成熟化・飽和化し、さまざまな業界で供給過剰に陥り、企業の都合で作られた商品やサービスのままでは、受け入れられなくなってきた。

表1-7-1. 4Pと4Cの対比

4P	4C
Product（商品、サービス）	Customer Value（顧客価値）：商品、サービスによって顧客が得られる価値。
Place（立地、流通）	Convenience（利便性）：商品、サービスが欲しいときに手に入る。
Promotion（促進）	Communication（コミュニケーション）：企業と顧客が自由に対話できる。
Price（価格）	Customer Cost（顧客コスト）：商品、サービスを入手するために必要なコスト（商品、サービスの価格のみではない）。

そこで1990年代前半、顧客の視点やニーズを重視しようとする、マーケット・インの考え方が登場した。確かに、いま、顧客志向に立つことは、企業のモノづくりの前提となっているが、決して、プロダクト・アウトが古い概念で、すべてがマーケット・インへ転換しているわけではない。技術力や研究の積み重ねによって、新しい商品が開発され、ヒットすることは多く、顧客自身も、明確に欲しいものを自覚しているわけではない、というのが現実である。

3）マーケティング・リサーチ

マーケティング・リサーチとは、マーケティング活動に関するさまざまな課題の発見と解決策を見出すために行なう調査と分析のことである。

新商品の開発や商品の改良のための調査・分析、競争他社の商品・広告・営業・流通戦略などの調査・分析、消費者の購買動向調査・分析など、その範囲は広い。

マーケティング・リサーチとマーケット・リサーチを区別して、マーケット・リサーチを、現実のマーケットを調べる、つまり市場調査であるとする説もあるが、そもそもマーケティングとは市場における活動であり、マーケット・リサーチ（市場調査）といっても、調査・分析の対象は、上記のマーケティング・リサーチと同じであることから、両者を区別して使う意味はないといえる。

2 食市場のマーケティングの機能（Function）

食市場のマーケティングの機能とは、食品産業においてマーケティングという活動を進める上で有効な道具といえる。前述の4P、4Cも機能のひとつであるが、市場が成熟・飽和化し、競争が激化している現在の経営環境下では、40～60年前に考案された4P、4Cだけでは不十分である。また、同じ食品産業といっても、食品製造業、食品流通業、外食業、中食業など業態によって必要なマーケティング機能は異なる。

1）9F（Function＝機能）論

マーケティング実務家の水口健次が提唱した8Fに「価格」を加えた9つの機能である（表1-7-2）。メーカー、小売業でマーケティングという仕事を進めるうえで有効な機能（道具）といえる。4Pや4Cには含まれていないリサーチ、営業、情報が入っていることがポイントである。

2）飲食業のマーケティング

アメリカで誕生・発展したマーケティングは、メーカー中心のマーケティングであった。しかし、消費がモノからサービスへとシフトしていくなかで、サービス業のマーケティングの体系の構築が求められるようになった。

特に、飲食業は、食材料を調理・加工するという製造業の性格と、メニュー・商品を販売するという小売業の性格を併せもつ独特なビジネスである。

そして、単にフード（メニュー、商品）を販売するのではなく、サービスを販売するという特性をもっている。このような特性をもったフードサービスにおけるマーケティングの機能を、フィ

表1-7-2. 食市場のマーケティングの機能（9F）

① Research （調査）：顧客、市場、競争相手を知る技術
② Product （商品・サービス）：売れる商品・サービスの開発
③ Distribution （流通）：立地、売り方・商品提供方法の開発
④ Advertisement （広告）：企業、店、商品を知らせる方法
⑤ Sales Promotion （販売促進）：顧客づくり、売上げ増の方法
⑥ Sales （営業）：新規客の開拓、既存客のフォロー
⑦ Information （情報）：情報システムの開発、受発信情報の開発
⑧ Physical Distribution （物流）：仕入れシステム、配送システム
⑨ Price （価格）：仕入れ・販売価格

リップス・コトラーの考え方とアメリカのフードビジネスのテキストを参考に、表1-7-3にまとめた。

参考文献

● 水口健次「マーケティング戦略の実際」（日本経済新聞社）1985
● 水口健次「売る力を6倍にする戦略講座」（日本経済新聞社）2006
● Amy S. Jorgensen「Restaurant Marketing and Advertising

表1-7-3. 飲食業（フードサービス業）のマーケティング機能

---

①立地選定

　飲食業の売上げは立地（店舗の出店場所）によって大きく左右されるので、新規に店を出す場合は、立地選定を慎重に行なうことが大事である。

②売れるメニュー・商品の開発

③従業員教育

　飲食業は、人手を通してサービスが提供される。おいしくて高品質のメニューをつくっても、店舗スタッフのサービスが劣悪であれば店舗の評価は下がることになる。

④プレゼンテーション

　料理の盛付け、色合い、卓上、食器、サンプル、メニューブック（メニュー写真、イラスト、説明）、メニューをすすめるセールストーク、シズル効果（五感に訴える）演出など、メニューを選んでもらうための演出やおいしく見せるための技術。

⑤顧客を知る

　常連客の名前、好みなどを知る。

⑥リサーチ

　顧客、市場、競争相手を知るための調査。

⑦価格設定

　競争力のある価格、利益の出る価格の設定。

⑧営業

　新規客の開拓、既存客のフォロー。特に、宴会や催事需要の獲得のために近隣の事業所を訪問するなど、待ちの商売ではなく、攻めの商売が求められる。

⑨PR

　宣伝・広報活動。

⑩販売促進

　リピーターづくりのためのスタンプサービス、値引き、増量、景品サービスなど。

⑪テイクアウト

　テイクアウト商品の開発と包装の演出。

⑫食空間

　光、香り、デザイン、ユニフォーム、整理・整頓・清潔、ＢＧＭなど食空間を快適なものにする。

---

2 第2章
商品開発

1. 商品の概念

1 | 商品とは何か（定義）

商品は、取り扱う人々の立場によってさまざまな捉え方があるが、本質的には、「市場における交換対象（売買の対象、金銭との交換対象）であり、生産・販売する者には収益をもたらし、購入・使用する者には便益（有用性）や効用（満足）をもたらすもの」と定義づけることができる。

特に、消費者にとって、商品は必要性や欲求に満足を与えるものであることから、「便益の束（Bundle of benefit）」とも定義される。つまり、商品の中核となるのが、便益であり、それを提供する要素としてさまざまな機能が存在するという捉え方である。

2 | 商品の構造―触知可能性と触知不可能性

商品は、食品や料理であれば、形・色・味・香り・食感・パッケージ・価格・商標（ブランド）・サービスといったさまざまな属性の複合体として存在している。これらの属性は、「触知可能性（有形性）」の高いものから、「触知不可能性（無形性）」の高いものまである。一般的に、「触知可能性」と「触知不可能性」のウエイトの違いによって、「商品（モノ）」とサービスに区分されているが、実際には、両者は切り離すことができないことから、商品は、店で目にするモノ（物）だけではなく、「モノ（物）とサービスの複合体」ということができる。

飲食店の場合、モノ（料理）が提供されていても、サービスの部分が取引において重要な要素となっていることから、「フードサービス業」と称され、フード（料理）とサービスを商品として提供する商いということになる。また、小売業界では、単に、商品（モノ）を陳列販売するだけではなく、宅配やネット販売などサービス分野を高める動きが活発化している。

3 | 商品成立の要件

商品が商品として成立する要件は、以下の2つにまとめることができる。

1）取引当事者間（企業・店と消費者）の合意形成

一般的に商品は、小売業では店頭に陳列された段階で、飲食店ではサンプルケースに並べられたりメニューブックに表示されたりした段階で、商品（売り物、売買の対象）として認識される。しかし、企業や店がどんなに売りたくても、消費者が購入の意思表示をしなければ、取引は成立しない。つまり、売れなければ商品は成立しないことになるのである。逆に、消費者が購入意欲を示しても、品切れであったり、店が休業中であったりした場合も商品は成立しない。また、取引当事者間に売買の意思があっても、価格、支払い方法などの条件面で折り合いがつかなければ、商品として成立しないのである。

2）商品の適合性と均質性

商品の適合性は①顧客適合性、②市場適合性、③社会適合性の3つに分類される（表2-1-1）。
　①顧客適合性
　顧客適合性とは、多様な顧客ニーズに合致し、満足をもたらすことのできる性質である。
　②市場適合性
　市場適合性とは、企業や店に収益や他社・他店

に負けない競争優位性をもたらすことのできる性質である。

③社会適合性

社会適合性とは、商品が提供される社会・生活に適合するとともに、一定の社会貢献を果たす性質である。

商品の均質性とは、均質な商品が安定的に提供されていることをいう。ファストフードやファミリーレストランなどの外食チェーンでは、料理の均質性を維持するため、調理・サービスのシステム化（レシピの統一・調理作業の機械化・サービスのマニュアル化）を図っている。

4 | 製品・商品・財の違い

商品学において、製品とは、人間が天然の資源に労力をかけることで産み出したもの「生産物（Product）」を指す。工場で生産される工業品や食品だけでなく、農家で生産される農産物、さらに、排出されるゴミも製品に分類される。

この製品が店頭に並べられ、メニューとして提供され、取引対象になったとき、製品は初めて「商品（Merchandise）」になる。しかし、前述の通り、これらの商品が売れずに残ってしまった場合には、商品にはならない。

商品が販売され、消費者の手に渡ったものは財（Goods）として所有されるので、私有財、所有財といわれる。

5 | 食品を商品として考える時の要素

食品を商品として考える時の要素は、以下の6つになる。

1）色

例えば、ハムやソーセージがすぐに食べられる

形で包装された場合、切り口の色が販売の重要な条件を形成する。このため、食用色素を使用し、肉片にピンク色をつけるなどの食品加工技術が用いられる。

2）形態

食品の種類が一目でわかるように工夫されている。例えば、スープの場合、コンソメスープはキュービック状、ポタージュは粉末状などとなっている。

3）うま味

「うま味成分」については、グルタミン酸（こんぶ、チーズ、白菜、トマト、アスパラ、ブロッコリー、玉ネギ、しょうゆ、みそなどに含まれる）、コハク酸（シジミ、アサリ、カキなどの貝類に含まれる）、イノシン酸（カツオ、カツオ節、鶏肉、牛肉、豚肉などに含まれる）、グアニル酸（シイタケなどキノコの干したものに含まれる）などが知られている。

これらの「うま味成分」を含むうまみ物質を単独で使うよりも、組み合わせると「うま味の相乗効果」でよりおいしい味が得られる。

例えば、日本料理ではこんぶ（グルタミン酸）と、かつお節（イノシン酸）、西洋料理や中国料理では野菜類（グルタミン酸）と肉類（イノシン酸）を組み合わせてだしをとり、古くから料理に利用してきた。「うま味の相乗効果」が発見されたのは1960年のことだといわれているが、それよりもずっと前から世界各地で経験的に料理に活かされてきた。

4）習熟性

習熟性とは、長年、毎日のように食べても飽きない、つまり「連食に向く」ということである。ご飯は、習熟性が高い食品であり、パンもまた、

表2-1-1. 商品の適合性

①顧客適合性	商品の機能性、耐久性、安全性、経済性、生活フィット性、情報性
②市場適合性	収益、価格、コスト、保存性、運搬性、品揃え
③社会適合性	ブランド性、ファッション性・流行、環境、安全、社会的倫理、文化

習熟性が高い。新商品を開発するにあたっては、この習熟性を考慮する必要がある。

5）栄養

栄養は最も大切な要素である。特に、ビタミン類のように、加工中に減価されやすい栄養素については、いかに保持するかを工夫することが大事である。

また、健康に対する関心・意識が高まる中で、近年は、糖質の摂取量を少なくしたいという消費者が増加している。こうした要望に応えるため、低糖化を図る食品の開発が望まれる。

6）貯蔵性と輸送性

食品の鮮度を保持し、貯蔵性を高めるため、冷凍や冷蔵（チルド）、乾燥や発酵などの技術が開発されてきた。

また、輸送性を高めるためには、食品の軽量化を行なう必要がある。このためには、乾燥技術によって、食品の水分を抜くことが肝要である。

参考文献

◉ 大原悟務・他「現代商品論」第2版（白桃書房）2010
◉ 岩垂荘二「食品工学論」（光琳書院）1963

2. 商品の体系

1 食品の特性

食品には、「基本的特性」と「補完的特性」の2つの特性がある（表2-2-1）。

1）基本的特性

基本的特性とは、栄養性（栄養素を含むこと）と安全性（体に有害な成分を含まないこと）がある。

2）補完的特性

補完的特性とは、嗜好性（視覚、味覚、嗅覚、触覚、聴覚など人間の感覚に訴え、好ましいと思われること）である。

2 食品の物理的性質

食品の性質を物理的に観察すると、以下の4つの性質が考えられる。

1）硬度

硬度が特に問題になるのは、果実加工品、ビスケット類などで、硬度の良し悪しで食品の価値がきまる。

2）粘性

粘度が重要になるのは、ジュース、ゼリー、チューインガムなどである。

表2-2-1. 食品の特性

特性		性質
基本的特性	栄養性	栄養素を含むこと
	安全性	体に有害な成分を含まないこと
補完的特性	嗜好性（視覚、味覚、嗅覚、触覚、聴覚など人間の感覚に訴え、好ましいと思われること）	

3）弾性

弾性が重要になるのは、ハム、ソーセージ、カマボコ、はんぺん、マシュマロなどである。

4）溶解性

インスタントコーヒー・紅茶・スープ、チョコレート、キャラメルなどでは、この溶解性が品質の優劣を決める。

3 食品の機能

食品には、以下の3つの機能がある（表2-2-2）。

1）第1の機能　栄養機能

身体にカロリー（エネルギー）、たんぱく質、脂質、炭水化物、ミネラル、ビタミンなどの栄養素を補給し、生命を維持する機能。

2）第2の機能　嗜好・官能機能

色、味（甘味、酸味、塩味、苦味、旨味など）、香り、食感（歯ごたえ、舌触り、のどごしなど）といったおいしさを感じさせる機能。

3）第3の機能　生体調節機能

生体防御、恒常性維持、老化抑制、疾患の防止、疾病の回復など生体を調節する機能や免疫機能を高める機能。高齢化率が高まる中で、健康増進、生活習慣病予防などの効果を期待し、健康食品やサプリメントを摂取する人が増加している。いわゆる健康食品というのは販売業者などが独自の価値観で「健康食品」として販売している食品だが、効果が明確でないものも出回るようになったことから、厚生労働省は2001（平成13）年に一般食品と医薬品の中間に位置する一定の機能をもった食品群を定める保健機能食品制度を設けた。

この制度の導入により、有効性と安全性の規格基準をクリアした食品のみが保健機能食品として認定されるようになった。保健機能食品は特定保健用食品（略称：トクホ）と栄養機能食品に分類され、特に特定保健用食品の認定を受けるには、その機能の有効性と安全性などが科学的な根拠に基づく審査を通過する必要がある。

その後、2015（平成27）年に安全性の確保を前提とし、科学的根拠に基づいた機能性を表示して販売される食品である「機能性表示食品」がこの中に含まれることになり、保健機能食品は特定保健用食品（トクホ）、機能性表示食品、栄養機能食品を合わせた食品群の総称を指すこととなった。

4 食品の分類

1）食品表示法による区分

食品表示法により食品は、「加工食品」、「生鮮食品」「添加物」の3つに分類される。一般的に、加工食品は、製造や加工の工程を経て、食品としての本質が変化したり、新たな属性が加わったりすることから、消費者はその食品を一見しただけでは原材料などの情報を得られない。一方、生鮮食品は流通過程においてそのような変化がないことから、比較的容易にその食品についての情報を得ることがきる。

（1）製造と加工の違い

製造と加工は同じ意味として使われていることが多いが、厳密に区分すると、

①製造：その原料として使用したものとは本質

表2-2-2. 食品の機能

第1の機能　栄養機能	身体にカロリー（エネルギー）、たんぱく質、脂質、炭水化物、ミネラル、ビタミンなどの栄養素を補給し、生命を維持する機能。
第2の機能　嗜好・官能機能	色、味（甘味、酸味、塩味、苦味、旨味など）、香り、食感（歯ごたえ、舌触り、のどごしなど）といったおいしさを感じさせる機能。
第3の機能　生体調節機能	生体防御、恒常性維持、老化抑制、疾患の防止、疾病の回復など生体を調節する機能や免疫機能を高める機能。

的に異なる新たなものを作り出すこと。

②加工：あるものを材料としてその本質は保持させつつ、新しい属性を付加することであり、以下の作業が加工である。「製造」はこれら加工以外の行為をいう。

ア．形態の変更
・切断（ハムの塊をスライス、など）
・整形（ブロックのベーコンの大きさと形を整える、など）
・選別（煮干を大きさで選別、など）
・破砕（生鮮食品や加工食品を砕く行為）
・混合（異なる種類の生鮮食品や加工食品の混合（キャベツとレタスの野菜ミックスなど）

イ．盛り合わせの変更
・盛り合わせ（複数の異なる生鮮食品を盛り合わせること（マグロとサーモンの刺身盛り合わせなど）
・生鮮食品や加工食品（異なる種類）の盛り合わせ（マグロとゆでダコの盛り合わせなど）
・小分け（加工食品を小分け包装する、うなぎ蒲焼きをバルクで仕入れ小分けする、など）

ウ．加塩
既に塩味のついた加工食品を加塩する（塩鮭甘口に振り塩をし、塩鮭辛口にする、塩蔵わかめに塩を加える、など）

エ．骨取り
原型のまま除骨を行なう（塩サバの骨取り、など）

オ．表面をあぶる
生鮮食品の表面だけあぶる行為（牛肉のタタキ、カツオのタタキ、など）

カ．冷凍
単に加工食品を冷凍したもの（凍り豆腐、寒天、冷凍食品等の製造行為に該当するものを除く）

キ．解凍
自然解凍等により、単に冷凍食品を冷蔵もしくは常温の状態まで解凍したもの（冷凍ゆでダコを解凍する）

ク．結着防止
固まらないように植物性油脂を塗布（レーズンへの植物性油脂の塗布）

（2）食品加工の分類
食品加工は大別すると、1次加工・2次加工・3次加工・数次加工の4種類に分類される（表2-2-3）。

表2-2-3. 食品加工の分類

分類	定義	事例
1次加工	農畜水産物を直接の原料とし、その性格を著しく変更させることなく、物理的、微生物的な処理・加工を行なうこと	精米、精麦、原糖、酒類、味噌、醤油、植物油など 水産・畜産品では切り身、部位別に解体など
2次加工	1次加工により製造された加工原料を1種類もしくは2種類以上用いて変化に富む加工処理を施すこと	製パン、精糖、製麺、マーガリン、マヨネーズ、ソースなど 水産・畜産品では練り物、ミンチ製品、ハムなど
3次加工	1次加工品および2次加工品を2種類以上組み合わせて、素材原料とは異なる形に加工処理すること	菓子類、嗜好飲料など
数次加工	上記3種類の組み合わせなど加工度の高い加工処理を行なうこと	冷凍品、インスタント食品、レトルト食品、調理済・半調理済食品、コピー食品など

2）生物的性状による分類

（1）植物性食品
　①穀類
　②豆類
　③イモ類
　④野菜類
　⑤果実類
　⑥種実類
　⑦キノコ類
　⑧藻類

（2）動物性食品
　①獣鳥肉類
　②魚介類
　③乳類
　④卵類

3）生産様式による分類

（1）農産食品
　①穀類
　②豆類
　③果実類
　④野菜類
　⑤種実類

（2）畜産食品
　①獣鳥肉類
　②乳類
　③卵類

（3）水産食品
　①魚介類
　②海藻類

（4）林産食品
　①キノコ類
　②山菜類

（5）その他
　①調味料
　②香辛料
　③油脂類
　④嗜好飲料
　⑤菓子類
　⑥醸造食品
　⑦食品添加物

4）製造加工法による分離
　（1）微生物利用食品（発酵食品）
　（2）缶・瓶詰食品
　（3）レトルトパウチ食品
　（4）乾燥食品
　（5）冷凍食品
　（6）特別用途食品（乳幼児、妊産婦、病人、高齢者などを主な対象とした食品）

5）用途による分類
　（1）主食
　（2）副食
　（3）調味料
　（4）乳児食品
　（5）保存食品
　（6）嗜好品

6）文部科学省「日本食品標準成分表2020年版」の食品分類

　文部科学省の「日本食品標準成分表2020年版」には、2,478種類の食品が掲載されている（表2-2-4）。

7）総務省「家計調査報告」での食料の分類

　家計調査は、一定の統計上の抽出方法に基づき選定された全国約9,000世帯を対象として、家計の収入・支出、貯蓄・負債などを毎月調査している。家計調査の結果は、我が国の景気動向の把握、

生活保護基準の検討、消費者物価指数の品目選定及びウエイト作成などの基礎資料として利用されている。

この家計調査報告は、食品の消費動向を知るうえで欠かせない統計資料である。同報告での食料の分類は以下の通りとなっている。

（１）穀類（米、パン、めん類、他の穀類）

（２）魚介類（生鮮魚介、塩干魚介、魚肉練製品、他の魚介加工品）

（３）肉類（生鮮肉、加工肉）

（４）乳卵類（牛乳、乳製品、卵）

（５）野菜・海藻（生鮮野菜、乾物・海藻、大豆加工品、他の野菜・海藻加工品）

（６）果物（生鮮果物、果物加工品）

（７）油脂・調味料

（８）菓子類

（９）調理食品（主食的調理食品、他の調理食品）

（１０）飲料（茶類、コーヒー・ココア、他の飲料）

表2-2-4. 食品群別食品数

食品群	食品数
1 穀類	205
2 イモ及びでん粉類	70
3 砂糖及び甘味類	30
4 豆類	108
5 種実類	46
6 野菜類	401
7 果実類	183
8 きのこ類	55
9 藻類	57
10 魚介類	453
11 肉類	310
12 卵類	23
13 乳類	59
14 油脂類	34
15 菓子類	185
16 嗜好飲料類	61
17 調味料及び香辛料類	148
18 調理加工食品類	50
合計	2,478

（１１）酒類

（１２）外食（一般外食、学校給食）

（１３）賄い食

8）生鮮食品

生鮮食品とは、新鮮であることが求められる食品のことであり、以下のように分類されている。

（１）農産物（きのこ類、山菜類及びたけのこを含む）

　①米穀（収穫後調整、選別、水洗い等を行なったもの、単に切断したもの及び精麦または雑穀を混合したものを含む）、玄米、精米

　②雑穀（収穫後調整、選別、水洗い等を行なったもの及び単に切断したものを含む）

　　とうもろこし、あわ、ひえ、そば、きび、もろこし、はとむぎ、その他の雑穀

　③豆類（収穫後調整、選別、水洗い等を行なったもの及び単に切断したものを含み、未成熟のものを除く）

　　大豆、小豆、いんげん、えんどう、ささげ、そら豆、緑豆、落花生、その他の豆類

　④野菜（収穫後調整、選別、水洗いなどを行なったもの、単に切断したもの及び単に冷凍したものを含む）

　　根菜類、葉茎菜類、果菜類、香辛野菜及びつまもの類、きのこ類、山菜類、果実的野菜、その他の野菜

　⑤果実（収穫後調整、選別、水洗いなどを行なったもの、単に切断したもの及び単に冷凍したものを含む）

　　かんきつ類、仁果類、核果類、しょう果類、殻果類、熱帯性及び亜熱帯性果実、その他の果実

（２）畜産物

　①肉類（単に切断、薄切り等したもの並びに単

に冷蔵及び冷凍したものを含む）

　牛肉、豚肉及びいのしし肉、馬肉、めん羊
肉、やぎ肉、うさぎ肉、家きん肉、その他の
肉類

②食用鳥卵（殻付きのものに限る）

　鶏卵、アヒルの卵、うずらの卵、その他の
食用鳥卵

（3）水産物（ラウンド、セミドレス、ドレス、フィ
レー、切り身、刺身《盛り合わせたものを除く》、
むき身、単に冷凍及び解凍したもの並びに生きた
ものを含む）

①魚類

　淡水産魚類、さく河性さけ・ます類、にし
ん・いわし類、かつお・まぐろ・さば類、あ
じ・ぶり・しいら類、たら類、かれい・ひら
め類、すずき・たい・にべ類、その他の魚類

②貝類

　しじみ・たにし類、かき類、いたやがい類、
あかがい・もがい類、はまぐり・あさり類、
ばかがい類、あわび類、さざえ類、その他の
貝類

③水産動物類

　いか類、たこ類、えび類、いせえび・うち
わえび・ざりがに類、かに類、その他の甲か
く類、うに・なまこ類、かめ類、その他の水
産動物類

④海産ほ乳動物類

　鯨、いるか、その他の海産ほ乳動物類

⑤海藻類

　こんぶ類、わかめ類、のり類、あおさ類、
寒天原草類、その他の海藻類

　食品ではない花卉（かき）なども生鮮食品とし
て扱われる。逆に、卸売市場を介さずに流通する
ことの多いモヤシ、卵などは、生鮮食品ではなく
日配食品として扱われる場合もある。業者によっ

てはハム、ソーセージなど、一部の加工食品を生
鮮食品と捉えている。

9）NB・PB・LB食品

（1）ナショナルブランド（National Brand：NB）食品

　テレビCMなどの宣伝で、全国的に知られ、
どこでも入手できるブランドのこと。広く国民（消
費者）に知られていることが多いため、国民的な
（ナショナル）ブランドと呼ばれる。

　消費者から見れば、信頼できる企業が生産した
り提供した商品ならば安心して買うことができ、
そのため幾分高価であっても販売競争力を持つと
考えられ、そのようなNBは価値が高いと見なさ
れるが、どこの地域・店でも購入できる点で商品
差別性がなく、流通過程の競争原理が働くことで
価格を下げざるを得なくなり、販売側にとっては
利幅が薄くなることも少なくない。

（2）プライベートブランド（Private Brand：PB）食品

　「ストアブランド」「自主企画商品」ともいわれ
る。小売や外食チェーン独自のブランド（商標）
で販売される、そのチェーン店の専用商品である。
大手卸が販売する独自のブランドも含まれる。販
売力を背景に、製造を担当するメーカーと共同で
商品開発・企画を行ない、ストア自身のブランド
名をつけて販売する商品である。

　NB商品を持つ一流メーカーに発注してOEM
（Original Equipment Manufacturer）供給させ
る場合と、下請け業者や自社内で生産される場合
（チェーンブランド）があり、前者が主流となっ
ている。

　なお、2020（令和2）年4月以降、改正食品表
示法施行により、PB商品の製造元が明記される
こととなった。パッケージの裏に記載される「製
造所」欄に自社名が表示されることは、食品メー

カーにとって「好機」といえるだろう。今後は、PB製造を行なっていることを訴求し、知名度を向上させる食品メーカーが増えてくるものと思われる。

大手流通業者はコストの低いPBブランド商品を開発・販売することで、安い価格でも収益を確保している。集客面からNB商品も欠かせないが、大抵の場合は両者を同じ売場に並べることで、NB商品の信頼感・高級感と、PB商品の割安感が互いに強調され、購買意欲につながるようにしている。小売店にとってPB商品を扱うメリットは、大量仕入れ・中間マージンのカットによる販売価格の引き下げや、粗利の確保が期待できることである。メーカー側のメリットは、一定量の販売が確約されることによる工場稼働率のアップや、売上の安定などである。これにより、コスト削減が可能となり、経営の安定につながる。消費者のメリットは、ほぼ同品質の商品をより安価に購入する事ができるということになる。大手小売チェーンのPBとしては、セブン＆アイグループの「セブンプレミアム」、イオングループの「トッ

プバリュ」が2強で高いシェアを有している。

（3）ローカルブランド（Local Brand：LB）食品

日本人は鮮度について大変敏感で、生鮮食品が弱い店は他の食品まで売れなくなる傾向がある。日本は地域ごとに、地場の食材を中心にした食生活が確立しており、ベスト・ローカルと呼ばれる各地域のスーパーが存在している。ある生活圏の中で、消費者の支持を受けながら生き残ってきたローカルブランドの広がりの可能性が大きくなってきている。小売チェーンが一斉に、地場食品・食材への接近を強めている。

その地域の食材を使用し、生産された商品をその地域限定で販売するLB食品は、特に、団塊の世代を中心とするシニア層に好評を得ている。NB食品は全国同一、大手小売チェーンのPB食品も全国同一であることから、その地域でしか購入できない、まさに「地産地消」のLB食品は新たなブランド展開として注目を集めている。

LB食品を展開するにあたって重要なことは、

表2-2-5. 6つの基礎食品群

食品群	特徴	主な食品
第1群	たんぱく質を多く含む食品で、筋肉や骨などをつくり、エネルギー源となる。脂肪、鉄、ビタミンA、ビタミンB_1、ビタミンB_2などの供給源にもなる。	魚、貝、いか、たこ、かに、かまぼこ、ちくわ、牛肉、豚肉、鳥肉、ハム、ソーセージ、鶏卵、うずら卵、大豆、とうふ、なっとう、生揚げ、がんもどきなど
第2群	主にカルシウムの供給源となる食品で、骨や歯をつくり、体の各機能を調節する。良質のたんぱく質やビタミンB_2の供給源としても重要。	牛乳、スキムミルク、チーズ、ヨーグルト、めざし、わかさぎ、しらす干し、わかめ、こんぶ、のりなど
第3群	ビタミンA（カロチン）を多く含む食品で、皮膚や粘膜を保護し、体の各機能を調節する。ビタミンC、鉄、カルシウム、ビタミンB_2などの供給源にもなる。	にんじん、ほうれん草、こまつな、かぼちゃなど
第4群	主にビタミンCの供給源となる食品で、体の各機能を調節する。また、カルシウム、ビタミンB_2、ビタミンB_1の供給源にもなる。	だいこん、はくさい、キャベツ、きゅうり、トマト、みかん、りんご、なし、ぶどう、いちごなど
第5群	主に炭水化物（糖質）の供給源となる食品で、身体に必要なエネルギーをつくりだす。イモ類にはビタミンB_1、ビタミンCなども比較的多く含まれている。	ごはん、パン、うどん、そば、スパゲティ、さつまいも、じゃがいも、さといも、砂糖、菓子など
第6群	主に脂肪、必須脂肪酸の供給源となる食品で、身体に必要なエネルギーをつくりだす。	てんぷら油、サラダ油、ラード、バター、マーガリン、マヨネーズ、ドレッシングなど

その地域に住み、またその地域を訪れる顧客の生活スタイルの理解である。LB開発には商品（ハード）だけではなく、売り方（ソフト）も含まれるのである。

10）6つの基礎食品群

6つの基礎食品群とは、栄養素の視点から食品を第1群から第6群までの6つの品目群に分類したものである（表2-2-5）。この食品群からまんべんなく食品を選び、毎日の食事に取り入れていけば、栄養バランスの良い食事をすることができるといわれる。

11）3色食品群

3色食品群とは、食べ物に含まれる栄養素の働きの特徴で「赤色の食品」「黄色の食品」「緑色の食品」の3つに分類したもの。「赤色の食品」は、肉、魚、卵、大豆、乳製品など、血や肉をつくる

食品、「黄色の食品」は、ご飯、パン、麺、イモ、油、砂糖など、働く力になる食品、「緑色の食品」は、野菜や海藻、果物などで、体の調子を整える食品とされている（表2-2-6）。

12）四群点数法

四群点数法とは、女子栄養大学創設者の香川綾が考案したもの。栄養素が似通っている食品を4つに分類し、その4つのグループから食品を組み合わせることによってバランスのとれた食事の献立が立てられるように考えられたものである。

四群点数法はエネルギー80kcalを1点として計算する。1日の摂取量の基本は20点（1,600kcal）で、性別、年齢、生活活動強度などにより増減させる。必ずとらなければならない食品第1群～第3群は固定で、総カロリー数は第4群の炭水化物で調整するというもの。四群はそれぞれ表2-2-7のように配分する。

表2-2-6. 3色食品群

色	働き	主な食品
赤色の食品	血や肉をつくる	肉、魚、卵、大豆、乳製品など
黄色の食品	働く力になる	ご飯、パン、麺、イモ、油、砂糖など
緑色の食品	体の調子を整える	緑黄色野菜、淡色野菜、キノコ、海藻、果物など

表2-2-7. 四群点数法

群	食品	点数	合計点数
第1群	乳・乳製品	2点	3点
	卵	1点	
第2群	魚介・肉・その加工品	2点	3点
	豆・豆製品	1点	
第3群	緑黄色野菜 120g以上	緑黄色野菜と淡色野菜で計350g以上1点	3点
	淡色野菜		
	イモ	1点	
	果物	1点	
第4群	穀類	9点	11点
	油脂	1.5点	
	砂糖	0.5点	
1日当たりの合計			20点

13) 酸性食品とアルカリ性食品

　梅干しはアルカリ性食品であり、米や麦は酸性食品に分類される。食品が酸性かアルカリ性かの判断は、食べて酸っぱい、渋いかで決められているのではなく、食品100gを燃やして残った灰（無機質）を水に溶かした時に、その水溶液が酸性反応を示すか、アルカリ性反応を示すかによって決められている。酸性反応を示すリン、塩素、イオウなどのミネラルが多く含まれている食品は酸性食品、アルカリ性反応を示すカリウム、マグネシウム、カルシウムなどのミネラルが多く含まれている食品はアルカリ性食品に分類されるということになる。

　たんぱく質はリンやイオウを含んでおり、灰化するとこれらが残り酸性を示すため、肉や魚などのたんぱく質を含む食品は酸性食品に分類される。一方、野菜や果物はカリウム、ナトリウム、カルシウムなどを含み、灰化するとアルカリ性を示すのでアルカリ性食品に分類される。

　「酸性食品は体に悪く、アルカリ性食品が良い」「砂糖を食べると体が酸性になり、害がある」「肉を食べすぎると血液が酸性になる」などという説が広まっているが、食品が人間の血液や体液を酸性やアルカリ性にするという考え方は、科学的事実と反する誤った説である。体を酸性やアルカリ性にするために特定の食品を食べるということは意味がない。人間の体には、体液をほぼ中性（pH7.4）に保つ機能があり、肉類を食べると、含まれるリンやイオウが一時的に蓄積し、リン酸や硫酸となって酸性となるが、腎臓や肺が正常に機能している限り体内の重炭酸と反応して中和されるのである。

3. 商品開発の技法

　商品開発にあたっては、「市場の調査・分析」「競合商品調査」「自社のマーケティング活動分析」「商品開発テーマの設定」「商品コンセプトの作成」「商品本体の開発・試作テスト」「パッケージング・ネーミングの設定」「価格設定」「チャネル戦略の立案」「広告・販売促進策の作成」のプロセスを通して開発が行なわれているが、ここでは、商品開発にあたっての新しい視点での調査・分析技法、コンセプト立案方法について取り上げることにする。

1 調査法

1) 調査法の分類

　リサーチ（調査）には、消費者アンケート、競合他社調査、営業施設周辺調査（商圏調査）、市場動向の把握（新聞、専門誌、公表データ等）などがある。リサーチ（調査）は、既存資料（データ）を分析する方法と、新規にデータを収集・分析する方法とに分かれる。

　既存資料（データ）を分析する方法には、
　（1）内部データ分析～①販売実績②クレーム情報③営業マンが上げてくる情報などの分析
　（2）外部データ分析～①業界データ②有力チェーンのPOSデータの分析などがある。

　新規にデータを収集・分析する方法は、実査（サーベイ）といわれる。実査の方法には、以下の3つの方法がある。

　（1）質問紙法～作成した質問紙（アンケート）に基づいて、調査対象の意見を①訪問面

接②留め置き③電話④手紙・ハガキ⑤Fax⑥メールなどの手段で行なう方法

（2）観察法～①店頭の観察②買物・炊事・洗濯など家事の観察などによる方法

（3）インタビュー法～①キーマンインタビュー法（有力者に対する意見聴取）②グループインタビュー（6人くらいの慎重に選んだ集団に対して、特定のテーマで、インタビューすること。そこでの参加者同士のディスカッションを観察することもある。焦点の絞られた対象に行なわれるので、フォーカスド・グループ・インタビュー とも呼ばれる）などがある。

2) 調査を通して顧客の願望を捉えることが困難に

調査の仕事は、昔に比べると大変難しくなっている。貧しい時代、モノが乏しい時代には、多くの人が自分の欲しいもの、買いたいものが分かっていた。しかし、生活が豊かになり、欲しいものが充足されていくにつれ、願望はあるが、「今、欲しいもの」「次に買いたいもの」が分からない状況になった。そして、「何を欲しいかと聞かれても答えられない、知覚されないニーズ」を持つ人々が増えている。こうしたことから、調査を通して、願望を捉えることが難しくなっているのである。そこで、

（1）POS（Point of Sales：販売時点情報管理）、店でどのような時にどのような人にどんな商品がどのくらい売れたかという情報を把握して、顧客の願望を探っていく方法

（2）データベースマーケティング：特定の顧客の要望をデータベース化して、最適なアプローチ法を探っていく方法

などが広がっている。

しかし、詳細なPOS情報でも分からないことがある。それは、個別の顧客がなぜ、その商品を選択したのかという理由と動機である。

そこで、着目されているのが、「カスタマー・インサイト」である。

3) カスタマー・インサイト(Customer Insight)

カスタマー・インサイトとは顧客視点ということである。このカスタマー・インサイトに立ったリサーチの方法は、

（1）リサーチする現場に足を運び、買い、食べる

（2）その現場の顧客の買い方、食べ方を観察する

（3）そこにいる顧客の声を聞く

である。

〈カスタマー・インサイト事例〉

①ある中華料理店の調理長～「リピーターをつくるのが私の仕事の目的」と客席に出て、顧客の声を聞く。厨房に入ったまま、客席を観察することのない調理スタッフが多い中、この店長は、まさにカスタマー・インサイトを実践している。

②ある百貨店の店員～日本酒を購入する顧客を観察したら、和の惣菜を購入するケースが多いことが分かった。しかし、酒の売場と和惣菜の売場はかなり離れている。店舗の改装時に酒売場の近くに和惣菜の売場を移動することを店長に提案。その結果、和惣菜の売上がアップした。

③ある炭酸飲料メーカーの営業マン～担当の小売店を訪問し、顧客の買物カゴを覗いた折り、自社の商品を購入した顧客が、ある食品メーカーのお好み焼きを買うケースが多いことが分かった。しかし、飲料売場とお好み焼きが置かれている場所は離れている。そこで、その小売店の店長にお好み焼きと自社の炭酸飲料を並べる専用架台を置いて

もらうよう提案。結果、自社の炭酸飲料も
お好み焼きも売上が伸び、小売店の店長か
らも喜ばれた。

4）ショッパー・マーケティング(shopper marketing)

　顧客がスーパーなどの棚に並ぶ数ある商品の中
から、ある特定の商品を選んで購入する理由は何
か。価格が安かったから？　パッケージが目につ
いたから？　オマケやポイント・キャンペーンに
惹かれたから？　友人に薦められたから？　いつ
も買っている馴染みの商品だから？　その商品を
どのような（性別・年代別）人がどれだけ（客数）、
何月何日何時にどんなタイミングで買ったかは
POSデータを見ればわかるが「なぜ買ったか」
を明らかにするのは簡単なことではない。

　「ショッパー・マーケティングとは、ショッパー
（購買者）の行動に関する深い理解に基づいて開
発され、ブランドエクイティ（ブランドの価値）
を構築し、ショッパーを惹きつけ、購買決定に導
くために計画されたすべてのマーケティング刺激
からなる活動である」と定義されている。

　従来の店頭マーケティングでは、店頭における
商品の露出量や視認性の向上が重要視されてきた
が、ショッパー・マーケティングは買物客のニー
ズや心理を探り、それをもとに店舗内コミュニ
ケーションの要素を組み立てようとするものであ
る。消費者全般を対象とするのではなく、ある特
定の店舗で買物をする「ショッパー」に注目する。
同じ消費者でも、訪れる店舗ごとに異なる目的を
持ち、異なる行動をする場合があるからである。

　ショッパー・マーケティングも顧客視点という
ことでは、カスタマー・インサイトと共通してい
るといえよう。

5）BSA(Benefit Structure Analysis：価値構造分析)調査

　人によって、期待することや程度は異なり、中
には何も期待しないという人もいるであろうが、
一般的に、フードサービス施設を利用する場合、
味、提供のスピード、メニューの種類、メニュー
のボリューム、食材の質、価格、栄養、店の雰囲
気、従業員のマナー・サービス、店の整理・整頓・
清潔、トイレの清潔などの項目に対して期待を持
つ。BSA調査は、アメリカで考案され実施され
ている調査である。

　この調査の目的は①顧客がどのようなことに価
値を感じており、何に対してどの程度期待をして
いるのか、②顧客の期待していることに対して、
提供した商品（メニュー）・サービスはどの程度
満足を与えたか、③期待と満足の差はどの程度か
を知ることで、現状の商品・サービスの改善を図
ることである。

（1）BSA調査法

　一般の調査では、商品（メニュー）・サービス
の満足度だけしか分からず、その顧客が何に対し、
どの程度期待しているのかは分からないが、この
BSA調査では、表2-3-1の調査票の例に示した通
り、それぞれの項目に対し回答者に期待度と満足
度を記入してもらうことで、期待度（Wants）、
満足度（Gots）の両方を把握し、さらに期待度
と満足度の差（Needs Gap：ニーズ・ギャップ）
を捉える。

（2）調査結果の分析

　表2-3-1はフードサービス施設AとBのBSA
調査結果（調査項目は10項目、調査の回答サン
プル数はともに100サンプル）を表わしたもの
である。表に記入されている数値は回答者100人
が10点満点で回答した数値の平均点だが、まず、
表の一番下の平均点を見てみよう。これは、調査
項目10項目の平均得点であるが、フードサービ
ス施設Aは、期待度（W）が7.8、満足度（G）
が4.7、ニーズギャップ（期待度－満足度）が3.1

であり、フードサービス施設Bは、期待度（W）が6.2、満足度（G）が5.7、ニーズギャップ（期待度−満足度）が0.5となっている。

一般の調査では、満足度だけしか測定しないので、施設Bの方が施設Aよりも満足度が高いと結論づけるが、BSA調査では、期待度の高さも問題にする。施設Bは期待度が施設Aに比べると、1.6ポイント低い結果となっている。期待度の低い施設の問題点は、新規の顧客の獲得が難しいということである。一般のレストラン、食堂でも、入口回りやサンプルケースが汚れている店は期待度が低いために新規客の獲得が難しくなる。ニーズギャップの大きい項目（BSA調査では、NGの数値のプラス、マイナスは無視する）を挙げると、施設Aでは、料理提供のスピード、価格、店の整理・整頓・清潔、トイレの清潔、施設Bでは、栄養、店の整理・整頓・清潔となっているが、これらの項目を優先に見直し、改善を図っていくことが必要となる。そして次に、期待度、満足度の低い項目の改善を進めていくことが必要である。

「消費者の健康志向が高まっている」という内容の記事や調査結果を頻繁に見かけるが、消費者＝自店の顧客ではない。健康をさほど意識していない顧客に対して健康メニューと強調してみても、顧客の心には届かない。例えば、ラーメンや焼き肉、ハンバーガーなどを食べる場合、多くの人は、健康を意識せずに、それらのメニューを食べているのではないか。したがって、「健康ラーメン」「健康焼き肉」「健康ハンバーガー」などを開発し、提案しても的外れになると思われる。もちろん、自店の顧客の多くが、料理に健康という価値を求めている場合には、この期待に応えていかなければならないことはいうまでもない。自店の顧客の多くが自店を利用するにあたってどのような価値を求めているのかを知ることこそ、ビジネスの原点である。BSA調査の実施で、顧客は店にどの程度期待しているのか、また、店はどのような価値を期待されているのか、そして、その期待に店はどの程度応えられているのかを探ることが必要である。

6）AMTUL（アムツール）調査分析
【調査項目】
（1）Awareness（認知状態）

商品・サービスや店舗・施設の名前を知っているかどうかということである。この項目の調査では、調査票にあらかじめ自社（自店）の商品・サー

表2-3-1. BSA調査結果

（数字は10点満点の得点）
W: 期待度、G: 満足度、NG: ニーズギャップ

フードサービス施設 A				フードサービス施設 B			
項目	W	G	NG	項目	W	G	NG
味	8	5	3	味	5	8	− 3
料理提供のスピード	10	5	5	料理提供のスピード	6	9	− 3
メニューのボリューム	7	5	2	メニューのボリューム	6	8	− 2
栄養	5	5	0	栄養	8	3	5
メニューの種類	8	5	3	メニューの種類	5	7	− 2
食材の質	7	5	2	食材の質	7	5	2
価格	9	5	4	価格	5	6	− 1
店の整理・整頓・清潔	8	4	4	店の整理・整頓・清潔	7	3	4
従業員のマナー・サービス	8	5	3	従業員サービス	6	4	2
トイレの清潔	8	3	5	トイレの清潔	7	4	3
平均点	7.8	4.7	3.1	平均点	6.2	5.7	0.5

各項目の得点数値はフードサービス施設 A、Bとも100サンプルの平均点

ビス名や店舗・施設名を記入しておき、知っているものに○印を付けてもらう。

（2）Memory（記憶状態）

　商品・サービスや店舗・施設の名前を記憶しているかどうかということである。「認知」というのが、「名前を見たり聞けば分かる」状態であるのに対し、「記憶」とは「名前を見たり聞かなくても思い出せる、想起できる」状態である。この「記憶」の調査は、必ず（1）Awareness（認知状態）を調査する前に行なわなければならない。調査のやり方は、白紙を配り、例えば「今から1分間であなたが思い出せるコーヒーチェーンの店名を紙に記入してください」と指示する。当然、回答者によって思い出せる店舗数や店名の正確度は異なる。店名については、若干の違いであれば回答したものとしてカウントする。

（3）Trial（利用経験の有無）

　商品・サービスや店舗・施設を過去に1回でも利用したことがあるかどうかということである。この調査では、調査票にあらかじめ自社（自店）の商品・サービス名や店舗・施設名を記入しておき、過去に一回でも利用したことのあるものに○印を付けてもらう。

（4）Usage（最近の利用の有無）

　商品・サービスや店舗・施設をこの1ヵ月の間に利用したことがあるかどうかということである。この調査では、調査票にあらかじめ自社（自店）の商品・サービス名や店舗・施設名を記入しておき、この1ヵ月の間に利用したことのあるものに○印を付けてもらう。

（5）Loyal（利用意向の有無）

　商品・サービスや店舗・施設を今後利用する意向があるかどうかということである。この調査では、調査票にあらかじめ自社（自店）の商品・サービス名や店舗・施設名を記入しておき、今後利用する意向のあるものに○印を付けてもらう。小売店や外食店舗で行なわれているアンケート調査では、この今後の利用意向の項目が抜けているケースを多く見かける。名前は知られており、記憶されており、過去にも、最近1ヵ月の間にも利用されたことがあったとしても、「今後は利用する気がない」という回答者が多ければ、そのお店の将来はない。このLoyal（利用意向の有無）の調査項目こそ最も重要な項目といえる。

（6）調査結果の分析

　表2-3-2はコーヒーチェーンに関してAMTUL調査を行なった結果の3チェーンを抜粋し、表わしたものである。この結果を分析すると以下のような課題が浮かび上がってくる。

　①認知・記憶ともに100人の回答者が100人とも名前を挙げたのはAチェーンのみ。B、Cチェーンともに、店名が記憶に留まるような宣伝・広告が必要であるといえよう。

　②過去に1回でも利用したことのある率を比較すると、Aチェーンは100％、Bチェーンは85％、Cチェーンは65％と、特にCチェーンが大きく落ち込んでいる。このCチェーンは、1回、

表2-3-2. AMTUL（アムツール）調査結果例

N = 100人

	A 知っている	M 記憶している	T 利用したことがある	U この1ヶ月以内に利用した	L 今後利用したい
Aコーヒーチェーン	100% 100人	100% 100人	100% 100人	90% 90人	85% 85人
Bコーヒーチェーン	100% 100人	90% 90人	85% 85人	70% 70人	55% 55人
Cコーヒーチェーン	95% 95人	80% 80人	65% 65人	50% 50人	45% 45人

店に足を運んでもらうための、割引サービスやおまけ付きのキャンペーンなどを実施する必要がある。

③過去に1回でも利用したことのある人がどの位、この1ヵ月以内に利用したのかを見ると（T分のUの率）、Aチェーンは90.0%、Bチェーンは82.4%、Cチェーンは76.9%となっている。ここでも、Cチェーンが落ち込んでいることが分かる。Cチェーンはスタンプサービスなどの導入で来店頻度を高める対策が必要である。

④最後に最も重要な、現在の顧客が今後どの程度、店を利用してもらえるかを見ると（U分のL）、Aチェーンは94.4%、Bチェーンは78.6%、Cチェーンは90.0%となっている。A店はこれまでの項目を含め、総合的に見て優良店といえるが、一番重要な項目を見て分かる通り、これまで問題店として指摘してきたC店は現在の顧客の9割が今後も利用したいとしている強い店であることが分かる。つまり、C店は集客力さえ付ければ、より競争力のある店になる。逆に最も落ち込んでいるのがB店である。B店は現在の商品・サービスを改善しない限り、今後客数が落ち込むことになる。

経営環境が厳しさを増しており、客数、客単価ともに落ち込む傾向が見られるフードサービス市場において最も重視しなければならないのが、リピーターの獲得である。そのためにも、このAMTUL調査分析により顧客をリピーターにできるかどうかを探ってみることが大切である。

7）RFM（アールエフエム）調査・分析

前述のAMTUL（アムツール）調査では（1）Awareness（認知状態）、（2）Memory（記憶状態）、（3）Trial（利用経験の有無）、（4）Usage（最近の利用の有無）、（5）Loyal（利用意向の有無）のうち、（5）Loyal（利用意向の有無）が最も重要だという説明をした。つまり、ア

ンケート調査の料理の味、温度、従業員のマナー・サービス、料理提供のスピード、店の整理・整頓・清掃などの項目でどのように高い評価を得られても、今後のLoyal（利用意向、来店意向）が高いとは限らないからである。こうした意味からも、アンケートに今後の店の利用意向を入れることが必要なのである。

RFM（アールエフエム）調査・分析は、Recency（リーセンシー：最新購買日）、Frequency（フリークエンシー：購買頻度）、Monetary（マネタリー：購買金額）の3つの項目で優良な顧客かどうかを判定する方法である。こうしたAMTUL（アムツール）調査やRFM（アールエフエム）調査を一般的なアンケート調査と組み合わせて実施することも必要である。

8）戦略的コンセプトの開発

（1）戦略的コンセプトの開発のABC

A：Audience（ターゲット消費者）

B：Benefit（消費者便益）

C：Compelling Reason Why（説得力のある「信じる理由」）

①A：Audience（ターゲット消費者）

全ての消費者のどのような場面でも好まれる商品という考え方は、開発担当者が陥りやすい罠である。誰にでも当てはまる商品は、言い換えると、何も特徴のない「尖った部分（他の商品に対し際立った違い）」のない商品ということになる。ターゲット消費者は、

◆年齢層（20歳代、30歳代、40歳代、50歳代、60歳代など）

◆性別（男女）

◆職業（勤め人、主婦など）

◆ライフスタイル（健康志向、ボリューム志向、簡便志向、グルメ志向、価格志向、アウトドア志向、家族団欒志向など）

の軸で考える。そして、自社商品を購入する潜

在的可能性が最も高いターゲットを設定する。

②B：Benefit（消費者便益）

消費者便益を明確にできていないことが、今日のマーケティングの最大の問題である。多くの企業が、消費者がその商品を買う明確な理由（消費者にとっての便益）を明確にしていないし、伝えていない。消費者便益の表現とは、消費者に向けて、「その商品があなたをどのように感じさせるか」という内容のメッセージを盛り込むことである。例えば、ある企業のシリアルは、シリアルの一般的な便益（ミルクの中でグチャグチャにならない、おいしいなど）は無視し、若くて美しい女性がセクシーな服を着て、商品を食べているシーンを流し、「毎朝、食べ続ければこんなにも美しくなる」という便益だけを訴求している。

③C：Compelling Reason Why（説得力のある「信じる理由」）

信じる理由とは、その商品が提供する便益を、消費者が信じることができるような明確な理由・根拠のことである。シティバンク社が自社のクレジットカード所有者に、「シティショッパー」というサービスを導入するにあたって、「シティショッパーは、2万点以上の有名ブランドに関し、最も価格が安い店を紹介するサービスです」というメッセージを届けたところ、消費者の反応が芳しくなかった。そこで、「当社のコンピューターが常時、全国5万店以上の価格をチェックしているため、お客様に最低価格の情報が提供できることが可能なのです」という文章を加えたところ、このサービスの加入者が格段に増加したのである。「2万点以上の有名ブランドに関し、最も価格が安い店を紹介してもらえる」という消費者便益を、「全国5万店以上の価格をチェックしているため」という「信じる理由」と一緒に伝えたことが利用者増加の結果を生んだのである。

（2）戦略的コンセプト開発のABCの事例

①あるサンドイッチ店

A：ランチを食べに来る人

B：新鮮なおいしさ

C：一番新鮮でおいしいサンドイッチを提供するため、地域でつくられた野菜と肉のみを使用。全てのサンドイッチは注文があってからつくっている

②ある航空会社

A：ビジネス顧客

B：大柄な人でも満足できるサービス

C：快適でリラックスできるフライトを実現するため、大柄な人にも十分な広さの座席と十分な足元のゆとりを確保

他の、大手航空会社が「空の特別便」「世界の頂点に」「空をかける自由」など、抽象的なイメージ語で他と差別化できていないのに対し、この航空会社は消費者に便益と説得力のある「信じる理由」を明確に表現している。

9）競合分析

優れたマーケティングを行なっている企業は、現状を打開し、より深く消費者を理解するために、競合分析の新しい手法を導入している。この手法は、ナレッジ・マイニング（Knowledge Mining＝知恵の発掘）と呼ばれている。

（1）ナレッジ・マイニング（知恵の発掘）

ナレッジ・マイニング（知恵の発掘）とは、消費者の購買行動の観察と陳列商品の分析を通して、商品カテゴリー内（例えばコンビニやスーパーのパスタ）で

◆消費者は何に反応しているのか

◆どのような特徴を持った商品が顧客の買物カゴに入れられるのか

◆なぜ、他の商品には目を奪われなかったのかを分析し、消費者の購買意思決定に影響を与えている要素を明らかにし、自社の商品

コンセプトを明らかにする手法。

（2）ナレッジ・マイニング（知恵の発掘）の手順（例：コンビニのパスタ）

①インターネットでコンビニ各社のパスタについて商品名・価格・商品のキャッチコピー・人気ランキングなどを調査し、記録する。

②セブン‐イレブン、ローソン、ファミリーマート、ミニストップなどの有力チェーンに行き、店頭を観察し、当該商品のゴンドラ（陳列棚）での陳列状態（陳列場所・横に何個並んでいるかのフェイス数）を観察し、記録する。

③各コンビニで上記の観察商品を全て１品ずつ購入。

④社内でディスカッションし、消費者の購入に影響すると思われるコンビニパスタ商品特性や便益を全てリストアップする（価格・味・量など）。

⑤購入したコンビニパスタを観察・分解・分析する。Ａ４用紙に１品ずつパッケージのサイズ・形態・商品のメーカー・量・価格・商品に記載されている文字・具材の重量・長さ・色など全ての情報を書き込み、写真を撮り、貼り付ける。

⑥上記の④でリストアップした商品特性・便益に対し、購入した商品がどの程度満たされているかを評価する。

⑦自社商品について、同様に⑥で行なうと同様に評価する（表2-3-3）。

⑧自社商品の改良、または自社新商品のコンセプトを見出す。

10）新しい商品開発〜「難」を解消する商品開発が必要

自社が提供している商品・サービスに対し、「食べ・飲み難さ」「開け難さ」「持ち難さ」「読み難さ」「運び難さ」「選び難さ」「調理し難さ」など、顧客は「難」を感じていないだろうか。こうした「難」を解消するアイディアが製品化されたとき、ヒットする確率が高くなる。多くの顧客は、「難」を感じても、わざわざ声を上げることもしないサイレントクレーマーである。その声なき声をいかにすくい上げるか。消費財なら、お客様相談室などにかかってきた電話やメールから吸い上げる。ということは、取引を打ち切られた顧客に再度アプローチする場合は、単に「もう一度、取引をお願いします」というのではなく、「当社の欠点を、ぜひお聞かせください」といえばどうか。思いもよらなかった不満を引き出せる可能性がある。その不満は、第二の取引打ち切りを防ぐだけでなく、新製品開発の貴重なヒントにもなる。

11）商品・メニュー開発の技法

商品・メニュー開発の技法としては、オズボーンのチェックリスト法が良く知られているが、ここでは、分かりやすく使いやすいデビス・ホートマンの製品改良チェックリストを食品に応用してみた。

①色を変える

青、緑、黄色、オレンジ、赤、紫、白、黒、その他の色、その他の色の組み合わせ

②寸法を変える

長く、短く、広く、太く、細く、厚く、高く、低く、大きく、小さく、その他の寸法

③型を変える

丸、四角、三角、卵型、正三角型、五面体、六面体、八面体、十面体、非対称、角とがり型、角丸型、ドーナツ型、U型、その他の型

④材料を変える

野菜、肉、魚、その他

⑤外国調に変える

東洋、アメリカ、ドイツ、フランス、メキ

表2-3-3. 商品特性・便益分析・評価シート（コンビニのパスタ）

NO.	商品特性						便益				総合評価
	対象客層	値頃	麺の量	具材の量	具材の種類	キャッチコピー	満腹感	栄養・健康	お得感	季節感	大変満たしている 5点 ほぼ満たしている 3点 あまり満たしていない 2点
1											
2											
3											
4											
5											
6											
7											
8											
9											
10											
11											
12											
13											
14											
15											
16											
17											
18											
19											
20											
合計											

シコ、北欧、エジプト、スペイン、その他の
国、地域

⑥時代色を変える

　中世、古代ギリシャ・ローマ、19 世紀、1920
年代、1940 年代、1960 年代、1970 年代

⑦デザインを変える

　強くする、遠くする、誇張する、二重にす
る、除去する、分割する、軽くする、短縮
する

⑧取捨する

　匂いを加える・減らす、香味を足す・減
らす

12）メニュー作成のマトリックス

　メニューを作成する場合、以下の 8 項目から
ピックアップして順列を組み合わせると、理論上
は 1,524,096 種類のメニューを考案することがで
きる。

　実際、ある大手食品メーカーの商品開発担当者
は、このようなマトリックをもとに、世界各国の

メニューを収集し、レシピ開発を行なっていた。

①主菜　肉類（鳥・豚・牛・羊・猪・馬）・魚
介類（白身・赤身・貝・イカ・タコ・ウナギ）
野菜・豆腐　（14 種類）

②副菜（同上）（14 種類）

③麺・ご飯・パン　（3 種類）

④調理法（焼く・煮る・炒める・揚げる・蒸す・
和える）（6 種類）

⑤国（日本・アメリカ・フランス・イタリア・
ドイツ・中国・韓国・インド・メキシコ）
（9 ヵ国）

⑥客層（男・女・若者・中高年）（4 種類）

⑦食器（丸・正方形・長方形）（3 種類）

⑧喫食時間帯（朝・昼・夕・間食）（4 種類）

参考文献

◉岩垂荘二「食品工学論」（光琳書院）1963
◉廣野穣「新商品開発の着眼発想」（KK ロングセラーズ）
　1999
◉Gordon W.Fuller「New Food Produkt」
◉Development（CRC PRESS）2005
◉三ツ井光晴「現代商品開発論」（中央経済社）1991

4. 商品開発におけるマーケティング

1 ｜ 商品開発の目的

1）商品開発はマーケティングの機能のひとつ

　マーケティングについては、本教本の第 1 章で
詳細に述べたが、建築において必要になるのが建
築理論と建築技術であるのと同様に、マーケティ
ングにおいてもマーケティング理論とマーケティ
ング技術が必要となる。

　マーケティングの機能とは、マーケティングを

行なう上で必要となる技術であり道具と考えるこ
とができる。商品開発もそれら機能のうちのひと
つである。

2）成熟・飽和市場での商品開発

　食市場が成熟飽和化し、規模が縮小している中
で競争が激化している今日の環境下においては、
今から 40 〜 60 年前の高度経済成長期、大量生産・
販売・消費期に活用されたプロダクト・アウトの
考え方である 4 P 論や 4 C 論では、課題解決は難

しい。

マーケティング実務家の水口健次が提唱した8F に価格を加えた9F（Function ＝機能）が、食品メーカーや卸や小売業で商品開発を含むマーケティングいう仕事を進める上で有効な機能（道具）といえる。9F 論には、4P 論、4C 論に含まれていないリサーチ（調査）が入っていることがポイントである。

4P 論も4C 論も9F 論も食品メーカーや卸売業や小売業を主体に考えられたものであり、飲食業（フードサービス業）の課題に応えることは難しい。

3）プロダクト・アウトからマーケット・インへ

これも本教本の第1章で述べたが、おさらいしておきたい。プロダクト・アウト（Product Out）とは、作り手がいいと思うものを作る、作ったものを売るという考え方で、企業が商品開発や生産を行なう上で、作り手の理論を優先させることである。従来の大量生産方式がこのやり方に当たる。

一方、マーケット・イン（Market In）とは、顧客が望むものを作る、売れるものだけを作り、提供するという考え方で、ウォンツとニーズを優先し、顧客視点で商品の企画・開発を行ない、提供していくことである。

日本では長い間、良いものを作れば売れるというプロダクト・アウトの時代が続いてきた。しかし 1970 年代以降、市場が成熟化・飽和化し、さまざまな業界で供給過剰に陥り、企業の都合で作られた商品やサービスのままでは、受け入れられなくなってきた。そこで 1990 年代前半、顧客の視点やニーズを重視しようとする、マーケット・インの考え方が登場した。

2 商品開発を取り巻く環境の変化

1）商品のライフサイクル理論

マーケティングでは、商品が販売開始されてから販売終了にいたるまでの過程をプロダクト・ライフ・サイクル（PLC：Product Life Cycle）と呼んでいる。サイクルとは、新商品は（1）導入期、（2）成長期、（3）成熟期、（4）衰退期の4つの段階を経て、売上が減少していくが（図2-4-1）、それぞれの段階によってマーケティング戦略が変わるという理論である。

（1）導入期

新商品が導入されて、消費者に認知される段階であり、卸売業者や小売業者などの流通業者に製品を取り扱ってもらうよう促進したり、消費者に試用してもらうなど商品の認知度を高めていく必要がある。市場導入と拡大のための宣伝広告費、販売促進費、営業活動費などに多額の資金が必要となる。

（2）成長期

新商品が市場で広く認知され、需要が拡大して、売上が急激に伸びる一方で、競合他社の参入も増えてくる段階である。生産設備の増強や取引先の拡大のために多額の資金が必要となる。

（3）成熟期

図2-4-1. 商品のライフサイクル

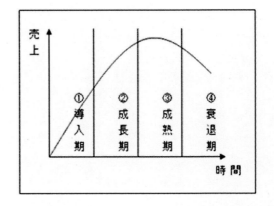

需要が飽和化し、売上、利益率ともにもピークを迎え、伸び悩む段階である。価格競争も激しくなり、限られた市場規模の中で、シェアを奪いあう状況になる。競合他社と差別化された商品の開発や既存商品の改良が必要となる。

（4）衰退期

売上は徐々に減少して、市場からの撤退までを視野に入れて考える段階である。

2）商品の短命化

表2-4-1に示した通り、1970年代以降、商品のライフサイクル、つまり商品の寿命は短くなっており、発売後5年を超えて生き残る率はわずか5.6％というのが実態である。

現在、新商品の開発現場では「1,000品目発売しても当たるのは3品目くらい」という声が聞かれる。消費者のニーズが高度化、多様化することでヒットさせるためのハードルが上がっているためだ。

食品業界では、商品をヒットさせることも難しく、商品が生き残ることも難しいという大変に厳しい状況に置かれているのである。

3）商品短命化の理由

なぜ、商品の寿命が短命化しているのかについては、（1）似たような商品が現れる、（2）同種の商品で、より低価格品が現れる、（3）技術的には大きな差のない商品が増えている、（4）消費者が新商品に大きな関心を持たなくなっている、というのが主な理由であるが、本質的には

◆技術的に他社が真似できないような画期的な新商品が少なくなっている。
◆顧客ニーズを把握できていない。

ことが原因だといえよう。

なお、プロダクト・ライフサイクル理論に当てはまらない、発売して50年以上も生き残っているロングセラー商品もあることを知っておく必要がある。こうしたロングセラー商品は、発売以来まったく変わっていないわけではなく、「不易流行」の考え方で、その商品の本質的な特性は変えず（不易）、変わったと感じさせない程度に、時代の変化に合わせ改良（流行）を行なっているのである。

参考文献
●建帛社「四訂食品の消費と流通」2011

表2-4-1. ヒット商品のライフサイクル

単位：%

	1年未満	1〜2年未満	2〜3年未満	3〜5年未満	5年超	合計
1970年代以前	1.6	6.3	5.1	27.7	59.4	100.1
1980年代	1.7	9.8	12.4	29.6	46.5	100.0
1990年代	4.8	16.4	19.6	32.5	26.8	100.1
2000年代	18.9	32.9	23.1	19.6	5.6	100.1

社団法人中小企業研究所「製造業販売活動実態調査」（2004年11月）より

5. フードコーディネーターの商品開発

1 | フードビジネスのさまざまな商品開発

　フードビジネス業界には、非常に多くの業種・業態が存在するが、いかなる業種・業態においても、商品開発は最も重要な業務のひとつとなる。

　外食産業においては、メニューは「店の顔」ともいわれ、メニュー開発は売上に大きな影響を与える。食の簡便化傾向が続く中、弁当や惣菜の需要が高まりを見せており、中食産業では百貨店、スーパー、コンビニエンスストアなどで販売する商品の開発が求められている。また、食品メーカーにおいては、外食向けの業務用商品や、一般消費者向けにスーパーや小売店で販売する商品が、次々に開発されている。

　このようにフードビジネスにおける商品開発は多岐にわたっており、「食の専門家」として、フードコーディネーターが活躍する場面は多い。

2 | 商品開発におけるフードコーディネーターの役割

　フードコーディネーターは、外食産業、中食産業、小売・流通業など、さまざまな食関連の企業や団体、生産者から、商品開発に関わる仕事の依頼を受けることがある。クライアント（依頼主）により、依頼内容はさまざまであるが、フードコーディネーターには、消費者とクライアントの間に立ち、双方の利益を考えて、より良い商品を作り上げることが求められる。

　外食企業や食品メーカーなどは、値段が安く、売りやすく、利益率の高い商品の開発を優先しがちである。作る側、売る側にとって、これらの要素は重要であるが、それだけでは消費者の満足は得られず、購買につなげることはできない。

図2-5-1. 現在の食の志向（上位）の推移（2つまで回答）

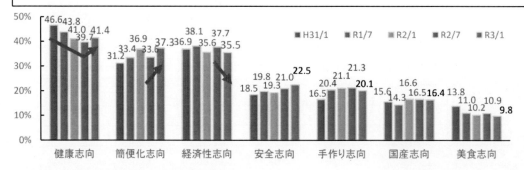

- 現在の食の志向は、前回（令和2年7月調査）に引き続き「健康志向」「簡便化志向」「経済性志向」が3大志向となった。
- 3大志向の動きは、低下傾向にあった「健康志向」（41.4%、前回比＋1.7ポイント）が上昇に転じたほか、「簡便化志向」（37.3%、同＋3.7ポイント）が上昇し、「経済性志向」（35.5%、同▲2.2ポイント）が低下した。

日本政策金融公庫「令和3年度1月消費者動向調査」より

図2-5-2. 食に関する志向（3大志向、平成20年1月調査からの推移）

・これまで1位「健康志向」2位「経済性志向」3位「簡便化志向」という傾向が強かったが、今回調査で
　は「簡便化志向」が2位に上昇した。

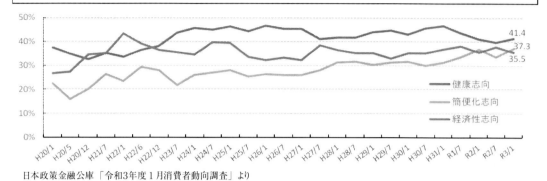

日本政策金融公庫「令和3年度1月消費者動向調査」より

図2-5-3. 年代別 現在の食の志向（上位）（2つまで回答）

・「健康志向」は40代、50代を除く年代で上昇した。「簡便化志向」は20代、70代を除く年代で上昇した。
・「経済性志向」は40代で2半期連続の上昇となった。一方で、20代および50代～70代では低下となっ
　た。

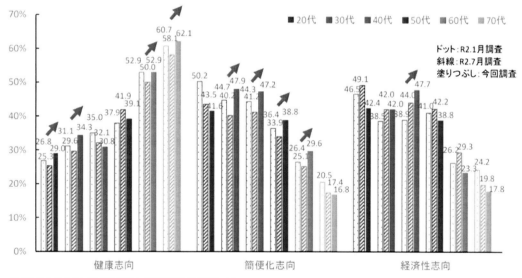

日本政策金融公庫「令和3年度1月消費者動向調査」より

図2-5-4. セブン-イレブンの来店客の年齢分布の変化

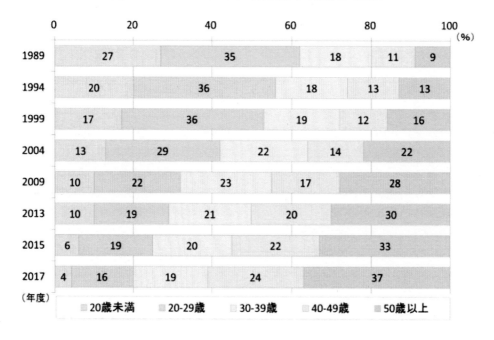

図2-5-5. 人口の年齢分布の変化

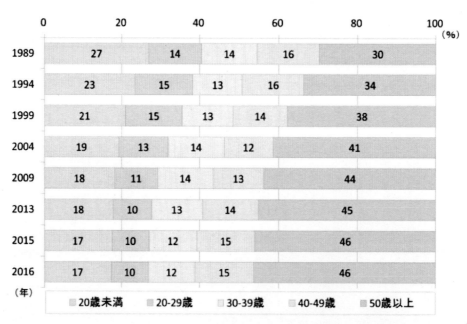

久我尚子「コンビニは若者からシニアのものへ」ニッセイ基礎研究所ホームページ（2018年09月13日）より

フードコーディネーターの役割は、市場動向や、消費者の食の志向を調査、分析し、消費者のニーズ（必要性）やウォンツ（要望）を的確にとらえ、それをクライアントに伝えながら、商品に盛り込んでいくことにある。

消費者の志向を調査した資料の例として、日本政策金融公庫の消費者動向調査を挙げる（図2-5-1、2-5-2、2-5-3）。フードコーディネーターには、このような資料を収集し、客観的な分析を行なって、何が消費者に求められているのかを読み取る力が必要となる。

1）コンビニの商品開発

ここで一例として、コンビニの商品開発について考えてみたい。

コンビニ業界首位の売上高とシェア率を誇るセブン-イレブンの来店客の年齢分布の変化（図2-5-4）を見ると、若者が減り、高年齢層が増えている。1989年では20代以下の来店客数が全体の6割を超え、コンビニは「若者のもの」であった。しかし、2000年代に入ると半数を下回り、2017年では2割でしかない。一方、50歳以上の来店客数は、1989年では1割に満たなかったが、2017年では約4割を占めている。つまり、1989年から2017年にかけて、20代以下は3分の1に

減り、50歳以上は4倍に増えたことになる。

この数字を、我が国の人口の年齢分布の変化（図2-5-5）と比較してみよう。1989年と2016年の50歳以上の人口の割合を見ると、30％から46％へと1.5倍の増加となっている。したがって、セブン-イレブンの50歳以上の来店客数は、人口の高齢化を大きく上回るスピードで増加していることが分かる。

これらのデータ分析から、コンビニの商品開発では、高年齢層をターゲットとした商品の提案が必須となるのは明確である。また、前述の消費者動向調査（図2-5-1, 2-5-2, 2-5-3）の結果から、消費者の健康志向は根強く、特に高年齢層ほど、健康に対する意識が高い実態を読み取ることができる。

2）コンビニの弁当開発の方向性

1）の内容を踏まえて、コンビニの弁当開発の方向性について考えてみよう。

従来のコンビニ弁当は、揚げ物などの高エネルギーのおかずをメインとした若者向けのものが多く、どちらかというと、不健康なイメージと受け止められる傾向が強かった。

そこで、雑穀米を使用したり、ヘルシーなおかずを取り入れたりするなどの工夫を凝らした健康

図2-5-6. コンビニの健康訴求弁当例(セブン-イレブン)

訴求商品（図 2-5-6）が増えれば、高年齢層の日常的なコンビニ利用を促すことができる。「少しずつ色々なものを食べたい」、「もっと野菜を摂りたい」という声に応えて、少量多品目のおかずの中に、種々の野菜を盛り込んだ弁当を開発することにより、固定客の来店頻度を上げるだけではなく、これまでコンビニを利用したことがない新規客を取り込むことも期待できる。栄養バランスに加え、季節感や彩りにも配慮し、食べやすい工夫などを提案していくことも必要になるであろう。

さらに、小分けの食品や惣菜などを充実させ、一人暮らしの人にも買いやすい商品の品揃えを図ったり、独自のプライベートブランド商品を拡充したりすることにより、ますますコンビニの利用価値は高まっていく。

このように、商品開発の場面では、必要な情報の収集や資料の分析を行ない、消費者のニーズをつかんで、クライアントに向けて商品を提案していくことが重要である。すなわち、フードコーディネーターは、消費者とクライアントをつなぐ「架け橋」としての役割を担っているのである。

3 フードコーディネーターの商品開発のポイント

次に、フードコーディネーターが商品を開発する際に、押さえておきたいポイントを見ていこう。

1）健康志向とライフサポート

消費者の健康志向が高まる時代において、フードコーディネーターには、消費者の健全な食生活のサポーターとしての役割が求められている。栄養に関する基本的な知識は勿論のこと、子供から高齢者までのそれぞれのライフステージごとに必要な栄養摂取量などを把握して、商品開発に反映させることが大切である。

昨今、「1日に必要な野菜の 1/3 量がとれるサラダ」といった具体的な数値をうたった商品が人気を呼んでいる。厚生労働省が推進している「21世紀における国民健康づくり運動（健康日本21）」では、健康増進の観点から、1日 350 g 以上の野菜を食べることを目標に設定しており、こうした数値目標を商品開発のテーマにすることもできる。

健康日本 21 には、生活習慣病の予防や、健康寿命の延伸を目指し、栄養・食生活などに関する具体的な数値目標が掲げられている。このような行政の取り組みにも注目し、健康的な食生活を実現するためのライフサポーター役として、商品づくりに努めていく姿勢を持ちたい。

2）国産食材と輸入食材

近年、食の安心・安全の面から、国産食材に対する消費者の支持が高まっていた。しかし、ここ数年、国産食品に対する「安全性が高い」、「価格が高い」といった従来のイメージはいずれも低下傾向にあり、国産食品と輸入食品のイメージの差はやや縮小傾向にあることが伺える（図 2-5-7）。

商品開発を手掛ける上で、安心・安全な食材を選ぶことは基本であるが、国産だけにこだわるのではなく、国産、輸入食品のそれぞれの特徴を十分に理解し、適材適所で使い分けることが大切である。家庭用と業務用の違いも考慮した上で適切な食材を選択、判断できる知識を身につけておこう。

3）季節感と行事食・郷土料理

豊かな自然に恵まれた我が国では、四季折々の食材を活かす食文化を継承してきた。最も味のよい「旬」の時期は3つに分かれ、初物と呼ばれる「はしり」から始まり、味や栄養が充実する「さかり」を経て、やがて去りゆく「なごり」を惜しむ。食卓から季節感が失われている今日、このような季節の移ろいを、食材や調理法、盛り付け、器などを組み合わせることにより、商品に表現す

ることも大事にしたい。

　また、我が国には、古来より伝承されてきた行事に伴う食の風習や、各地に伝わる伝統的な料理が数多くある。家庭における食文化の継承が希薄となっている現代においては、行事食や郷土料理などを商品に活かし、伝えていく工夫も求められる。

4）和食の文化

　ここ数年、国内外で和食が人気を呼んでいる。コロナ禍前に日本を訪れる外国人が急増したことも、その要因のひとつである。

　訪日外国人の観光ニーズについて調べた観光庁の調査によると、「訪日前に期待していたこと」は「日本食を食べること」が最も多く、70.5％に上った（図2-5-8）。実際に日本食を食べた人は全体の96％を占め、その内、満足した人は90％との結果も出ており、和食の人気の高さが伺える。

　和食ブームの到来ともいえる時代にあって、フードコーディネーターは、食文化を継承する大切な役目を持っていることも忘れてはならない。

　2013年、「和食：日本人の伝統的な食文化」がユネスコ無形文化遺産に登録された。これは「和食」の料理そのものの味ということよりも、「自然を尊ぶ」という日本人の気質に基づいた「食」に関する「習わし」、すなわち、自然や四季と調和した独自性のある食文化への評価である。

　このことを理解して、商品を開発する際には、人々の食の営みや、背景にある生活文化も含めた提案を行なっていきたい。フードコーディネーターは、我が国の伝統的な食文化を世界に向けて発信し、次世代に継承していく使命を担っているという意識を持つことが重要である。

5）超高齢社会

　1950年以降、65歳以上の高齢者人口は一貫して増加し、2020年には3,617万人となった。総人口に対して65歳以上の高齢者人口が占める割合を「高齢化率」という。世界保健機関（WHO）や国連の定義によると、高齢化率が7％を超えた社会を「高齢化社会」、14％を超えた社会を「高齢社会」、21％を超えた社会を「超

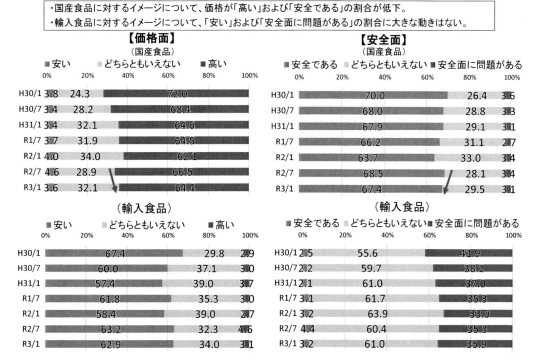

図2-5-7. 国産品かどうかを気にかけるか（国産・輸入食品に対するイメージ）

日本政策金融公庫「令和3年度1月消費者動向調査」より

図2-5-8. 訪日外国人の消費動向「訪日前に期待していたこと」（全国籍・地域、複数回答）

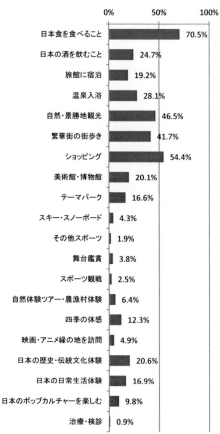

観光庁「訪日外国人の消費動向 2018 年 年次報告書」より

図2-5-9. 高齢者人口及び割合の推移（1950年—2040年）

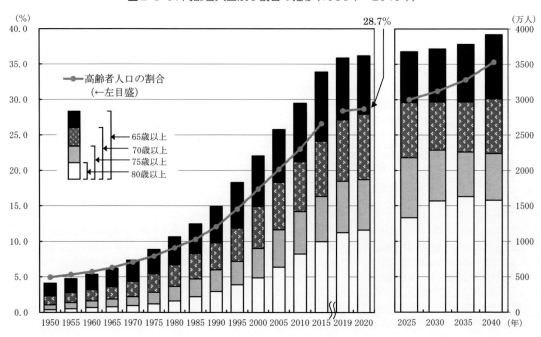

　総務省統計局「総人口及び高齢者人口の推移」より

高齢社会」という。我が国は、高齢化率が2007年には21%と「超高齢社会」を迎え、2020年には、28.7%を占める結果となり、過去最高となっている（図2-5-9）。

超高齢社会を迎えた時代において、外食ではシニア向けのメニューやサービスがますます求められるであろうし、中食の需要はいっそう拡大していくことが予想できる。これまで以上に、高齢者の消費行動や生活習慣、思考を分析し、ニーズに応じた商品やサービスを展開することが重要である。

最近では、健康志向、安全志向の高い高齢者層の増加により、食市場に変化がもたらされている。「アクティブシニア」（元気で活発なライフスタイルを有し、健康にも関心があるシニア層）と呼ばれる人々が新しいターゲットとなり、今後、マーケットに大きな影響を与えていくことも十分予想される。

また、一方では、治療食、介護食の需要の増加も見られ、宅配による配食機能なども注目されている。

フードコーディネーターにとって、超高齢社会への対応は、今後、あらゆるフードビジネスで求められるポイントになるであろう。

6）商品開発は「モノ」から「コト」へ

近年、人口動態の変化による総需要の減少や、社会の情報化・高度化により消費の成熟化が進み、モノやサービスの国内市場は、より厳しいものとなってきている。

このような市場環境においては、消費者（買い手）が支払う対価として、機能的な価値（モノ）を提供するだけでは十分ではなく、より直接的に顧客が満足感や高揚感を得られる情緒的な価値（コト）を提供することが求められる。

商品開発においても、消費者は、単に消費するための「モノ」として商品を購入するのではなく、それを利用することにより、どのような良い「コト」があるかを期待しているということを意識しておかねばならない。つまり、消費者が求めているのは、食べる「モノ」よりも、おいしい食事や楽しい食卓など、食べる「コト」によって得られる「ベネフィット（商品を通してもたらされる良い効果や体験）」なのである。

商品が氾濫している現代では、単に「品質が良い」、「価格が安い」だけでは、消費者に享受してもらうことは難しい。品質や価格といった「モノ」としての価値だけではなく、「商品の物語や作り手の思いが伝わる」、「楽しい体験ができる」など、感動や幸福感を感じられる「コト」としての付加価値を、どれだけ商品に反映させられるかが、これからの商品開発のカギになる。

7）コロナ禍の影響

我が国では、2020年1月に新型コロナウイルス感染症（COVID-19）が確認され、全国に感染が拡大し、外食、小売、観光などの分野に大きな影響を及ぼした。このパンデミックにより、日常生活にも「新しい生活様式」を取り入れることが促され、食生活や食に対する意識にも、大きな変化が表れている。

日本政策金融公庫が実施した「令和3年度1月消費者動向調査」（図2-5-10）によると、コロナ禍の影響による食品の購入方法の変化について、利用する機会が増加した購入方法は、「インターネット」（34.1%）が最も多く、次いで「テイクアウト」（30.6%）、「量販店・スーパー」（30.2%）であった。

また、農林水産省の「令和2年度食育に関する意識調査」（図2-5-11）では、新型コロナウイルス感染症の拡大前に比べて、食生活が変化したかと聞いたところ、以前より「増えた・広がった」と回答した人の割合が最も高いのは、「自宅で食事を食べる回数」（35.5%）、次いで「自宅で料理

図2-5-10. コロナ禍の影響による農林水産物・食品の購入方法の変化
（コロナ禍の影響により利用する機会や量が増加した購入方法）

・利用する機会が増えた購入方法は、「インターネット」（34.1%）が最も多く、次いで「テイクアウト」（30.6%）、「量販店・スーパー」（30.2%）となった。

（複数回答3つまで）

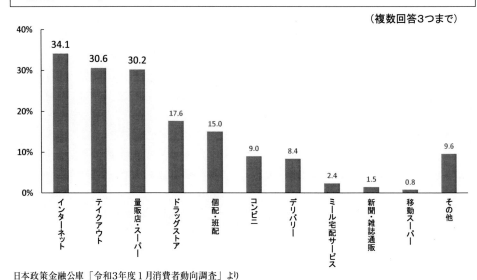

日本政策金融公庫「令和3年度1月消費者動向調査」より

図2-5-11. 新型コロナウイルス感染症の拡大による食生活の変化

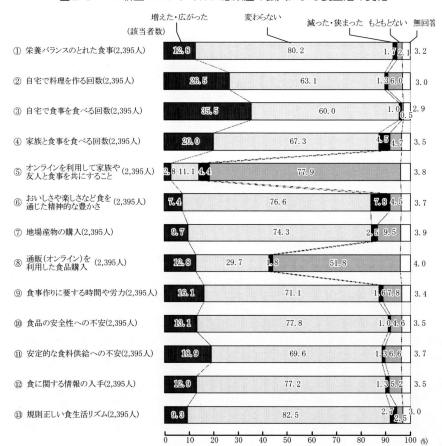

農林水産省 令和2年12月「食育に関する意識調査」より

を作る回数」（26.5%）という結果となっている。

コロナ禍は家庭の食卓にも影響をもたらし、食事形態は、家庭内における手作り料理が増え、テイクアウト、デリバリーが定着し、冷凍食品やレトルト食品、インスタント食品の利用が増加するなど、内食、中食の需要が増えている。ここに新たなフードビジネスのヒントを見出すこともできる。

今後、情勢が変化していくことも考えられるが、いかなる状況下においても、重要なことは、消費者の意識、行動の変化を客観的に分析し、市場の変化を予測することである。そこから生まれる新たなニーズをとらえることが、新商品開発の大きな手掛かりとなる。時代の変化の中で、フードコーディネーターには、常に広い視野から柔軟な姿勢で対応していく力が求められる。

6. レストランのメニュー開発

1 | メニューコンセプトを決める

レストラン経営において最重要テーマであるメニューコンセプトは、店舗の立地や客層に合った開発をしなければならない。店舗周辺の客層を調査し、性別、年齢層、職業、目的などから客層を明確にする。これが大きくズレてしまうと客を逃してしまうことになるため、十分に検証し、主力客層に合ったメニューコンセプトを決めなければならない。

また、時流やトレンドの変化、業種・業態によるサービスや提供方法、自店の得意な料理や特徴、運営オペレーションなど、総合的な判断も必要である。メニューコンセプトはこのように考え抜かれたものでなくてはならないが、「社会の変革、顧客の志向の変化、立地の変化」によって機敏に替えなくてはならない場合がある。変化に機敏に対応しないと客離れが起こり、レストランの店舗力が衰弱していく結果になる。

フードコーディネーターがメニューコンセプトを考案する場合、立地を考え、どのような料理を誰（ターゲット）に、いくらくらいの価格帯で売りたいのかを決めることである。どのような雰囲気の中で、どんな料理が楽しめるか、経営者、料理人、サービス担当者と話し合い、商品の具体像をまとめ、商品の物語（ストーリー）を描かなくてはならない。

以上を簡潔にまとめたものがメニューコンセプトになる。

2 | 業種・業態による料理の特徴

メニューコンセプトを決めるためには、業種、

表2-6-1. 業種・業態による提供方法の違い

業種・業態	提供方法
フランス料理 家庭料理、地方料理、古典料理、モダン料理	フルサービス
居酒屋 海鮮料理、肉料理、料理の種類、酒の種類	フルサービス、立ち飲み
蕎麦屋 蕎麦粉の産地、手打ち、機械打ち、天ぷら	フルサービス、セルフサービス
ファミリータイプ 料理の種類、イベント料理、キッズ料理	フルサービス、ビュッフェ
郷土料理 伝統料理、地産地消、家庭料理、行事食	フルサービス

業態も考慮しなければならない。いずれの業種も立地、料理（商品）、単価、ターゲットは共通して大事な要素ではあるが、業態の違いで提供方法が異なってくるため、提供できる料理や提供時間なども考慮しておかなければならない（表2-6-1）。業種、業態によって売り出す商品（料理）をいかに客にアピールするか、考えをできるだけ簡潔にまとめる必要がある。

3 | 看板料理のこだわり

看板料理とは飲食店で提供する「一番の自信作」で、他店との「差別化のある料理」であり、その料理を求めて繰り返し利用され、顧客を引きつける料理である。

1）差別化やオリジナリティのある料理

差別化やオリジナリティのある料理とは、インパクトのある盛り付けや珍しい食材を使用した料理のことではない。自店のコンセプトに合っていること。使用する食材や味付けに独自の考え方やこだわりが詰まっており、誰でもが簡単には真似のできない料理。オリジナリティのある盛り付けや提供方法も美味しさとその演出につながり人気になることもある。しかし、看板料理といえども、それは日常的なありふれた料理を上手に創意工夫した結果、独自性が生まれ、看板商品になっているケースが多く見られる。

2）食材のこだわりの問題点

食材にこだわれば、ひとつのアピールポイントにはなるが、さまざまな問題点があることを理解しておくべきである。品質が良い、旬の素材である、話題性があり希少性もある、生産者の顔が見える（安心安全）など、いくつかの条件を満たす高評価の食材であっても、「どのくらいの期間購入できるか」「どのくらいの量が供給できるか」「価格は」などの問題が生じてくるため、それらを解決し、商品開発しなければならない。近年では、自社農園の開発、契約栽培などの動きが出ている。

3）意外性を生み出す食材の組み合わせ

意外性を生み出す食材の組み合わせで看板料理を開発し成功しているケースもある。独自性のある商品や他店との差別化をするとなると、どこにもない特別なものを考えてしまいがちだがそうではない。新商品を生むにはアイディアと技術が必要になるが、ほとんどの場合はベースになる料理がある。それに自分なりの工夫を加えて作っていくのだが、そこには素材や調理法、盛り付け、提供法などさまざまな組み合わせを試みることでオリジナル商品を生み出すことにつながる。

4 | トレンドを考える

1）メニュー開発における流行

メニュー開発において、流行は変わりやすく持続しない。おおよそ一過性のものになると理解しておくべきである。

2）外食産業における過去の流行

外食産業の過去の流行を見ると、景気が低迷した2000年代には食のデフレ化が起こり、飲食シーンにさまざまな変化が起こった。新業態や新商品の開発の試みが急速になされ、それに伴い、2010年頃からは雑誌やテレビなどからグルメ情報が溢れるようになった。この頃、ブームとなったものとして、熟成肉、ローストビーフ丼、ラーメン、エスニック料理、パクチー料理、パンケーキ、スムージーやスーパーフードなどが挙げられる。これらは、いずれもブームを起こしたが、その後、縮小してしまったケースもあり、追従して失敗した例も多かった。流行は移ろいやすい。話題になっている業態、商品は既にピークを迎えたか、過ぎ

ている場合もあり得る。安易に流行に頼らないことを心にとどめておくべきである。

3)時流を把握する重要性

ブームや流行は一過性のものになりがちだが、時流とは読んで字のごとく、「時の流れ」という意味である。今、時代はどのように変化し、どこに向かっているのかをしっかり把握しておくことはとても重要なことである。例えば、現在の日本は未だかつてないスピードで人口減少が進んでいる。これは本来マーケットの縮小につながることになるが、外食の市場規模は、2019年頃までは、わずかではあるが増加傾向にあった。その要因のひとつとして、訪日外国人旅行者数の増加がある。政府が打ち出した観光立国推進基本法の実施により、訪日外国人数は急増し、外食マーケットの拡大につながっているということである。その後、新型コロナウイルス感染症による世界的なパンデミックが起こり、外食産業の市場規模は減少に転じた。このように時流や外的要因の変化はしっかりと把握しながら、新たな集客につなげていくための計画に生かさなければならない。

5 オペレーションを考えた料理

1)店舗の人員構成を考えたメニュー開発

メニュー開発は、店舗の人員（調理、サービススタッフ）構成を考えた開発を行なう必要がある。専門調理人が1名で他はアルバイトという条件下では、マニュアル化した調理の単純化を図り、提供可能な料理数を考慮しなければならない。熟練の料理人、職人が従事する場合には、高度な料理が提供できるが、人件費の上昇が考えられる。したがって店舗、メニューコンセプトを考える際には、人員構成を考慮し、フードコーディネーターが計画した料理が無理なく作ることができ、提供できるかがポイントになる。

2)調理機能・器具などを考慮

調理機能、調理器具、調理場の広さ、サービスの導線を考慮して何ができるか、想定数の料理提供が可能か、食材の管理がいき届くかを見極めることが大事である。調理器具の充実である程度の生産性は上がるが、往々にして制約があり、全ての器具を用意できるとは限らない。さまざまな条件を加味して料理の種類、提供方法を決めるべきである。

3)メーカー品の利用にあたって

大手外食店で原材料の加工所、セントラルキッチンを持たず、メーカー品を使う所は多い。メーカー品の特徴は、味、品質の均等化・安定、作業の簡便性、人件費圧縮で、特に店舗数の増加により供給する食材の量の対応には有効な手段であり、新メニューの開発効率化、安定供給、原価率安定などに効果を上げている。特に近年は、飲食店の労働人口減少に伴い、加工済み食品を使用する外食店舗は増加している。小規模店の場合、既製品（メーカー品）は労働時間の短縮、コスト削減に役立つが、他店との差別化、看板料理の開発には限界がある。メーカー品に手を加え、自店オリジナルの料理に仕上げることで効率化を図ることはできる。メニューコンセプトから逸脱しない範囲での使用が望ましい。

6 メニュー開発に求められる注意点

広義のメニューとは、レストランの「商品全体」を指す場合と、「献立表」や「料理」そのものを指す場合とがある。商品全体というのは、そのお店の方針を伝えるものとなるため、全体構成の考え方が重要となる。まずは、メニューコンセプトに則った構成にすることが大前提である。

献立表は通常のレストランの場合はメニュー表のことになる。メニュー表には、お店のこだわり

や料理の特徴が書かれており、特に売りたい商品を注文してもらえるメニュー表になっていることが求められる。そして、そのメニューが魅力的でお客様が満足できる商品であり、お店にとっても高い利益につながる商品であることが重要である。レストランの業種、業態は、実に多種多様であるが、業種が同じであっても業態が異なり、料理の内容、提供の仕方、提供価格などでさまざまな違いが出てくる。単一料理の専門店（蕎麦店、寿司屋など）であればメニュー変更の頻度はそれほど多くはないが、業態によっては季節ごとにメニュー変更をするなどさまざまである。新しいメニュー(料理)を開発する際は、図2-6-1のメニュー開発のための組み合わせチャートと一般的に注意する点（表2-6-2）を参考にしてほしい。

顧客の嗜好に合う料理であること。
栄養のバランスが取れており、健康を維持するために役立つ料理であること。
季節感が感じられる料理をとりいれること（季節メニュー）。
安心、安全な素材を使う料理であること。
顧客が料理に喜びを感じる盛り付け、色彩に富んでいること。
食材の安定供給が可能であること。
適正な価格設定であること（コストパフォーマンスが良い）。

表2-6-2. 新しいメニュー(料理)を開発する際の注意点

7 料理の価格設定（価格設定はレストラン営業政策の生命線）

レストラン営業において、価格設定はメニューコンセプトの次に重要な基本要素である。想定し

図2-6-1. メニュー開発のための組み合わせチャート

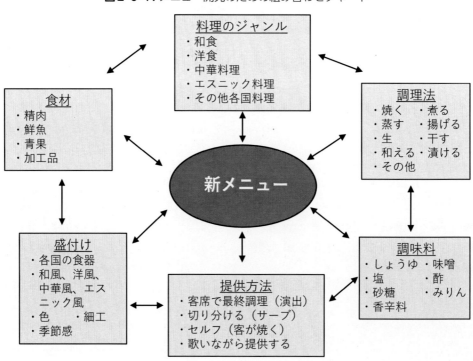

た客層に料理の価格設定が支持されるか、立地、サービス、内装に価格が見合っているかが重要なポイントになってくる。レストラン経営の持続に欠かせないのがリピーターを獲得することである。味とサービスに満足し、店舗が清潔であれば満足度が高いが、支払った料金を顧客が高いと感じれば、再来店に躊躇するであろうし、来店頻度も下がる。納得できる価格帯であれば、再度来店してくれることが期待でき、常連客増につながることになる。

1）客単価の想定

価格はさまざまな条件を計算して設定しなければならない。

店の人件費、賃料などすべてを計算し、損益分岐点売上高、想定売上高を出し、利益の出る構造を作り上げることである。

最初に、営業日数、客席数を基に、昼・夜営業の場合は予想による昼・夜の客数、売上目標を想定し、平均客単価を割り出す。

仮に 4,000,000 円／月（40 客席）の売上目標で、営業日数 25 日の場合の 1 日当たりの目標売上を想定すると、4,000,000 円÷ 25 日＝ 160,000 円になる。

昼の客単価を 1,000 円と仮定して 50 人入れば、50,000 円／日となるが、夜の営業で 110,000 円売らなければ目標売上、160,000 円には届かない。夜、満席になると想定できれば、2,750 円の客単価で目標売上が達成できるが、満席が望めないときには、客単価をもう少し高く想定しなくてはならない。そして、その客単価に見合う料理の提供を考えなくてはならない。

昼の営業で、客席回転数が多く望めるのであれば、昼の客単価はこれより低くてよいし、少ないのであれば、これ以上の客単価を想定しなくてはならないが、夜の売上増を考えなくてはならない（テーブルがすべて 4 人掛で 10 卓あるとすると、40 人で満席となるが、実際には 4 人掛けで 3 人が座ると 1 回転を 40 人以下で計算しなければならない場合がある）。

コース料理のみの場合は、このままの料金設定を参考にすればよいが、1 品料理が主であれば、飲み物割合、料理の皿数などの合計を考慮すべきである。設定した価格帯で来客が見込めるか、客単価を下げればさらなる来客数が望めるのか、価格帯を上げても来客が望めるか、十分リサーチして明確な目標を持って客単価を想定するべきである。

2）原価計算から価格を決める

適切な価格設定をするにはメニューのレシピ表の作成が不可欠だが、より正確な原価率は次の手順で算出する。
（1）食材の歩留まりを計算する
（2）メニューに使用する食材の分量を決定する
（3）食材の単価を調べる
（4）使用食材の合計金額を計算する
（5）使用食材の合計金額を想定した売価で割り、原価率を算出する
（6）適正な売価と原価率になるように売価やポーションを調整する

このように、原価率を基に販売価格を決めるという方式はお客様に与える印象はあまり良くない。最近では、コストパフォーマンスを求める消費者が多いことから、お値打ち感を感じる価格設定も必要とされている。

3）粗利ミックスによる価格設定

粗利ミックスとは、粗利率の高い商品と低い商品を組み合わせることによって、全体として一定の利益率を確保する考え方である。

コストパフォーマンスが高いと話題になる店の看板商品は 50％〜 60％という通常では考えられない原価率の設定をすることにより、その商品が

注目を浴びる。この店舗の商品がこれ一品だけの場合は、利益を生み出すことは難しくなるが、複数のメニューがある場合は、低い原価率（高い粗利率）の商品との組み合わせで注文を受けることで、トータルの原価率を下げることが可能になる。原価率を下げることで、粗利率が上がるが、粗利率の高い商品が想定通りに売れず低い商品だけが売れてしまうと、人気店になることは可能だが、利益を確保できずに経営的には行き詰まることになる。この粗利ミックスの価格設定の手法は、相乗積の計算で求められることができる（表2-6-3）。

表2-6-3の表1は、ある飲食店の商品構成を中分類で3つに分けて表わしたものである。商品Aはサラダ、スープ、小鉢などのサイドメニュー、Bは肉料理、魚料理などの一品料理、Cは集客のための看板商品である。Aは原価率が低く、粗利率が高い商品、Bは平均的、Cは原価率が高く、粗利率の低い商品である。

表1は、粗利率 A:80%、B:70%、C:50%、売上構成比を A:40%、B:30%、C:30% としたときのそれぞれの相乗積 32%、21%、15% の合計 68% である。

全体の粗利率を上げるためには、個々の粗利率を上げるか、粗利率の高い商品の売上構成比を上げることになる。表2では、粗利率の高い商品Aの構成比を40%から50%に引き上げ、粗利率

の低い商品Cの売上構成比を30%から20%に引き下げてみる。そうすると全体の相乗積は68%から3%上がり、71%になる。このように相乗積を使って算出することで商品全体の粗利を把握することができ、商品別に役割を持たせた見地で商品構成や価格設定できるようになる。特にコストパフォーマンスの高い集客商品を持つことは、情報が溢れている現代において、口コミなどの効果で店舗運営が有利になる。

8 メニュー開発の方法

業種、業態によってメニュー（料理）の開発法はさまざまである。全く料理内容を替えず、固定化したメニューで地域の顧客（常連客）を満足させている業態の店（専門店）も多いが、一般的にはいつも同じメニューであると顧客は飽きてしまう。リピーター（常連客）を満足させるためには、マンネリ感を払拭し、飽きられない、新しい料理の提案で来店頻度を上げてもらうことが必要だ。そのために、季節ごと、もしくは、行事に合わせメニューを多少書き換えることが必要である。また、新しい店舗の開発、開店前、リニューアルメニュー開発時に、参考のために同業者、同業態のレストランの食べ歩きをすることが多いが、ここからはオリジナリティ溢れるメニューは生まれてこない。

表2-6-3. 相乗積の算出表

相乗積＝粗利率×売上構成比
A: サイドメニュー　B: 一品料理　C: 看板商品（お値打ち品）

表1

商品	粗利率	売上構成比	相乗積　計算式
A	80%	40%	80 % × 0.4（40 %）= 32%
B	70%	30%	70 % × 0.3（30 %）= 21%
C	50%	30%	50 % × 0.3（30 %）= 15%
合計		100%	68%

表2

粗利率の低い商品Cの売上構成比を下げ、高い商品Aを上げた場合

商品	粗利率	売上構成比	相乗積　計算式
A	80%	50%	80 % × 0.5（50 %）= 40%
B	70%	30%	70 % × 0.3（30 %）= 21%
C	50%	20%	50 % × 0.2（20 %）= 10%
合計		100%	71%

※表1と比べ、全体の粗利率は3％アップする

メニュー開発は、必ずしも新しいメニューの開発だけでなく、基本を大事にした自分の得意なメニュー、もしくは過去のレパートリーの中から新しくアレンジを施すこともできる。古典料理を研究して、現代に相応するようなアイディアを盛り込むことも大切である。ただ単に思いつき、コピーに頼っていては、顧客の心を打つメニュー、満足度の高いメニューは生まれない。

まず明確な目的を定め、新しいメニューを考え、顧客に提案することで常時新鮮な期待を持ってもらうこと、飽きられないことが大切である。

メニュー開発をする際には、頭の中に湧き上がってくる発想を文字に落とし込んでいくことで、頭の中が整理される。メニュー開発では、さまざまな要素が複雑に絡み合って構成されるため、表2-6-4に示した通り①ターゲット、②販売時間帯、③テーマ、④メイン素材、⑤調理法、⑥味付け、⑦副素材、⑧状態（固さ・温度）、⑨カテゴリー（メイン・サイド）、⑩料理のジャンル、⑪香り、⑫盛付け、⑬器、⑭メニュー名、⑮価格（想定）の項目ごとに記入していく。

更に、メニュー開発のテーマによっては、以下の要素も考慮する必要がある。①季節の旬の素材を組み込むこと。材料を吟味する場合、季節の移り変わり、季節の境を注意すること。日本列島は長く、産物の旬が地域によって1ヵ月程ずれることがある。②今まで自店では提供していなかった素材を利用する。③生産者のこだわり食材、産地のこだわり食材を利用する。④コスト削減に役立つ食材を利用する。

9 調理表（英語：レシピ、仏語：ルセット）作成と原価計算

レシピ（仏語：ルセット）とは材料の割合と料理法、調理法を記した設計図に相当するものである。また、原材料費の管理を行なうためにも重要な役割を果たすものとなる。

1）レシピの作成法

（1）レシピを作成する場合には主要な素材から書き記すこと。

料理にはさまざまな素材の組み合わせがあり、主材料に必要な物やスパイスは、それに合わせて書き記す。別にソース、付け合わせなどに使用する調味料、ハーブ類、スパイスなどは、主材料とその素材ごとに合わせて書き記す。

（2）特殊な素材、入手困難な素材は、作り方の方に説明を付ける。

（3）塩・胡椒などを少量使用する場合、常識の範囲の味付けであれば、少量、または適宜の表示でよいが、畜産加工品、練り製品のように塩分を練り込む場合には、使用量を正確に書き記し、産地、生産者ごとの特徴を意識すべきである。

（4）正確な使用食材の価格、量を確認するためには、魚・肉・野菜など原材料を捌いたり、掃除をしたりした場合の食材の歩留まりを計算し、実質使用する量を記す。

（5）素材の切り方、下ごしらえが必要な場合はその処理法を記す。

（6）食材によって大きさ目方が異なる場合はその重量、形態を記す。

表2-6-4. メニュー開発の発想シート

メニュー作成の発想シート

①ターゲット〔　　　　　　　　　〕　　②販売時間帯〔　　　　　　　　〕

③テーマ	④メイン素材	⑤調理法	⑥味付け	⑦副素材	⑧状態 （固さ・温度）	⑨カテゴリー （メイン・サイド）
⑩料理のジャンル	⑪香り	⑫盛付け	⑬器	⑭メニュー名	⑮価格（想定）	その他

例　人参　1本　→　人参　小1本
　　　　　　　　　または　○○g
　　　切り身魚　→　●●魚切り身　○○g
束によって重量が異なるもの
　　　ほうれん草　○○g
加工された物を使用する場合
　　　マヨネーズ　○○g

（7）料理に携わる第3者が料理を再現できるよう、また、サービススタッフが料理を理解して顧客に料理内容を説明できるよう、詳しく順序立てて書き記す。

　これらのレシピの原材料費と1ヵ月間の出数を掛け合わせた総数が理論原価となり、実際に同月に使用した原材料費を実際原価という。その数字を比べてみると必ず差が生じる。この差は仕込みロス、廃棄ロス、ポーションオーバー、試作などが原因となるが、それらのロスの量を算出する基準となるのが、レシピにある原材料費なのである。

2）メニューの原価計算の方法

（1）歩留まり計算

　メニュー構成が決まったら、個々のメニューの原価計算をしなければならない。レストランにおける最大の経費は食材原価と人件費であることから、適正な経営を続けるためには、原価率を明確に把握することが求められる。飲食店における食材費に次いで経費の比重の高い項目が人件費である。食材原価費と人件費を合わせた合計をFLコストと呼ぶ。

　原価率は、業種・業態・営業形態によってさまざまであるが、およそ食材費30％〜35％、人件費＋FLコスト＝60％前後が目安とされているが、客席の高い回転率や粗利ミックスにより、高原価率をカバーする業態もある。

　また、原材料が安価であるが、提供する人員が多数必要な場合は、人件費比率が高くなる。料理にはさまざまな下処理、仕込み過程があるため、

仕入れ値＝食材の原料費とはならないことに留意することが必要である。

　例えば、1kg1,000円の魚1匹600gの仕入れ値が600円であるとする。この魚を下処理し、3枚におろした仕上がり量が420gとすると、歩留まりは70％。使用できる420gの切り身の原価＝600円と計算する。料理に使用するため70gに切り分ければ、600円÷420g×70g＝約100円となる。

　あらかじめ平均的な歩留まり率がわかっていれば、毎回計算する煩わしさを避けることができる。上記の魚の例をとれば次の様な計算をする。

　　　1kg 1,000円の魚
　　　1匹600g（600円）×70％＝420g＝
　　　600円
　　　となる。

　肉、野菜の歩留まり計算も同様に行なうが、魚の骨、皮を利用して出し汁を取ったとしても一般的にはこれを計算に入れないのが普通である。棚卸しの際は、購入伝票の価格で在庫を計算せず、歩留まりを考え、廃棄した率を加え計算することが必要である。

　レシピ表に歩留まりなどの詳細な項目を加え、さまざまなデータを同時に見ることのできるメニュー基準表がある。これを作成しメニューごとの管理を行なうことで、調理だけでなく、数値面でもブレが軽減される。

（2）メニュー基準表

　メニュー基準表の形式はさまざまであるが、基本的には全ての素材（原材料名）を網羅し、仕込み手順や調理手順を明記し、仕入れ単価、仕入れ単位、使用量、歩留率、原価、売価、粗利益高、原価率、食器、提供備品データ、提供方法、盛り付け例として写真または図を添える（表2-6-5）。

棚卸し（月別）

棚卸しとは、決算、整理のために帳簿と照らし合わせて在庫の商品、資材などを調べ、価格を計算することであるが、一般的に飲食店では毎月末の在庫を調べ、その月の使用材料金額を確定し、その月の原価率を出し、粗利益を導き出すための在庫調べをいう。

棚卸しの主な目的は、次の3つとなる。

①正確な利益（売上総利益）と原価率の確認
②在庫ロスの防止
③売れていない在庫の把握

売上高－売上原価＝売上総利益（粗利益）
売上原価＝期首棚卸高＋当月仕入高－期末棚卸高

このように期首と期末で棚卸を行なうことで、正確な売上原価を把握することができる。

前月末 350,400 円在庫があり、今月の食材の仕入れが 3,054,200 円あったとする。そして、今月末の在庫が 348,900 円あったとすると前月在庫＋今月仕入れ－今月在庫＝今月の食材使用金額であり、3,055,700 円となる。

今月の売上が 9,498,000 円あった場合
今月の食材使用金額÷今月の売上× 100 ＝今月の原価率なので、3,055,700 円÷ 9,498,000 円× 100 ＝ 32.2% となる。

開店当日から仕入れ、売上、仕入れ金額を計上し、毎日の在庫管理ができていれば、即日の粗利益が計算できて、適切な経営ができることになる。売上計算は毎日できるが、在庫管理が毎日できない場合には、月末の棚卸しが必要になってくる。

10 メニュー構成、メニューブックの作成

1）メニュー構成

（1）目標売上を基にメニュー構成を想定

メニュー構成を考えるとき、まず、最初に目標売上を基に想定していく。時間帯でメニューが変わる場合は、ランチタイムとディナータイムのように分けて売上を考える必要がある。時間帯により客単価の違いや単品販売、セット販売、コース販売などさまざまなケースがあるからだ。

目標売上を時間帯別に割り当てていき、その時間帯ごとにメニュー構成を考えていく。メニュー構成とはまずカテゴリー（商品群）を決めることから始める。カテゴリーとは、前菜、肉料理、魚料理、パスタなど業態によってさまざまであるが、店独自のカテゴリー分けをしているケースも多くある。店として一番売りたい商品のカテゴリーを明確にするために、品数を多く揃えるようにする。例えば、売りたい商品がパスタの場合にパスタが5品でピッツァが10品だと品数の多いピッツァが売れる。売りたい商品の場合は、そのカテゴリーのメニュー数やトッピングなどのバリエーションを増やすことでメニューのボリュームが大きくなり売れるようになる。季節メニューや日替わりメニューもひとつのカテゴリーとして考えておく。これは、固定客が飽きないために必要なメニューとなるからだ。

（2）カテゴリーとメニュー数

全体の品数は、専門店はカテゴリー数が少なく、その中の品数が多くなるが、居酒屋やファミリーレストランなどの客層の幅広い業態ほど、カテゴリー数も品数も多くなる。また、店舗規模にも比例し、小さな店で客層がある程度限定している場合は、メニュー数は少なくて良い。全体の構成ができた段階でもう一度見直し、カテゴリーごとの

表2-6-5. メニュー基準表

商品コード		作成年月日		作成者	
商品名				カテゴリー	

商品の特徴		売価(税別)		円
		原価(税別)		円
		粗利高(税別)		円
		原価率		%

レシピ表

原材料名	仕入単価(税別)	仕入単位	使用量	歩留率	原価	保存期限
	円	g	g	%	円	日
	円	個	個	%	円	日
	円	cc	cc	%	円	日
	円			%	円	日
	円			%	円	日
	円			%	円	日
	円			%	円	日
	円			%	円	日
	円			%	円	日
	円			%	円	日
	円			%	円	日

仕込み手順				調理手順		
保存期限		日	仕込み時間	分	調理時間	分
分量		人前		①		
①				②		
②				③		
③				④		
④				⑤		
⑤						

盛り付け例	食器・備品データ	
	品名	発注先
	品番	金額
	品名	発注先
	品番	金額
	品名	発注先
	品番	金額
	提供方法・その他	

メニュー数や想定売上、肉、魚、野菜などのバランス、味付けや調理方法のバランス、そして、調理オペレーションに問題はないか、メニュー数がひとつの調理に偏りすぎていないかなども考えなければならない。

（3）価格の決定

次に価格を決めることになるが、価格の幅は小さいほど、客の安心感となり注文をしやすくなる。例えば、回転寿司のように全て1皿100円であれば、価格のことを気にせずに注文できる。逆に、価格の幅が広いとメニュー選びが慎重になる。単品の中心価格帯が500円〜800円の店で、2倍以上の価格の商品があってもほとんど売れない。この店で、単品1,980円のメニューがあった場合、1人前では売れないが、2、3人前の盛り合わせであれば、売れるようになる。松竹梅のように3つのランクで商品がある場合は、真ん中の商品が一番売れる。どうしても売りたい商品がある場合は、その商品の上下の価格で同様のメニューを追加で設定するとよい。

2）メニューブックの作成

メニューブックは、単なる商品全体を記載した献立表やお品書きではなく、集客、売上、コスト、利益に関わる重要なツールであり、経営の戦略上、重要なものであることを認識しておかなければならない。

（1）メニューブックとは

メニューブックは、定番の単品料理（一品料理もしくはアラカルト）などが記載されたグランドメニューと呼ばれるものが通常であるが、店によっては、コース料理、季節料理、本日のおすすめ、スイーツ、ドリンクなどは別メニューになるなどさまざまである。

（2）業種、業態によるメニューの告知方法の違い

①店の壁に料理名を貼り出す。
②黒板に料理名を書き出す。
③メニューブックを作り客に提示する。
④タブレット画像を利用する。

などであるが、店のコンセプトに合った方法を選ぶべきである。

例外として、メニューブックなどメニューの表示が一切ない場合もある。そのような店は、高級店などで、料理は「お任せ」である場合や、ネタケースにある食材で料理人と客が話をして、料理を決めるという場合である。このようなケースは客が店に対して、絶大な信頼があることが前提となる。

（3）メニューは分かりやすいことが大事

メニューは、何をいくらで提供しているのか、分かりやすいことが大事である。適度な説明は必要だが、店がアピールしたいことを盛りすぎてしまうことのないように気をつける。

（4）カテゴリーの分け方

カテゴリーの分け方は、素材、または調理法別にメニュー表を構成する場合と、前菜からメイン

図2-6-2. メニューブック内の配置の原則

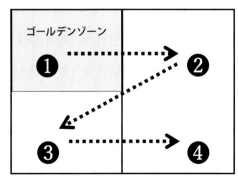

【横書きのメニューブックの場合】
メニューブック上の見る順番と印象度
（❶→❷→❸→❹）これをZの法則という。

左上のゾーン❶がメニューブック内のゴールデンゾーンとなり、「高粗利メニュー」や「おすすめメニュー」「看板商品」等の戦略商品をレイアウトする。
※縦書きのメニューブックの場合は、右側から開くため、右上がゴールデンゾーンとなり右上→右下→左上→左下になる。

料理、デザートまでを提供する店では、前菜、スープ、魚料理、肉料理、デザートに分けたメニュー表がわかりやすい。

（5）デザートも別冊に

　デザートをアピールしたい場合はデザートメニューを別冊にすることで、食事が終わった頃に「デザートはいかがですか」と顧客とのコミュニケーションをとることができる。

（6）売りたいメニューの記載

　売りたいメニューに注意が向くように記載することも重要である。メニューブックのスタイルによって配置は変わるが、トップページやページ内の目立つ箇所に配置する（図2-6-2）。

（7）商品に記載する内容

　商品に記載する内容としては、①商品名、②価格、③キャッチフレーズ、④味や特徴の説明、⑤写真である。売りたい商品は、枠をつけたり、背景色で心理的なインパクトを与えたりする（図2-6-3）。

　いずれのカテゴリー内のメニュー表記でも、値段の安い料理から高い料理へと順に並べるのではなく、あくまでもお勧めの看板料理を中心にバランス良く表記するべきである。

図2-6-3. メニュー表記例

7. 給食・ケータリング・弁当商品（メニュー）の開発

1 給食における商品（メニュー）開発

1）給食施設の分類

　日本において「給食施設」は「営業給食施設」と「特定給食施設（指定施設を含む）」と「その他の給食施設」の3つに分類されている。

（1）「営業給食施設」とは

　「営業給食」という言葉自体、ほとんど使われることがなく、どのような施設かと問われても答えられる人も僅かであろう。

　「営業給食施設」は、不特定多数の人に非継続的な食事を提供する一般の「飲食店舗」を指す。ファストフードもファミリーレストランも寿司屋もそば屋も飲食店舗はすべて営業給食施設である。

（2）「特定給食施設（指定施設)」と「その他の給食施設」

　他方、「特定給食施設」と「その他の給食施設」は、特定多数の人に対する継続的な食事を提供し、栄養管理が求められる食事を提供する施設である。1952年に制定された栄養改善法において「集団給食」という言葉が使われ、集団給食を行なう施設は「集団給食施設」と名づけられた。

　その後、2002年8月に制定された「健康増進法」では、従来の呼称「集団給食施設」に替わり、「特定給食施設」「その他給食施設」に替わり、「特定給食施設」「その他の給食施設」という名称が使われるようになった。日本フードサービス協会では、未だに「集団給食」という呼称を使用しているので、混乱する人もいるであろう。

　健康増進法では①「1回100食以上、又は1日250食以上の食事を提供する施設」を「特定給食施設」②「1回50食以上100食未満又は1日100食以上250食未満の施設」を「その他の給食施設」③医学的な管理を必要とする者に食事を提供する特定給食施設であって、継続的に1回300食以上又は1日750食以上の食事を供給するもの、またそれ以外の管理栄養士による特別な栄養管理を必要とする特定給食施設であって、継続的に1回500食以上又は1日1500食以上の食事を供給するもののうち、都道府県知事が指定している施設を「指定施設」と定めている。

2）「営業給食施設」と「特定給食施設」と「その他の給食施設」のメニューの違い

（1）「営業給食施設」における商品（メニュー）

　「営業給食（一般の飲食店舗）」は、営利を目的としたものであり、商品（メニュー）は、ターゲットとする顧客のニーズに対応しながらも、自社・自店の意向でつくられている。

　また、提供されているのは、基本的には固定商品（メニュー）である。そして、顧客は不特定多数であり、同じ顧客が1日何回も長期にわたり利用するケースは少ないため、食事を通した顧客の栄養・健康管理は原則的には不要である。

（2）「特定給食施設」「その他の給食施設」における商品（メニュー）

　一口に「特定給食施設」「その他の給食施設」といっても、「社員食堂」といわれる施設の給食、入院患者を対象とした「病院給食」、高齢者を対象にした給食、児童を対象にした給食と内容は多岐にわたっており、提供される食事も提供方法も、

喫食者の特性、食数、食事回数によって大幅に異なっている。

商品（メニュー）において「営業給食（一般の飲食店舗）」のそれと異なる点は以下の通りである。

①喫食対象者は特定多数であり、しかも、同じ喫食者が長期にわたり、毎日のように利用（病院給食や高齢者が入所する施設では1日3食喫食）する施設であることから、管理栄養士や栄養士による食事を通した顧客の栄養・健康管理が必要とされる。また、飽きがこないよう、日替わりメニューが中心となる。

②「営業給食（一般の飲食店舗）」と異なり、1回に大量の調理を行なうため、下処理・調理・配膳・下膳の食事提供に関わる一連の作業のシステム化が必要とされる。

③特定多数の喫食者が同時に食事をするため、食中毒が発生した場合には多人数が発症する危険があり、日常の施設の衛生管理、従業員の衛生管理、食材の衛生管理が求められる。

④毎日のように継続的に利用する食事のため、食事の価格については、「営業給食（一般の飲食店舗）」よりも低く設定される。企業の社員食堂においては、企業側が福利厚生の一環ということで、従業員に食費の補助を行なうのが一般的である。

（3）栄養管理の必要性

特定給食施設は、「健康増進法」に則り、以下のような「栄養計画（給与栄養目標量の設定）」が求められている。

適切な食事を提供するために、個々人の身体状況、栄養状態及び病状等を定期的に把握（アセスメント）することが必要で、アセスメントの項目としては以下のような項目が挙げられる。

①把握することが必須である内容
年齢・性別・身体活動レベル・身長・体重・BMIなどの体格指数・病状
②可能であれば把握しておきたい内容
健診結果（血液検査値・血圧等）、栄養摂取状況、食習慣、生活環境、各種データの経年変化等

上記のアセスメントに基づき、給食利用者に与えることが適当な熱量及び栄養素の量の目標（「給与栄養目標量」）を定期的に設定すること。設定の際には、食事摂取基準を活用するとともに、少なくとも、エネルギー、たんぱく質、脂質、炭水化物、カルシウム、鉄、ナトリウム（食塩相当量）、ビタミンA、ビタミンB_1、ビタミンB_2、ビタミンC、食物繊維について算出すること。

病院、介護老人保健施設、老人福祉施設、社会福祉施設等においては、給食利用者の栄養状態、病状、治療状況等に配慮した給与栄養目標量を設定し、栄養管理を計画すること。児童福祉施設、事業所、学校等においては、給食利用者の性、年齢、身体活動レベルに基づき、年齢階級別等に給与栄養目標量を設定しても差し支えない。なお、給与栄養目標量は、給食利用者の栄養状態等の状況を踏まえ定期的に見直すこと。

（4）食事計画（給与栄養目標量に基づいた献立作成）の重要

特定給食施設については、食事計画の作成が重要である。その内容は、以下の通りである。

①献立の作成に当たり、給食利用者の給与栄養目標量が確保できるよう、施設における献立作成基準（食品構成等）を作成するよう努めること。なお、献立作成の目安として食品構成を作成する場合は、当該施設における使用食品の頻度に基づき作成された食品群別荷重平均栄養成分表を作成し使用すること。献立は、給食利用者の身体の状況、

栄養状態、生活習慣、病状、治療状況、摂取量、嗜好等を考慮するよう努めることが必要である。

②献立の作成は、計画的な栄養管理を行なうため、一定期間（1週間、旬間（10日）、1ヵ月）を単位に予定献立を作成すること。なお、献立実施時に変更が生じた場合には、献立に明示すること。献立は、給食利用者にとって魅力ある給食とするため、使用する食品に偏りがないよう配慮し、各料理の組み合わせのほか、各地域の特色や季節感、行事食等を取り入れ、変化に富んだ献立とすること。また、給食利用者の健康状態、食事の摂取量、嗜好等を定期的に調査し、献立に反映するよう努めること。

③複数献立や選択食（カフェテリア方式）のように、給食利用者の自主性により料理の選択が行なわれる場合には、モデル的な料理の組み合せを提示するように配慮すること。

以上のように営業施設とは異なり、特定給食施設におけるメニュー作成には、細かな栄養管理が求められるのである。

（5）委託化給食施設のメニュー作成

事業所給食（社員食堂）をはじめ病院給食や高齢者施設の給食では、給食専門企業への委託化が進んでいる。この委託にもとづく給食は「コントラクト（契約）フードサービス」といわれる。このコントラクトフードサービスでは、独自にメニュー開発を行なう営業給食施設とは異なり、受託者の給食専門企業が委託者と協議しながらメニュー開発を行なうのが原則である。

ここでは、一般に馴染みのある「社員食堂」のメニュープランニングの条件やポイントを紹介する（表2-7-1）。

参考文献

● 高城孝助、三好恵子、松月弘恵監修「第3版実践給食マネジメント論」（第一出版）2021
● 高城孝助監修　食空間と生活文化ラウンドテーブル「これからの社員食堂のガイドライン」1995

表2-7-1. 社員食堂のメニュープランニングの条件・ポイント

項目	内容
利用者の特性・ニーズ	性別・年代別・生活活動指数・地域特性
経済的条件	食材費、運営管理費、利用者の負担額
喫食数	
提供方法	定食方式・カフェテリア方式・フードコート方式・弁当方式
食事回数	一日当たりの食事提供回数
食堂施設・設備	貯蔵・保管・調理加工スペース・機械類・什器・備品・提供スペース・席数
食堂従業員の質と人数	調理技術レベル・人数
栄養素	エネルギー・各種栄養素
食器	
作業の衛生と安全性	
メニューバランス	日替わりメニューと固定メニュー
メニューサイクル	
使用食材と調理法のバランス	
盛り付け	食器とのバランス・色彩・分量
催事・イベント計画	

2 | ケータリングの商品（メニュー）開発

1）ケータリング（catering）とは

英語の catering の言葉のもとの動詞 cater は、料理を調達する、賄（まかな）う、提供する、要求を満たすなどの意味を持つが、実際には、ケータリングとは、顧客の指定する場所に出向いて食事を配膳、提供するサービスを表わす言葉として使われている。

2）ケータリングとデリバリーの違い

ケータリングと混同されがちなのが、デリバリーである。日本語に訳せば、「出前」「宅配」「配食」「仕出し」などである。このデリバリーは、注文のあった料理、弁当、食品、飲み物、デザートなどを指定の場所に届けるサービスである。

オフィス街でよく見かける、調理を目的とした設備を備えた車両のキッチンカー（英語：Food truck）は、「ケータリングカー」などと呼ばれることもあるが、これもモノを提供するサービスなので、ケータリングではなく、デリバリーに分類すべきであろう。

それに対し、ケータリングは、ケータリングを行なう事業者（ホテル・旅館、ケータリング専門会社、大手給食会社など）がパーティー会場へ出張し、料理を提供するだけでなく、食器、カトラリー（ナイフ、フォーク、スプーンなど）、紙コップ、調理器具、テーブルセッティングに必要なテーブルクロス、花、備品などを全て用意し、会場のセッティングから演出、後片付けまで、そのパーティーをトータルでコーディネートするサービスのことである。

屋外で行なわれるパーティーでは、規模によって大型のテント、屋台や照明器具を用意することもある。また、要望によって、氷細工、カラオケや音響の機器を持ち込む場合もある。トレンチ（お盆）にフードをのせて会場を回る「トレンチサービス」、パーティーを盛り上げる「コンパニオンサービス」、お客様のお荷物をお預かりする「クロークサービス」をつけることも可能。

3）ケータリングの利用機会・料金

ケータリングの出張先は、企業、家庭、学校、パーティー・イベント会場などさまざまで、内容も各種パーティー・イベントに対応する。ケータリングは、会社の創立記念日などのイベント・パーティー、誕生パーティーや卒業パーティー、卒業式、結婚式の二次会などその需要は多く、市場規模は拡大している。デリバリーと違ってケータリングは、演出が加わるので、料金はデリバリーよりも高い。プランや地域によって異なるが、相場としては1名当たり2,500円〜15,000円である。

4）ケータリングの商品・メニュー開発

ケータリングの商品・メニュー開発にあたっては、利用する顧客層、利用動機に留意することが重要である。ここでいう商品とは単にモノ（料理）だけではなく、コト（演出）も含まれる。

メニューは、和洋中さまざまであるが、中には、健康を意識したメニュー、肉を使用しない菜食メニューなどの要望が寄せられることもある。最近では、調理済みや半調理済みの食材を持ち込み、そのまま、もしくは現場で調理、加工して提供、併せてサービス、テーブルセッティングを行なうケースも増えている。

メニュー構成は、目的、時期、季節によって考慮すべきで、衛生面に最大の注意を払わなければならない。利用場所によっては水、熱源、電気の使用に制約がある場合が多いので、事前に調査、対応を心がけるべきである。

3 | 弁当の商品開発

1）弁当は「中食」の中核商品

　6,000人の勤め人が働く東京・新宿のインテリジェント複合ビル・東京オペラシティタワーの昼食時。18階のフロアにある和食・洋食・中華・麺類のカフェテリア、喫茶、フードコート、オーブンフレッシュベーカリー、売店などさまざまな形態の給食施設は、このビルに勤務する人達で一杯になる。

　オーブンフレッシュベーカリーに併設された売店には、テイクアウト用の調理パン、弁当、惣菜、おにぎり、サラダなどが並んでいる。同ビルの地下の2フロアには各種飲食専門店が多数入っているが、多くの店の店頭には、平台が置かれ、弁当が山積みされている。ビル周辺の道路には、500円の弁当を販売する複数の移動販売車が並ぶ。

　また、ビル近隣のコンビニエンスストア（以下CVS）、食品スーパー、惣菜店でも弁当を求める客で賑わい、飲食店でも店頭に弁当が並べられる。従来の仕出し弁当ではなく、電話、FAX、インターネットで注文を受け付け、専門店の弁当や駅弁をオフィスに届けるサービスも増えている。こうした光景は、このビルだけではなく、多くのオフィス街で見られものである。

　このように、弁当は今や日常食であり、「中食」の中核商品として、外食店、小売店の大きな商材となっている。規模は拡大しているが、競争はますます、激化している弁当市場の中でどのような商品が開発されているのかをまとめてみよう。

2）弁当の商品開発事例
（1）健康志向への対応

　日本では、食の健康志向が高まっているが、CVSを中心に弁当においても、健康を訴求した商品が増えてきている。その事例を以下に紹介しよう。

①雑穀、玄米を使用した弁当
②揚げ物を使わない幕の内弁当
③国の「食事バランスガイド」に則った「健康配慮型弁当」
④弁当に使用していた化学調味料、保存料を全廃した弁当
⑤ライ麦と全粒粉を使ったサンドイッチ弁当
⑥圧力鍋で骨まで柔らかくする調理法を利用した使用した弁当
⑦クコやフェンネルなど漢方・薬膳素材を使った弁当

（2）地元・地域色の訴求

　2000（平成12）年頃から相次いだ食関連企業の不祥事を通し、食の安全・安心志向が一段と高まっている。輸入品に対する不安と食育運動の一環として各地の地方自治体が進めている「地産地消」とも相まって国産、特に地元で生産された野菜などの食材を求める消費者が増えている。こうした志向に対応した地元・地域色を訴求した弁当開発の動きが見られる。その事例をいくつか紹介しよう。

①全国7地区だった弁当・惣菜の商品企画を県単位に変更し、熊本県限定の「馬肉弁当」、長野県では信州味噌のタレをかけた天丼、鳥取県では紅ずわいカニを使用した「紅ずわいカニ炒飯」などを開発
②弁当・惣菜の2割程度だった地域商品を2倍の4割に拡大し、東北地区では仙台味噌や松島の海苔を使った弁当を開発
③ダイエーは地域の特性と味付けを考慮し、惣菜売場を改善

3）店内調理・飲食型店舗の拡大

　CVSでは、従来の中食販売機能に加え、生鮮食品などの内食向け商品の拡張、さらに、店内に

座席を設け、店内飲食ができる機能の付加、そして、店内に厨房を設置するなど、外食機能を併設する動きも見られるようになっている。商品の差別化を図るため、調理済み食品をレンジで加熱する方式ではなく、生の食材を特殊な包材にパックし、店舗のレンジで加熱調理する「加圧調理方式」を導入するCVSも見られる。

4) 弁当の商品開発のポイント

弁当の商品開発を行なう上でのポイントを以下に挙げる。

（1）料理のバランス

食品・量・味付け・調理法・色彩のバランスを考える。

（2）弁当箱・容器

弁当箱や容器の仕切りの状態、色、材質に合わせる。

（3）衛生管理

弁当を原因とした食中毒は多い。加熱調理後、一度冷ます場合もあるため、冷めても食べられる料理とする。食中毒の起こりやすい食品や料理は避ける。

（4）特殊性

郷土食、行事食など地域の特殊性を取り入れる。

参考文献

- 高城孝助「弁当市場の現状と今後のトレンド」（調理食品研究会誌）2010
- 鈴木久乃・他監修「給食管理」2012

8. 加工特産品の開発

1 広がる加工特産品の販路

農家や農業生産法人が、地域の農産物や料理を活かして加工特産品を開発し、販売するケースが増えている。道の駅や農産物直売所には、さまざまな加工特産品が並べられ、地元消費者や観光客の人気を呼んでいる。

購入の目的を見ると、「自らが食べる」自己消費用としてだけではなく、お土産やお遣い物としての利用のために購入されるケースも多い。

野菜などの農産物は日持ちしないが、保存性が高い加工特産品であれば、用途も広がる。生産者側にとっても、野菜をそのまま出荷するより、加工によって、何倍もの付加価値をもつ商品として販売することができる。畑で育てた野菜を加工することにより、農家の主婦がビジネスに参入することも可能となるのである。

加工特産品の販路は、今や、道の駅や直売所に留まらず、小売店やスーパー、百貨店などにも広がっている。また、インターネットを活用した販売方法も広く普及している。

このように、加工特産品の開発や流通が盛んになった背景には、国が取り組んでいる「6次産業化」や「農商工連携」といった施策が挙げられる。まず、これらの取り組みについて理解しておこう。

2 6次産業化・農商工連携の取り組み

1)6次産業化とは

「6次産業化」とは、農業を1次産業としてだけでなく、加工の2次産業、さらにはサービスや販売などの3次産業まで含め、1次から3次までを一体化した産業として、農業の可能性を広げようとするものである。2010年、「6次産業化法」が公布され、翌年、施行された。これにより、農林漁業者をはじめ、商工業者の「6次産業化」に対する関心が高まってきた。

農林水産省は、「6次産業化」の目的を、「地域資源を活用した農林漁業者等による新事業の創出等に関する施策及び地域の農林水産物の利用の促進に関する施策を総合的に推進することにより、農林漁業等の振興を図るとともに、食料自給率の向上等に寄与すること」と定めている。そして、「農山漁村の豊かな地域資源を活用した新たな付加価値を生み出すための取り組みを推進することにより、農山漁村の所得の向上や、雇用の確保を目指すこと」を目標として掲げている。

この「6次産業化法」では、先に制定された「農商工等連携促進法」に基づく「農商工連携」も「6次産業化」のひとつとして位置付けられている。

2)農商工連携とは

「農商工連携」は、「1次産業と2次産業、3次産業が連携して、地域資源を活用し、互いの強みを生かし、新たな事業を創造し、雇用を創出することによって、地域を活性化すること」を目標としている。2008年に施行された「農商工等連携促進法」の下、経済産業省が主導し、農林水産省とともに推進している。

農山漁村には、その地域の特色ある農林水産物、美しい景観など、長い歴史の中で培ってきた貴重な資源がたくさんある。「農商工連携」は、この

ような資源を有効に活用するため、農林漁業者と商工業者が、互いの「技術」や「ノウハウ」を持ち寄って、新しい商品やサービスの開発・提供、販路の拡大などに取り組もうというものである。

このような国の施策により、農林漁業者だけではなく、商工業者やサービス業者にとっても、全国各地を舞台に、ビジネスを展開するチャンスの場が広がっている。

3 加工特産品開発のポイント

では、実際に、加工特産品の開発を手掛ける際に、何に着目すれば良いのだろうか。ここでは、加工特産品の開発において、特に重要となる3つのポイントについて述べる。

1)地域資源としての「モノ」

まず、最初のポイントとして、加工特産品の開発は、地域資源を活用することから始めるという

図2-8-1.「商品ストーリー」作成シート

「商品ストーリー」作成シート
商品名：
(1) 生産者のこだわり
(2) お客様のイメージ像
(3) お客様に伝えたい商品ストーリー

ことである。地域資源には、その地域の農林水産物、郷土料理、既存の加工特産品やお土産品の他、歴史、文化、自然、気候、風土、観光スポットなど、地域に関するものを全て含めて考える。

　加工特産品の開発の場合、大手食品メーカーの商品企画のように、ターゲットの設定から入るのではなく、地域資源、すなわち「モノ」を活かす発想からスタートする。まず、どのような地域資源があるのかを確認した上で、その土地の農林水産物や郷土料理、既存の加工特産品などに注目し、そこから商品のアイディアを生み出す。そして、そのアイディアに、土地の歴史や文化などを絡めながら、ストーリーを作っていく。

2）商品の「ストーリー」作り

　2つ目のポイントは、商品のコンセプトの基となる「ストーリー」作りである。「売れる商品にはストーリーがある」といわれるが、特に、加工特産品の場合、地域資源や人々の暮らしが背景となっているため、その「ストーリー」が商品の魅力となり、重要な意味を持つ。他の商品との差別化を図るためにも、オリジナリティのある「ストーリー」を考え、商品の価値を明確化しておくことが、売れる商品づくりのための成功のカギとなる。

　「ストーリー」を考案する際には、「商品ストーリー」作成シート（図2-8-1）を参考に、次のステップで進めていくと良い。

（1）「生産者のこだわり」を挙げる

　なぜ、この商品を開発しようと思ったのか、商品に対する生産者の思いや、商品の魅力、強み、優れている点を挙げる。

　例えば、原料の希少価値や、栽培方法についてのこだわり、製造技術の素晴らしさ、生産者としての活動、あるいは、背景にある歴史、文化、風土など、なるべく多くの項目を書き出す。

（2）「お客様のイメージ像」を捉える

　次に、どのような人たちがその商品を購入してくれるのか、お客様のイメージ像を、具体的に挙げる。

（3）「お客様に伝えたい商品ストーリー」をまとめる

　（1）で書き出した商品の魅力や、生産者としての思い、こだわりなどを、（2）のお客様に向けて発信するためのメッセージにまとめる。このメッセージこそが「商品ストーリー」であり、「商品コンセプト」につながるものである。

　こうして生み出された「商品ストーリー」は、次の5つに分類することができる。

　①原料訴求型

　　原料のすばらしさや希少性、栽培方法や農法へのこだわりを重視する。

　②製造・加工方法訴求型

　　優れた製造技術や加工技術を重視する。

　③料理訴求型

　　地域の伝統料理や郷土料理に由来する。

　④地域力アピール型

　　地域の歴史、文化、自然、気候、風土、観光に由来する。

　⑤テーマ訴求型

　　例えば、健康、ユニバーサルデザインなど、地域資源とは直接関係ない別のテーマを設定する。

　実際に「ストーリー」を考える時には、①〜⑤の単独ストーリーではなく、これらを複合的に組み合わせることにより、より魅力的な「ストーリー」が完成する。

　では、ここで、「ストーリー」作りの参考例として、熊本県が開発した「かみましきUD（ユニバーサルデザイン）弁当」の取り組みについて紹介しよう（図2-8-2）。この商品は、①〜⑤を包括

した複合型ストーリーを持つ事例といえる。

3)「ブランド」の構築

　加工特産品開発の３つ目のポイントは、「ブランド」の構築である。

　アメリカの著名なマーケティング学者であるフィリップ・コトラーは、「ブランド」の定義について、「ブランドとは、個別の売り手または売り手集団の財やサービスを識別させ、競合する売り手の製品やサービスと区別するための名称、言葉、記号、シンボル、デザイン、あるいはこれらの組み合わせである」と述べている。

　加工特産品については、「ブランド」を構築できるかどうかが、お客様に商品を購入してもらうための大切な条件となる。なぜなら、似たような商品がたくさん並んでいる中から、自社商品を選んでもらい、さらに、継続的に購入してもらうためには、他商品との差別化が必要となるからである。

　ここでは、加工特産品の「ブランド」を生み出すための要素として、商品名、キャッチコピー、パッケージデザインの３つについて、考え方を押さえておこう。

（1）商品名

　開発した商品を消費者に選択してもらうためには、商品名が大切な要素となる。

　道の駅などに並んでいる加工特産品の中には、「梅干し」のように、同じ名称でたくさんの商品が並んでいるものもあるが、これでは一度購入したものを再度購入したいと思っても、どの商品であったかを思い出すことは難しい。例えば、「○○さんの減塩梅干し・はちみつ風味」のように、類似商品と区別しやすい商品名を考えたい。

　最初に消費者の心をつかむものは商品名である。できるだけ分かりやすく、覚えやすく、印象に残るものが望ましい。

（2）キャッチコピー

　キャッチコピーとは、消費者の心を強くとらえる効果をねらった印象的な宣伝文句である。

　キャッチコピーを考案する際には、商品ストーリーを基にアイデアを練ると良い。例えば、素材

【事例：「かみましきUD（ユニバーサルデザイン）弁当」の開発】

この事業は、熊本県と上益城（かみましき）地域の飲食業者、フードコーディネーターがプロジェクトチームを組み、UDの考え方に基づいて、「全ての人に食べやすい」弁当を協同開発したものである。「食のUD」を推進することにより、「UDの概念」を広く普及させることを目的に、３年にわたり事業を展開した。この取り組みでは、UDの視点から、「食べる」行為を「つまむ、口に入れる、噛む、飲み込む」の４段階に分け、各段階にさまざまな工夫を凝らし、食べやすさに配慮した商品の開発、販売を行なった。

図2-8-2は、この事業のモデル弁当として開発したものである。道の駅に隣接する文楽館を訪れる観光客をターゲットとし、ここで上演される人形浄瑠璃（熊本県重要無形文化財）を観賞しながら食べる弁当として考案した。

食材には、自然の中で栽培した原木しいたけや山菜など、地元の特産物をふんだんに使用し、調理の際には、食べやすい大きさに切ったり、隠し包丁を入れたり、圧力鍋で煮るなど、いずれもひと手間かけている。また、真空調理で柔らかく仕上げた「ヤマメの甘露煮」や、鶏ひき肉に豆腐を練り込み、和風あんを絡めた「鶏肉のハンバーグ」、すり身にした海老と特産のニラを合わせた「海老のニラ風味揚げ」など、食感や口当たり、喉ごしにも気を配っている。

さらに、地域に伝わる郷土料理の「田楽」を盛り込んで、食文化にも触れてもらうなど観光PRの要素も含んでいる。

この商品では、「食のUDの実践により、照明が薄暗い客席でも食べやすく、冷めても食感よくおいしく、年配者への心配りも含め、全てのお客様に喜んで食べてほしい」、「遠方から観光バスで来訪してくれるお客様に、舞台を楽しみながら郷土の食を味わってほしい」というメッセージがストーリーの中心にある。

図2-8-2.
事例：「かみましきUD（ユニバーサルデザイン）弁当」

の素晴らしさや、商品が生まれた背景にある食文化など、アピールすべきポイントを、読む人の興味をそそる短い言葉で表現する。ひと目見ただけで、消費者に最も訴えたい商品の魅力が伝わるような、インパクトのあるキャッチコピーを発信したい。

（3）パッケージデザイン

パッケージは「商品の顔」ともいわれ、商品のイメージを端的に伝えるものである。パッケージの色や形、サイズ、材質などに工夫を加えることにより、高級感や手作り感、素朴さなど、商品の雰囲気を演出することもできる。

パッケージのデザインを考える上での留意点は、そのデザインが商品の内容に見合っているか、また、消費者に商品の特性をより分かりやすく伝えているかということである。

以上、（1）〜（3）は、商品のブランドを形成するための要素となることを理解しておこう。

さて、ここまで、加工特産品開発の3つのポイントである1）「モノ」、2）「ストーリー」、3）「ブランド」について述べてきた。

ここで、この3つのポイントを押さえた商品開発の成功例を紹介しよう。以下は、福岡県で農業を営む主婦が考案した「ゴールデンライム胡椒」の開発事例である。

この「ゴールデンライム胡椒」の開発事例においては、次の3つのポイントが挙げられる。

①「モノ」

国産の完熟ライム（国内で流通しているライムのほとんどが輸入品のグリーンライム）。

②「ストーリー」

本来は廃棄処分品である完熟ライムだが、グリーンライムより芳醇な香りで、味に深みがあり、見方を変えると、市場に流通していないことに希少価値を見出すことができる。

製法にもこだわり、家族と同じ大切なお客様のために、心を込めてひとつひとつ丁寧に手作りし

【事例：「ゴールデンライム胡椒」の開発】

この商品作りのきっかけは、福岡県で農業を営む主婦がスリランカ旅行でライムに魅了され、九州特産の「柚子胡椒」をヒントに、国産ライム（現在は自社で栽培）を使って、自家用「ライム胡椒」を作ったことによる。

従来の「柚子胡椒」とは異なる爽やかな香りが魅力の「ライム胡椒」が、知人たちの間で評判となり、商品化しようという話が持ち上がった。

ところが、そのタイミングがたまたま冬であったため、ライムは時期を過ぎ、グリーンから黄色に色付いてしまっていた。本来であれば、商品価値を失ったとして、廃棄処分されるところである。しかし、この美しい黄色の実を活かすことはできないかと発想を転換し、これで試作することを思い付いた。

試作品は、通常のライム（グリーン）で作っていたものより一層華やかで芳醇な香りを放ち、味に深みがあった。しかも、やさしい黄色味を帯びた「完熟ライム胡椒」は、青柚子を原料とする従来商品「柚子胡椒」の緑色ともはっきりと差別化できる。

そこで、これを商品化し、「ゴールデンライム胡椒」という商品名を付け、「ゴールデンライム」という名称とシンボルマークを商標登録した。

ひとつひとつ丁寧に手むきをして作る商品にふさわしく、それを詰めるパッケージにもこだわりを持ち、家族と同じように大切に思うお客様へのメッセージを、ラベルに綴った。

この商品は東京都内の百貨店の催事に出店した後、バイヤーの目に留まり、現在は都内や地元の有名百貨店の常設商品となっている。また、農林水産省の「フード・アクション・ニッポン アワード2018」において、全国の100産品に入賞を果たしている。

図2-8-3.「加工特産品の3つのポイント」

モノ　ストーリー　ブランド

加工特産品の
3つのポイント

ている。

③「ブランド」

「ゴールデンライム」という名称とシンボルマークを商標登録し、類似商品との明確な差別化を図っている。また、パッケージやラベルにもこだわり、作り手の思い入れを表現している。

以上、①～③の３つのポイントをまとめたものが、図2-8-3である。

加工特産品の開発においては、この３つのポイントを押さえた商品こそが、消費者の心をつかむことができるのである。

4 加工特産品の作り方

加工特産品作りは、安全性が高く、品質の安定した原材料を使用し、衛生的な工場、設備で製造し、それを適切なパッケージに包装することが基本である。

ここからは、加工特産品の製造工程を、順を追って見ていこう。

1）試作の実施

どのような商品を作りたいのか、アイディアが固まったら、実際に試作を行なう。この段階では、最終的に完成させたい商品のイメージを描きながら、商品のストーリーや開発者の思いなどを反映させていく。

試作は、家庭用の調理器具などを使用して、作りやすい分量で行なう。試作段階では、五味（甘味・塩味・酸味・苦み・うま味）にポイントをお

いて、「おいしさ」を感じられるかどうかをチェックする。開発に携わるスタッフ全員で味を評価し、専門家の意見なども参考にする。

試作では、消費者の立場に立ち、その商品に対価を支払う価値があるかどうかを検討することも必要である。

2）原料の調達

原料には、安全性の高い加工処理を施し、汚れや異物、微生物などに汚染されていないもので、原料特有の外観と風味を持っているものを用いる。

農家や農産加工組合が開発を行なう場合、主な原料は自前で調達できるが、加工食品メーカーなどの場合は、原料の仕入れが必要となる。仕入れに関しては、一定の品質を保った商品の製造のために、原料の品質規格の基準を設けておく。

また、商品の安定供給のためには、原料の確保が必要となる。農林水産物には年間を通じて収穫されるものと、収穫時期が限定されるものがある。季節性があるものについては、期間を限定して販売する方法もあるが、冷凍、塩蔵、乾燥などの一次加工を行ない、必要なときに使用して、通年の供給を可能にする方法もある。冷凍品や乾燥品を使用するのであれば、試作段階から検討しておくことが必要である（図2-8-4）。

加工特産品の開発の場合、原料として、規格外農産物を活用する方法も視野に入れておきたい。規格外農産物は、大きさや見た目、品質などが基準に至らず、JAに出荷されなかったもので、廃

図2-8-4.

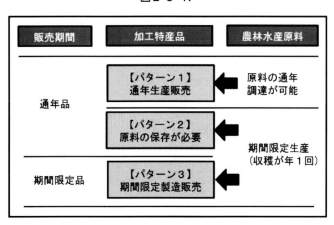

棄処分されているケースも多い。近年は、食べられる状態であるにもかかわらず、捨てられてしまう「食品ロス」が問題となっているが、こうした現状も踏まえて、規格外農産物をさまざまな加工品に有効活用する工夫も取り入れていきたい。

3）原料配合表（レシピ）の作成

原料の仕入れルートが固まったら、原料配合表を作成する。原料配合表とは、使用する原材料名と分量を明記したものである。

原料配合表はレシピとも呼ばれるが、ここでいうレシピとは、一般的に使われている料理の材料や作り方などを記したものとは言葉の意味合いが異なる。加工品の製造現場では、作り方については「製造作業マニュアル」として、別途作成する。

原料配合表を作成する際には、客観的な試食アンケートの評価なども参考にし、加工工場で試作を繰り返しても、問題なく作ることができるかを確認しておく。タンクやミキサーなどを使用する際には、1台分の単位で原料配合表を作っておくと便利である。

原料配合表は、仕込みをする際の基準となるものであり、間違いがあると出来上がり量や味に大きく影響してしまう。したがって、製造現場に正しく伝わるよう、正確に記載し、作業現場の責任者や加工作業に携わる作業員など、全員に周知しておくことが大切である。必ず現場と情報を共有し、管理する仕組みを作っておく。

4）製造作業マニュアルの作成

次に、加工工場で試験的に使用した設備と、実際に行なった加工方法や、様々な加工条件を基に、製造作業マニュアル（標準書）を作成する。

マニュアルには、具体的な製造手順の内容を表記する。これには、加工時の温度、圧力、撹拌速度、真空度、pH、粘度及び見た目や色具合などの項目について、基準を定める。基準を守ること

により、誰が作っても、常に安定した同じ品質の製品を製造することができるよう、正確で分かりやすい内容を記載する。

加工作業は同じ作業の繰り返しで単調になりやすく、ミスが生じることがある。ミスを防止し、万一の際に、すぐにその原因を究明できるよう、あらかじめ対策を講じておく必要がある。作業時には、各作業工程について確認できるチェックシートを作成し、工程ごとにチェック項目を設け、記録内容を必ず残すよう、作業員に徹底しておくことが重要である。記録したチェックシートの保管方法についても取り決めておく。

5）衛生管理とHACCP

作業員の衛生管理に対する意識は、異物混入などを防止する上で、大きな効果がある。作業員全員の衛生管理に関する意識の向上を図っておくことが大切である。

2018年6月、食品衛生法が改正され、2020年6月までに、原則として、全ての事業者に、HACCPに沿った衛生管理を導入することが義務化された。

HACCPとは Hazard Analysis and Critical Control Point の頭文字をとった略称で、「危害要因分析重要管理点」と訳される。

HACCPの導入とは、食品等事業者自らが食中毒菌汚染や異物混入等の危害要因（ハザード）を把握した上で、原材料の入荷から製品の出荷に至る全工程の中で、それらの危害要因を除去または低減させるために特に重要な工程を管理し、製品の安全性を確保しようとする衛生管理の手法を取り入れることである（図2-8-5）。

この手法は、国連食糧農業機関（FAO）と世界保健機関（WHO）の合同機関である食品規格（コーデックス）委員会から発表され、各国にその採用を推奨しているもので、国際的に認められた衛生管理システムである。従来の抜取検査によ

る衛生管理に比べ、より効果的に、安全性に問題のある製品の出荷を未然に防ぐとともに、原因の追及を容易にすることが可能となる。

HACCPを導入した施設においては、必要な教育・訓練を受けた従業員によって、定められた手順や方法が日常の製造過程において遵守されることになる。

小規模事業者の場合、負担軽減措置により、法律上の導入義務はないが、HACCPの考え方を取り入れながら、衛生管理に努めることが求められる。

6）容器・包装

さて、商品の中身が完成したら、次に、容器・包装についての検討を行なう。容器・包装は、次の3つの基本的な機能を持っている。

（1）内容物の保護

微生物や昆虫の侵入を防いだり（生物的要因）、酸素や光による変質や劣化を防いだり（化学的要因）、熱や湿気から守ったり（物理的要因）する役目を持ち、商品の中身を保護する。

（2）取り扱いの利便性

荷役、保管、輸送など、流通時の作業効率の向上や、使用する際の取り扱いを便利にする役目を担う。

（3）情報の提供と販売促進の役割

容器・包装は商品の内容を伝達する役目を持つ。読みやすい文字で、分かりやすい内容を表記し、中身がどういった商品であるのかを的確に伝えることが求められる。

また、容器・包装は商品の第一印象にも大きく影響するので、消費者の購買意欲を喚起するような、アピール力のあるデザインが求められる。

以上（1）～（3）が、容器包装の基本的な機

能である。特に、加工特産品の場合、加圧、加熱殺菌、無菌充填、急速冷凍などの処理を行なうことが多いので、製造方法に合ったものを選ぶことが大切である。

また、誰もが利用しやすいユニバーサルデザインの考え方や、環境に配慮したエコロジーの概念なども取り入れたい。

図2-8-6は、前述した「かみましきUD弁当」のパッケージ開発例である。このパッケージは、再生紙素材を使用し、電子レンジの使用も可能となっている。また、次の6点のデザインの特徴が挙げられる。

①テーブルがない場所（観光バス車内など）でも、持って食べやすい箱底面の「指掛かり」。
②フタの開閉に便利な大型の「つまみ」（プル）付き。
③フタが邪魔にならないよう、フタの折り返しにより、「つまみ」が箱本体に差し込める仕組み。
④フタのおもて面に、観光PRのイラストを描写。
⑤フタ裏面には、UDのコンセプトを記載。

図2-8-5.「HACCP」による管理の例

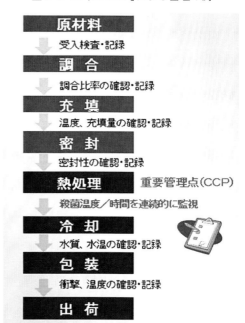

厚生労働省ホームページ「HACCPとは」より

⑥水分に耐えられるよう、内側にフィルムを貼付。フィルムをはがすと、紙素材としてリサイクル可能。

以上のように、この容器は、持ちやすさ、開封しやすさなどの機能面に工夫を凝らし、また、エコ素材の使用やリサイクル、リユースなど、環境面にも配慮し、さらには観光PRや商品コンセプトを伝える役目も果たしている。

7）試食テスト、アンケート調査の実施

さて、いよいよ試作品ができ上がったら、次に、試食テストやアンケートを実施して、調査を行なう。調査を実施することにより、企画段階で設定したターゲットに、この商品を買ってもらうことができるのか、商品の受容性についての客観的な評価を得ることができる。

調査は一般消費者を対象とする場合と、外食店や惣菜店など、業務用の購入者を対象として、実施する場合がある。試食テストやアンケートは、味覚についての評価だけでなく、その商品を購入したいと思うか、どのくらいの価格であれば購入するかなど、購入に対する意識まで踏み込んでおくことが大切である。

調査の機会として、各地で開催される食品の展示会やイベントなどを利用して、参加者に試食を兼ねたアンケートを実施し、評価をしてもらう方法も有効である。

8）加工技術

加工技術には、さまざまな方法がある。古来より、自然の産物に恵まれた我が国では、食品の劣化を防ぎ、日持ちをよくするために、さまざまな保存方法や保存技術が発達してきた。塩蔵、乾燥、発酵、燻製などはその例である。

例えば、寒さが厳しい地方では、農産物の収穫が少ない冬場に備えて、塩を多用する方法で野菜を加工し、長期保存する工夫がされてきた。しかし、健康ブームの時代において、塩分が多い食品は敬遠されがちである。

そこで、酸味を調整して殺菌し、保存性を高めるなどの工夫をすれば、現代の消費者ニーズに応えられる。このように、伝統的な保存方法に加えて、新しい加工技術を施すことにより、長期保存が可能な食品を作ることができる。

地域の産物や料理も、加工技術によって、一定の品質を保った状態で長期保存することができれば、流通を図ることが可能となる。そうなれば、各地で継承されてきた郷土の味を、加工特産品として、全国の消費者に広く知ってもらうこともできるのである。

加工技術は、商品の特徴に合わせて、取り入れていくことが重要である。表2-8-1 に、代表的な加工技術をまとめる。

図2-8-6. 事例：「かみましきUD弁当」のパッケージ開発

①底面の指掛かり

②大型のつまみ（プル）

③フタの折り返し

④フタおもて面に観光PR

⑤フタ裏面にUDコンセプトの説明
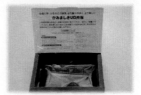

⑥箱の内側にフィルムを貼付

表2-8-1. 加工食品の加工技術

加工技術	技術内容
冷蔵・冷凍	食品を密封包装して、冷蔵・冷凍保存し、微生物の増殖を抑制する。
レトルトパック （加圧加熱殺菌法）	密封したフィルム包装により、長期常温保存可能とする。 包装後に120℃で4分以上の加熱殺菌を行う。カレーやスープなどに利用される。
ホットパック （ボイル殺菌製法）	75～100℃未満で加熱調理した中身を熱い内に容器に充填する製法。 さらに製品の安全性を期すために製品を一定の温度の湯（75～100℃未満）の中で 20～30分ボイル（湯煎）殺菌するのがボイル殺菌製法である。
pH調整法	pHを酸性にすることにより、微生物の繁殖を抑制して保存性を高める。漬け物、ドレッシングなどに利用される。
脱酸素剤封入	ガスバリヤー性のある袋の中に脱酸素剤を封入し、袋の中の酸素を消失させる製法。 カビが発生せず、常温での保存が可能となる。和菓子などに利用される。
無菌パック	無菌室で製造する。レンジ加熱用のご飯パックなどがある。

5 食品表示

食品表示制度

　食品表示は、消費者が商品を購入する際に、食品の内容を正しく理解したり、食品として摂取する際の安全性を確保したりする上で、重要な情報源となっている。

　食品の表示制度については、2015年に「食品表示法」が施行され、新しい食品表示制度が始まった。具体的な表示のルールは「食品表示基準」に定められ、食品の製造者、加工者、販売者などの食品関連事業者に対し、遵守が義務付けられている。加工食品の表示に関しては、パックや缶、袋などに包装されたものについては、容器包装の見やすい箇所に一括表示することが定められている。表示しなければならない具体的な項目と記載方法は以下の通りである。

1）名称
　商品の内容を表す一般的な名称を表示する。

2）原材料名
　使用した原材料に占める重量の割合の高いものから順に、その最も一般的な名称で表示する。

3）添加物
　添加物に占める重量の割合の高いものから順に、その添加物の物質名を表示する。

　表示には、一般的に広く使用されている名称または一括名を表示することができる（例：調味料、甘味料、酸味料、着香料、着色料など）。

4）内容量または固形量及び内容総量
　内容重量、内容体積または内容数量を表示する。重量はグラムまたはキログラム単位で、体積はミリリットルまたはリットル単位で、数量は個数等

【表示例（豆菓子）】

```
名　　　称  豆菓子
原材料名  落花生（国産）、米粉、でん粉、植
　　　　　物油、しょうゆ（大豆・小麦を含む）、
　　　　　食塩、砂糖、香辛料
添 加 物  調味料（アミノ酸等）、着色料（カ
　　　　　ラメル、紅麹、カロチノイド）
内 容 量  100g
賞味期限  2022.6.20
保存方法  直射日光を避け、常温で保存してく
　　　　　ださい。
製 造 者  ○○○食品株式会社
　　　　　東京都千代田区×××‐△△△
```

の単位で明記する。

5）期限表示
　期限表示には、消費期限と賞味期限の2つがあり、商品の特性に応じて、どちらかを表示する。（図2-8-7）いずれも、容器包装を開封する前の状態で保存した場合の期限を示す。
（1）消費期限
　　定められた方法で保存した場合において、腐敗、変敗、その他の品質劣化に伴い安全性を欠くおそれがないと認められる期限を示す年月日のこと。これを過ぎたら食べない方がよいという期限で、弁当、サンドイッチ、惣菜など、劣化が早く、傷みやすい食品に表示する。
（2）賞味期限
　　定められた方法で保存した場合において、期待されるすべての品質の保持が十分に可能であると認められる期限を示す年月日のこと。賞味期限が3ヵ月以上のものは、年月での表示もできる。賞味期限はおいしく食べることができる期限で、これを過ぎても、すぐに食べられなくなるわけではない。スナック菓子、カップめん、缶詰など、劣化が比較的遅く、日持ちする食品に表示する。

6）保存方法
　開封前の保存方法を、食品の特性に従い、「直射日光を避け、常温で保存すること」、「10℃以下で保存すること」等、表示する。

7）製造者など
　食品関連事業者（製造者、加工者、販売者、輸入者等）のうち、表示内容に責任を有する者の氏名または名称、及び住所を記載する。

8）栄養成分表示の量及び熱量
　容器包装に入れられた加工食品には、熱量（エネルギー）、たんぱく質、脂質、炭水化物及びナトリウムの量を、順に表示することが義務付けられている。ナトリウムについては「食塩相当量」で表示される。これら以外に表示が推奨されている栄養成分（飽和脂肪酸、食物繊維）や、任意で表示される栄養成分（ミネラル、ビタミン等）がある。
　また、健康の保持増進に関わる栄養成分の強調表示については、定められた基準を満たした食品だけに使われる。

【表示例（牛乳）】

栄 養 成 分 表 示 1 本（200ml）当たり	
エネルギー	140kcal
たんぱく質	7g
脂質	8g
炭水化物	10g
食塩相当量	0.2g
カルシウム	227mg ※

※表示が義務付けられている栄養成分以外の成分が表示されることがある。

図2-8-7. 消費期限と賞味期限のイメージ

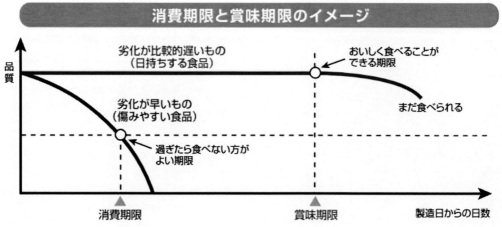

9）遺伝子組換え食品

大豆、とうもろこしなどの遺伝子組換え農産物とその加工食品については、基準に基づく表示が必要となる。

(1) 遺伝子組換え農産物を原材料とする場合（義務表示）

（例）「大豆（遺伝子組換え）」等

(2) 遺伝子組換え農産物と非遺伝子組換え農産物が分けて管理されていない農産物を原材料とする場合（義務表示）

（例）「大豆（遺伝子組換え不分別）」等

(3) 遺伝子組換えでない農産物を原材料とする場合（任意表示）

（例）「大豆（遺伝子組換えでない）」等

10）アレルゲン

食品表示基準で定められた特定原材料7品目（卵、乳、小麦、落花生、えび、そば、かに）を原材料とする加工食品には、アレルゲンの表示が義務付けられている。

また、これら以外にも、特定原材料に準ずるものとして、表示が推奨されている21品目がある。表2-8-2は、これらをまとめたものである。

11）原料原産地名

国内で製造された加工食品は、原料原産地名表示の対象となる。原料原産地は、原材料に占める重量割合が最も高い原材料（対象原材料という）について表示する。

対象原材料が国産品で、生鮮食品である場合は国産である旨を、加工食品である場合は国内において製造された旨を「国内製造」と表示する。また、これらの表示に代えて、都道府県名や原産地名などで表示することもできる。

対象原材料が輸入品の場合、生鮮食品には原産国名を、加工食品には「○○製造」と国名を入れて表示する。

外食や、容器包装に入れずに販売する場合、作ったその場で販売する場合は、原料原産地名表示の対象外となる。

12）機能性の表示ができる食品

(1) 特定保健用食品（トクホ）

健康の維持増進に役立つことが科学的根拠に基づいて認められ、「コレステロールの吸収をおだやかにする」などの表示が許可されている食品。表示されている効果や安全性については、健康増進法に基づき国が審査を行ない、食品ごとに消費者庁長官が許可する。

(2) 栄養機能食品

1日に必要な栄養成分が不足しがちな場合、その補給・補完のために利用できる食品。既に科学的根拠が確認された栄養成分が、定められた上・下限値の範囲内にある食品であれば、特に届け出などしなくても、国が定めた表現によって機能を表示することができる。

(3) 機能性表示食品

事業者の責任において、科学的根拠に基づいた機能性を表示した食品。根拠に関する情報が消費者庁長官に届け出られたものであるが、消費者庁

表2-8-2. アレルゲン表示について

特定原材料 （7品目）	卵、乳、小麦、落花生、えび、そば、かに	表示義務
特定原材料に準ずるもの （21品目）	いくら、キウイフルーツ、くるみ、大豆、カシューナッツ、バナナ、やまいも、もも、りんご、さば、ごま、さけ、いか、鶏肉、ゼラチン、豚肉、オレンジ、牛肉、あわび、まつたけ、アーモンド	表示を奨励 （任意表示）

※特定の原材料の名称は、平成30年全国実態調査における発症数の多い順に記載

【表示例】

原材料名：じゃがいも、にんじん、ハム（卵・豚肉を含む）、マヨネーズ（卵・大豆を含む）、たんぱく加水分解物（牛肉・さけ・さば・ゼラチンを含む）／調味料（アミノ酸等）

長官の個別許可を受けたものではない。

参考文献
- 消費者庁パンフレット「知っておきたい食品の表示」

6 賞味期限の設定

　賞味期限の設定は、製造業者（表示義務者）が行なう。客観的な期限の設定のために、官能検査、理化学試験、微生物試験を含め、これまで商品の開発・営業等により蓄積した経験や知識などを有効に活用して、科学的・合理的な根拠に基づいて期限を設定する必要がある。

　官能検査では、外観、香り、食感、風味、味など、理化学試験では、pH、酸価、過酸化物価など、微生物試験では、一般生菌数、真菌数、大腸菌群数などを確認する。

　加工特産品の場合、通常は、保存したサンプルを使った保存テストを行なう。テストを行なうときには、真夏の倉庫や車中のように、気温が60℃を超える状況下で、保管や配送をされることも予想し、厳しい条件でテストを行なっておく必要がある。保存テストでは、酸素、光などによる品質の変化の限度や、微生物の働きによる腐敗の限度の確認などを行なう。そして、実施したテストの結果から予想される保証期限に安全性を考慮して、2割程度期間を短縮した賞味期限とするのが一般的である。

　検査方法のノウハウや、検査機器、設備がない場合は、最寄りの公的な分析センターや工業試験場などに商品サンプルを持ち込んで、検査を依頼することもできる。また、各都道府県にも指定検査機関があるので、最寄りの保健所に問い合わせてみると良い。

参考文献
- 消費者庁ホームページ「食品期限表示の設定のためのガイドライン」

7 食品営業許可

　加工食品を製造・販売するためには、「食品営業許可」を取得しなければならない。

　食品衛生法の改正に伴い、2021年より営業許可が必要な業種が32業種に再編された。（表2-8-3）これまでは営業品目ごとに許可が必要であったが、新制度では、原則、一施設一許可となるよう、ひとつの許可業種で取り扱うことができる食品の範囲が拡大された。これにより、菓子製造業を取得している施設が調理パンを製造する場合、

表2-8-3. 営業許可の必要な業種（32業種）

分類	業種
調理業	①飲食店営業、②調理機能を有する自動販売機により食品を調理し、調理された食品を販売する営業
製造業	③菓子製造業、④アイスクリーム類製造業、⑤乳製品製造業、⑥清涼飲料水製造業、⑦食肉製品製造業、⑧水産製品製造業、⑨氷雪製造業、⑩液卵製造業、⑪食用油脂製造業、⑫みそ又はしょうゆ製造業、⑬酒類製造業、⑭豆腐製造業、⑮納豆製造業、⑯麺類製造業、⑰そうざい製造業、⑱複合型そうざい製造業、⑲冷凍食品製造業、⑳複合型冷凍食品製造業、㉑漬物製造業、㉒密封包装食品製造業、㉓食品の小分け業、㉔添加物製造業
処理業	㉕集乳業、㉖乳処理業、㉗特別牛乳搾取処理業、㉘食肉処理業、㉙食品の放射線照射業
販売業	㉚食肉販売業、㉛魚介類販売業、㉜魚介類競り売り営業

図2-8-8. 商品を構成するコスト

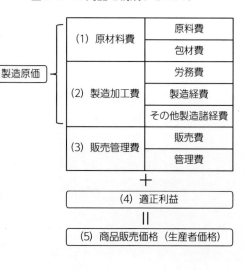

そうざい製造業や飲食店営業の許可は不要となった。

また、新設された複合型そうざい製造業の営業許可を得れば、HACCPに基づく衛生管理の実施を前提として、菓子・麺類・水産製品（魚肉練り製品を除く）の冷凍品の製造、食肉の処理にあたって、許可の追加申請は不要となる。

食品営業許可を取得する際には、施設の所在地を管轄する保健所に申請を行う。

8 販売価格の設定

1）正しい商品コストとは

商品が完成したら販売価格を設定する。手作りの加工品の中には、販売価格の根拠が曖昧なケースを見受けることもある。事業規模にかかわらず、商品価値に見合った販売価格を決めるために、正しい商品コストを把握しておく必要がある。

商品コストは、（1）原材料費、（2）製造加工費、（3）販売管理費から算出する（図2-8-8）。

（1）原材料費

原材料費とは、商品を作るために使用する原料費（食材、調味料など）と、容器、包装などにかかる包材費の合計である。

（2）製造加工費

製造加工費とは、商品を作るのに必要な労務費（人件費）、製造経費（水道光熱費など）、その他製造諸経費の合計である。

（3）販売管理費

販売管理費は、販売費と管理費に分かれる。販売費は販売活動にかかる費用で、営業のための人件費、通信費、交通費、宣伝広告費、運搬費、イベント出展費、試食費などである。管理費は、一般事務にかかる経費である。

商品の価格を検討する際には、これらのコスト（（1）原材料費（2）製造加工費（3）販売管理費）に、（4）適正な利益を加えて、（5）商品販売価格（生産者価格）を決める。

原材料費に製造加工費や、販売管理費を加えずに販売価格を決めてしまうと、採算がとれない結果となってしまう。まずは、製造に必要な商品コストを明確にすることが重要である。

2）製造原価の算出方法

製造原価とは、製品1個を製造するのにかかる費用で、1個当たりに必要な原材料費と製造加工費を算出し、それらを合計した額となる。

ここでは例として、ドレッシングを製造する場合の製造原価を算出してみよう。

まず、前提条件を次のように設定する。

【前提条件】

製　品	ドレッシング
容　量	200ml（ペットボトル入り）
生産量	1日500本 （200ml × 500本 = 100ℓ） 11,000本／月 132,000本／年
労働時間	1日8時間

表2-8-4. 製品1本当たりの原料費

使用原料	配合量(A)	仕入れ価格	仕入れ単価(B)	原料費(A×B)
食用植物油	45ℓ	300円／1.5ℓ	200円／ℓ	9,000円
醸造酢	30ℓ	360円／0.9ℓ	400円／ℓ	12,000円
しょうゆ	15ℓ	390円／1.5ℓ	260円／ℓ	3,900円
本みりん	12ℓ	300円／1.0ℓ	300円／ℓ	3,600円
原料費合計	102ℓ			28,500円

製品1本当たりの原料費：28,500円÷500本＝57円／本（200mℓ）

（1）原材料費の算出

①原料費の算出

原料費は、製品を作る時に使用する各種原料の仕込み量（配合量）に、それぞれの原料の単価を乗じて（×）最終製品出来高で割った（÷）もので、図2-8-9の式で示される。

これを実際に、ドレッシングの例で考えてみよう。原料費は、使用原料の配合量（A）と原料の仕入れ単価（B）から表2-8-4のように計算できる。

原料の仕込み量は、製造時に2％ほどのロスが発生することを考慮しておく。この場合、歩留まりは98％となるが、製品の種類や、用いる原料の種類や性質によっては廃棄量が多いものもあり、歩留まりが90～95％になる場合もある。例えば、野菜や果物は皮やへた、芯などを除くためにロス率が高くなる。

②包材費の算出

包材は、フィルム、中箱、外箱、ペットボトル、ラベルなど、種類もさまざまであるが、製品に合わせて選ぶ。

ここでは、ドレッシングをペットボトルに詰め、ラベルを貼り、外箱に入れる場合を考えてみよう。ペットボトル1本が50円、30本入り外箱が180円、ラベル1枚が3円とすると、ドレッシング1本当たりの包材費は図2-8-10のように計算される。

（2）製造加工費の算出

①労務費の算出

一般に労務費には、給与、賞与、退職引当金、福利厚生費、交通費、諸手当などが含まれ、製品を作るのに必要な作業員の延べ人数（要員）と作業時間から割り出す。

例えば、1時間当たりの平均労務費が1,000円の作業員6人で、1日8時間の作業を行ない、最終製品のドレッシングが500本製造されたとすると、1本当たりの労務費は、図2-8-11のようになる。

図2-8-9. 原料費の算出

図2-8-10. 製品1本当たりの包材費

図2-8-11. 製品1本当たりの労務費

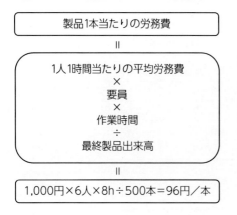

図2-8-12. 製品1本当たりの水道光熱費

②製造経費の算出

製造経費とは、製品を製造するために必要な機器類の光熱費、製造建屋や機械設備の修繕費、各種保険料、税金、消耗品、原材料・製品などの保管料などをいう。

水道光熱費は、製造機器類の稼働や、照明器具、空調機などの運転に消費される費用である。電気料金とガス料金は、基本料金と使用量に応じた料金を請求され、水道料金は、下水道使用料も一緒に請求される。

例えば、1ヵ月で11,000本のドレッシングを製造した場合、製品1本当たりの水道光熱費の計算方法は、図2-8-12のようになる。

③その他製造諸経費の算出

その他の製造諸経費には、加工場や機械設備などの修繕費、減価償却費、さらには固定資産税や保険料が含まれる。また、製造時に必要な器具類や作業着、作業靴などの他、洗剤、手袋、マスクなどの消耗品や、文具類などもある。

これらの製造諸経費は、年間当たりで支出する項目が多いので、年間の総費用を年間生産量（この場合は月11,000本×12ヵ月＝132,000本）で割って、1本当たりの費用を算出する。例えば、年間に支出される製造諸経費が660,000円の場合、図2-8-13のようになる。

以上、算出した項目をまとめると、表2-8-5のように、製造原価が算出され、このドレッシングの製造原価は220円となる。

9 ｜ 商標と商標制度

商標とは、事業者が自社の取り扱う商品やサービスを、他社のものと区別するために使用するマーク（識別標識）を意味し、文字、図形、記号、立体的形状やこれらを組み合わせたものなどのタイプがある。

消費者は、商品を購入するとき、企業のマークや商品のネーミングである商標をひとつの目印として選んでいる。そして、商品に対する消費者の信用が積み重ねられ、商標に「信頼がおける」「安心して買える」といったブランドイメージがついてくる。商標は、「ものいわぬセールスマン」と表現されることもあり、商品の顔として重要な役割を担っている。このような商品やサービスに付けるマークやネーミングを財産として守るのが商標権という知的財産権である。

商標権を取得するには、特許庁へ商標を出願し、商標登録を受けることが必要である。商標登録を受けないまま、商標を使用している場合、先に他社が同じような商標の登録を受けていれば、その他社の商標権の侵害にあたる可能性がある。また、我が国では、同一または類似の商標の出願があった場合、その商標を先に使用していたか否かにかかわらず、先に出願した者に登録を認める先願主義という考え方を取っている。

商標登録を行なうかどうかは自由であるが、商品のブランドを守るためにも、このような登録制度を利用することも視野に入れておきたい。

参考

◉特許庁ホームページ「商標制度の概要」

表2-8-5. 製品の製造原価

原材料費	原料費	57円／本
	包材費	59円／本
製造加工費	労務費	96円／本
	水道光熱費	3円／本
	諸経費	5円／本
合　　計		220円／本

図2-8-13. 製品1本当たりの製造諸経費

製品1本当たりの製造諸経費
＝
年間の製造諸経費÷年間生産量
＝
660,000円÷132,000本＝5円／本

10 販路開拓

1）販路の種類

　販路先は大きく、「地域内販路」と「地域外販路」に分類される。加工特産品の場合、基本的には、まず、地域内販路を固め、確実に買ってもらえる地域のコアなファンづくりを行なうなど、身近な顧客を獲得することが先決となる。

　地域内で認知され、定着すれば、地域内から地域外へ口コミで広がったり、地域外への贈答品として利用されたり、地域外からの観光客がお土産として買い求めたりし、その結果として、地域外へ販売のチャンスが拡大する。

　販路については、自社の加工施設に直売所を併設して直接販売する方法や、ホームページを開設し、直接受注する方法など、自社販売の仕組みを構築するところから始める。

　また、流通チャネルを利用する場合は、地域内の道の駅や観光施設などで販売したり、地域外では、百貨店やスーパーなどの小売店などを介して販売したり、アンテナショップを利用する方法もある。あるいは、インターネットを介したオンラインショップに出店する販路などもある（図2-8-14）。

　小売業者に委託する場合、マージンが発生する
ので、加工特産品の販売では、基本的に自社で販売形態を確立する仕組み作りから始めたい。自社の商品が評判になれば、小売業者の方からアプローチがくるなど、販路拡大の可能性も広がる。

2）展示会・イベントの活用

　地域内での販売が軌道に乗れば、地域外への顧客獲得を目指し、地方自治体や商工会、食関連団体などが主催する展示会やイベントに出展する方法がある。幕張メッセや東京ビッグサイトなどのような大規模展示場では、定期的に食の展示会やイベントが開催されている。

　全国から数多くの食関連業者が集まる展示会やイベントは、バイヤーなどと直接コミュニケーションを図ることができ、自社や自社商品を知ってもらう大きなチャンスの場でもある。

3）百貨店・スーパーにおける試食販売

　一般消費者向けには、百貨店で開催される物産展などの催事への出店や、スーパーにおける宣伝販売など、試食による宣伝効果を狙った販売方法もある。

　試食販売は、実際に食べてもらうことにより、アピールしたい商品を認知してもらい、その商品に興味を持ってもらうことができる。商品に関心を抱いて、その場で購入してくれるケースもある

図2-8-14. 加工特産品の販路の種類

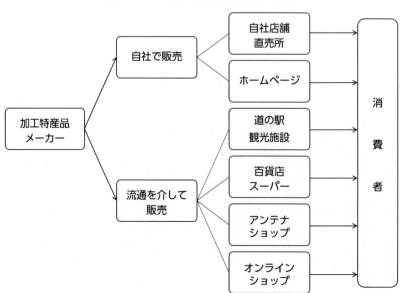

し、購入に至らなくても、商品を記憶して、別の機会に購入してくれる可能性もある。

　試食販売には、そこで商品を購入してもらうという目的以外に、商品の存在を知ってもらい、実際に味を確認してもらえるという効果がある。

参考文献

◉鳥巣研二「よくわかる加工特産品のつくり方、売り方」（出版文化社　2016年）

◉鳥巣研二「加工特産品開発読本」（プロスパー企画　2004年）

9. 製造小売（洋菓子店）の販売と運営

1 | 洋菓子店は素敵な仕事

（洋菓子店はどんな商売　パティシエの仕事）

　お菓子屋さんになりたい、パティシエになりたいと夢見る子供たちがたくさんいる。子供の頃、家族団欒の食卓に洋菓子はなくてはならない食べ物であった。洋菓子は、子供の頃や、人生折々の記念日や祝いごとに登場し、年を重ねてシニア世代になっても、喜びの場面を演出する重要な役割を持っている食べ物である。

　この喜びの場面のお手伝いができる職業（洋菓子店）、職人（パティシエ）は、憧れである。しかし、夢見る職業もただ自分の好きなケーキを作っていれば良いだけでは継続運営できる繁盛店にはならない。この節では繁盛する洋菓子店の施策例を挙げ、商品開発を基軸にした「商品編」、顧客満足を向上させる接客サービスの「販売編」、どのように売上を確保するかの「運営編」、平均的洋菓子店を想定した「計数管理編」、最後に洋菓子店で期待されるフードコーディネーター像について述べる。

　洋菓子店は、町のケーキ屋さんに代表される製造小売店から、誰でも知っている大手製造企業まで存在している。後述する洋菓子店は、圧倒的に店舗数の多い小中規模の洋菓子店に的を絞り、その販売方法と運営方法について述べる。1店舗から始め、地域の有名店となり、更には複数店経営の道へと進んだ洋菓子店も多い。

2 | 繁盛する洋菓子店の共通点

　顧客は店に入ると、瞬時に居心地が良いか悪いかを判断する。即決できるほど買物経験が豊富だからだ。美味しそうな商品や、人にプレゼントしたくなるような商品、素敵な販売空間、なるほどの商品説明と的確な応対があってこそ顧客の心地よい買い場となる。商品が美味しいのは当たり前である。今日初めての顧客が、再来店、そして「いつものお客様」になって頂けてこそ繁盛店になることができるのである。

　それでは、繁盛する洋菓子店に共通する以下の3つの共通点について述べていこう（図2-9-1）。

　　1）商品についての共通点

　　2）店舗とサービスについての共通点

　　3）人についての共通点

1）商品についての共通点

　繁盛店の商品の共通点としては、その店の立地と客層に相応しい、商品のこだわりと品揃えがあるということである。店のブランドを代表する看板商品とその他商品群が、日常商品から贈答商品

に至るまで品揃えがあることだ。たくさんあるという意味ではない。顧客の買物目的に合った商品が年間を通し提案できているかである。売れる商品は顧客が「なるほど」と納得して買うが、売れない商品は「良く分からない」と見向きもしない。大切なのは、素材・産地・配合・製法・品質・パッケージに至るまで、商品開発を徹底的にこだわり、どこにも負けない商品力のある商品を作ることである。

2)店舗とサービスについての共通点

繁盛店といわれる店は、陳列技術が素晴らしく接客サービスが優れている。つい買いたくなる商品名が付けられ、欲しいものがすぐに見つけられる陳列配置となっている。購買に結びつく商品の情報（素材や食べ方や用途）を、プライスカードやPOP等に記入し、それらを見るだけで納得できる表示をしている。接客販売員は、様々な顧客に対し、要望通りの商品説明と商品提供ができる応対をしている。良い商品と良い買場空間、熟練の接客が繁盛店の秘訣である。

3)人についての共通点

繁盛店には、キーマンがいる。会社の目標に向かい、ソフトとハード両面を確実に理解している、強いリーダーシップを持った人である。

市場の動きと自店の有り様を見極め、店内のヒト・モノ・カネ・情報に置き換えて、作業課題にして指示できる人。経営者だけとは限らない。店長や従業員の中にも皆を束ねるリーダーシップを持った人がいる。パート・アルバイトから大企業の経営者になった人は、多数存在する。

3 | 商品コンセプトと看板商品

1)洋菓子の購買目的（洋菓子を買う目的）

洋菓子の購買目的は購買者にとってさまざまである。どのような顧客が、どのような目的で、いつ、どのような場面で食べたいのか、予算はどのくらいか、普段のおやつ需要から、贈答需要まで、しかも生ケーキから半生ケーキ・クッキー・菓子関連商品まで洋菓子店の商品群は多種多様である。洋菓子を購買目的別に区分すると①自分や家族のために買う普段のおやつ、②友達など来客時のおもてなしのおやつ、③訪問先へのちょっとした手土産、④中元歳暮等ギフト商品などが挙げられる。その他としては、「おめでとう、お疲れさま、ありがとう、どうぞよろしく」等、お祝いや感謝の思いを込めた「ハレの日」の購買目的がある。これら購買目的の中でほぼ半分（50%）を占めるのは、①自分や家族のために買う普段のおやつと、②友達など来客時のおもてなしのおやつである。

図2-9-1. 繁盛する洋菓子店の共通点

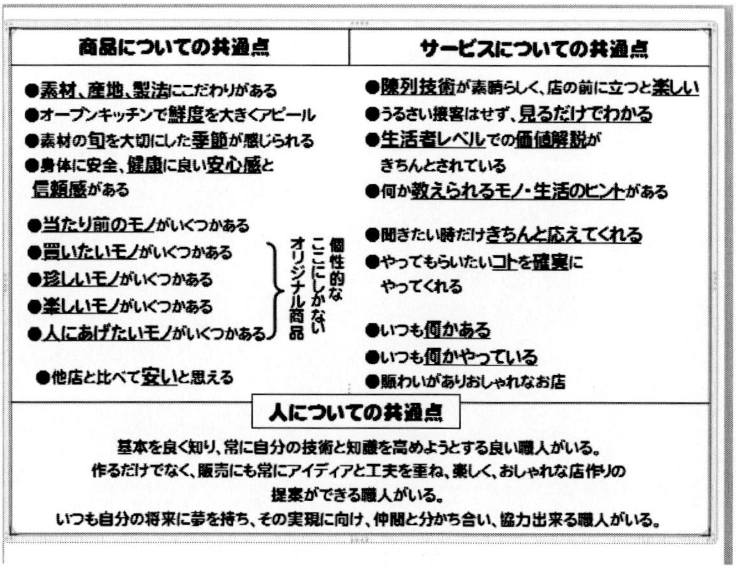

この日常のおやつ商品群は、洋菓子店にとって重要な外せない商品群である。

2）ターゲット（どのような人に買ってもらいたいか）

洋菓子店のターゲットは女性客がほとんどである。購買目的はさまざまだが洋菓子の購買者の約80％が女性客である。購買目的に合致した商品の見立て、味の好み等について、圧倒的に女性が選択権を握っている。年齢層も幅広い。

3）商品コンセプト（こだわりと商品の方向性）

前述したように購買客はほぼ女性で、しかも自宅で菓子作りを楽しむ人も多く、素材・製法知識を豊富に持ったプロ顔負けの人も多い。素材の入手先や鮮度、特に乳製品や糖類の種類等、近年では健康志向も加味され、こだわりを持つ顧客が多いので、商品の特徴やこだわりの設定は慎重に検討しなければならない。

4）看板商品（店を代表する商品、ブランド商品）

店を代表する「こだわりの看板商品」、商品コンセプトを具現化した商品である。この看板商品で人気を集め売上を確保する、ブランドの代表商品である。個性豊かな、どこにもない商品が必要である。商品コンセプト、看板商品（主力商品）を明確に設定してから、全体商品構成を組み立てる。

5）価格（売価、値頃感、おしゃれ度（付加価値））

まずは同類商品の競合店価格分析（値頃感）が不可欠である。見た目の大きさと形、彩りと見映え、重量は、顧客の価格評価に影響する。見た目の良さ（おしゃれ度）も勘案して付加価値の高い価格帯にする。各商品の使用食材・製法・製造所要時間・パッケージ等を基に原価を割出し、売価を設定する。洋菓子店の場合の原材料原価は、商品群によって多少変化するが、売価に対して25～35％。標準原価率は30％といわれている。

6）品揃え（必要なアイテム数）

立地や店の規模によっても必要アイテム数はさまざまである。顧客が、入店時に感じる、商品の鮮度感や豊富感、商品を見極めながら買物ができる商品構成（商品量・アイテム数）が必要である。日頃の販売商品量や商品構成を勘案しながら、顧客が飽きないよう、いろいろな味・色・形・価格帯のバラエティー豊かな商品群構成とする。更に、旬の素材を使った季節商品、健康に配慮した商品、買いたいモノ、珍しいモノ、楽しいモノ、人にあげたいモノなどの品揃えが必要である。

一般的な洋菓子店の商品は、水分含量によって、生菓子、半生菓子、焼き菓子に大分類されている。それぞれ消費期限や賞味期限が設定されているので確認が必要である（全国菓子工業組合連合会（全菓連）の資料に詳細が記載されている）。

平均的品揃えの洋菓子店の商品分類（商品群）と代表的商品とアイテム数の例を以下に挙げる。

生菓子（ショートケーキ・モンブラン・シュークリーム等）は季節商品を含め、15～20アイテム。半生菓子（ダクワーズ・フィナンシェ・マカロン等）は、10～15アイテム。クッキー等の焼き菓子は10～15アイテム。半生菓子や焼き菓子等を詰合せにした贈答用商品は、15～20アイテム。その他コンフィチュール等の各店特有の関連商品の商品群も含まれる。

平均的な洋菓子店（平日1日20～30万円の売上の場合）の総アイテム数は65～80アイテム程度である。これらの商品群を立地に合わせ、バランスよく商品構成（品揃え）している店がほとんどである。顧客から、看板商品の真価を問われ、それらを含む商品の品揃えが明日の売上に繋がる。この品揃え戦略は洋菓子店の「ブランド戦略」そのものである。

7）贈答商品（考え方と育て方）

　贈答商品の品揃えは不可欠である。どこにもない美味しい商品は人にあげたくなり、人に教えたくなるものである。自分用と家庭用、更に贈答用まで購買してもらえることはそのまま売上増となり、店のブランドの浸透・拡販効果を増す。それには人にあげたくなるほどの商品力と、見栄えするおしゃれなパッケージも不可欠である。ちょっとしたお土産ギフト1,000円前後のものから3,000〜5,000円前後まで、顧客の購買目的に合わせて品揃えする。新規出店間もない時期は、軽いギフト商品（1,000円前後）をしっかり品揃えし、顧客に支持され、ブランドが浸透するにつれ、高額ギフト「ハレの日」需要にシフトすることができる。繁盛店にするには、このギフト需要増に向けた不断の努力が鍵となる。

　開店当初、ギフト商品は中々売れない。まずは生ケーキ主体の店として商品の味を知ってもらう期間（商品味見期間）が必要である。顧客が来店を重ね、商品を良く分かってからでないと、ギフトには繋がらない。商品を認知して頂ける期間が必要である。ギフトになれるよう育てるものなのである。

　百貨店出店の洋菓子店は、小規模店舗の時にこのような努力を経て、ギフト需要に強いブランド力を磨いて出店を果たしているのである。誰でも知っている有名店では、贈答用の種類を、25〜40アイテムほど品揃えしている店も多く存在している。

4 店舗コンセプト（どのような店にするか）

　店舗の外観、内観（販売空間・厨房空間）をどのようなイメージに仕上げるかの方向性である。今後この店を通してどのような情報発信をするか（カフェの併設・サロン開催・洋菓子教室・地域活動等）の展望を含め検討課題である。

5 魅せるプレゼンテーション（どのような売り場、どのような買い場にするか）

1）魅せるプレゼンテーション（販売空間演出手法）

　顧客満足向上を表現する商品と空間の売場演出手法を「魅せるプレゼンテーション」という。顧客の購買心理や購買行動を徹底分析し、楽しい買い場空間を周到に準備して作り上げる手法である。まさにブランドコンセプトそのものを魅力的に陳列・配置し、お知らせ（伝達）することである。

　どのようなコンセプトの店を作るか、どのような商品にするかの全貌が決まり、立地が決まると同時に販売空間作りは始まる。コンセプトと商品に精通した人が担当し、売上規模に従い、陳列ショーケースの、各商品群の保存温度帯も勘案しながら、看板商品とその他商品群を平面図に落とし込み、棚割りする。パース（店前遠景図）に商品を書き入れてみると効果的で、陳列イメージを推測できる。その中に顧客動線・レジ置場・販売員配置も入れると、売場の臨場感が出て更に効果的である（図2-9-2）。

図2-9-2. 洋菓子店前遠景図（パース）と作業動線例

2）モデルパースと商品群配置

　図2-9-2は百貨店やテナント店での洋菓子店のモデルパースである。顧客エントランスと顧客動線に従い、どこに、何を、どのくらい陳列するか、まずは看板商品と主要商品の陳列場所を最初に考え、その後、売上想定、商品製造（納入）回数、商品回転率、陳列保存温度帯等も検討し配置する。

3）豊富な商品量で鮮度と賑いの演出

　商品を豊富に見せることは、鮮度の表現や、賑いの演出に繋がる大切な手法である。平台陳列・段差陳列・三角陳列・顔陳列などたくさんの陳列手法があるが、顧客がその陳列場所前に留まり、商品を注視するよう効果的に配置する。そのための販売小道具は多種多様に流通しているので、商品内容や販売空間の広さ、陳列什器のデザインに合わせて選択する。

4）カラーコーディネートでおしゃれな演出

　洋菓子店の商品や包材、陳列皿や店内什器の形・彩りは、豊富な陳列量とともに大切である。顧客は色や形の表現の仕方ひとつで、鮮度や品質・安心感を感じ取るもの。冷感系・温感系の菓子、季節感を感じる素材など、食べ物の色や形は食欲につながっている。美味しそうに感じる色合い・組合せなどをよく検討し、自店ブランドに相応しいデザインや色の調和が必要である。図2-9-3はモデルパースと商品群配置例、図2-9-4は、生ケーキを陳列ケース内のケーキバットに並べた商品配

置図例だ。下方は顧客が商品を見ている側、上方は接客販売員がケーキトングで取り出しやすい商品の置き方（向き）となっている。品痛みしやすい商品なので慎重に商品を並べる。

5）プライスカードやPOPの重要性（購買を即決させる、分かりやすい商品名）

（1）プライスカードの重要性

　商品を見ている顧客は、プライスカードの内容によって、買う価値があるかないかを判断する。

　目の前の商品の見栄えと大きさと価格が納得いくかどうかである。その時、商品の名前は特に大切で、あいまいな表現より、素材や食べるシーンをイメージしやすい、分かりやすい商品名の方が効果的といえる。漢字・ひらがな・カタカナをほどよく入れると読みやすくなる。

図2-9-3. モデルパースと商品群配置例

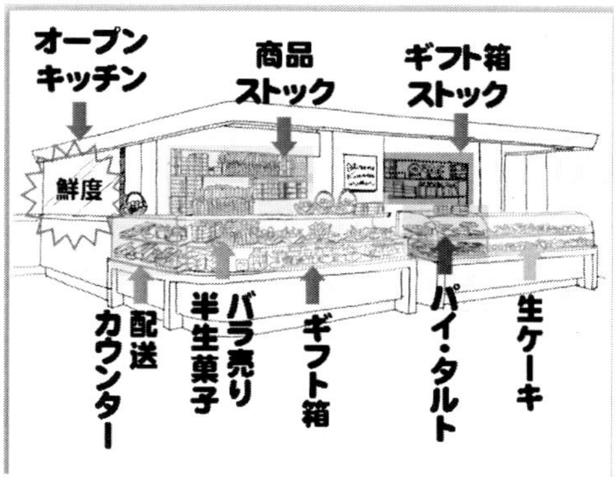

図2-9-4. 生ケーキ陳列ケース内の商品配置図

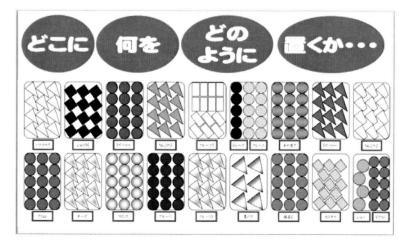

商品説明として付記されるキャプションは簡潔に美味しさを表現する。購買に結びつく、決め手になる商品説明文を工夫する。

図2-9-5はプライスカードの必要記入項目と構成例、図2-9-6はプライスカードのデザイン例である。手書き文字にしたり、用紙の紙質を変えたり、カードに枠付けしたりして、各店ブランドに合わせて工夫をする。

図2-9-7は、説明不足の情報をイラストで付記したり、特におすすめポイントのあるものは小さなおすすめシール（キャッチフレーズ）などを効果的につけたりもする。

プライスカードのサイズ、色柄デザインは、各店それぞれで検討する。使いやすい手の平サイズ（6.5 × 9.5cm）が目安だろう。図2-9-8は商品名（ネーミング）やキャプションを検討するときのアイディア用紙である。

（2）POPの重要性

POPは、プライスカードよりも更に美味しい情報、美味しい意味、なるほどの情報を顧客にアピールするのに効果的だ。商品を見てPOPを読むことでその商品の味を膨らませ、手に入れたときの具体的な期待を抱きながら見ているからである。しかしPOPが多すぎると顧客は迷うため逆効果である。プライスカードに書く内容と、POP等でお知らせする内容と、接客販売の訴求ポイントは異なるからである。顧客が欲しがる商品名やキャッチフレーズを工夫する。プライスカードやPOPは効果的で、販売員と同等の価値があるといわれている。

6）パッケージの基本的考え方

パッケージはとても重要である。普段使いの洋菓子は、すぐに喫食するので簡易容器でも良いが、ギフトにして人に差し上げる場合はセンスあるおしゃれなパッケージが不可欠である。人に差し上げるものは自分のセンス、情報の確かさを問われる。特に洋菓子の贈答のパッケージはブランドを象徴するものなので熟考を要する。

洋菓子店のパッケージ（包材）コスト例を図2-9-9に示した。生ケーキ6個の買上げ金額は2,580円。パッケージ（包材）コストの総額は保冷材等を含め142.1円となり、売上の5.5%。

焼き菓子4個を、焼き菓子の詰合せとして贈答用ギフト箱に入れた場合、価格3,000円に対し、パッケージ（包材）コストは279円となり、売上の9.3%となる（図2-9-10）。

（注1）店の商品群構成と売上構成によってパッケージ（包材）コストは変化するが、目安として売上の8%程度に納めたい。洋菓子店の立地・売上規模・包材の材質・ロット等によっても大きく変化するので、あくまでも目安であることを理解して参照してほしい。

6 接客の実際（コンシェルジュサービス）

コンシェルジュサービスとは、ブランド価値を高め、顧客に納得して買い上げて頂ける商品の価値解説手法である。良い商品を作り素晴らしい販売空間を作っても、売れない店は多数ある。商品と店に命を吹き込むのは「接客販売員」だからである。近年はうるさい接客を好まない顧客も多数いる。興味のない情報を聞かされるより、自分の聞きたいことだけ、やってもらいたいことだけを、確実にやれば顧客は納得し、店への信頼は高まる。そのコツは商品知識を熟知して販売に臨むことである。

繁盛店といわれる店は、対面販売に力を入れ接客話法を研究し、販売員への実践教育を徹底している。商品知識を十分に持っている販売員はどのような顧客にも対応でき、商品とサービスに自信があるからこそ販売空間に活気が出る。そこは顧客満足度が高く、居心地の良い好ましい買い場空間となり、顧客の共感が得られる。こだわりを「伝える力」とプロの「販売技術」が、顧客満足度を高める最前線の役割を担っている。コンシェル

図2-9-5. プライスカードの記入項目と構成

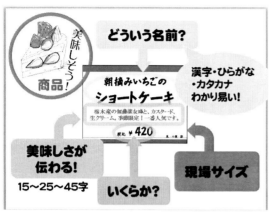

図2-9-6. プライスカードのデザイン例

図2-9-7. プライスカードとおすすめシール例

図2-9-8. ネーミング・キャプションのアイディア用紙

図2-9-9. 生菓子6個お買い上げの場合例

図2-9-10. 焼き菓子詰合せ贈答用の場合例

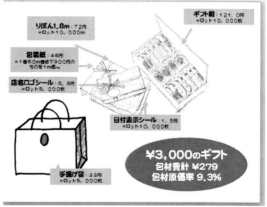

ジュサービスの要点は以下の通りである。

1）笑顔と接近
2）応援・参加
3）相互確認
4）商品の熟知
5）推奨商品の表現話法

1）笑顔と接近

　まずは笑顔、そしてお客様に半歩近づく。これは「お客様！あなたのご用命を私が伺います」という意味合いで、販売員の積極的接客姿勢を表わす態度表現だ。この時「いらっしゃいませ」のあいさつも同時に発声すると良い。しかし、お声掛けのタイミングは難しい。お客様が入店され、目の前の商品をゆっくり品定めする時間（陳列ケース内に視線を向けている時間）は必要だ。お客様は欲しい商品が決まれば自然と販売員に顔や視線を投げかけてくる。これがお声掛けのタイミングとなる。

2）応援・参加

　お客様の買物の目的はさまざまであるため質問には丁寧に答える。この時必要な考え方は販売員自身が買物の当事者になることで、お客様の買物の目的に参加し、応援する気持ちで応対することである。販売員から一方的に買物の中に入っていくのではなく、何気ない会話の中から会話の糸口を探る。難しい判断だが、シニア世代のお客様が多くなる時代なので、接客の呼吸（お声掛け）の間合いを掴むことが大切である。これがスムーズにいくことで、お店への安心感と信頼感が生まれる。

3）相互確認

　この相互確認が何よりも大切である。お客様の欲しかったモノを確実に渡したか？（商品の数量の確認）、商品の賞味期限・消費期限の確認はし

たか？（商品の安全安心の確認）、お買い上げ金額に間違いはないか？　お釣りや領収書も問題ないか？（金銭授受の確認）、ご要望通りの持ち帰り商品とスタイルにしたか？（最終確認）、これらの確認は当たり前のことだが、実はお客様からのクレームのほとんどがこの確認を怠ったために起こっている。販売員とお客様の間の相互確認ができていなかったからである。

　お客様はそれぞれ目的と要望が異なるので、コンシェルジュサービスは確実にお客様の要望に耳を傾けなくてはならない。あいさつ・返事・親切・ていねい・ゆっくり、これが接客の基本である。この接客の基本を的確に行なうことで、かなりのクレーム（不満）が回避される。

4）商品の熟知

　商品について何を聞いても的確に答えられない販売員もいるようだ。特に店の看板商品（代表商品）は当然、知っておくべきである。商品の素材・産地・配合・製法・アレルギーや消費（賞味）期限等は、当たり前の基本情報だ。私たちはこの基本情報の他に、商品の食べ方や保存の仕方、商品名の由来や歴史など、商品にまつわる情報は調べ上げておかなければならない。安全な食品を販売する社会的責任において、説明責任がある。難しく考えるとどんどん深くなってしまうが、素材のことだけで考えず、美味しいものを安心して召上っていただくための、表現方法・接客話法をスタッフ間で考えて販売に臨むことである。商品に説得力・付加価値をつけられる話法となる。近年、接客話法を重んじる対面販売の良さが見直される傾向も見られる。

　特に食品販売現場は、セルフサービスの良さを残しつつ、プロの確実な接客販売が求められている。繁盛店への道の鍵を握るのは、プロの確実な接客販売にしかないともいわれている。

5）推奨商品の表現話法

各商品の基本情報を熟知しておく必要性は既に述べたが、その他、お客様へのおすすめ話法（フレーズ）のいろいろを図2-9-11に挙げた。これらはお客様からご質問される代表的なものである。季節や時間帯によっても推奨商品の表現の仕方は変化するので、図表内の推奨話法を参考に、接客を担当する人達であらかじめ打合せをしておくと良い。自店のブランドや商品の品質保証に繋がる重要な接客話法となる。

7 店舗運営の実際

1）店舗運営とは（店舗力・販売力・運営力）

前項では、洋菓子店のさまざまな施策例（商品・サービス・店舗）を基に、店舗力（販売力）を上げるための成功ポイントを述べた。しかし、それだけでは店を存続することはできない。市場の動向を読み解き、顧客の好みの変化に先んじて、現行の商品やサービスを見極め、自店の実行可能な施策を考えなくてはならない。これらすべての顧客情報の検証・分析と、速く確実な対応策が持続可能な店舗運営力となる。

2）管理帳票類の整備（顧客情報分析）

顧客情報を早く確実に読み解くには帳票類の整備が必要である。帳票類とは店舗運営に関わる全てを具体的に表に落し込んだモノである。必要最低限で最大の情報と効果が得られる、帳票書式の見直しが必要で、売場と直結していることが重要。帳票類から得られる情報は膨大で、目的によって更に加工する。いま現場で起こっているモノ・コトを数字に置き換え、額や率で算出することで、精度の高い状況判断ができるようになるからだ。誰が、どのような目的で、どのように使うかを、明白にして見直す。

まずは、帳票類の種類と精度を洗い出し、その情報の流れをできるだけ簡略化し、現場と本部で共有できる仕組みを作る。それを本部で一元管理し、指示命令系統も見直す。これが儲ける仕組み・儲かる運営を下支えする管理帳票類の整備（見直し）である。店舗情報（顧客情報）が確実に早く手に入るからこそ、次の手が打てるのだ。競合他店に打ち勝つための重要なポイントとなる。制度疲労が起きないよう、常に見直しが必要だが、早く確実に明日に繋がるやり方だ。現場経験のある人が担当する重要な役割である。

3）店舗販売力・運営力の増強策

（1）日報（日報の重要性と構成、記入方法）
（2）オーダー管理（商品確保のための準備態勢）
（3）シフト管理（製・販の効率的人員態勢）

図2-9-11. 商品のおすすめフレーズ例

	生菓子	焼菓子	ギフト	その他
★お店のブランドを代表する看板商品は・・・・・・・・・				
★多くのお客様がお買い上げになる人気商品は・・・・・・・				
★只今ヒット中の商品は・・・・・・・・・・・・・・				
★売れ筋　ＮＯ．１、２、３、の商品は・・・・・・・・				
◎この季節だけの季節商品は・・・・・・・・・・・				
◎この時間だけの限定商品は・・・・・・・・・・・				
◎ご贈答用にご好評頂いている商品は・・・・・・・				
◎お子様に大人気の商品は・・・・・・・・・・・・				
◎男性のお客様に人気の商品は・・・・・・・・・・				
◎私がお奨めする商品は・・・・・・・・・・・・・				
・卵が入ってない商品は・・・・・・・・・・・・・				
・洋酒・リキュールを使用していない商品は・・・・・・・				
・アレルギーをお持ちのお客様には・・・・・・・・				
・お客様のご要望が多く個数限定させて頂いている商品は・・				
・入荷に限度があり、限定販売させて頂いている商品は・・・				
・○○の○号の雑誌に掲載された商品は・・・・・・・・				
・その他　状況によってお奨め話法のフレーズ検討				

（4）管理運営システム（製・販の連携管理）

（1）日報（日報の重要性と構成、記入方法）

日報は顧客最前線の、商品や顧客動向生情報である。日報を基にしてあらゆる顧客情報分析を行なう。今日一日の現場の全て（ヒト・モノ・カネ・情報）が分かる。商品の品揃えや、棚割り陳列、プライスカードやPOPの内容まで現場で気づいたことすべてをその日のうちに記載報告する。

顧客の声や、現場の声を早く読み取るには記載項目は重要で、記入方法の研修も必要である。特に商品情報は不可欠で、どの商品が何時に何個売れたか、品切れしたか、残った商品は何か、商品量は十分だったかなど、明日のオーダー管理（売り上げ確保のための商品製造・仕入の発注作業）に反映させる。

食商品は生活に密着しているので、季節や行事や天候気温などを必ず記載する。要は毎日上がる日報に即対応できる体制になっているか、現場の声を聴く体制になっているかが重要である。即対応しなくとも販売員参加型の日報を書くだけで販売力は上がるため、販売力増強の要といえる（図2-9-12）。

日報から上がってくる商品情報を基に、時系列でグラフ化すると変化が分かる（図2-9-13）。新商品の投入後、催事の実施後、店長が変わった時期なども数値が変化する。数値が上方変化する場合と、下方変化する場合があるが、これは「変化の兆し」であり、見逃してはいけない変化である。上方変化したモノはしばらく様子を見守り、下方に動いたモノは即対応しなければならない。何か問題があるからである。即対応できれば容易に上方修正できる。商品ABC分析は商品改廃に利用するだけでなく、視点を変え分析することにより、商品の売れる傾向・売れない傾向が分かる効果的な分析手法である。顧客の欲しがる商品の価格や味付け、パッケージの色柄デザインの傾向までが浮かび上がってくる。

これらは商品を単品管理するからこそ分かるのであって、今後の商品改廃や新商品開発（MD）に大いに役立つ手法である。日報の商品情報から自店に最適な顧客満足度を上げる商品量を算出し、明日のオーダー管理に反映させる。

（2）オーダー管理（売上確保のための商品製造・仕入の発注作業）

オーダー管理とは、顧客の欲しがる商品を欲しがる時間帯までに、商品数量を予測し、製造場所あるいは仕入場所に発注することである。

店舗内厨房がある場合は、本日の商品の売れ方と商品残数を見極めながら、迅速に商品量の発注・増減ができる。来店顧客に対し十分に行き渡る商品量が準備できるので、オーダー管理は比較的容易である。

しかし、他場所（自社CKや、仕入れ業者等）から半製品等の製品仕入れをする場合は、お互いの発注ルールもあり、早めの売上予測と発注予測をしなければならず、売れ方（商品の残数）を見ながらの迅速対応は難しく、オーダー管理は複雑になる。

したがって昨年の同月・同週・同曜日の日報等の過去の売上情報を基に、精度の高い仕入発注を心掛ける。日報とオーダー管理は密接に繋がっている。図2-9-14は、オーダー管理のステップの注意点を記述したものである。

商品量が多すぎると商品が余り「商品ロス」となり、商品量が少ないと、ほしい顧客に買ってもらえないので「チャンスロス」となる。

この2つのロスのバランスを取りながら適正発注を心掛ける。オーダー管理の精度は商品原価に大きく関係する。要点は、商品の単品管理（アイテム管理）と売上高時系列グラフや商品ABC分析、直近の売上日報も織り込んで、オーダー管理の精度を上げることである。

図2-9-12. 日報の構成と重要記入項目

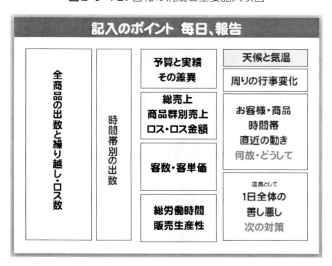

図2-9-13. 日報の加工例　ＡＢＣ分析とアイテム別商品出数推移例

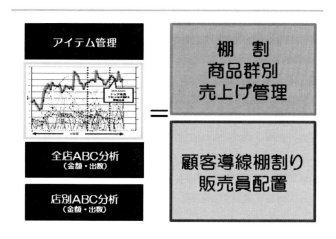

図2-9-14. オーダー管理のステップの注意点

①店舗の特性を考える ………… どの様なお客様が、どの様な買い方をしているか？
　　　　　　　　　　　　　　　　　目的・曜日別・時間帯別に

②本日の予算で考える ………… いくら売る・何個売る
　　　　　　　　　　　　　　　　　ピーク時間帯での顧客満足商品量は？

③ピーク時間で考える ………… 何時に何をどの量（個数と金額）揃えるか？

④商品・戦略で考える ………… もっと売りたい商品・育てたい商品・売り切る商品
　　　　　　　　　　　　　　　　　・明日も売りたい商品・もういらない商品

⑤接客（販売）生産性で ………… 販売員人数と、レジ回転のバランスは？
　　考える　　　　　　　　　　　　待たせない工夫は？

⑥オーダーのタイミングはいつ …… 最長で・・・最短で・・・

⑦オーダーの修正はいつか ……… 今、いくつ売れ？何が足りない？何があまりそう？

⑧品切れ時間で考える ………… 品出し回数は？いつの時点で商品が切れたか？

⑨商品ロス数を考える ………… 必要ロス？適正ロス？適正値は？

更にこれら売上情報を、現行の棚割り・陳列平面図に落とし込むことによって、どの位置に何をどの位陳列すれば顧客の目に留まり売上増につながるか、適正な陳列配置を割り出すこともできる（図2-9-13）。単品管理と棚割りが連動して戦略的棚割りとなる。

適正な商品発注量とはどのくらいの量だろうか。一般的に売上高予測＋α（適正数量）。これは店の立地や主要顧客、それに合致する商品構成、店内厨房の有無とその生産設備規模、売上規模大小とすべてが関連するので一概にいえない。品揃えの項も参照し、自店の条件の中で判断してほしい。

（３）シフト管理（生産と販売の効率的な人員態勢）

シフト管理とは、売れる時間帯までに商品を生産し、店の繁忙時間帯までに接客販売員を確実に揃えること。製造作業員と販売作業員の適正配置とその必要人数の確保と管理をすることである。お店の従業員の勤務表をシフト管理表という。

シフト管理をする場合知っておかなければならない２つの時間帯がある。ひとつは折り返し時間である。自店の営業時間の中で売上が半分になる時刻は何時かを知ることである。普通、この折り返し時間から２〜３時間ほどが一番の繁忙時間帯となるケースが多い。立地・曜日にもよるが通常午後４時半頃といわれ、この時間に合わせ（繁忙時間までに）十分な商品を揃える（品出し作業）等の準備の時間が必要で人手が必要である。同時

間帯は生産現場もフル回転して商品の生産・仕上げをしている。製・販ともに本日の売上を上げるための作業が集中する時間である。

次はピーク時間帯である。これは一日の営業時間の中で一番売上の高い時間（一番客数の多い）時間をいい、この時間帯までに商品量と商品群別品揃えと接客力のある販売員の確保をしておく。

全店挙げて販売に集中する時間帯である。キッチン生産性・販売生産性など自店の現勢力を知り、生産性の高い人員配置にする。適正値でシフト管理すれば従業員が無理なく作業に臨めるようになる。シフト管理は、人件費管理に不可欠な作業のひとつである。

シフト管理をする場合、図2-9-15に示したような考え方を基にシフト管理表を作成する。

図2-9-16は、一日の作業開始時間から、閉店作業時間までの製造と販売側作業の山場を示している。入店客数も、時間帯ごとに棒グラフで示した。どの時間帯に、適正で必要な人員を配すべきか、目安として考えるものである。

図2-9-17は、一般的に使用するシフト表である。正社員からP/A（パート・アルバイト）まで、すべての作業員名と、作業時間を記入する。休憩時間帯も必ず記入する。一日単位で記入し、その後集計して決定シフト表になる基本の帳票である。

図2-9-18に示したのは、２つのピーク時間帯と適正な生産性の考え方である。生産性が高すぎると顧客に十分なサービスができなくなるので注意

図2-9-15. シフト管理のステップ注意点

①昨日の日報データで考える ････ 前年は、前月は、先週は、直近は、昨日は･･･

②お店の2つの山で考える ･････ 折り返し時間、ピーク時間帯は･･･

③本日の予算で考える ･･････ いくら売るか、何個売るか、何個作るか･･･
目標は1日単位で、時間単位で･･･

④最初に最大の
ピーク時間帯で考える ･･････ 予測されるピーク時間帯の想定（例 16:30〜19:00）
平日・休日売上の時間帯毎の客数を勘案する

⑤人時生産性で考える ･････ 顧客満足（効果）と利益（効率）のバランスをとって、
適正で客観性のある生産性を設定する
（例）販売生産性（ショップ）00,000円／人・時間

注：全て各店の販売スタイルが異なるので注意

⑥効率の良い
人員配置で考える ･･･････ ピーク時間帯の司令官の配置を明確にする
生産性の高い人の配置

図2-9-16. 製造と販売の作業のピーク時間例

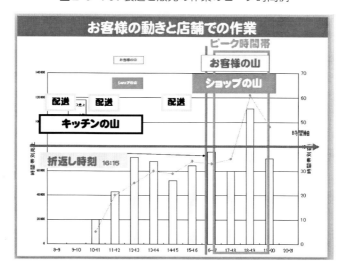

図2-9-17. 基本シフト表例

【人】-①シフト表'

シフト表	店
売上計画	円

年　月　日（　）

記入者

NO.	分類	氏名	5	6	7	8	9	10	11	12	13	14	15	16	17	18	19	20	21	22	M/H	計

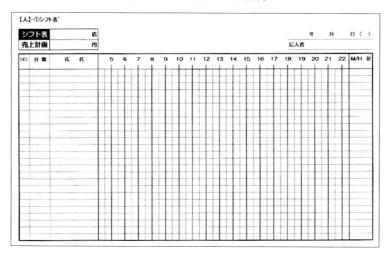

図2-9-18. 2つのピーク時間帯と生産性の考え

知っておきたい販売の共通用語

項目	説明	計算式
折り返し時刻	1日の営業時間の中で売上げが半分となる時刻 この折り返し時刻により(曜日によりその前後)、一気に売上げを上げる作業が集中する	
ピーク時間帯	1日の営業時間の中で、一番売上高の高い(一番客数の多い)時間帯 この時間帯に商品量・品揃えと販売員の確保	
販売生産性 円／人・時	1人1時間当たりの販売額 低すぎる:シフト管理していない 高すぎる:顧客満足不足	売上高÷総労働時間
接客生産性 人／人・時	1人1時間当たりの接客人数	客数÷総労働時間

注 販売のスタイルで異なる!自店で考えること!

が必要である。

（4）管理運営システム（販売と運営のスムーズな連携と管理）

日常的店舗運営を、誰もが同じ視点から検証比較できるように一覧表に示した（図2-9-20）。これらの帳票やチェック項目は、経営規模によって検証する事柄を選択し実行すれば良い。販売と運営が時間差なく連携することで現場への早い対応がとれる。

8 洋菓子店の損益計算書事例

洋菓子店は、10坪前後の小型店舗から、洋菓子・パン・カフェ等の総合商品を展開する大型店までさまざまである。

ここでは平日売上1日20万円前後、繁忙日売上（週末）1日25万円前後で、年間売上高6,200万円規模の平均的洋菓子店の年間損益計算書を示す。店ごとに条件が異なるのであくまでも目安として参照して欲しい。

（注1）2019年版2級教本、レストランプロデュースの「飲食店出店戦略」の項を参照のこと。

①売上の算定根拠

営業日	297日（週1休）
客数	130人／日
平均客単価	1,600円／人
年商	6,200万円
平均日商	20万9千円

②原材料費内訳（売上構成比と原材料原価）

生菓子	60%	原材料費35%
焼き菓子	30%	原材料費20%
カフェ	10%	原材料費20%

③（製造）労務費内訳
店主（オーナー）、製造アルバイト2名

⑦販売人件費内訳
店主のパートナー、販売アルバイト2名
（参考）③⑦の労働時間内訳（詳細略）

	製造	販売	一日計
平日	23.5時間	18.5時間	42時間／日
週末	26.5時間	21時間	47.5時間／日

⑧家賃
40万円／月（13.6坪）　渋谷区代官山駅より徒歩3分

⑮支払利息
自己資金1,000万円、日本政策金融公庫より600万円の借入。10年元利均等返済金利2.1％で三井住友銀行の元利均等返額シミュレーションページから10年間返済で算出した。

図2-9-19. 洋菓子店の損益計算書例

単位：千円

NO.	費目	金額	%
①	売上	62,000	100%
②	原材料費	18,006	29.0%
③	労務費	11,063	17.8%
④	製造経費	5,580	9.0%
⑤	売上原価	34,649	55.9%
⑥	売上総利益	27,351	44.1%
⑦	販売人件費	7,539	12.2%
⑧	家賃	4,800	7.7%
⑨	包材費	4,960	8.0%
⑩	水道光熱費	1,860	3.0%
⑪	販促費	744	1.2%
⑫	通信費	124	0.2%
⑬	保険修繕費	124	0.2%
⑭	減価償却費	775	1.3%
⑮	支払利息	1,109	1.8%
⑯	その他経費	620	1.0%
⑰	計	22,655	36.5%
⑱	営業利益	4,696	7.6%

（注：このモデル損益表は2019年3月末記載）

図2-9-20. 販売と運営の管理帳票類例

店頭で管理するもの

数字（率と額）でとらえる項目

区分	実行項目	使用諸表No.	実行状況
① 売上	・売上高対比評	①-1	○ ×
	・売上高推移表（3年）	②-1	○ ×
	・営業日報	③-1	○ ×
② 原価	・生産日報（　）	④-1	○ ×
	・社内振替伝票	⑤-1	○ ×
	・仕入れ、振替金額明細票	⑥-1	○ ×
	・オーダー管理表（累計まで）	⑦-1	○ ×
	・オーダー管理表による、残留率ロス率の管理（累計まで）		○ ×
	・残品記入（生産日報、オーダー表上に）		○ ×
	・残留率と残品表に基づくオーダー修正	⑧-1	○ ×
	・毎月の棚卸し		○ ×
	・包装使用状況の把握		○ ×
③ 生産性 キッチン生産性 ショップ生産性	・基本シフト表	⑨-1	○ ×
	・実行シフト表		○ ×
	・マンナワー管理表（予実対比）	○-1	○ ×

状態でとらえる項目

区分	項目	チェック、改善ポイント	実行状況
① 品質	本質要素（味）	・配合と製法	○ ×
		・素材、産地、季節、製法へのこだわりはあるか	○ ×
		・鮮度と賞味期限と商品構成のバランスはとれているか	○ ×
	感性要素（美感）（サイズ）	・商品付加価値の創造	○ ×
		・仕上げは美しく施しているか	○ ×
		・作る側の商品価値を認識しているか（その商品価値を認識しているか）	○ ×
② 品揃え（マーチャンダイジング）	生産工程	・朝、昼、夕の顔づくりはなされているか	○ ×
		・ピーク時には欲しいものが欲しい量だけ揃っているか	○ ×
		・夕方焼き（夕方定番、翌日販売可能商品）はあるか	○ ×
		・残品のロス管理は行っているか	○ ×
		・商品構成に片寄りはないか	○ ×
		・チャンスロスはないか	○ ×
		・陳腐化商品はないか	○ ×
		・重点商品の販売目標管理はなされているか	○ ×
③ プレゼンテーション（魅せ方）	魅せる 報せる 解らせる	・商品価値を客に知らせる手立てをとっているか	○ ×
		①セールストーク	○ ×
		②試食	○ ×
		③POP、プライスカード、ショーカード、各種シール	○ ×
④ 接客サービス	接客技術	・顧客に満足を与える袋話、包装を行なっているか（商品が傷まないように、つぶれないように）	○ ×
		・スピード感のある対応、レジ打ち、サッカーを行なっているか	○
		・売る側の商品知識は充分か（その商品知識を認識しているか）	○ ×
⑤ 店舗	外観	・いつもピカピカしているか、野暮ったいポスター等を貼っているか	○ ×
		・いつもピカピカしているか	○ ×
		・完璧な衛生状態をキープしているか	○ ×
		・商品は見やすく、取りやすくなっているか	○ ×
		・上記の各項目を1枚の棚割り表にして（全員で）検討し改善しているか	○ ×

本部（もしくは経営）で管理するもの

区分	内容		実行状況
① 売上	・売上高対比表		○ ×
	・売上高推移表（3年）		○ ×
	・営業日報（季節指数、曜日偏差、時間別売上の把握）		○ ×
② 原価	・個別原価管理（オーダー管理表の作成）	○-1	○ ×
	・個別原価管理（商品仕様書の決定）（商品構成）	○-1	○ ×
③ 生産性	・基本シフト表		○ ×
	・生産性管理表（予実対比）		○ ×
④ 品質	・品質に関する数値的改善（計量、温度、時間、製法、配合）		○ ×
⑤ 品揃え	・商品構成のバランス改善		○ ×
	・新製品導入		○ ×
⑥ プレゼンテーション	・POP、プライスカードを始め、あらゆる販促策の実行		○ ×
⑦ 接客サービス	・接客技術教育		○ ×
	・商品知識教育、顧客満足ビジュアルシート		○ ×
⑧ 店舗	・棚割り表に基づいてあらゆる改善実行計画の策定と指示		○ ×

9 洋菓子店とフードコーディネーター

（望まれるフードコーディネーターの活躍）

店舗を取り巻く環境は大きく変化している。特に近頃は通販やネット販売で、家に居ながら自分の欲しいものが手に入るようになった。宅配便やパソコンの普及などが大きく寄与し、食に関わる職域はまだまだ広がるであろう。

食は生活に密着していて、社会情勢の変化や、気候の変化などにより、私達の日常の食は即影響を受ける。だから常に変化に対応しなければならない。小売業は変化対応業だともいわれ、その変化について行かなければ店の存続はあり得ない。そのためには、常にアンテナを張り、新聞・ニュース・TV・業界紙・スーパー・コンビニのチラシに至るまで、あらゆる食の変化を知っておかなければならない。更にこの変化情報を時間差なく、自分の目で確かめることが重要である。

話題になっているモノを自分の足で、見て・食べて・サービスを受けて実感を重ねる。自分が体験したものは、今まさに顧客に支持されている店であり、味であり、サービスなのである。

他店で感じたモノと、自店でやっているモノとの違いが理解できれば、自店で何を、企画・提案し、改良すべきかが分ってくる。繁盛店に行って、自分が顧客の立場になってこそ実感できる。現場を見なければ始まらないのである。

洋菓子店の日常作業は店舗オペレーションといって、作業中心のためすぐに身につく。経験を重ねて身につくものは店舗マネジメントである。

この章に挙げた洋菓子店の販売・運営の施策ポイントを着実にこなせるようにならないと店舗マネジメントすることは難しい。自店で実行可能な施策を計画・実践して、試行錯誤を繰り返しながら数字を向上させ、ブランド力を高めていくことはとてもやりがいのある仕事である。洋菓子職人として独立を果たし、店舗オペレーションと店舗マネジメントの采配が振るえるようになるまでは、少し辛い時期かもしれないが、挑戦してもらいたい。表面的な店舗運営の知識や技術では現場の仲間がついてきてくれない。

ここまで洋菓子店の経営ノウハウを述べてきた。この章の冒頭で述べたように、お菓子屋さんになりたい、パティシエになりたい、お菓子屋さんで働きたいと、将来に夢を描く人がたくさんいる。夢の実現には苦労は付きものだが、ぜひ情熱を絶やさず挑戦してもらいたい。

図2-9-21に、洋菓子店経営者の想い、パティシエの想い、販売員の想いを示した。今後、フードコーディネーターとして洋菓子業界で就業しようとする人は、立場の違いで、欲しい知識や技術、やりたいコトが異なることをよく理解して、実践現場で活躍してもらいたい。

図2-9-21. 洋菓子店で働く人のそれぞれの想い

オーナーは　売上げを上げたい！利益を出したい！店を大きくしたい！

シェフは　売れる商品を作りたい！ロスが出ない工夫は？

販売員は　商品のことが知りたい！上手に説明したい！きれいに陳列したい！

3

第3章
レストランプロデュース

1. 飲食店の出店戦略

1 コロナ禍で厳しさ増す飲食店経営

帝国データバンクの調べでは、2022（令和4）年1月27日16時現在、新型コロナウイルスの影響を受けた倒産（負債1,000万円未満および個人事業者を含む）は全国で2,721件（法的整理2,531件、事業停止190件）確認されている。このうち、飲食店の倒産がトップで450件を超え、全体の16.6％を占める。

もともと、開業5年以内に25％が廃業、利益を出している店は70％以下、つまり、開業5年でつぶれず利益を出せるのは全体の約50％で、経営の持続と利益を出すことが難しいのが飲食店である。コロナ禍の長期化で、飲食店の経営環境は、厳しいものになっている。

こうした厳しい現実を踏まえ、開業後、成長・持続できるためのしっかりした土台（出店計画）をつくることが求められる。

開業後、同じ商圏に強力な競合店が進出してきたことで売上が下がったりすることもある。店舗は老朽化していく。こうした場合には、リニューアルが必要となる。したがって、飲食店を開業する場合には、将来の再投資（リニューアルなど）を見込んだ出店計画を立てることが大切である。

飲食店を開業するまでには考えるべきこと、やらなければならないことがたくさんある。開業までのフローとスケジュール例を示した（図3-1-1）。

なお、第7章．第3節．レストランプロデュース図7-3-1．開店までのフローチャートでは、開業4ヵ月前からのスケジュールとなっているが、ここでは、「スケルトン物件（後述）」を前提に6ヵ月前からのスケジュールとした。「居抜き物件（後述）」であれば、3ヵ月前からのスケジュールも可能である。したがって、この月数はあくまで目安として考えていただきたい。

2 コンセプトの作成

1）5つのコンセプト

商品コンセプト、広告コンセプト、デザインコンセプト、事業コンセプトなど、コンセプト（Concept）という言葉は、幅広い分野で使われているが、コンセプトとは、「概念」「建造物、作品、事業、商品などを創る場合の骨格となる発想や観点やテーマ」などを意味する言葉である。飲食店を開業するにあたって、最初に行なうのが、以下のコンセプトの作成である（図3-1-2）。

（1）基本コンセプト

「基本コンセプト」の作成とは「業種」と「業態」と「提供する顧客価値」を決めることである。

①「業種」を決める

ステーキ、天ぷら、カレー、トンカツ、スパゲッティ、または、和食、フランス料理、イタリア料理、中華料理、串揚げ料理、鍋物など、どのような料理を主力にするのか、つまり、「何屋」「何を主力に売る店」なのかを決めることである。

②「業態」を決める

ファストフード、テーブルサービス（フルサービス）、ファミリーレストラン、ディナーレストラン、カジュアルレストラン、フランチャイジー、立ち飲み店など、店の運営方式・売り方を決めることである。

図3-1-1. 飲食店の開業までのフロー（流れ）とスケジュール例

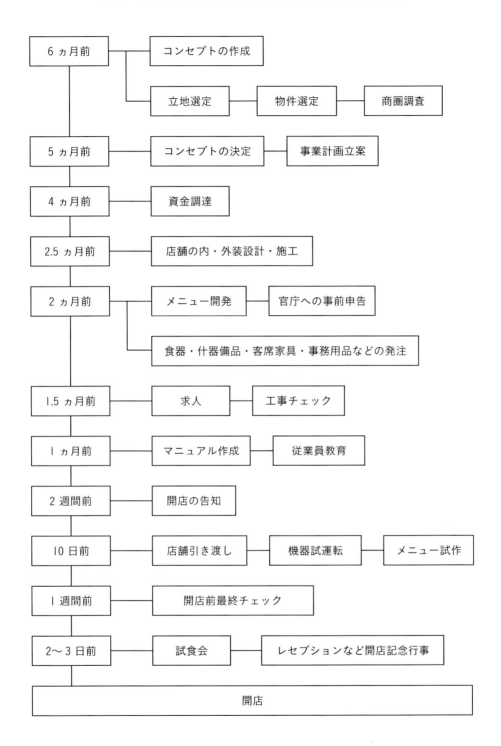

③「提供する顧客価値」を決める

・注文後、素早く料理が出てくる（時短）
・「新鮮なおいしさ」を提供する
・「栄養満点で健康づくり」に役立つ
・「安価で満腹感」を提供する
・「ゆったりした雰囲気でくつろいだ時」を
　提供する

など、顧客にどのような価値（ベネフィット）を提供する店なのか、顧客のどのような必要性や要望（ニーズやウォンツ）を満たす店なのかを決めることである。

なお、コンセプト立案の差別化ということで、第2章.第3節.商品開発の技法で詳しく解説した「戦略的コンセプトの開発のABC」を再読いただきたい。

（2）顧客コンセプト

どのような顧客層（性別・年齢層・職業・ライフスタイルなど）を主要ターゲットにするのかを、午前中、昼・夜のピーク時、アイドルタイム（ピーク時以外の客が少ない時間帯）、曜日ごとに想定する。また、1人での利用、家族連れ、同僚・友人などとの利用も想定する。そして、催事、宴会などでの利用客層も考えておく。

（3）商品（メニュー）コンセプト

メニュー構成、メニュー数、使用食材、調理法、盛り付け、提供方法の特徴、価格帯、ボリュームなどを考える。全ての顧客に、どのような場面でも好まれる商品（メニュー）という考え方は、商品（メニュー）開発をする場合に陥りやすいワナである。誰にでも当てはまる商品（メニュー）は、言いかえると、何も特徴のない、他店の商品（メニュー）に対し、尖った部分（際立った違い）のない商品（メニュー）ということになる。

（4）サービスコンセプト

ターゲットとする顧客層、店のレイアウト、価格などを考慮して、セルフサービス、カウンターサービス、テーブルサービス（フルサービス）、テイクアウトなど、サービスの形態を考える。また、どのような接客サービスを行なうのか、「サービススタイル」を決める。「正しい接客用語を使う」「水のお替わり、注文取りなどは顧客から指摘される前に気づいて動く」「雨の日には傘を用意する」「顧客の誕生日には何かプレゼントをする」など具体的なサービス内容を明示する。

飲食チェーン店やコンビニなどでは、誤った接客用語が氾濫している。中には、こうした接客言葉をマニュアルで教えている企業もある。

正しくは、お客の注文したメニューを復唱し、「○○○と□□□でございますね、かしこまりました」といわなければならないが、「ご注文の品、以上でよろしいでしょうか？」とメニューの確認をしない店が散見される。

出来上がったメニューは、伝票を確認し、注文したお客の元に配膳するが、その際に、「ご注文の品、以上でお揃いでしょうか？」という、意味不明の言葉を使う飲食店が大変多い。お客は注文はするが、セルフサービスは別として、自分で注文したものをテーブルに揃えることはない。いうまでもなく、揃えるのは、店の従業員である。揃えるという自分たちの動作に「お」を付けて、「お揃いでしょうか」と他人事のようなことをいう。

そして、会計の時に、お金を出すと、「○○円お預かりします」「ちょうどお預かりします」などの言葉をつかう店が大変多い。小売店も飲食店もお客のお金を預かる金融機関ではないし、荷物を預かる場所でもない。預かったお金や荷物は預けた人に返さなければならない。「預かる」とは「いただく」という意味ではない。1,000円札を出したお客には「1,000円から650円いただきます。350円のお返しです」というのが常識である。

飲食業においては、サービスも商品であり接客用語はサービスの質を形成する重要な要素である。このような、誤った接客用語は改めなければならない。

（5）店舗コンセプト

ここでいう店舗コンセプトとは、店舗の外観（外装）、店内（内装）など店舗自体のデザインのイメージのことである。例えば、「カジュアル」「モダン」「エレガント」「シック」「シャープ」「シンプル」「クラシック」「和風」「古民家風」などである。

店舗設計は専門家に任せるわけだが、施主（依頼主）が自分の店はこのようなイメージにしたいという店舗コンセプトを作成しないかぎり、専門家も設計の仕事に入ることができない。イメージを引き出すためには、飲食店を数多く見たり、店舗デザインの専門誌を見たりすることが大切である。

3 立地選定

飲食業や小売業は「立地産業」といわれる通り、出店する立地によって集客力（売上）に大きな差が出てくる。飲食店の立地を分類すると以下の通りとなる。

1）駅前立地

文字通り鉄道の駅前の立地であり、都市部では人や車の交通量が多く、商業施設も集積しており、競合する飲食店やコンビニエンスストアなども多数存在する。家賃や保証金も高い。

ただし、地方都市や乗降客が少ない私鉄の駅前などは、駅前といっても過疎化が進んでいるケースも見られる。こうした立地は家賃や保証金は安いが、人の通行量も少なく集客が難しい。

2）オフィス立地

会社などのオフィス（事業所）が多数存在する立地である。オフィスは駅前や駅からさほど離れていない通勤の便のよい場所に分布している。

通勤者の人口が多ければ多いほど飲食店としてのビジネスチャンスも大きくなるが、その分、家賃や保証金も高くなり、当然、競合先も増える。土・日曜日、祭日、夏休み、年末年始など企業が休みの時は、売上が下がる。

3）学生街立地

学生数の多い大学や短大や専門学校、高校などが集積していて、学生が多い立地である。通学の動線上の立地は集客力がある好立地といえる。

ただし、学生は食費にお金をかけないし、大学

図3-1-2. コンセプトの作成

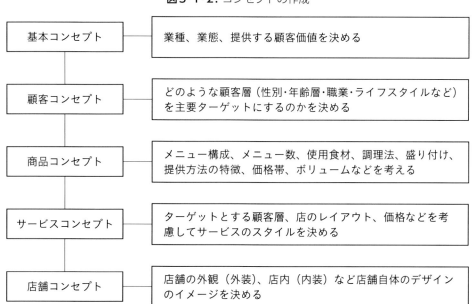

基本コンセプト	業種、業態、提供する顧客価値を決める
顧客コンセプト	どのような顧客層（性別・年齢層・職業・ライフスタイルなど）を主要ターゲットにするのかを決める
商品コンセプト	メニュー構成、メニュー数、使用食材、調理法、盛り付け、提供方法の特徴、価格帯、ボリュームなどを考える
サービスコンセプト	ターゲットとする顧客層、店のレイアウト、価格などを考慮してサービスのスタイルを決める
店舗コンセプト	店舗の外観（外装）、店内（内装）など店舗自体のデザインのイメージを決める

や短大では安価な学生食堂があるため、高価格の飲食店には不向きな立地である。また、土・日曜日、祝祭日、夏休み、春休み、冬休みなどは登校する学生が大幅に減るため、この期間は売上が減ることも見込んでおかなければならない。

4）住宅立地

住宅が多数存在する立地である。住宅立地は、駅前立地やオフィス立地とは異なり、客層が限定されており、住人の所得レベルや年齢層によって立地としての質が形成されるという特徴がある。

逆に、客層が限定されていることから、住人のニーズに対応したコンセプトの店づくりを行なえば、安定した売上を獲得しやすい立地であるといえる。

一軒家やマンションやアパートなどが、次々に新築されている、20～40歳代の住人の多い新興住宅立地もあれば、1人暮らしの高齢者や高齢の夫婦2人の家族などの住人が多い成熟住宅立地もある。

5）ロードサイド立地

幹線道路に面しており、乗用車や営業車のお客が対象になる郊外型立地である。金・土・日曜日や祝祭日、祝祭日の前日、夏休み、冬休み、春休み、お盆、年末年始などの休日や休日の前日にお客が集中する立地である。

車の交通量によって立地の質に差があるのが特徴である。大型の駐車施設や複数の飲食施設を有する大規模なテーマパークや大型の商業施設の近くのロードサイド立地は、好立地と思われがちであるが、これらの施設に駐車場も飲食施設もあるため、素通りされる傾向がある。

以上の通り、さまざまな立地があるが、どのような立地を選定するかは、どのような顧客層をターゲットにするのかによって決まる。

また、立地によって、家賃や保証金などが変わ

るため、投資計画、収支計画にも大きく関わる。同じオフィス立地でも、1等立地は集客力があり、高い売上を見込めるが、店舗家賃が高い。2等、3等立地は店舗家賃は安いが集客が難しく、高い売上の確保は難しい。

国産初のハンバーガーチェーンのモスバーガーの創業は1972（昭和47）年6月。場所は、東京・板橋区の成増。すでに、マクドナルドは銀座をはじめとする好立地に出店をしていた。それと比較すると、モスバーガーは成増駅の近くとはいえ、ショッピングセンターの地下という決して良い立地とはいえない場所の出店で、創業当時のお店の広さはわずか2.8坪、カウンター席がわずか5席あるのみだったとのことだ。

このような、恵まれない立地でも成功している事例がある。

4 | 物件選定

立地選定と同時に物件の選定を行なう。物件には以下の通り、居抜（いぬき）物件とスケルトン物件がある。

1）居抜物件

居抜物件とは、前に営業が行なわれていた物件（現在、店を運営している物件もある）で、厨房設備・機器、内装、テーブル、イスなどの家具などの造作が付いている物件である。中には、食器や什器などが残されている場合もある。

居抜物件には、造作譲渡の金額が示されている。居抜物件の場合は、物件が新しければ工事費用を安く抑えることができ、新規に店舗をつくる場合の30～40％の投資金額で収まることもある。

ただし、不動産会社に、前に営業していた店が何年間営業し、店舗を閉鎖してからどのくらい経つのかを確認する必要がある。長年営業し、閉鎖してからも何ヵ月も経過している場合は、内装が

痛んでいたり、汚れていたり、厨房機器に不具合が発生している場合もあるので、契約する前に、造作の消耗度などをよく点検し、譲渡金額の値引き交渉をすることも必要である。

物件によっては内装、設備、厨房機器などをリース契約している場合がある。譲渡契約を締結してからリース契約をした設備や機器があることが分かった場合、リース会社がそれらの設備や機器を撤去するというケースもあるので、注意が必要である。後にトラブルが起きないようにするためにも、造作を譲り受ける場合は、前に店を運営していた経営者から譲渡の対象となるもののリストを提出してもらい、引き渡しの際に双方で確認することが必要である。

居抜物件については、無料で検索できるサイトが多数ある。こうした情報を集め、これと思う物件については、自分の目で物件を確かめることが必要である。

2）スケルトン物件

スケルトン（skeleton）とは、「動物や人間の全体的骨格」「骸骨」という意味である。スケルトン物件とは、基本的に造作や設備が付いていない、コンクリートむき出し状態の物件である。

したがって、造作、設備を新しくつくらなければならない。スケルトン物件で「現状復帰」という条件の付いた物件は、店を閉鎖する時に、造作、設備を全て解体・撤去し、元のコンクリートむき出し状態（スケルトン）で返却しなければならないので、解体・撤去費用が発生する。

「現状復帰」という条件の付いた物件であっても、不動産の所有者との交渉によっては、居抜物件として扱ってもらうことができる場合もある。

建築中のビルにテナントとして入居する場合は、消防署、保健所、区・市の建築指導課の検査を受けなければならず、設備工事費も既存のビルに入居する場合に比べると比較的高くなる。

3）家賃・その他の費用

（1）家賃（賃貸料）

地域、立地によって差がある。同じビルでも1階、2階、地階では家賃が異なる。多くの不動産屋を訪問し、周辺の「坪家賃（1坪当たりの家賃）」の相場を知っておく必要がある。

（2）管理費

家賃以外に月額固定で支払う維持管理費のことである。ビル内の店舗では、ビルの共有部分の清掃、補修、管理にかかる費用で、店舗面積の占有率に応じて費用が設定される。「共益（きょうえき）費」ともいわれる。

（3）保証金

保証金とは、借主が賃貸借契約に定められた契約期間中に中途解約したり、賃貸料を滞納したりするなどのリスクを回避するための担保の目的で設定される一時金である。借主は、賃貸料の数ヵ月分の保証金を貸主に預けなければならない。保証金は一般的に無利息で、契約が終了し、明け渡しが完了した時に、貸主は借主から預かった保証金を返却しなければならない。

ただし、「保証金の償却20％」とか「解約時償却2ヵ月」などと表示されている物件がある。

例えば保証金が300万円で「償却20％」とある場合では、解約時に保証金300万円の20％である60万円が引かれ、戻ってくる金額は240万円ということになる。保証金が賃貸料20万円の6ヵ月分の120万円で「解約時償却2ヵ月」とある場合は、賃貸料2ヵ月分の40万円が引かれ、解約時に戻ってくるのは80万円ということになる。

（4）敷金

保証金同様、借主の賃貸料やその他の賃貸契約上の債務を担保するために貸主に預け入れる一時

金である。店舗物件では保証金の設定が一般的だが、住宅用の物件同様、敷金が設定されている場合もある。住居用の敷金に比べて高く、賃貸料の6ヵ月以上が多い。敷金は、借主に債務不履行がなければ、契約が終了し、店舗の明け渡しが完了した時に全額返還されるが、敷金の一部を返還しない特約（「敷引（しきびき）特約」という）が付いている場合もあるので、契約する前に確認しなければならない。

（5）建築協力金

借主が建築費の一部、または全額（建設協力金）を負担し、貸主はそれを建設費用に充当する。契約期間内に全額償却するリースバック方式を採用し、月々の賃貸料から相殺する形で貸主から借主へ返還されるケースが一般的。

（6）礼金

礼金とは、賃貸借契約時に借主が貸主に支払うお金である。解約時に原則として返還される敷金、保証金、建築協力金などとは異なり返還されることはない。礼金の一部は物件を仲介した不動産会社への謝礼金に充てられることが多い。礼金なしという物件もある一方で、賃貸料の6ヵ月という物件もある。

以上のような、店舗を取得するにあたっての金額以外に、物件自体を自分の目で見てコンセプトに見合う店舗面積か、店舗前の車・人の通行量、店舗の可視性、駅やバス停からのアクセス、ビルのテナント入居率とビル内人口、ビル内テナントに反社会的勢力・団体の事務所や風俗店や街金などが入居していないか、設備（電気・ガス・水道）の容量、治安、ゴミ処理方法などを調査・確認する必要がある（表3-1-1）。

4）物件選定と目標売上高の設定
（1）賃貸料から売上目標を設定

賃貸料（共益費含む）は売上の上下に関わりなく固定的にかかる経費（固定費）であり、売上が下がった場合には、売上に対する賃貸料の比率が上がり、経営を圧迫することになる。

利益を出すためには売上に対する賃貸料の比率は、7～10%以下に収めることが必要である。

逆にいえば、賃貸料（共益費含む）の10倍～14倍以上の売上を確保しなければならないことになる。単純に、目安としては、賃貸料（共益費含む）の10倍の売上を目標と考えればよい。

例えば、月の賃貸料（共益費含む）が30万円であれば、月間売上高はその10倍～14倍の300

表3-1-1. 店舗物件を選定するにあたっての調査・確認項目

---

①物件情報の収集

想定する立地の地域にある複数の不動産屋を訪ね、物件情報を多数集める。インターネットの物件情報も集める。

②調査・観察項目

コンセプト（業種・業態）に見合う店舗面積か、予算計画に見合う賃貸金額か（家賃・共益費・保証金・敷金・礼金・契約期間などを総合的に判断）、店舗前の車・人の通行量、店舗の可視性（遠くからでも店が見えるか）、鉄道の駅・バス停からのアクセス、ビルのテナント入居率とビル内人口、ビル内テナントに反社会的勢力・団体の事務所や風俗店や街金などが入居していないか、店舗の入口に段差はないか、設備の容量（電気・ガス・水道）は適切か、日陰になりやすくないか、駐車スペースはあるか、看板の取り付けに問題はないか、治安、ゴミ処理方法、入口は専用か共用か、居抜き店舗の場合は、以前の店舗の業種・業態・営業年数や内装・外装・設備・家具・什器・備品などの老朽度、厨房区画がそのまま使用できるか、設備・造作等の譲渡金額は適当か、などを調査・確認する。

万円〜420万円を目標とする。

◆目標月間売上高
　賃貸料（共益費含む）× 10 〜 14

5 商圏調査

1）商圏の設定

　「商圏（しょうけん）」とは、商い（ビジネス）の対象となる地理的な範囲であり、顧客はどのくらいの距離から来店するかという範囲を指す言葉である。店を起点にして、円を描いて店からの距離で商圏を設定するという方法もあるが、実際には信号、線路、踏切、歩道橋などがあることなどから、商圏は円形となることはない。

　そこで、店までの距離ではなく、移動時間で商圏を設定する。飲食店の場合、

・小商圏：徒歩で10分までの範囲
・中商圏：自転車で10分までの範囲
・大商圏：車・バス・電車で10分の範囲

といった一応の目安はあるが、近隣に集客力のあるトレンディスポットや量販店があれば、商圏は拡大し、横断が難しい道路がある場合には商圏は狭くなるので、立地ごとに、商圏を設定していかなければならない。

　実際に歩き、車で走るなどして、時間を測定し、地図上に商圏を描く。

2）商圏調査

　商圏が設定できたら、徒歩、自転車、車、バス、電車などの移動手段を利用し、商圏を巡回して調査を行ない、役所などで人口・世帯数などのデータを入手する。特に、商圏内の競合店は綿密に調査し、分析をすることが重要である（表3-1-2）。

　なお、商圏調査分析の方法としては、「jSTAT MAP」という便利なツールがある。「jSTAT MAP」とは商圏分析や立地診断に活用される無料ツールで、独立行政法人統計センターが運営している「政府統計の総合窓口（e-Stat）」にアクセスすれば、誰でも利用が可能。

　jSTAT MAP なら、都道府県から小地域にいたるまで、さまざまな統計データをメッシュ地図で確認できる。年齢別人口や世帯数といった基本情報も入手できる。しかも、それぞれのデータをレポートにして出力できる機能まで備わっている。

　こうした情報の有効利用をおすすめしたい。

6 事業計画（投資計画、資金調達・返済計画、収支計画）書の作成

　事業計画書とは、どのような事業を行なうのか、事業や商品の内容、目標、予算などを記したビジネスのプラン書である。事業計画書は基本的には、事業主が自身のために作成するもので、特に提出

表3-1-2. 商圏調査項目

推定した商圏内の、人口（昼間・夜間人口）、世帯数、住民の年齢層・所得分布、交通機関、量販店、商店街、小売店、トレンディスポット、映画館、美術館、遊戯施設、事業所、金融機関、学校、病院、住宅、食材の仕入先、環境問題（ゴミ処理、風紀、自然災害等）、再開発計画、レストラン・食堂・ファストフード・ファミリーレストラン、コンビニエンスストア、スーパー、弁当店など飲食機能・持ち帰り機能を持つ競合店などを調査・観察する。
直接ライバルになると推定される商圏内の競合店について、店舗規模、外装・内装、店内の雰囲気・演出、客席数、従業員数、駐車場、営業年数、営業時間、定休日、客層、一日平均客数、メニュー（料理、アルコール、ドリンクの種類、食材、味、ボリューム、価格、平均価格など）、家具・食器・什器、ユニフォーム、接客などサービスの質、販売促進策、トイレ・店内の整理整頓・清掃状態などを調査・観察する。また、4の4）の（1）で学んだ方法を使い、競合店の店舗面積から月間売上高を推計する。店舗面積（坪数）は間口の間数×奥行きの間数で算出できるが、店の寸法をメジャーで測ることはできないので、1間（1.8メートル）の長さを見てわかる（目測）ようにしておかなければならない。

義務はない。ただし、金融機関などから開業資金を借り入れる場合は、事業計画書の提出が必ず求められ、その事業計画書をもとに、融資の審査が行なわれるので、実現可能性のある計画の作成が必要である。事業計画は投資計画と収支計画によって構成される。

6−1. 投資計画の作成

　投資計画とは、飲食店を開業するにあたって必要となる費用（投資金額）と、その内訳を示したものである（表3-1-3）。

　内訳は「店舗物件の取得に関わる費用」「店舗工事費用」、「その他開業に必要な費用」の3つに分類される。

　飲食店の開業に関わる投資金額は、スケルトン物件の場合、店舗坪数×80〜100万円、居抜物件の場合、店舗坪数×40〜50万円を目安にする。

1）店舗物件の取得に関わる費用

　店舗物件の取得に関わる費用は、前記4の3）家賃・その他の費用で記述した、賃貸料（家賃）、管理費（共益費）、保証金、敷金、建設協力金、礼金などの合計金額である。なお、物件契約から店舗の開業日までの開業準備期間も家賃が発生することを計画に入れておかなければならない。

2）店舗工事費用

　店舗の工事に関わる費用であり、以下のような費用が含まれる。

（1）建築工事費

　独立した店舗をつくるための工事費用であり、店舗躯体（建物本体の構造）工事、浄化槽（店舗排水を下水に排出する前に浄化する設備）工事、外溝園芸（店舗敷地周りの外溝及び園芸）工事、駐車場（駐車場舗装、白線、車止めなど）工事などが含まれる。店舗規模、駐車場の有無などによっ

て費用はおおきく異なる。

（2）施工費用

①内外装工事〜壁・床・天井などの建具、テーブル・イスなどの家具、照明器具、音響設備、看板などの費用と工事費

②厨房設備工事〜厨房機器の費用とその設置工事

③空調設備工事〜冷暖房機器の費用とその設置工事

④吸排気設備工事〜吸排気設備の費用とその設置工事

⑤給排水設備工事〜給排水設備の費用とその設置工事

⑥電気工事〜分電盤、コンセントの設置や電気の配線の工事、電話・音響機器の配線など弱電工事

⑦ガス工事〜ガスの配管工事

　スケルトン物件の場合は上記のさまざまな工事が必要になる。一般的には、坪単価50万円〜100万円程度の費用がかかるが、店舗規模、業種、業態によっても、使う素材やデザインによっても異なる。店舗設計・デザイン会社、施工会社、厨房機器会社、コンサルタント会社などの数社から見積もりを取り、比較検討することが必要である。店舗設計・デザイン費用と施行費用の合計を年間売上高の2分の1以下に抑えることが目安である。

　居抜物件の場合、造作や設備の譲渡を受ければ、店舗設計・デザイン費用と施工費は基本的には不要であるが、実際には、看板を付け替えたり、外装や内装に手を加えたり、厨房機器や家具の一部を入れ替えたりなどの費用が発生するのが一般的である。

3）その他開業に必要な費用

　飲食店を開業するためには、前述した店舗物件

の取得に関わる費用と店舗工事費用以外に、次のようなさまざまな費用がかかる。店舗規模や業種・業態によるが、1坪当たり8万円～20万円を目安とする。

（1）厨房の什器備品
　　厨房で使用する鍋や釜、包丁など調理器具
（2）ホールの備品
　　トレイ、カスターセット、しょうゆ差し、シュガーポットなどホールで使用する備品
（3）ホールの装飾品
　　絵、花瓶、植物、カーテン、置物などの装飾品
（4）食器
（5）事務用品・機器
　　事務用の机、椅子、電話、FAX、パソコン、掃除用具など
（6）ユニフォーム
　　従業員1人当たり2着が必要。リースの利用も可能
（7）募集広告
　　求人のためのチラシ制作費、新聞折り込み費、広告掲載費、人材紹介手数料など
（8）メニュー制作
　　メニューブック・POP（ポップ）制作費
（9）広告・販売促進
　　オープン告知のチラシ制作費、新聞折り込み費、サービスチケット、開店記念粗品など
（10）POS（ポス）レジ
（11）開業準備
　　物件契約から店舗の開業日までの開業準備期間に発生する家賃、開業日前に従業員を雇用して開業準備や教育を実施するときに発生する人件費、メニュー試作用食材費、開業記念のセレモニー関連費用など
（12）消耗品
　　エンボス手袋、ラップ、洗剤、トイレット

ペーパー、文房具用品、掃除道具などの備品
（13）運転資金
　　店を運営していくための小口現金、釣銭、食材費など
（14）店舗設計料やコンサルタント料
　　設計事務所、コンサルタント会社に業務を依頼する費用

6-2.資金調達

　前述の投資金額の調達方法としては、「自己資金（自分の預貯金、家族・親戚・友人・知人からの借金）」「銀行、信用金庫など民間金融機関からの借入れ」「日本政策金融公庫、商工組合中央金庫、中小企業金融公庫などの公的資金からの借入れ」などによる方法がある。ここでは、代表的な公共機関である日本政策金融公庫（旧国民生活金融公庫）から借り入れる方法の概要を以下にまとめた。

1）資金調達

　公共機関であるため、融資を受けるにはさまざまな税金、国民保険、厚生年金、社会保険などの年金や保険料を支払っていなければならない。これらを支払っていない場合での申請は融資対象にはならないので、未納がある場合は完納する必要がある。自己資金は総投資額の1／3以上を用意、できれば1／2を用意したい。

（1）保証人・担保

　両親や兄弟が保証人になる場合、両親や兄弟が自営業で、ある程度の年収があり、定年がない場合は保証人として承認されるが、定年を迎え、無収入や低収入の場合は、保証人として認められないケースがあり、仮に認められても、第三者の保証人を立てなければならないケースもある。両親や兄弟が死去している場合や第三者の保証人を立てることができない場合は、担保不要・保証人不要で融資を受けられる制度を利用することがで

きる。

保証人なしで、自分が所有している土地や建物を抵当に借り入れることもできるが、土地や建物のローンが完済している場合は、その土地と建物の評価額の約60%が借り入れ限度額であり、ローンが残っている場合は、返済した元本の約50%が借り入れ限度額となる。保証人・担保と借り入れ限度額の詳細については、日本政策金融公庫の窓口で担当者に確認する必要がある。

（2）申請に必要になるもの
　①物件の賃貸借契約書～契約未締結のものでも可
　②物件の図面～平面図、立面図、展開図など
　③事業計画書～事業の目的、メニュー・商品計画、投資額、自己資金（自己資金を証明できる通帳も持参）と借入金の内訳、主な仕入れ先、収支計画などをまとめて事業計画書を作成する。

（3）面接
　以上の申請書類を日本政策金融公庫の窓口に提出してから、7～10日後に面接日が設定される。面接では、提出した書類や事業計画書の根拠の説明をしなければならないので、事前に提出した書類と事業計画書の内容を十分に把握しておくことが必要である。また、絶対にこの事業を成功させるという意欲と、必ず返済するという意思があるかが問われる。いくら事業計画がしっかりとしていても、成功への強い意欲が伝わらない場合には、融資額の減額や借り入れそのものができないというケースもあるので、面接には心してかからなければならない。印象を良くするためにも、面接時には、普段着ではなくスーツなどを着用し、身だしなみを整え、話をするときには敬語を使い、質問には、はきはきと答えることが大切である。

（4）融資額の決定と融資の実行
　面接時に融資額の枠が仮確定される。この時点で融資額が不足している場合は、他の金融機関への借り入れを考えなければならないため、日本政策金融公庫だけでなく同時進行で他の金融機関への申請をしておくことも必要である。面接から、1～2週間で融資が実行されるが、その前に融資額の決定の連絡が入り、借り入れ契約書を締結してから、融資が実行される。

6-3. 返済計画

　返済計画とは、借り入れた金額の毎年の返済額や返済年数を計画したものである。
　返済計画立案の手順は以下の通りである。

1）返済年数、金利など返済方法の確認
　金融機関の融資が決定したら、返済年数、金利などの返済方法を確認する。

2）返済方法を決める
　元利均等返済方式が一般的。初年度から返済する方法と、一年据え置きの方法（借入金の金利だけを1年払い、2年度から元金と金利を支払って行く方法）がある。初年度から返済する方法のメリットは返済が早期にできること。1年据え置きの方法のメリットは、初年度に運営資金を蓄えることができ、2年後以降のキャッシュフロー（税引後利益に減価償却費をプラスした金額）が楽になり、利益を出しやすくなること。

3）返済年数の決定
　返済年数は、無理なく返済できる年数を考えることが大切である。

（1）返済計画の立て方
　ここでは、表3-1-3. 投資計画（15坪スケルトン物件でのレストラン開業）の例に示した総投資

額1,371万5千円の内、自己資金571万5千円、借入総額800万円と想定し、借入条件は年利2%、元利均等返済で、返済年数5年と仮定する。毎年の元金返済額は、800万円÷5年＝160万円（表3-1-4）。

6-4. 収支計画

「収支計画」とは、いくらの収入（売上）を上げ、その売上を上げるためにどのくらいの支出（費用）を掛け、その結果、利益をいくら上げるかを示すものである（表3-1-5）。

1）売上（収入）計画

売上高とは、「一定期間における商品・サービスの販売総額」であり、利益の源泉である。売上高予想の立て方は、以下の通りである。

（1）売上高＝客数×客単価

売上高を計画するにあたっては、客数（来店顧客数）と客単価（顧客1人当たりの平均支払い金額）を想定する。飲食店の経営では、客単価を上げるより客数を増やすことが大切である。客単価とは、店の提供する商品・サービスに対する顧客の評価額であるといえる。顧客が昼食に680円を支払う価値しか認めていない店が、1,000円にまで上げるのは難しい。現在来店している顧客は、店に価値を認めている客であり、同じように価値を認めてくれそうな見込み客である消費者を顧客にするか、現在の顧客を再来店客（リピーター）にすることの方が客単価増よりは容易といえる。

（2）売上高＝客席数×満席率×客席回転率×客

表3-1-3. 投資計画（15坪スケルトン物件でのレストラン開業）の例

費　　目	内　　　容	金　　額
家賃・共益費	坪当たり1万円、共益費月3千円	19万5千円
保証金・敷金・礼金	家賃（共益費含む）の6ヵ月。敷金・礼金なし	117万円
店舗設計・デザイン費		80万円
施工費	内外装工事、厨房設備工事、空調設備工事、吸排気設備工事、給排水設備工事、電気工事、ガス工事、看板工事。坪当たり65万円で設定	975万円
その他開業に必要な費用	厨房の什器備品、ホールの備品、ホールの装飾品、食器、事務用品・機器、ユニフォーム、募集広告、メニュー制作、広告・販売促進、POS（ポス）レジ、開業準備、消耗品、運転資金、店舗設計料やコンサルタント料など。坪当たり12万円で設定	180万円
合　　計		1,371万5千円

表3-1-4. 返済計画の例

年度	借入残高	支払利息	返済額計
初年度	800万円－160万円＝640万円	借入総額800万円×金利2％＝16万円	返済額160万円＋支払利息16万円＝176万円
2年度	640万円－160万円＝480万円	初年度借入残額640万円×金利2％＝12万8千円	返済額160万円＋支払利息12万8千円＝172万8千円
3年度	480万円－160万円＝320万円	2年度借入残高480万円×金利2％＝9万6千円	返済額160万円＋支払利息9万6千円＝169万6千円
4年度	320万円－160万円＝160万円	3年度借入残額320万円×金利2％＝6万4千円	返済額160万円＋支払利息6万4千円＝166万4千円
5年度	160万円－160万円＝0円	4年度借入残額160万円×金利2％＝3万2千円	返済額160万円＋支払利息3万2千円＝163万2千円

単価

客席数は店舗面積（客席スペース、厨房その他の合計）によって決まる。標準としては、店舗面積（坪数）×1.3であるが、業種・業態により以下のように幅がある。

①高単価の専門料理店〜店舗面積（坪数）×1〜1.2倍（店舗面積が30坪の場合、30席〜36席）

②居酒屋〜店舗面積（坪数）×1.5倍（店舗面積が30坪の場合、45席）

③喫茶店・ファストフード・ラーメン店〜店舗面積（坪数）×1.8〜2倍（店舗面積が30坪の場合、54席〜60席）

満席率とは、ある一定時間帯に総客席数の何％が利用されているかを表わすものであり、客席回転率とは、ある一定時間帯にひとつの客席が何回使用されたかを表すものである。飲食店では、客席の全てが客で埋められている（満席率100％）ことが理想であるが、時間帯によって、満席状態にならないことが一般的であり、また、業種・業態によっては、ピーク時でも合い席（他人同士が同じテーブルに座る）が嫌われる場合もあり、満席率100％にならないことがある。表3-1-6は、15坪のレストランの売上高の算出例である。

（3）月間売上高＝1日当たりの平均売上高×月間営業日数

年中無休の場合は1日当たりの平均売上高×30日、週休1日の場合は、1日当たりの平均売上高×25日で計算する。

（4）月間売上目標＝月家賃（含む共益費）×10〜14

飲食店経営において、家賃（含む共益費）は、固定費であり、売上が下がった場合には売上に占める家賃比率が上がり、経営を圧迫することになる。前述した通り、健全な経営を行なうには、売上に対する家賃比率を7％〜10％以下に抑えることが必要である。

このことから、月間売上は、月家賃（含む共益費）×10〜14倍以上、売り上げることを目標にしなければならないことになる。表3-1-5の15

表3-1-5. 15坪のレストランの収支計画

	費　　目	金　　額	比　率
収　　入	売　上　高	2,645,000円	100.0%
支　　出	固　定　費	828,833円	31.3%
	変　動　費	1,673,400円	63.3%
	合　　　計	2,502,233円	94.6%
利　　益	営　業　利　益	142,767円	5.4%

表3-1-6. 15坪のレストランの売上高の算出例（席数は20席）

時間帯	売上高算出の根拠	
昼食時	満席率90％、回転率2回転と想定し、客数は20席×0.9×2＝36人	客単価800円×客数36人＝28,800円
アイドルタイム	満席率50％、回転率1回転と想定し、客数は20席×0.5×1＝10人	客単価500円×客数10人＝5,000円
夕食時	満席率80％、回転率1.5回転と想定し、客数は20席×0.8×1.5＝24人	客単価3,000円×客数24人＝72,000円
1日当たり売上高		105,800円
月間売上高（25日営業）105,800円×25日		2,645,000円

坪のレストランの例でいえば、家賃（含む共益費）は、19万5千円であるから、月間売上目標は、195万円〜273万円ということになる。

2）支出(費用)計画

売上を上げるためにはさまざまな支出（費用、コスト）が必要となる。支出（費用、コスト）は大きく、事業活動に直接掛かる費用（原価という）と間接的に掛かる費用（販売費及び一般管理費という）との2つに分かれる。

（1）原価

原価は、「原材料費」「人件費」「直接経費」の3つに分かれる。

①原材料費〜飲食業の場合、原材料費とは食材及び包材などの資材を含む費用である。

②人件費〜労務費ともいわれるが、ここでいう人件費とは、現場（店舗）で働く人員の人件費であり、人件費には、旅費交通費、健康保険料、厚生年金等の法定福利費、退職金の積立金、福利厚生施設の維持費、社外研修の受講時の補助金、食事の補助金などが含まれる。現場に直接携わらない経営者や管理職や人事・経理・総務・営業・企画・研究部門などスタッフの人件費は販売費及び一般管理費に含まれる。

③直接経費〜フードサービスの場合、上記の原材料費、人件費以外の現場（店舗）の仕事に関る、水道光熱費、消耗品費などをいう。

（2）販売費及び一般管理費

販売費及び一般管理費（販管費と略称されることもある）には、現場に直接携わらない経営者や管理職や上記のスタッフの人件費、通信費など事務経費、事務所家賃、交際費、広告宣伝費、支払い金利、減価償却費（注1）などが含まれる。

（3）FLコスト（Food & Labor Cost）

FLコストとは、Food Cost（原材料費）とLabor Cost（労務費）を合計した金額であり、飲食店経営では、売上高の60％以下に収めることが望ましいとされている。しかし、飲食店の中には、原材料費41％、人件費25％でFLコスト66％でありながら、営業利益率を14％以上出している好業績店もあるので、FLコストを60％以下にというのは、あくまで目安である。

（4）固定費と変動費

費用、コストは以下の通り、固定費と変動費に分解される。

①固定費〜売上が増えても減っても変わらず、固定的に掛かる費用、コストであり、社員の人件費（給与、手当て、賞与、社会保険料、通勤費、福利厚生費などを含む）、家賃（含む共益費）、駐車場の賃貸料、支払い金利、減価償却費、リース料、水道光熱費・電話・パソコンなどの基本料金などである。

②変動費〜売上が変動することにより変動する費用、コストであり、原材料費、パート・アルバイトの人件費（給与、手当て、通勤費、社会保険料などを含む）、水道光熱費・電話・パソコンなどの基本料金を超えて使用した分の金額、諸経費（消耗品費・修繕費・広告宣伝費・衛生費・雑費など）である（表3-1-7）。

3）利益

収入（売上）から支出（費用、コスト）を引いて残るのが利益であるが、利益には、表3-1-7に示す通り、5つの利益がある。

7 損益計算書（Profit&Loss、略してP/L、ピーエルという）

損益計算書とは企業・店の、ある一定期間の経

（注1）減価償却費〜建物、設備・機器、車両運搬具など（有形固定資産といわれる）は使用していくと、毎年少しずつ消耗し価値が減少していく。この「価値」の「減少」する分を毎年少しずつ費用化していくことを「減価償却」という。

例えば、200万円で購入した厨房設備は1年たてば汚れも目立ってきて、新品と同等の価値はなくなってくる。そして、3年、5年、10年と年数がかさんでいくと価値はゼロに近づいていく。

そこで、①定額法〜使い始めてから毎年同じ額の価値が減少していくとして、毎年、同じ額を償却していく方法または、②定率法〜使い始めてから毎年一定率を帳簿価額（取得原価から減価償却累計額を差し引いた金額）に償却率を掛けていく方法で計算した金額を販売費及び一般管理費の中に含める。

営成績を表わすものであり、経常損益の部（営業損益の部と営業外損益の部より構成）と特別損益の部からなる。損益計算書によって、会社が稼いだ金額と、稼ぐためにかかった費用や本業で稼いだのか、副業で稼いだのかが把握できる（表3-1-9）。

1）損益計算書の構成
損益計算書は、3つの収益、5つの費用、5つの利益で構成される（表3-1-10）。

2）損益計算書の読み方
（1）売上高
売上高とは、本業での収入（顧客からいただいたお金）すべてを合計したもの。売上高の大きさは、その会社の事業規模を表わす。営業収益と呼ばれることもある。

（2）売上原価
売上原価は、小売業や卸売業など流通業と製造業や外食業などでは違いがある。
①小売業・卸売業〜メーカーや卸や産地などから食材や食品を仕入れて販売している業種での売上原価は、仕入れ原価（販売した商品を仕入れた金額）である。
②製造業・飲食業〜食材を加工・調理して販売している業種での売上原価は製造原価（食材料費＋労務費＋経費）である。例えば、食品メーカーにおける売上原価は、食材料費、労務費（工場で働く従業員の給与・賞与・

表3-1-7. 15坪のレストランの月間支出（費用、コスト）計画

	費 目	内 容	金 額
固定費	家賃（含む共益費）	売上高 2,645,000 円の 7.4%	195,000 円
	人件費（店主）	売上高 2,645,000 円の 12.5%	330,000 円
	減価償却費	施工費 9,750,000 円を 5 年償却	162,500 円
	返済額（金利含む）	800 万円の借入額を 5 年払い	141,333 円
	固定費合計	売上高 2,645,000 円の 31.3%	828,833 円
変動費	原材料費	売上高 2,645,000 円の 30.0%	793,500 円
	人件費（アルバイト）	売上高 2,645,000 円の 21.3%	562,500 円
	水道光熱費他経費	売上高 2,645,000 円の 12.0%	317,400 円
	変動費合計	売上高 2,645,000 円の 63.3%	1,673,400 円
費用合計		売上高 2,645,000 円の 94.6%	2,502,233 円

表3-1-8. 5つの利益

売上総利益	売上高から売上原価（原材料費）を引いた利益。
営業利益	売上総利益から販売費及び一般管理費を引いた利益。本業で稼いだ利益をいう。
経常利益	営業利益に営業外収益（本業以外で上げた売上）を足し、営業外費用（本業以外で掛った費用）を引いた利益。
税引き前当期利益	経常利益に特別利益（その年だけ特別に得た収入）を足し、特別損失（その年だけ特別に発生した費用）を引いた利益。
当期利益	税引き前当期利益から法人税、住民税、事業税などの税金を引いた利益。当期利益は商法上の用語であるが、金融商品取引法では当期純利益という。また、単に純利益、最終利益とよばれることもある。

交通費・社会保険料・福利厚生費などの費用）、経費（水道光熱費、工場の土地の賃借料、消耗品費、建物・土地の固定資産税、設備・機械の減価償却費、車両のリース代、燃料費などの費用）の合計金額になる。飲食業においても、売上原価は、食材料費と店舗での労務費と店舗での経費の合計と捉えるべきである。

③実際の食材料原価

レシピ上の食材料原価率と実際の食材料原価率とは異なる。実際の原価率は、標準原価率＋オーバーポーション率（レシピで定めた量よりも多く使用した率）－アンダーポーション率（レシピで定めた量よりも少なく使用した率）＋ロス率（量目不足、不良品などの仕入れロス＋調理の失敗、試作などの調理ロス＋品質劣化、腐敗、盗難、キズ、目減りなどの在庫ロス）である。

④損益計算書の売上原価

損益計算書の売上原価の計算は、以下の通り行なう（図3-1-3）。

A. 期首（令和2年4月1日）在庫高350万円
B. 当期（令和2年4月1日〜令和3年3月31日）仕入高1,750万円
C. 期末（令和3年3月31日）在庫高500万円
売上原価＝A＋B－C＝1,600万円

販売するために倉庫や冷凍・冷蔵庫に備蓄してある製品や材料の備蓄が「在庫」である。在庫がないと販売するチャンスをなくすことになる。しかし、多すぎても、その商品が売れないと、「お金が寝ている」状態になる。また、倉庫などに在庫を預けていると、「賃貸料」「保険料」などがかさんでくる。また、「消費・賞味期限切れ」「流行遅れ」「季節外れ」などで売れなくなる可能性も

表3-1-9. 飲食企業の損益計算書例

自令和2年4月1日〜至令和3年3月31日　単位：万円

科　　　目	金　　額	％
売上高	5,000	100.0
売上原価	1,600	32.0
売上総利益	3,400	68.0
販売費及び一般管理費	2,785	55.7
営業利益	615	12.3
営業外収益	120	2.4
営業外費用	90	1.8
経常利益	645	12.9
特別利益	50	1.0
特別損失	150	3.0
税引き前当期利益	545	10.9
法人税、住民税、事業税	179	3.6
当期利益	366	7.3

表3-1-10. 損益計算書の構成

3つの収益	5つの費用	5つの利益
売上高 営業外収益 特別利益	売上原価 販売費及び一般管理費 営業外費用 特別損失 法人税などの税金	売上総利益 営業利益 経常利益 税引き前当期利益 当期利益

出てくる。

（3）売上総利益

売上高から売上原価額を引いた利益であり、粗利益（そりえき、またはあらりえき）、荒利益（あらりえき）ともいう。売上総利益率（粗利益率、荒利益率ともいう）の計算は、売上総利益率（粗利益率、荒利益率ともいう）÷売上高×100。

（4）販売費及び一般管理費

販売費及び一般管理費（販管費と略すこともある）とは、給料や家賃、通信費、交際費など会社を維持したり、売上を上げるために使った経費である。主な販売費及び一般管理費には、広告宣伝費、荷造費運賃、交際費、販売手数料、賃借料、現業以外の役員・社員・従業員の人件費、旅費交通費、通信費、消耗品費、雑費、法定福利費、福利厚生費、水道光熱費、修繕費、租税公課、減価償却費などがある。

（5）営業利益

売上総利益から販売費及び一般管理費を引いた本業で稼いだ利益である。営業利益率は、営業利益÷売上高×100％で計算する。

（6）営業外収益

企業の本業以外の活動から経常的に得る収益のこと。受取利息・割引料・有価証券利息・受取配当金・有価証券売却益・仕入割引などが挙げられる。

（7）営業外費用

企業の本業以外の活動で発生した損失で、支払利息、手形売却損、社債利息、社債発行費償却、社債発行差金償却、新株発行費償却、有価証券売却損、有価証券評価損、デリバティブ評価損、創立費償却、開業費償却、売上割引などが挙げられる。

（8）経常利益

企業の本業と本業以外も含めた経常的な営業活動で得られる利益であり、営業利益に営業外収益を加え、営業外費用を差し引いたものである。経常利益率は、経常利益÷売上高×100で計算する。

（9）特別利益

企業が経常活動以外で、特別な要因で一時的に発生した利益。不動産や株の売却による利益や株の評価利益などが挙げられる。

（10）特別損失

企業が経常活動以外で特別な要因で一時的に発生した損失。不動産や株などの売却損、債務放棄による損、風水害・火災などによる損失が挙げられる。

（11）税引き前当期利益

経常利益に特別利益を加え、特別損失を引いた利益で、税金が引かれる前の利益である。

（12）法人税などの税金

企業は、利益に応じて、基本税率30％に加え、法人税、事業税、法人住民税（法人税割）などの税金を納めなければならない。赤字の企業でも資本金、従業員規模に応じた住民税の均等割り額を払わなければならない。資本金1億円以下の東京都の法人を例にすると、表3-1-11の通りである。

図3-1-3. 損益計算書における売上原価

A. 期首（令和2年4月1日）在庫高 350万円	売上原価＝A＋B－C＝1,600万円
B. 当期（令和2年4月1日～令和3年3月31日）仕入高 1,750万円	
	C. 期末（令和3年3月31日）在庫高 500万円

(13) 当期利益

税引き前当期利益から法人税などの税金を支払った残りの利益である。当期利益率は、当期利益÷売上高×100 で計算する。

8 貸借対照表（Balance Sheet、略してB/S、ビーエスという）

損益計算書は企業の1年間の営業成績を表わしたものだが、貸借対照表は、会社の決算時点（決算が3月末であれば3月31日時点）の財政状態（どうやってお金を集めてきて、集めたお金はどのような形で会社の中に存在しているのかを示すもの）を表わしたものである（表3-1-12）。

1）貸借対照表の構成
（1）表の右側（貸方、かしかた）

「負債の部」及び「純資産の部」からなる。「負債の部（他人資本＝他人から借りたお金）」は、

表3-1-11. 法人税などの税金（東京都）

利益	法人税	事業税	法人住民税
４００万円以下	22%	5%	法人税額の17.3%
８００万円以下		7%	
８００万円以上	30%	9.6%	

表3-1-12. 飲食企業の貸借対照表例（令和3年3月31日現在）

単位：万円

資産の部		負債の部	
流動資産		流動負債	
現金預金	300	支払手形	180
受取手形	200	買掛金	600
売掛金	500	短期借入金	300
有価証券	250	未払い法人税等	80
商品	300	前受金	200
前払費用	50	流動負債合計	1,360
貸倒引当金	△10		
流動資産合計	1,590	固定負債	
		社債	500
固定資産		長期借入金	300
有形固定資産		退職給付引当金	150
建物	700	固定負債合計	950
車両運搬具	150		
備品	100	負債合計	2,310
土地	800		
有形固定資産合計	1,750	純資産の部	
無形固定資産		株主資本	
借地権	10	資本金	800
無形固定資産合計	10	資本余剰金	200
投資その他資産		利益余剰金	300
投資有価証券	200	株主資本合計	1,300
長期貸付金	100	評価・換算差額等	
投資その他資産合計	300	その他有価証券評価差額金	40
固定資産合計	2,060	評価・換算差額等合計	40
		純資産合計	1,340
資産合計	3,650	不負及び純資産合計	3,650

以下に分類される。

①流動負債〜支払い期間が1年以内の債務（借金）。買掛金、支払手形、未払金、短期借入金など。

②固定負債〜支払い期間が1年を超える債務（借金）。長期借入金、社債など。

「純資産の部」（自己資本＝株主から調達したお金と、利益剰余金＝会社が自ら稼ぎだしたお金）

「純資産（自己資本、資本合計ともいう）の部」は、資産総額から負債総額を引いた正味の資産額。資本金、利益剰余金などである。

（2）表の左側（借方、かりかた）

「資産の部」は以下のように分類される。

①流動資産〜1年以内に現金化されるもの。現金、預金、売掛金、受取手形など。

②固定資産〜1年を超えて使用に耐えうるもの。土地、建物、設備、車両運搬具、電話加入権、特許権、投資など。

2）貸借対照表の読み方

（1）流動比率＝流動資産÷流動負債×100（%）

すぐ支払わなければならない流動負債に対し、現金化できる流動資産がどの程度あるかを見る指標。流動比率が高いほど短期的な支払能力が高い。100%が理想的。

（2）当座比率＝当座資産÷流動負債×100（%）

すぐ支払わなければならない流動負債に対し、現金及び預金、受取手形、売掛金、有価証券など比較的早く現金化できる当座資産がどの程度あるかを見る指標。100%を上回ればまずまず。

（3）固定比率＝固定資産÷自己資本×100（%）

固定資産がどの程度、自己資本で賄われているかを示す。固定資産は購入時に多額の資金が必要

となり、その資金は長期間にわたって回収される。そのための資金が原則として返さなくてもよい自己資本によって賄われていたほうがよいという考え方。100%以下が望ましい。

（4）固定長期適合率＝固定資産÷（自己資本＋固定負債）×100（%）

固定資産を自己資本だけで賄うのは難しく、実際には長期借入金など返済期間の長い資金も固定資産の投資に充てられる。そこで、分母に固定負債も加えたものが固定長期適合率である。固定比率同様、100%以下が望ましい。つまり、固定資産の取得が安定した資金で賄われていることになるからである。

（5）自己資本比率＝自己資本÷総資本×100（%）

他人資本は、他人から借りた資金であり、いずれ返済する必要があるが、自己資本は、返済する必要がない資金である。総資本（自己資本＋他人資本）のうち、自己資本が大きいほど会社経営の安定性は高いといえる。

9 | 損益分岐点売上高

損失も利益もゼロの状態の売上高のこと。損失が発生するか、利益が発生するかの分岐点の売上高である。

1）損益分岐点売上高の算出

損益分岐点売上高は、次の算式によって算出できる。

損益分岐点売上高　＝固定費 ／（1－変動費÷売上高）＝　固定費 ／ 限界利益率

2）原価の分類

損益分岐点売上高を算出するには、まず、原価を「変動費」と「固定費」に分ける（表3-1-13）。

売上の上下によって変動する費用が「変動費」、売上の上下に関わりなく、固定的にかかる費用が「固定費」である。固定費は売上がゼロになってもゼロにはならない。言い換えれば、売上がゼロになったとすると、固定費分がまるまる赤字となるわけである。

3)限界利益

売上から変動費を引いた残りの利益で、固定費を吸収する元になる利益である。

売上 − 変動費 ＝ 限界利益

限界利益 − 固定費 ＝ 利益

限界利益率 ＝ 限界利益 ÷ 売上高

限界利益が固定費と同じになると利益はゼロになってしまう。

（1）損益分岐点売上高比率の算出

損益分岐点売上高 ÷ 現状の売上高 × 100（％）

（2）ある利益をあげるための売上高の算出

$$\frac{固定費 ＋ 必要利益}{1 − 変動比率}$$

表3-1-13. 固定費と変動費

固定費	売上が上がっても下がっても、固定的にかかる費用。 社員の人件費（給与・手当て・賞与・社会保険料・通勤費・福利厚生費など）・地代・家賃・支払い金利・原価償却費・リース料・本社管理費・水道光熱費・電話・ＰＣの基本料金
変動費	売上が変動することにより変動する費用。 パート・アルバイトの人件費（給与、手当て、通勤費、社会保険料など） 原材料費 水道光熱費 諸経費（消耗品費・修繕費・広告宣伝費・衛生費・雑費など）

2. 飲食店の店舗設計と実施

1 食空間設計の基礎知識

ここでは、食空間の店舗設計の基本的な知識を学習する。

1)外食空間の現状

レストランは外食産業の三大要素であるQ-クオリティー（商品の品質）、S - サービス、C - クリンリネス（快適な空間）の三つが整うことで快適な食事をすることができる。バブル崩壊以降、外食産業は低価格化が進み、食空間に対するこだわりが非常に弱くなっていると指摘されているが、一方で世の中全体を見れば居住空間は大きく快適性をアップしてきた。こうした時代の流れを吸収できず、目先の費用のためにローコストな店

舗を作ったことが外食産業の停滞につながった要因のひとつであるのは明らかである。業種、業態、費用等の問題があるが、それに見合った食空間を作らない限り、中食に市場を奪われ長期的な飲食店の繁栄は難しいと考えるべきではないだろうか。

2）フードコーディネーターの役割

フードコーディネーターはクライアントの依頼を聞き、その要望をできる限り具体化するために多くのスタッフを使って飲食店を作っていくのがその役割である。そのためには幅広い知識、コミュニケーション能力、問題解決能力を必要とする。日ごろから情報収集を欠かさず良い人脈を築いておくことが重要になってくる。

3）外部スタッフの充実

レストランを作る場合、多数の業務が発生する。これらの業務を1人のフードコーディネーターが全てを把握して具体化するのは現実的には不可能である。そのためには幅広い知識を持ち全体を俯瞰して、それぞれの分野の専門家と協業していくことが必要である。したがって日頃からレストラン作りの各分野の専門家を確保しておくことが重要になり、優秀な外部スタッフと日頃から良好な人間関係を築いておくことが大切である。特に建築家、デザイナー、厨房の専門家、設備の専門家、IT関係の専門家は必須である。これ以外にも看板の専門家、家具の専門家、照明の専門家などの外部スタッフを充実させておくことが大切である。

4）建築家とデザイナーの違い

店舗の設計をする場合、一般的には建築家またはデザイナーに仕事を依頼する。建築家とは建物を立てる資格を持つ人のことで建築の確認申請を出すことができる。デザイナーはすでにある建物のインテリアを中心に仕事を行ない、デザイン面に関しては高い技術を持った人も多くいる。

ビルインの場合、一般的にはデザイナーが仕事をする。店舗の設計においては建物を立てる、インテリアデザインをする以外にも設備面の空調計画、給排水衛生の計画、電気の計画も必要となる。

こうした総合的な判断のもとに設計士を選んでいく必要がある。特にデザイナーの場合、デザイン優先で使い勝手、また設備面等の知識がなく、営業を始めてから問題が起きる場合もある。建築費は高額になるため、その業務を担う設計士の選定は慎重に行なわくてはならない。

5）設計士の選択基準

飲食店の出店業務を進めるにあたり設計士の選定は最も重要な課題である。より良い設計士を選択するポイントは下記の通りである。

（1）人柄が誠実で人の話をよく聞いて形にしていける。
（2）飲食店作りに関する豊かな知識と経験を持っており、種々の問題に対して解決する十分な能力を持っている。
（3）経営的センスを持っているか。良いデザインは重要であるが、飲食店がそこでビジネスとして成り立つための投資金額、作業性またオープンしてからの費用等々飲食店の採算性を考えながら設計してもらうことが必要である。

6）設計料の基準

建築家、デザイナーには設計料の支払いが必要となる。通常建築工事の10％が目安となるが、建築金額が高額の場合、また続けて設計を依頼している場合は、これよりパーセンテージが下がるのが通常である。金額としては高額になるが、良い設計士を選べばお客様を呼べるお店を作っても

らえ、入札の業務、工事の監理も行なってもらえる。初めて飲食店を出店する、新業態店を作る時には設計士に仕事を依頼した方が良い結果を得られる場合が多い。設計料は数回に分けて支払うのが通常で、基本設計、実施設計、設計監理の3回に分けて支払うのが一般的である。

7）設計の流れ

設計の流れは下記のようになる。

事前調査	契約前の土地、建物に関わる法規、条件の確認。
基本設計	平面計画、デザインを中心にお店の概要を取りまとめ提案を行なう。
実施設計	基本計画が承認されたら建築、内装、設備を中心に実際に建物を作る図面を作成する。
入札、業者決定	実施設計の図面を基に見積もりを行ない、入札金額を決定する。
設計監理	工事が始まってから設計士が、工事業者への指導を行なう。
役所検査	役所の検査の立ち会い。
完了検査	完成の検査の実施。
完成、引き渡し	役所、関係者の検査が終わればクライアントへの引き渡しを行なう。

2 物件調査の進め方

飲食店の出店を決定する前に、まず物件の調査を行ない、前提条件を確認することが必要となる。

1）戸建店舗とビルイン店舗の違い

レストランを作る場合は、戸建ての建築とビルイン店舗の区別がある。戸建ての場合は建物から、ビルイン店舗の場合はビルの中にあるテナント区画を借り店舗を計画する。戸建ての場合は確認申請を行ない、建物を建て、そこに内装、設備の工事を行なうが、ビルインの場合はすでに建物があるので内装と設備工事だけを行なう。これらの物件の売買、あるいは賃貸の契約をする前に店舗を作るためのそれぞれの案件の種々の調査を行なうことが必要になる。主に法規関係、インフラ関係が中心になるがこれらの調査を十分行なわないと、契約してから工期の延長、費用のアップ、最悪の場合出店ができない場合もあるので十分な調査が必要となる。

ビルインの場合はすでに建物はあるが消防法等の法規、ビルに適応している種々の条件を確認の上、内装工事と設備工事が行なえるか確認しなくてはならない。また、借主側で一方的に工事を行なうことができず、大きく分けてA、B、C工事といわれる3つの区分に従ってよく打ち合わせをして工事を進める必要がある。また、居抜きといって内装、設備をそのまま引き継ぎ、多少手を加えオープンさせる方法もあるが、費用の削減が可能である一方、計画している内容と良く照らし合わせて検討を行なわないと、結果として高い買物になるので慎重さが必要とされる。

2）戸建物件の調査

戸建ての店舗設計をするには、まず法規、インフラ、店舗設定の調査を行なう必要がある。その土地、建物を現地にて確認しそれに合わせた計画を考えなくてはならない。

（1）土地の調査

土地には種々の法規によって決められた条件があり、その属性、条件をよく調べることが大切である。主な内容は下記になる。

役所関係
地目
用途地域
防火地域

建ペイ率
容積率
開発行為の有無
緑化、排水、等
まちづくり条例の内容確認
遺跡調査

（2）インフラの調査

インフラの確認も重要である。留意点は表3-2-1の通りである。

（3）店舗設営に必要な調査

建物、看板の視認性は良いか。近隣の調査。

3）ビルイン物件の調査

ビルの案件では、まず建物が古い場合のリスクを考慮しなくてはならない。新耐震に対応していない1981年以前の建物はできれば避けたほうが良いであろう。ビルインで店舗を作る場合、平面的には柱があったり、形が歪であったりと、理想通りの形はほとんどない。特に古いビルの場合はこうした傾向が強くなるが、その中でいかに効率の良いレイアウトを考えるかが重要になる。面積の割には席が取れない等、あまりにも条件の悪い場合は出店を見送ることも必要である。これ以外にも古いビルの場合、設備面での不備も多いので良く確認することが大切である。

表3-2-1. インフラ調査の留意

項目	留意点
電気	電力会社に申請を行ない、電気を引き込むが、時間がかかる場合があるので要注意。
ガス	都市ガスとプロパンガスの選択肢があるが、引き込み費用は都市ガスが有料であるのに対し、プロパンガスの場合は無償の場合が一般的。ランニングコストを含め検討を行なう。
給水	新たな引き込み、口径アップの場合、市町村によっては高額な費用を請求されるので、よく調査を行なう必要がある。
排水	下水の設備がない場合、浄化槽の設置が必要となる。金額が高価で場所も取るため要注意。

ビルインに出店する場合大きく分けて下記の3点を調査、打ち合わせする必要がある。
（1）適合している法規面での調査
（2）建築、設備面での仕様の調査
（3）工事区分と費用負担面での調査
（4）その他
具体的な内容を下記に示す。

（1）法規面での調査

消防法上のビルの用途区分
中高層のビルに適応していないか
中高層ビルの場合、防災設備の基準が厳しく防災設備が重装備となる。
二方向避難の確認
内装制限の確認
高齢者、障がい者に対する設備（ハートビル法）の対応が必要か確認

（2）建設、設備の仕様の調査
【建築】
①有効面積、寸法の確認
テナント区画内の有効面積が正確か確認すること。寸法の違い、配管等障害物の有無、床の出っ張りなどを調査。区画が変形の場合、角度も正確に調査すること。

②天井高の調査
天井高が十分確保できるか調査を行なうこと。天井高2,600mm以上あるのが理想だが、特に厨房区画は床上げ、天井内の設備が多いので高さが必要。グリストラップの床への落とし込み、給排気のための開口等、建物に開口を設けることが可能か、打ち合わせが必要（図3-2-1）。

③厨房、トイレは防水が必要
防水のできる区画、仕様、工事区分を確認する。仕様によって区画の寸法、工期も変わってくるの

で注意が必要である。

【設備】

①電気

電気容量はあるか、出店するお店で必要な電灯、動力の概算の容量を算出し、打ち合わせを行なう。テナント区画内に必要量がない場合、ビル側に余裕があれば増設してもらう必要がある。

②空調

空調設備はまずどういうシステムを使うか確認する。通常のビルであれば単独のヒートポンプ方式が一般的。大型のビルの場合は全体で処理を行なうセントラル方式が多い。熱源をビル側が送り、テナントがファンコイルユニットで熱交換する方法が一般的である。

③給排気

給排気の必要量を算出し確保できるか確認する。テナント区画内に必要量がない場合、どういうルートで区画内に持ち込むか十分な調査が必要。特に地下区画の場合は要注意である。

ビルインの場合、給排気量が不足している場合がよく見受けられる。居酒屋などで店内に調理場の油の臭いがすることがあるが、これは排気量の不足が原因で、油煙が客席まで飛び、全体が油っぽくなることが原因であることが多い。

④排水

雑排水、汚水の口径、ルートを確認すること。油分を除去するグリストラップ設備は原則として厨房内に設置する。客席と厨房の段差を少なくするため、床を開口して階下に落とし込む方式が一般的。下のフロアの条件では不可能の場合もあり、その場合は薄型を設置する。

⑤ガス

ガスの必要容量を算出し、確保できるか確認する。また、ガスメーターが場所を取るため、設置場所の確保も事前に打ち合わせする。ガスのみ供給会社との直接契約が一般的である。

⑥防災

ビルインの場合、防災設備は戸建てより重設備になることが多い。特に大型のビルは設備、種類も多く金額も高額になることが多いので注意が必要となる。

主な設備は下記になる。
　　　　火災報知設備
　　　　スプリンクラー

図3-2-1. 天井高断面参考図

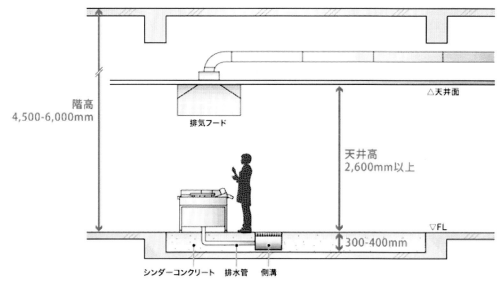

階高
4,500-6,000mm

排気フード

△天井面

天井高
2,600mm以上

▽FL

300-400mm

シンダーコンクリート　排水管　側溝

機械排煙
非常照明
非常灯
非常放送
ガス警報
防火扉、シャッター
フード及びダクト内消火

⑦その他設備
防犯警備システム
有線放送
携帯電話アンテナ、Wi-Fi設備
看板

（3）工事区分と費用負担面での調査

　ビルインの工事はテナント側だけではできず、ビル側の工事基準に従い打ち合わせを行ない、工事の区分を取り決める。

　工事区分と費用負担の関係は通常下記のようになる（表3-2-2）。

①工事区分
A工事…ビルの枢体、基本設備にかかわる工事
B工事…テナントの依頼でビル側に行なってもらう工事（防災工事、区画外の設備工事等）
C工事…区画内の内装、設備工事

②費用負担
　B工事は通常自社で行なう工事より高額となる。特に大手建築会社が行なうと自社工事の倍前後の金額になることが多い。契約時の交渉で区画外の工事はA工事、区画内の工事はC工事を基本として、極力B工事を減らすことが建築費を下げるポイントになる。

③管理費、建設協力金、内監料他
〈新築のビルの場合〉
　建築業者に対して光熱費、足場代等の費用として協力金が発生するので、確認をすること。

　相場は坪1万円位、また、設計に関して、指導料、内監料の名目で費用が発生する。相場は坪1万円ほど。

　これ以外にも新築のビルの場合、エレベーター使用料、ゴミ処分費等のお金を請求される場合があるのでよく調べること。既存のビルに入居する場合も設計指導料等が発生することがあるので調査が必要になる。

（4）その他

　工事を行なう場合の条件を確認すること。工事のできる時間帯、音、臭いの対策、搬出入のルート、館内ルールをよく調査の上、工期、予算を設定すること。既存のビルに出店する場合、音、臭いの問題等で工事時間が夜間になったり、制限を受ける場合がある。金額、工期に影響するので確認を行なうこと。またビルインの場合の水光熱費がビル側で価格が設定されており高額な場合が多い。空調の熱源が供給されている場合この費用も発生する。開店してからの費用もよく調査して計画に盛り込むことが必要である。

　建築面での調査を述べたが、第3章第1節の『飲食店の出店戦略』で学んだ立地選定、物件設定の知識も参考に出店の精査を進めることが重要である。

4）スケジュールの調整

　戸建、ビルイン案件含め、調査がまとまればスケジュールの目途が立つ。特に戸建ての場合、事前審査、確認申請等、申請関係で時間のかかることが多く、事前によく調査をすることが重要である。

表3-2-2. 施工区分と費用負担

	A工事	B工事	C工事
施工区分	ビル側業者	ビル側業者	テナント側業者
費用負担	ビル負担	テナント負担	テナント負担

5）設備容量一覧

50坪（165㎡）・75席をモデルに設備の必要容量を下記にまとめる。

【電力】

　動力　　0.2kW／㎡×床面積＝33kW

　電灯　　0.15 kW／㎡×床面積＝24.75 kW

【換気】

　客席給気　30㎥／h×客席数＝2,250 m／h

　客席排気　30㎥／h×客席数＝2,250 m／h

　厨房給気　5,000㎥／h

　厨房排気　5,000㎥／h

【空調】

　客席　220W／h×客席床面積（35坪）

　　　＝25,410W／h

　厨房はガイドラインとなる数値はない。

　厨房の20～40回換気を全て空調させるにはコストが増大し、現実的ではない。作業環境に優先順位を付けてスポット空調にしたり、置換換気システムを導入して負荷と快適さのバランスを保つようにする。

【給水】

　25mm以上

【排水】

　雑排水　100 A

【ガス】

　40mm以上

3 ｜ 基本設計の進め方

物件の契約が決まったら、法規、契約時の決め事に従い店舗の基本設計を進めていく。

1）前提条件の確認

これまで述べた調査の内容を十分確認したうえで平面計画の作成にかかる。始まって後戻りがないように設計する際の条件を項目ごとに書き出し

て作業を進めることが大切である。またこの時点で概算の金額を想定しておくことも必要である。与えられた予算と大きなずれが出ない基本設計の作成が求められる。

2）クライアントとのコミュニケーション

設計を進めるにあたってはクライアントとのコミュニケーションが非常に重要である。クライアントがどの程度の知識を持っているかを確認し、要望をよく分かる形で提案をしながら進めることが大切である。クライアントの話に無理がある場合はその理由を説明、要望を見直してもらうことも必要となる。実際に運営する時に、お客様、従業員にとってより良い店になるための提案を行なうことが大切である。

3）店舗コンセプト、前提条件の確認

平面計画を作るにあたり最初にコンセプトを確認することが重要である。業種、業態の確認、どういうお客様をターゲットにするか、いくら位の客単価に設定するか、サービスの形態、店舗イメージをよく確認する。また、席数を何席とるか、建築コストはいくら位か、要員数は何人か、大まかなスケジュールを確認する。

4）敷地レイアウト

郊外型のレストランの場合は敷地に対しどこに店舗を配置するかを検討する。法規に従い建物の視認性、近隣への配慮、駐車台数の確保を考慮して作業を進めなくてはいけない。

5）建築寸法の現地確認

レストラン空間を作るときに戸建ての場合は法規の問題をクリアしていればこちらの希望通りのものが作れるが、ビルインの場合まず現地で縦、横、高さ、柱の位置、開口部等の寸法をよく確認することが重要。

6)平面計画

（1）ゾーニング

　店舗の平面計画は最初に大きなゾーニングを決めることから始める。エントランス、客席、トイレ、厨房、バックヤード、収納これらをゾーンに分け、それぞれのバランス、動線が適切か検討を行なう（図3-2-2）。

（2）飲食店に必要な機能

　飲食店の主な機能を表3-2-3に示した。

（3）作業動線

　全体のゾーニングができてきたらその中で作業性の動線を検証することが必要である。一般的にファストフード、ファミリーレストランなどの低単価の業態は作業性を最優先に考えることが多いが、ディナーレストランなどの高単価の業態は場合によってはお客様優先であえて動線を犠牲にすることも必要である。

（4）お客様の動線

　動線は作業動線が中心に考えられるが、お客様動線も大切である。特に大きな飲食店ではエントランスから客席までの距離、客席からトイレ等パブリックまでの距離を考慮する。高齢者の多い飲食店ではお客様の動線に十分な配慮を必要とする。

（5）平面図の作成

　ゾーニングが確定したら平面図の作成に入る。それぞれのゾーニングの中で詳細な図面を書いていくが、この時に必要なのが基準寸法をよく知っていることである。通路の幅、テーブルの寸法、テーブル間の寸法等、寸法の基本に従って全体のレイアウトを決めていくことが大切である。

（6）インテリア計画

　平面図が決まれば次にインテリア計画に入る。インテリア計画は飲食店のイメージを決める重要な要素である。

　進め方は下記になる。

①スタイルの決定

　インテリアの形を決める。一般的には「〜風」といわれる標準的な形から入る。

②イメージの確定

　どんなイメージを持っているかを十分確認する必要がある。これはクライアントのイメージに近いお店、あるいは専門誌、業界紙等で確

図3-2-2. ゾーニング図（ラフスケッチ）

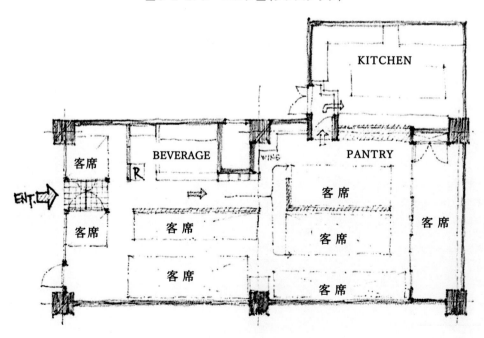

認して固めていくのが一般的である。

③様式の確認

　様式による方向性も必要である。和風でも田舎風か数寄屋様式によって感じは大きく違ってくる。スタイル、様式が決まれば、造作、マテリアル、色彩を決めていく。

④色彩計画（カラースキーム）

　飲食店でインテリアの色は非常に大切な要素になる。空間全体の色目、食卓周りの色は食の楽しさ、美味しさを引き出す大切な要素である。また色使いによって空間の広さの感じ方を変えることもできる。色彩計画は大きく下記のように進めるのが一般的。

・基調となる色を決める
・アソートカラーを決める…基調色と組み合わせる色
・アクセントカラーを決める…全体を引きしめる役割

⑤素材

　仕上げにどのような建材を使うかを明記する。これをまとめたものが仕上表になるがプレゼンの場合は、建材のサンプルをパネルに張り付けて、クライアントに分かりやすく提示することが多い。

（7）図面の見方、構成

　図面は通常1/100などの縮尺で書かれる。実際に図面ができてきたら三角スケールという定規で寸法を確認しながら修正を行ない、平面図を固めていく。ビルインでは、基本設計は平面図の確定までをいうことが一般的である。郊外型の場合はさらに敷地配置図、外観図が付く。これにパース（透視図）をつけてお店のイメージを伝える。

（8）厨房図面との連携

　後ほど次章で述べるが、飲食店において厨房設計は非常に重要である。平面を進めながら厨房の設計も並行して作業を行なっていくことが大切である。

（9）平面図の承認

　これらの図面、資料が整ったら関係者にプランを提案して了解をとる。これによりプランの概要が共有され、承認されれば実施設計へと進む。誰に承認をとるかをはっきりとさせることが大切で、後になって聞いていなかったなどということがないようにしなくてはならない（図3-2-3）。

（10）金額の検証

　基本計画が決まったら建築費用の算出をした

表3-2-3. 飲食店の主な機能

入口エリア	エントランス	客席エリア	テーブル席
	風除室		カウンター席
	ホール		個室
	ウェイティングコーナー		パーティールーム
	レジスター機能		クローク
	クローク		収納
	収納	バックヤード	店長室
	お客様トイレ		更衣室
厨房エリア	主厨房		従業員トイレ
	パントリー		収納
	ビバレッジ		掃除道具入れ
	洗浄コーナー		ゴミ置き場
	ストレージ		

図3-2-3. 平面図の見本

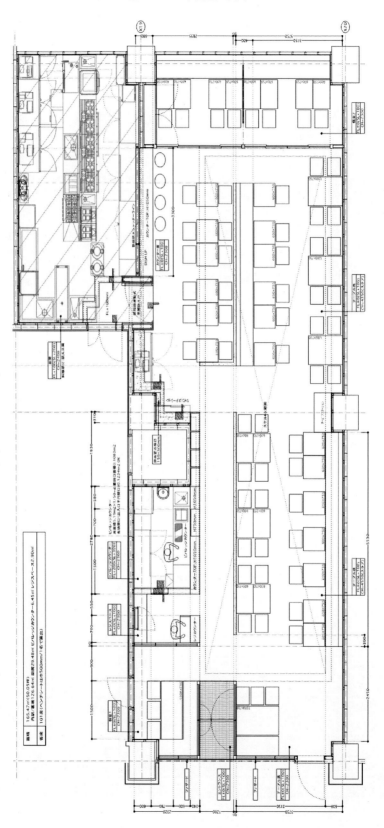

い。概算でいいので見積もりを取るのが理想的。予算金額と大きく違うようであればこの時点で修正をかけることが大切である。

4 これからの厨房計画

　厨房の設計はその基礎を3級の新・フードコーディネーター教本（2020年）第4章ですでに述べたが、ここでは現在の飲食店の抱える厨房の問題、またこれからのあるべき厨房の姿を考えていく。

　飲食店における厨房設備は未だ旧態依然とした部分が多く、今の時代にそぐわなくなっている。これからの時代を考えればHACCP等による一層の食の安全性、労働力不足による省人化の問題、低い労働生産性の問題、これらに正面から取り組んでいかない限り飲食店の未来は開けないと考えるべきである。今後の取り組みとして下記の3点を考えていく。

◆新調理システムの採用
◆キッチンのドライ化の推進
◆調理場の空調、換気システムの改善

1) 全体の流れ
　取り組みは下記（図3-2-4）のようになる。

図3-2-4. 今後の取り組み

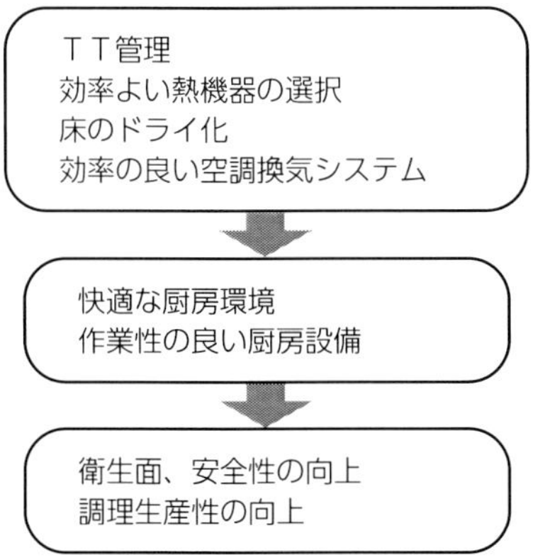

```
┌─────────────────────────┐
│ ＴＴ管理                │
│ 効率よい熱機器の選択    │
│ 床のドライ化            │
│ 効率の良い空調換気システム │
└─────────────────────────┘
            ⬇
┌─────────────────────────┐
│ 快適な厨房環境          │
│ 作業性の良い厨房設備    │
└─────────────────────────┘
            ⬇
┌─────────────────────────┐
│ 衛生面、安全性の向上    │
│ 調理生産性の向上        │
└─────────────────────────┘
```

2) 新調理システム
　新調理システムとは調理に関わる作業を温度（temperature）と時間（time）に置き換えムダのない作業に組み立てる調理システムをいう。

　感覚や経験で行なわれていた「料理の品質」「食品衛生」を、計数を利用して管理することで一定の質を保つことができ、また、食材や水道・光熱、人にかかる費用のロスをコントロールしやすくなる。この温度と時間を中心に管理するＴＴ管理に基づきクックチル、真空調理等の技術で調理を行なう。下記に概要を示す（図3-2-5）。

　従来、日本の厨房の加熱機器はガス偏重であったが、新調理システム含め、今後は電気の加熱機器が重要性を増してくる。熱効率の高さ、コントロールのしやすさ、発熱、水分の発生が少なく、厨房の環境改善にも非常に有利である。今後の厨房設計では電気、ガス両面から検討するべきである。

3) キッチンのドライ化
　飲食店は衛生管理上、また安全面の観点から調理場内が乾燥された状態を維持しなくてはならない。日本ではドライキッチンといわれるが、この概念は未だ間違った考え方が残っている。排水も取らず床に全く水を流さないことではなく、床が早く乾き調理場内が乾燥した状態を維持できることをいう。作業中、必要以上の水は流さないが、閉店時の水を流しての床清掃は必須である。

　現在は肉食が増え食中毒菌の内容も変わってきており、キッチンのドライ化は重要な課題となっている。キッチンのドライ化は床の排水と後で述べる空調換気システムを整えることで実現できる。そのためにはソフト面での充実、厨房機器、建築、設備の整備が必要となる。

（1）キッチンのドライ化の効果
・スリップ事故等が減少し安全性が高まる

・作業性も良くなる

・食品衛生上も安全性が高まる

・労働生産性が上がる

・水資源の削減

・機器の耐久性が伸びる

これらの効果が望める。

（2）ソフト面での整備

・ドライキッチンの正しい理解

・オペレーション上の変更

・清掃方法の確立

ソフト面での充実も重要である。

4）設備面での整備

（1）厨房機器の設置方法

厨房機器の設置方法では以下のような工法が一般的である。

①フロアスタンディング

床に直接置く工法

②ベース置き工法

機器の部分の床を上げ設置する工法

③壁掛工法

機器を壁に掛ける工法

④天井吊り工法

機器を天井から吊る工法

飲食店ではコストを考えればフロアスタンディングが現実的であり、そのためには床と機器の間を15cmから20cm開けることが望ましい。これにより床下の清掃、排水がやりやすくなる。

（2）床の仕上げ（図3-2-6）

①床の仕上げ材はノンスリップタイルが理想的であるが、水が溜まらないように目地の仕上げには注意が必要である。

②床の排水勾配100分の1。

③機器下の仕上げを滑らかな塗床にする。

（3）排水設備

排水の基本は、速やかに厨房区画から排水を厨房外に排出することである。また排水ができる限り厨房空間に接しないことも重要である。

建築条件があり無理な場合もあるが、今後厨房内には側溝を設けない方法を考えなくてはならない。一例をあげれば、機器からの排水は埋設配管でピットに集める等の工夫が必要になってくる。

図3-2-5. 新調理システムの概要

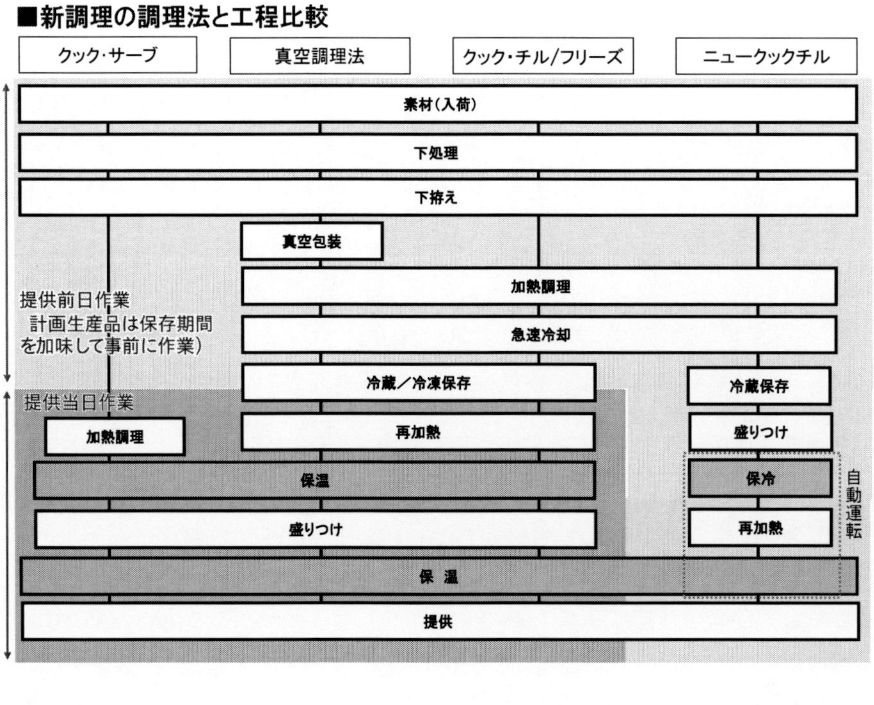

■**新調理の調理法と工程比較**

クック・サーブ	真空調理法	クック・チル/フリーズ	ニュークックチル

素材（入荷）

下処理

下拵え

真空包装

加熱調理

急速冷却

提供前日作業
計画生産品は保存期間を加味して事前に作業）

冷蔵／冷凍保存　　冷蔵保存

提供当日作業

再加熱　　盛りつけ

加熱調理

保温　　保冷

盛りつけ　　再加熱

自動運転

保温

提供

5）空調換気システム

　厨房は暑くて当たり前という考え方が依然多いが、これからはこの考え方はもう通用しない。

　労働力不足が社会問題となり業界間で人の奪い合いが続くなか、高温多湿の労働環境で働く人はますますいなくなると考えるべきであり、これからはオフィス並みの環境を整えなくてはいけない。

　厨房は熱源が多いため必然的に換気量が多くなるが、従来外部の熱処理されていない外気を入れ、同じ量の排気を行ない、この換気を空調で冷やすのが一般的であった。この際、換気と空調の連携が十分行なわれておらず、効率の悪い冷却化が行なわれていたのが現実であった。この問題を解決するためには、従来の空調換気システムだけでは不十分であり、熱処理を行なった外気で給気を行

ない、暑い空気をムダなく排気する置換換気空調を検討する必要がある。まだ日本では新しい空調設備であるが、今後導入を考えていく時期に来ていると思われる。この際、直火がなく排気フードの必要がない電気の熱機器の検討も必要である（図3-2-7）。

（1）建築面

　建築面では天井高の確保が重要になる。

　日本の建築基準法では50㎡以下では2.1 m以上50㎡以上では2.4 m以上となっているが、熱は天井に溜まるため、この高さでは快適な厨房環境は確保できない。2.6 m以上の天井高を確保したい。

5 食空間の設計

　基本設計、厨房計画が決まったら実施設計の作業にかかる。

1）安全性の確保

　レストランを作るときに最も大切なことは安全性の確保である。食の安全性の確保、働く従業員がけがをしない、お客様が事故に遭わない、これらの問題が起きないように計画を進める必要がある。またそれぞれの空間に適用する法令を順守することも非常に重要である。これを守らなかったために事故が起きる、社会的に批判を受けるということがないように十分注意して進めなくてはな

図3-2-6. 床の仕上げ

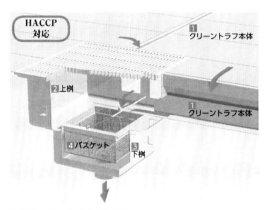

中部コーポレーションカタログより

図3-2-7. 空調・換気システム

東京ガスHP　涼しいガス厨房機器「涼厨（すずちゅう）」より

らない。

2）実施設計の内容

実施設計では基本プランに基づき各種の詳細図面を書いていく。実施設計で具体的な内容を把握することができ、またこの図面をもとに金額見積りを行なう。実施図面の内容は下記の通りである。

設計概要
　　　仕上げ表
　　　敷地配置図
　　　平面詳細図
　　　天井伏せ図
　　　外観図
　　　立面、展開図
　　　構造図
　　　給排水、衛生、ガス設備図
　　　空調換気設備図
　　　電気設備図
　　　照明計画図
　　　防災設備図面
　　　サイン図

3）建築

店舗設計するにあたり、最初に建築空間の寸法を決めることが大切である。見落としがちであるが、この空間構成がレストラン全体の雰囲気に大きく影響する。例えばエントランスに入り天井が高いと、それほどの装飾がなくてもとても快適な空間に感じる。全体、各コーナーを縦、横、高さ、また開口部分がバランスの良い寸法の空間に設定されていることが重要である。このバランスが悪いと、この後に施されるインテリアも効果が薄くなる。

4）インテリア計画

すでに基本設計でインテリアの方向性を決め

パースも描かれているので、これに沿って実施デザインを進めていく。基本プランで指摘された事項、また改善が必要と思われる部分を修正しながら図面を作成して行なう。良いお店にすることはもちろんであるが、使い勝手は良いか、投資金額に収まるか、完成後のメンテナンス費用等の配慮も必要である。設計士任せにしないで、フードコーディネーターとして多角的な目でプランを確認していくことが必要になる。

5）家具（テーブル、椅子）

家具のセレクションも重要である。お客様が食事をし、会話をして過ごすツールなので、慎重に選択する必要がある。種々の寸法、形状があるが食事のグレードに応じて家具を設置する必要がある。

主な家具の仕様
・椅子の形状
・テーブルの形状
・天板の仕上げ…メラミン、無垢、練り付け

6）インフラ

設備関係で最初に確認すべきは電気、水道、ガスのインフラである。店舗の計画に見合った容量があるかはもちろん、どういったルートで確保するかを確認しておく必要がある。

7）空調計画

客席の空調計画は大きく分けて、温度を調整するエアコンディショナーと給排気、この2種類で行なう。エアコンは業態に応じてその容量と機種、吹き出し方法を選択するが、お客様に快適な空調を設定できる容量をよく知っておかなければならない。空調機の種類は種々あるが、高級業態ほど機器類を見えにくくするのが一般的である。大掛かりなビルではテナント側で独自の空調設備を持つことができず、ビル側から熱源をもらい空調を

計画する必要がある。この場合、金額も高額になるため、ビル側と十分な打ち合わせが必要となる。

8）給排気計画

　給排気が適切に行なわれないと、ビルインの場合は酸素欠乏という状況が起き、大きな事故につながる。排気が適切に行なわれないと店内の温度、湿度が上がり、煙たい等の問題が起きるので適切な給排気計画が必要となる。

9）衛生機器

　通常、客席にはトイレ、手洗いの設備が必要になる。保健所によっては、エントランス部分に、お客様が手を洗う設備の設置を義務づけることもあるので事前調査が必要である。現在、トイレは非常に進化しており、家庭のトイレも非常に綺麗である。飲食店はそれ以上にする必要があり、できれば家庭で使用するタイプよりグレードの高い衛生機器を選択することが望ましい。室内が常に綺麗な状態に保てるようにできる素材を選んでおくことも重要である。基本的にトイレの床は水を流さないドライスタイルが主流で、清掃も拭き掃除対応が一般的。障がい者、高齢者に対する配慮も重要である。

10）照明計画

　現在照明は明るさを取るためだけではなく、お店の演出をする重要な要素になっている。間接照明、スポット、ダウンライトで、陰影を付ける等お店の印象を高める有効な手段である。昼間と夜の営業で照度を変えることで、お店の雰囲気を変えることもできる。照明の専門のデザイナーも数多く存在し、今後重要度は一層増してくると考えられる。照明計画のポイントとしては下記を考慮する。

- ・必要な明るさの確保
- ・光源色と演色性
- ・照明機器の種類
- ・光の広がり方、指向性

（1）明るさの確保

　照明の明るさで重要なものは下記がある。
- ・光束 [lm]：ルーメン
  単位時間当たりの光の量、供給量
- ・照度 [lx]：ルクス
  単位面積当たりの光の量

　照度は、客席では高級店では500 lx前後、大衆店では800 lx前後が適切である。厨房は作業所にあたるので、800lx は必要となる。異物混入を防ぐ意味でも明るさが必要とされる（図3-2-8）。

（2）光源色と演色性

- ・演色性　平均演色評価数［Ra］
  照射した物体の色を再現する光源の性能、色の再現性。飲食店では80Ra 以上は必要。

（3）色温度（K：ケルビン）

　光の色を表す単位（表3-2-4）。
　色温度が高い⇒青っぽい光

図3-2-8. 光束と照度の関係

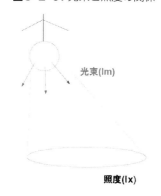

光束(lm)

照度(lx)

表3-2-4. 色温度

色	色温度（ケルビン）	特徴	設置場所
電球色	2,700 K	暖色系で温かみのある色	客席
昼白色	5,000 K	太陽に近い自然な色	バックヤード
昼光色	6,200 K	白っぽく最も明るい	厨房、外部看板

色温度が低い⇒赤っぽい光

　照明には色があり、ゾーンによって使い分けをする。特に客席は重要で、料理の色を綺麗に見せ美味しさを引き立てるには3,000 K以下の色温度が適切といわれている。

（4）照明器具の種類
　第5章．第1節．食空間コーディネートの図5-5-3．照明の選び方及び図5-5-4．店舗における照明演出を参照のこと。

11）情報設備計画
　情報化社会が進む中、飲食店の情報システムも時代に合わせた対応が必要になる。飲食店の主な情報システムは下記のものがある。

・電話、ネット用回線
・パソコン
・タブレット
・オーダーシステム
・レジシステム
・キャッシュレス化設備
・自動釣り銭機
・自動会計
・Wi-Fi、携帯電話電波対応

　現在、情報設備計画は非常に進化のスピードが速く、新しい仕組みがいくつも出てくるが、これをフードコーディネーター1人で理解するのは非常に難しく外部の専門家に協力をお願いすることが多くなる。チェーン店であれば大掛かりな情報システムを導入できるが、個人店では金額も高く大手メーカーの機器の導入は厳しいと思われる。一方で既存の機器、システムを使うなどして、低価格で情報設備を組むこともできるようになってきている。ネットを通しての予約、問い合わせ、ウェブマーケティング等、お客様とのコミュニケーションでも欠かせない設備になっており、設計時点でより良い計画を選択することが重要になる。

12）装飾、しつらえ
　店舗の空間にしつらえを考えておくことも必要である。店内はコストをかけないでシンプルに仕上げ、装飾、しつらえで店内を良い雰囲気にすることも可能である。特に女性のお客様の多い店舗は非常に重要な要素になってくるが、これも外部の優秀なクリエーターを確保して、必要に応じて使い分けをすることが重要である。

13）音
　レストランにおける音の環境整備も重要である。非常に良い雰囲気なのに、他のお客様の声がうるさくて食事が台無しになることがよくある。サービスによる対応が必要だとは思われるが、設備面でもできるだけこうしたことに対応できるようにしておく必要がある。店内の音、特に厨房の音が客席まで聞こえ雰囲気を悪くする場合がある。吸音材を使う方法もあるが、まずはレイアウト的に音が客席に漏れない工夫をすることが重要である。
　店内ではBGMを流すのが一般的であるが、状態にもよるが、程良い音楽が流れる音響システムを設置する。有線などを使うと自由に音源が設定できるのでスタッフが趣味的な音楽を選んでいる場合が見受けられるが、どのような音楽を流すか店舗コンセプトに合わせて決めておく必要がある。音楽のソースの著作権が取れていることが必要で、音源によっては、店内で音楽を流す許可を日本音楽著作権協会に申請し、手数料を払う必要がある。ビルの場合、ビルからの非常放送を流せる必要があり、このための設備も必要になる。

14）臭い

　レストランにおける異臭は食事のおいしさを妨げる要因である。常に清潔さを維持し、異臭が出ないようにすることが重要である。最近のホテルなどでは空間全体に良い香りがする場合があるが、飲食店でそこまでやる必要性があるかどうかは検討が必要であり、臭いに対する重要性をよく理解しておく必要がある。店舗を借りる場合に異臭のする案件があるが、その原因をよく調査し解決しておかなくてはならない。店内のトイレの臭い、ゴミの臭い等、異臭は食事を台なしにするため、建築、設備面での十分な配慮が必要である。ビルインの店舗では吸排気のバランスが悪く、油の匂いなどが店内に充満する場合があるので、こうした設備面での調整も必要となる。

15）メンテナンスへの配慮

　店舗を設置するにあたってメンテナンスへの配慮が必要となる。でき上がったときは綺麗だが時間とともにあちこちが傷み、また種々の手入れが必要になるが、こうした問題に対して、空間を設計する時点で考慮しておく必要がある。例えば、空調の点検口が近くになく不便、清掃がしにくい、また、とても綺麗な素材を使ってもすぐに傷んでしまい、張り替えの費用がかかるようでは困る。店舗を作る場合、完成した時点での仕上がりも重要であるが、その後長く使うことも考え設計することが大切である。また、実際に運用が始まってからの使い勝手も十分考慮しておく必要がある。収納スペースは十分かなど、飲食店を作る際にこうしたことへの配慮も行なっておかなくてはならない。

6 ｜ 工事の概要

　ここでは図面完成後から実際の工事の概要を述べていく。

1）工事の形態

　工事の進め方には幾つかの方法がある。
（1）設計施工
　施工工事業者に設計も工事もしてもらうスタイル。
（2）設計と施工の分離
　設計事務所・デザイナーが設計を行ない、その後入札を行ない工事業者を決めて工事を進めるスタイル。
（3）特命工事
　設計を独自に行なったのち、特定の業者に見積らせ価格を調整して工事させるスタイル。

　それぞれ長所短所があるが、短期間で工事を行ないたいときは設計施工が有利である。一方金額が大きい場合は独自に設計をし、入札で工事業者を決定して工事をした方が一般的には良いと思われる。良い設計事務所を選べば設計内容も充実して、入札で競争原理が働き工事金額も下がることが多い。

2）入札、価格調整、業者決定、契約

　入札形式で見積もりを取った場合、設計事務所とともに内容の確認を行なう。大きな見積もり落ちがあると後で問題が出る場合があるので、精査をすることが必要。予算通りに収まらないことも多く、その際は価格調整の作業が必要になる。減額案を提示し価格の引き下げ、値引き交渉等を行ない予算に近づけるが、あまり無理をすると当初のコンセプトから逸脱してしまうことがあるので注意が必要である。金額と工期が決まったら契約書を交わす。工事金額の支払い方法は短期工事であれば完了時に一括払い、1ヵ月以上にわたる工事の場合は着手時、中間時、完成時と何回かに分けて支払うのが一般的である。

3）着工から完成までのスケジュール

　着工から完成までのスケジュールは一般的には図3-2-9のようになる。業種、業態によってかかる時間が違うが、あまり無理なスケジュールは組まないこと。どのくらいの工期が必要かを理解しておくことが大切である。時期によっては人、材料の手配が付きにくい場合があるので関係者からのヒアリングを行ない決定していく。

4）定例会議の開催

　工事に着手したら通常1週間おきに関係者が集まり定例会議を行なうのが一般的。定例会議の内容としては以下のような項目がある。工事の進行は設計士、現場管理者が行なうがフードコーディネーターとしてクライアントの要望に応えるためできる限り工事の状況を把握しておくことが大切である。

（1）安全性の管理

　現場では事故が起きないよう安全な工事を行なうことが重要である。決められた安全ルールが守られているかを定例会議で確認する必要がある。

　例）整理整頓、ヘルメット着用等服装の確認、体調の管理、作業員の安全性。

（2）工程の管理

　スケジュール表を作成し毎週の工事の進行状況を確認し工事が遅れないように管理を行なう。全体の工程が工事関係者全員に明示され共有されていることが大切である。天候、資材の調達等で予定通り進まないことがよくあるが、その都度関係者が話し合い工程の調整を行ない全体に遅れがないように調整を行なうことが重要である。

　工事が始まり予想外の出来事が起きる場合があ

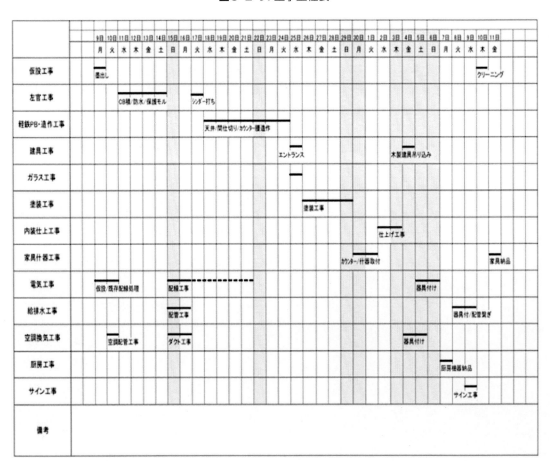

図3-2-9. 工事工程表

る。建築の場合地中埋設物、ビルの場合解体してからの想定外の状況、こうした場合工程が大きくずれる場合があるのでフードコーディネーターは状況を把握し、現場レベルで改善できず工程の延期が必要になった場合、速やかに関係者に報告を行なう。

（3）現場の管理

現場の工事が図面通りに進められているかをよく確認する必要がある。基礎等の地中部分の工事、空調工事等天井内の工事は工事が終わると見えなくなってしまうので、その前に図面通りにできているかを設計士とともに確認をすることが重要である。できない場合は、写真を撮らせ事後に確認する方法もある。

（4）品質の管理

品質の管理としては工事業者が施工図を書き、これで確認をしながら工事を進める必要がある。施工図面を書かずに工事をすると工事中、出来上がったときに色々なミスが起き、後戻り、手直しが増え、工期、金額への負担が多くなる。できるだけ図面で細かく打ち合わせをして工事を実施することが重要である。

図面の種類は表3-2-5に記載する。

（5）金額の管理

工事が始まると図面通りに工事ができない、予想外の工事が必要になった等で金額のアップが発生する場合がある。この場合、速やかに見積りを取り内容確認するとともに、必要なら他の部分で減額をするなどの対策を打ち、金額が予算からオーバーしないよう努力をするが、これも無理な場合は関係者に速やかに報告を行なう。

（6）近隣に対する配慮

近隣に対する配慮も大切である。戸建ての場合は隣接した近所の住人の方、ビルの場合は同じフロアのテナント、場合によっては上下階にも配慮する必要がある。飲食店の場合オープンしてから近隣の方がお客様になることが多いので良好な関係を作っておくことが重要である。

（7）別途工事との調整

厨房工事、看板工事、家具工事が別途発注の場合があるが、こうした業者にも定例会議に出席してもらい、本工事との調整をしておく必要がある。特に完成間近は各種工事が交錯するので事前によくスケジュール等を調整しておくことが大切である。

（8）役所検査

工事完了の目途が付いたら関係の役所に申請を行ない、検査を受ける必要がある。建築の検査、消防の検査、保健所の検査が一般的。ビルインの場合は通常、建築の検査はない。

（9）完了検査、引渡しの業務

工事が終わったら設計事務所と一緒に完了の検査を行なう。図面通りにできているか等々細かな検査を行ない、引き渡しを行なう。

クライアントへ引渡す際の主な業務は下記になる。

・完成検査
・各種取扱い説明
・役所関係の検査完了報告
・引渡し書類の交付、工事代金支払いの依頼
・完成時の感想、意見交換

表3-2-5. 図面の種類

種類	内容
設計図	設計士が作成する各指針となる図面でこれをもとに計画を確認して見積もりを取る。
施工図	工事を請負った業者が設計図をもとに実際の現場を見て書く詳細図面の事。現場レベルで施工図の打ち合わせを行い、実際に工事が行なわれる。
竣工図	全ての工事が完了した後、実際に出来た建物を表示した最終の図面のことをいう。完成後の点検、メンテナンスで必要となる。

（10）店舗の使用開始、開店準備

　引渡し完了後は通常開店に向けて準備を進めることになるが納品、人の教育、プロモーション活動、商品の仕込み等で多くの作業が一度に始まり混乱した状態になることが多い。これらを少しでも緩和するために開店までの計画表を作成しておくことが重要である。

（11）開店の立会い

　開店には極力立会うようにする。想定外の出来事に対する対応、お客様の反応、店舗の運営が計画通りか、問題点はないかよく観察する必要があ

る。クライアントへのサポートもあるがフードコーディネーターとして実際の店舗運営に立会うことで計画と実態のギャップを理解することができる。

（12）開店後の反省会

　開店後できるだけ早い時期（2週間から1ヵ月位）に店舗で反省会を開催する。お客様の意見、従業員の使い勝手、改善点等をよく聞いて意見交換を行い、改善できることは対応していく。店舗で学ぶことが非常に重要であることをよく理解して、次の仕事につなげていく姿勢が大切である。

3. 店舗の運営

1 | 顧客満足

1）経営の本質

　フードサービス業に限らず、どのような業種においても企業が作り出した製品、商品、サービスは対象となる顧客に満足を与えることを目的にしている。顧客が満足しないものは継続して売ることができない。したがって企業は常に「顧客満足」を目標にしながら経営を継続している。その時代が求めるもの、消費者のニーズに合ったものを提供していくことが、企業の使命と責任といってもいいだろう。

　企業は一連の企業活動の中で利益を上げ、その利益を将来の企業継続（ゴーイング・コンサーン）のために再投資していく。その流れの根本にあるのは「顧客満足」の実現であることはどの時代でも共通している。時代ごとに産業や企業の盛衰が

生じるが、消費者、競争者（コンペティター）の時代変化にいち早く対応していけることが、ゴーイングコンサーン企業の必要条件である。

2）飲食店の顧客満足要素

　飲食店は、フードサービスと呼ばれるように「料理（フード）」と「サービス」を同時に提供している。自動車、電気機器、パソコン、洋服など一般の製造業と比べると顧客満足には多岐にわたる要素がある。「料理」は調理したらすぐに食べなければならない「商品・製品」であり、熱い料理は熱い状態で、冷たい料理は冷たい状態で提供しなければならない。

　他の製造業であれば、大量生産して在庫しておくことができるが、飲食業の商品（料理・飲料）はそれができない。保温庫や冷蔵庫があるが、それとて何日も完成商品を在庫しておけるものではない。

サービスはさらに難しい。サービスの特性は
・不可分性（生産即消費・在庫できない）
・不可逆性（やり直しができない）
・無形性（事前に知ることができない）
・不均質性（バラつきが起こりやすい）
・個別性（同じサービスでも客により評価が異なる）

などである。

サービスの業務において、「一期一会」の心構えで集中力をもって行なわなければならないといわれるのは、サービスというものが不可逆性（やり直しができない）を持っているからであり、接客サービスで一度犯したミスは元に戻らないからである。さらに、接客サービスは人的業務（人が介在して行なう）なので、接客担当者によるレベルの差が直接、客の満足度に影響を与える（サービスの不均質性）。いかに良い接客サービスをする者がいても、接客の良くないスタッフが数人いれば、店としての評価や客の満足度は低くなりやすい。飲食業では教育訓練が重要で、マニュアル教育が行なわれるのは、スタッフによるレベルの差をなくし、店全体としての接客レベルの平均点を上げることが重要だからである。

マニュアル教育に関しては、形だけで心がこもっていないなどの指摘も多い。しかし、サービスの最低レベルを維持する上では、必要とされるものである。勘違いしてはいけないのは、マニュアルさえ守っていれば、どの客にも満足してもらえると考えることである。サービスの本当の難しさは、同じサービスを提供しても客によって満足度が違うことである（サービスの個別性）。ある客が満足したサービスでも別の客は不満足ということもある。居酒屋のカウンターなどで、スタッフから声をかけられて喜ぶ客もいれば、1人黙って飲みたいという客もいるのがよい例である。

こう考えると、本当に客を満足させるサービスは、個々の客をよく観察して、今、客が何を欲しているかを敏感に察知する能力が大切であることがわかる。最低限のミスを防止するためにマニュアルを守ることも重要だが、本来、サービスは個々の客にできるだけ合わせて提供することが必要である。客をよく観察することから、サービスのタイミング、気配りなどのきめ細かな対応が可能になるのである。

また、飲食店の顧客満足要素で欠かすことができないのは、店舗施設の関連要素である。特にイートインスタイルの飲食店では、客は40分から1時間ぐらいは店舗内に滞在する。したがって店舗内の居住性・安全性、室温、テーブル・椅子などの快適性、トイレの清潔度などが重要な要素となる。さらに店舗の内装、デザイン、装飾品、雰囲気などは、食事を楽しむ場所としての付加価値として満足要素に大きく影響する。

顧客満足要素を店舗施設、料理、サービスにわけて挙げると以下のようになる。

（1）店舗施設関連要素
・空調設備（快適温度）
・照明設備
・テーブル・椅子
・天井、壁のデザイン、素材、カラーリング
・床の素材、デザイン、カラー
・植栽、プラント
・家具、装飾品
・トイレ設備
・看板、ファサード、エントランス

（2）料理関連要素
・料理ジャンル、品揃え、品数
・味付け
・適温
・盛り付け、食器、テーブルウェア
・食材産地、こだわり、仕入先情報（トレーサビリティ）

・調理方法、プレゼンテーション
・提供方法
・仕込み方法、保管方法、品質管理
・メニューブック

（3）サービス関連要素
・サービスコンセプト、もてなし方
・言葉遣い、案内方法、電話応対
・客とのコミュニケーション
・身だしなみ、態度、従業員ユニフォーム
・仕事の優先順位
・マニュアルと教育訓練
・クレームの対応方法
・客の要望・質問への対応方法
・予約の受け方

　ここに挙げたように飲食店の顧客満足要素は、多岐にわたり、客はこれらのバランスが取れた店を「良い店」と評価する。支払った金額が高いか安いかよりも、支払った金額と照らし合わせて店舗、料理、サービスそれぞれのバランスが満足できるものだったかを感じるのである。どんなに高級な料理でも、接客サービスに不備があり、室内の温度が高すぎたり低すぎたりすれば、支払う金額にかかわりなく不満を感じる。客単価が高くても低くても、その店のコンセプトを表現する顧客満足要素のバランスが大切になるのである。

3）アンケート調査の活用法
　顧客満足を調査する方法にアンケート調査がある。通常店舗で行なわれるアンケート調査は、料理、サービス、店舗施設などに対する「顧客の満足度」を調査するものである。
　しかしアンケート調査の本来の目的は、顧客の居住エリア、年齢性別、来店目的、来店時の人数、同伴者、飲食金額、客単価、飲食内容などを総合的に把握し、自店の来店客の客層、利用動機、客単価、商圏範囲などを分析して、今後の営業戦略

に活用することである。
　したがって、よく店舗に備え付けてあるアンケートはがきのような、任意で記入する「料理＝満足・普通・不満足」「サービス＝満足・普通・不満足」といった内容のアンケートでは意味がないことがわかる。単に満足したか不満足だったかを聞いても、不満足の原因を防止するぐらいで終わってしまう。しかも、このアンケートは任意の提出であり、不満足のときに書かれることが多く、満足したときの評価は比較的少ない。

（1）アンケート調査の質問項目
　アンケート調査は、下記のような質問項目で構成し、実施期間は、5日〜7日間くらいが目安である。
・なぜこの店に来店したのか（来店動機）
・何人で来店したか（来店客構成）
・初めての来店か、2度以上来店しているか（来店頻度）
・来店客の属性（年齢、性別、職業）
・居住地域はどこか（店までの時間距離）
・来店時に召し上がった料理、飲み物など（飲食傾向）
・料理、サービス、店舗施設の満足度とその理由
・料理、サービス、店舗施設の改善して欲しい点

　このような詳細な調査を行なうには、店舗に備え付けたアンケート用紙に任意で記入してもらう方法では不十分である。メニュー改定や販売促進キャンペーンなどの実施時期と同時並行で行ない、オーダー受けの際にアンケート内容をよく説明して帰りの会計時までに記入していただき、会計時に出していただくといった方法を取るのがよい。すべての顧客に協力を得るのは難しいが、販促キャンペーン用のノベルティ・プレゼントやアンケート特典、食事券などを顧客に手渡すことで、

アンケート回収率を上げることはできる。

（2）アンケート調査の分析項目

収集したアンケートから分析すべき項目は、

- 客層の分布（年齢、男女比、1組当たりの客数）
- 来店動機（どんな目的での来店が多いか）
- 新規客・リピート客の比率
- 1次商圏（全体の70%が来店するエリア）は時間距離でどの程度か
- 料理・サービス・店舗施設に対する客の不満・要望

などである。

店舗コンセプトの作成時には、自分の店が狙う客層、来店動機、またそれに合わせた料理やサービスなどを検討するが、このアンケート調査を分析した結果が、店舗コンセプトとずれがないかを注意深くすり合わせる必要がある。

もちろん、当初のコンセプト通りにいかない場合もあるが、アンケートから分かる修正点を改善することで顧客満足度が向上するならば、検討すべきである。また、コンセプトと反する結果や客の要望が多ければ、あえて最初のコンセプトに固執せず、コンセプトを修正することが集客に寄与する場合もある。

このようなアンケート調査は、時間、費用などがかかるが、最低1年に1回は行なうことが望ましい。特に近隣に競合店が多く売上・客数ともに厳しい状況にある店では、アンケート調査から得られたデータを活用して、営業政策、販売促進政策などを検討すべきである。アンケート活用で顧客満足度を向上させることが競争力向上につながる。

4）口コミの活用と対策

インターネット上の口コミ情報は、旅行、物品通販、食事などさまざま商品や店舗を検討する際に、実際に利用した人の生の声を参考にすることができるため、日常的に利用されている。

コトバンクによると「口コミ」の定義は、「友人、知人、他人など消費者同士の情報交換のこと」と記載されているが、この消費者同士の情報交換である「口コミ」は今に始まったことではなく、昔から人が会話をするときに何かしらの情報交換はされていた。それがインターネットやスマートフォンなどで気軽に口コミ情報を発信し、必要に応じて手軽に手に入るようになり、消費にも大きく影響を与えている。

その口コミは文章だけでなく、画像や動画の投稿も同時に行なわれるなど新しいコミュニケーションのかたちが生まれてきている。これらの口コミはポジティブとネガティブなものとあるが、内容によっては飲食店のイメージや集客に悪影響を与えてしまう。その口コミの内容を検証し、サービス向上や店舗運営の改善に役立てていくことも必要である。また、口コミへの返信を必ず行なうことも重要だ。ネガティブな口コミへも丁寧に返信することで、「顧客の声を大切にし、改善する」という飲食店の真摯な姿勢を伝えることができるからである。

5）新規客と固定客

業績改善の中で客数向上を目指す場合には、あらためて、現在来店している客を「新規客」と「固定客」に分類してみる必要がある。この場合アンケート調査によるデータ収集が必要だが、このテーマだけで簡単なアンケートをすることは可能である。

新規客とは、言葉通り、初めて来店したお客である。アンケートを取らずとも口頭で「お客様、当店には初めてのご来店でございますか？」と聞くこともできる。固定客の場合は、どの程度の頻度で来店しているのか、来店している理由が何かなどを知ることが必要になる。

この「新規客」「固定客」の比率、来店頻度、来店理由などを知ることは、客数向上の対策を検討する上で重要である。前述したが、どのような店も新規客が減少していけば、いずれ全体の客数が減る。固定客の来店頻度は徐々に低下することが普通である。客数を伸ばすためには一定の新規客を呼び込みながら、固定客の来店頻度を上げることが必要である。

固定客の中には、特に来店頻度が高い「ロイヤルカスタマー」と呼ばれる客層がある。このロイヤルカスタマーと呼ばれる、店の親派である客層への施策は重要な意味を持つ。通常、来店客数を増やすためには、販売促進などに費用が掛かる。特に新規客の獲得には既存客の来店頻度向上より数倍の費用が掛かるといわれている。しかもその効果は確実ではない。

このような状況では、来店頻度が高いロイヤルカスタマーへ予算をシフトして、そこから新規客を誘導するという方法が有効な場合が多い。具体的には、販売促進予算の使い方を従来の不特定多数への認知度向上やPRから、ロイヤルカスタマーへ特典やメリットを付与するという使い方に変える方法である。

例えば、店のメニュー改定のときに販売促進を行なう際、チラシを近隣エリアに折り込む方法がとられるが、この印刷予算や配布コストをロイヤルカスタマーに振り分けることが考えられる。

メニュー改定時にロイヤルカスタマー宛に食事券やノベルティ引換券などを送付して来店を促す。食事券は期間限定にし、顧客1人の食事額ではなく、必ず同伴者があることを想定した金額にする。新規客の同伴が見込めれば、それを機会に新規客比率の向上につながる。もともとロイヤルカスタマーは来店頻度が高い客層だから、不特定多数に配布するより来店率は高くなることは間違いない。直接の販売促進費用は食事券が回収された時点で、食事券の30%程度（料理の原価）

となる。この方法は、販売促進予算を効果的に使うためには良い方法といえる。ロイヤルカスタマーに対する施策が十分でない店では、固定客が徐々に減ったときに歯止めがきかない。いつも来店する客を大切にするというのがごく普通の考え方で、これを徹底することで、店からの客離れを防止することにもつながる。

このような施策を実施するためには、客の来店頻度や1回来店当たりの消費金額などのデータを把握することが必要である。何度もアンケートを実施することなく顧客データを把握するには、「ポイントカード」の活用が有効である。最初は個人データを登録して入会してもらうが、ポイントがたまれば割引などのサービスが受けられる。このカードで客の来店頻度、1回当たり消費金額、1ヵ月消費金額などのデータを集計処理して、「来店頻度」「消費金額」「客単価」などのランク付けをすることも可能である。

このデータをもとに前述の販売促進策を実施するのである。キャンペーン、メニュー改定、誕生日、新年会、忘年会などの販売促進テーマごとに案内のチラシや食事券、優待券などを活用することが、費用対効果では不特定多数への働きかけより数段有効である。

前述の通り、新規客、固定客の比率を知り、客のランク付け（顧客ABC分析）を行ない、店のロイヤルカスタマーから新規客を増加させる政策が最も有効である。

顧客情報の収集方法は前述したが、そのほかにSNSを使用し、客が店をフォローすることで双方向コミュニケーションが可能となる方法もある。このような情報発信や交流ができるアプリを活用することでレスポンスが迅速に行なえるようになる。鮮度の高い情報をダイレクトに発信することで顧客の来店促進につなげていくことも可能である。管理者サイトではさまざまな顧客データが蓄積されるため、容易に分析し有効活用がで

きる。

2 | 飲食店のQSC

1）QSCとは

QSCとは、飲食店の顧客満足を実現するための要素で、飲食店はこの要素を常に意識してレベルアップしていくことが重要である。この要素を満たしていくにはオペレーション力（運営力）、それを支えるマニュアルやルール、経営理念、従業員の教育訓練など企業の総合力が求められる。

QSCは、料理・飲料、サービス、店舗の安全衛生・居住性などの大項目に分類して管理される。長期的にみると、店舗の客数や売上高は、QSCによって大きく左右される。どんなに多くの販売促進策を実施しても、いざ客が来店してQSCが良くなければ、販売促進に費やした費用の効果はゼロどころか、マイナスの口コミとなって客数減につながってしまう。多額の販売促進費を使うキャンペーンの前には、必ずこのQSCレベルを向上させておくことが不可欠である。

（1）クオリティ（Quality）

飲食店が提供する商品（料理・飲料）のクオリティ（品質）とは、

- ・料理の味、飲料の味
- ・料理、飲料の温度（熱いものは熱く、冷たいものは冷たく）
- ・盛り付け（見た目の美味しさ）
- ・提供時間（タイミング・スピード）

などであり、これらが評価項目となるが、事前作業の食材の管理、仕込み、厨房内の調理作業（オペレーション）などがクオリティ（料理・飲料の品質）に大きく影響する。また、食べ物や飲み物である商品の安全・衛生はすべての大前提である。安全でおいしい料理や飲料を提供することが、クオリティの最重要テーマである。クオリティは厨房側の問題だけにとどまらず、できた料理を迅速に提供するホール側のオペレーションも重要である。厨房側とホール側の協力体制があって初めて良いクオリティが実現できるのである。

（2）サービス（Service）

飲食店では、料理や飲料が中心の商品であるが、サービスも商品であるという認識をもつことが大切である。イートインスタイルのお店では一定時間、店舗に滞在し、そこでの会食を楽しむという側面がある。楽しい時間を店で過ごすにはサービスや雰囲気が重要になる。したがって、来店から退店までは、テーブルサービスを行なう店では「案内」「注文取り」「ドリンク提供」「料理提供」「デザート提供」などの一連のサービスが行なわれる。

セルフサービス店でなければ、これらのサービスは従業員・スタッフが客と対面して提供される。したがって従業員の態度（表情）、言葉遣い、身だしなみ（ユニフォームの清潔度）などが直接客に印象を与える。客単価の高い店では、サービスの品質もより高いものが求められることになる。

サービスで重要となる評価項目は、

- ・サービスを行なうタイミング（案内、注文、提供など）
- ・気配り（客が望むことを事前に察知して提供する）
- ・メニューなどのサジェッション（情報提供、おすすめ品の説明）

などであり、客のテーブルに神経を集中していなければ、これらのサービスの品質は維持できない。客の立場になってサービスを行なうことが大変重要になる。「一期一会」の気持ちでサービスを行なうというのは、「二度とはない」「最初で最後」という気持ちを込めてサービスに集中することである。

（3）クレンリネス（Cleanliness）

　店舗の安全性、清潔度、居住性などをいう。店舗が老朽化しても、常に清掃が行き届いて清潔感や居住性が良く、安心して食事ができる落ち着きが感じられる店もある。イートインタイプの店では、特に店舗施設の居住性や清潔度などが顧客満足に影響を与える。

　店舗の新しい古いは関係なく、店舗施設が良く管理されているか否かがクレンリネスのポイントである。古い店でも清潔感がある店は、心地よさや居住性が良いと感じるのである。安全、清潔、居住性などは、日々の営業活動の中で定期的に清掃やメンテナンスが励行されているかにかかっている。

2）QSCチェック表

　顧客満足を維持していくには、店舗のQSCを常日頃から管理していくことが必要になる。そのために活用されるのが「QSCチェック表」である。店舗内で店長などの管理者が活用することもあるが、通常は数店舗を指導するエリア・マネージャーやスーパーバイザーが、定期的な店舗巡回でこの「QSCチェック表」を使って、店舗のQSCレベルを評価し、店長に改善アドバイスを行なうことが多い。

　業態によってチェック項目に違いがあるが、ここではファミリーレストランなどで使われているQSCチェック表を参考にあげておく。5段階評価になっているが、評価が「3」以下の項目については、店舗で目標を決めて改善に取り組むことが必要である。店長は毎月のQSC目標を社員やパート・アルバイトに周知させ、訓練課題とすることが望まれる。QSCは、日々の訓練や改善意識を持つことで維持向上が可能である。

　常日頃の取り組みがないと、自然にオペレーションのレベルは下がって顧客満足が実現できなくなる。競合が激しいエリアでは、このQSCレベルの維持向上が隣客のリピート率に最も影響しているといっても過言ではない（表3-3-1）。

3）QSCA

　時代の変化に伴い、店舗の雰囲気の良さを求める傾向がより強くなり、これまでのQSCの徹底だけでは十分な満足を得られなくなってきた。それに対応するため、一部の業態ではQSC＋Aを推進するようになっている。

　追加されたAはAtmosphere（アトモスフィア）、「雰囲気」の意味であり、飲食店の店内の雰囲気づくりは客の満足度を向上させる上で重要であるとした。

　客がわざわざ店に足を運び、飲食をするのは食欲を満たすことだけが目的ではないと考えられ、店の雰囲気が好きで店を選ぶ人もいることがわかってきた。また、店の雰囲気作りは店舗コンセプトやこだわりを反映させるものとして重要と考えるようになった。

3 | 従業員教育

1）サービスの重要性

　飲食チェーン企業間の競争が激化している昨今、低価格で競争に勝つには店舗数が多くバイイングパワーがある企業でなければできない。単純に追随すれば利益を圧迫して自らの経営体力を損なうことになる。しかも低価格だからとサービスをおろそかにすれば客離れは免れない。

　同じ価格、同じ商品、同じ雰囲気で食事をしたとしても、サービスが良い店では客の満足度は高いものになる。サービスの提供は社員やパートアルバイトの人件費でまかなわれるが、同じ人件費、同じ人員数、同じ労働時間を使っても、必ず同じサービスが提供されることはない。経費にかかる金額は同じでも、店によって「サービスの品質」は異なる。そしてこのサービスの品質が顧客の満

表3-3-1. QSCチェック表

1. サービス関係・チェックリスト

1.「いらっしゃいませ」の声が出ている	5・4・3・2・1
2.「ありがとうございました」の声が出ている	5・4・3・2・1
3. お客様を迎え、ご案内している	5・4・3・2・1
4. メニュー、お茶、おしぼりはすぐ提供している	5・4・3・2・1
5. 注文受けのタイミングは良い	5・4・3・2・1
6. 注文を聞く姿勢、態度は良い	5・4・3・2・1
7. 料理の説明をしている	5・4・3・2・1
8. 注文を復唱している	5・4・3・2・1
9. 先ドリンクの提供タイミングは良い	5・4・3・2・1
10. 料理は丁寧にテーブルにおいている	5・4・3・2・1
11. 料理提供時に声をかけている	5・4・3・2・1
12. 料理が全部提供されたか確認している	5・4・3・2・1
13. 料理が遅れるときは、あらかじめお知らせしている	5・4・3・2・1
14. パントリーからホールに出たとき、一度全体を見ている	5・4・3・2・1
15. 料理提供後、ホール全体を見ながら帰っている	5・4・3・2・1
16. 食べ終わった皿は、声をかけて下げている	5・4・3・2・1
17. 皿を下げるタイミングは良い	5・4・3・2・1
18. お茶、お冷の継ぎ足しは、適宜行なっている	5・4・3・2・1
19. 灰皿の交換を、適宜行なっている	5・4・3・2・1
20. お客様に呼ばれたら、「はい」と返事をしている	5・4・3・2・1
21. ホールの全体を見る習慣ができている	5・4・3・2・1
22. ホールを巡回するときは、常にテーブルに目配りしている	5・4・3・2・1
23. 料理提供が遅れているテーブルには、一声かけている	5・4・3・2・1
24. デザート、ドリンクの提供タイミングは良い	5・4・3・2・1
25. 帰られた後のテーブルの片付けは周りに配慮している	5・4・3・2・1
26. 幼児、お年寄りに対しての気配りはできている	5・4・3・2・1
27. 帰られた後の忘れものに注意している	5・4・3・2・1
28. レジへは、お客様より先に入ってお迎えしている	5・4・3・2・1
29. レジでは、笑顔で応対している	5・4・3・2・1
30. レジでの言葉遣いは丁寧である	5・4・3・2・1
31. 金銭の授受は、正確に行っている	5・4・3・2・1
32. レシートを必ず、お渡ししている	5・4・3・2・1
33. 感謝の気持ちで「ありがとうございました」を言っている	5・4・3・2・1
34. クレームの対応が的確にできている	5・4・3・2・1
35. お客様の質問に的確に対処している	5・4・3・2・1
36. 呼ばれたときに、すぐテーブルにうかがっている	5・4・3・2・1
37. ミスが重なることはない	5・4・3・2・1
38. ミスがあったお客様へは、会計時にお詫びをしている	5・4・3・2・1
39. 長い時間お待たせすることはない	5・4・3・2・1
40. お客様が呼んでも誰も気がつかないことはない	5・4・3・2・1
41. 新しいお客様の来店に注意している	5・4・3・2・1
42. 入り口でのご案内の順番を間違えない	5・4・3・2・1
43. 新しいお客様に気がつかないことはない	5・4・3・2・1
44. 料理の提供間違いはない	5・4・3・2・1
45. 従業員同士の私語はない	5・4・3・2・1
46. 手が空いたときにやるべきことを積極的に行っている	5・4・3・2・1

第3章　レストランプロデュース──

173

47. 正しい待機姿勢ができている	5・4・3・2・1
48. 食べ終わった食器を下げる習慣ができている	5・4・3・2・1
49. お客様には笑顔で対応している	5・4・3・2・1
50. お客様の顔を見て接客している	5・4・3・2・1

2. 料理関係・チェックリスト

1. 料理提供時間は遅れていない（２０分以内）	5・4・3・2・1
2. 同じテーブルの料理は5～6分以内に全部出ている	5・4・3・2・1
3. 熱い料理は、熱く（冷めずに）提供されている	5・4・3・2・1
4. 冷たい料理は、冷たく提供されている	5・4・3・2・1
5. 料理が遅れる時は、お客様に伝えている	5・4・3・2・1
6. 料理の盛り付けは、きれいに丁寧にされている	5・4・3・2・1
7. 料理を置く時は、声を掛け丁寧においている	5・4・3・2・1
8. 料理を提供する時は、料理名を告げている	5・4・3・2・1
9. 料理の盛り付け量はバラツキがない（決められた量）	5・4・3・2・1
10. 料理を残された時は、味についてお聞きしている	5・4・3・2・1
11. 料理の味について、お客様にお聞きする習慣がある	5・4・3・2・1
12. 料理について説明をする習慣がある	5・4・3・2・1
13. 料理について、聞かれたときは正しく答えている	5・4・3・2・1
14. お客様の味に関する要望をできるだけお聞きしている	5・4・3・2・1
15. お薦めメニューを説明できる	5・4・3・2・1
16. 会計時には、味の評価をお聞きしている	5・4・3・2・1
17. ドリンク、デザートの提供タイミングは適正である	5・4・3・2・1
18. デザート提供前に、空いた皿は下げている	5・4・3・2・1
19. 食器類に汚れや破損はない	5・4・3・2・1
20. 小皿などの提供は、不足なく行なっている	5・4・3・2・1

3. クレンリネス関係・チェックリスト

1. エントランス周辺にゴミはない	5・4・3・2・1
2. 入り口のガラスに汚れはない	5・4・3・2・1
3. レジ周辺にゴミはない	5・4・3・2・1
4. レジ周辺に必要ない業務用品などが置かれていない	5・4・3・2・1
5. 店内通路にゴミや汚れはない	5・4・3・2・1
6. テーブル下、椅子の下などにゴミはない	5・4・3・2・1
7. テーブル上の調味料などに汚れ、不足はない	5・4・3・2・1
8. テーブルはきれいに拭き取られている	5・4・3・2・1
9. 椅子に料理などの汚れが付いていない	5・4・3・2・1
10. ダスターの使い分けを実践している	5・4・3・2・1
11. 従業員の身だしなみ、爪、髪などは清潔である	5・4・3・2・1
12. 従業員のユニフォームは清潔である	5・4・3・2・1
13. ホール、厨房とも手洗いを励行している	5・4・3・2・1
14. 調理場では、指輪など装飾品は仕事中はずしている	5・4・3・2・1
15. まな板、調理器具は清潔に管理されている	5・4・3・2・1
16. 冷蔵庫の定期的温度チェックを励行している	5・4・3・2・1
17. 店内、厨房内を整理整頓している（定位置管理励行）	5・4・3・2・1
18. トイレ内設備は清潔に保たれている	5・4・3・2・1
19. トイレ内のゴミは定期的に点検し捨てている	5・4・3・2・1
20. 厨房内のゴミ処理は、適正に実施されている	5・4・3・2・1

足度を左右し、ひいては客数増やリピート率に大きな影響を与えている。そう考えると、サービスを重点的に向上させることが、顧客満足、客数アップ、継続的な顧客獲得にとって不可欠なものであるということが理解できる。

同じ人件費を使って、より良いサービスを実践するには、店舗での教育訓練が重要である。良い教育訓練をするために必要なことは、

・教科書（マニュアル）
・先生（トレーナー）
・訓練計画（具体的なカリキュラムと訓練の場）

の３つがきちんと準備されていることである。どれかひとつが欠けても効果的な教育訓練はできない。同じ人件費をかけても、良いサービスを実践できる店とそうでない店の差は、この準備段階から決まってくる。

2）マニュアルの目的

飲食チェーンでは、ほとんどの企業が各種のマニュアルを備えている。しかし、最近はこのマニュアルについて、

・みな口をそろえて同じことをいうが、心がこもっていない
・ロボットのようで、味気ない
・客を見ないでマニュアル通りの台詞（セリフ、言葉）を繰り返す
・マニュアルの言葉が日本語として間違っている
・柔軟性がなく、対応がワンパターンだ

などの意見が多い。

そこで、マニュアルの目的は何かを考えてみたい。マニュアルが取り入れられているのは主にチェーン飲食店である。なぜ、個人店や数店舗しかない飲食店ではマニュアルがないのか。これは店主や社長が店の経営方針や接客サービスの心得、料理の作り方など、店の運営を直接に指導できるからである。自分の目の届く範囲が広くなけ

れば、店主や社長自身が生きたマニュアルになれるからである。常に店舗を巡回して運営を見て、間違いを正していればオペレーションは一定で安定している。従業員も店主や社長自らが教えてくれたことは遵守するであろう。

問題はチェーン店だ。数十店舗以上のチェーン店になると、社長が毎日店を巡回することが難しいため、部下を通じて経営理念、サービス方針などを伝達する必要がある。そして、店舗数が増えれば増えるほど、社長からの口伝えでは細部にわたって店の運営が統一できず、違ったサービス、違った料理方法などを行なう店が出てきてしまう。

こうしたことをできるだけ防止するためにマニュアルの導入が必要になった。もともとは、アメリカから入ってきたチェーン理論でこのマニュアルはバイブル的なツールであった。しかし、前述したようにマニュアルの弊害も最近は多々見受けられる。

そこでマニュアルに関しては、次のように考えるべきである。

・マニュアルで100点満点のサービスが実現きるとは考えない
・マニュアルはスタッフの最低ラインを底上げする道具である
・マニュアルの実践には「経営理念」がバックボーンになっていることが必要である

まずマニュアルで100点満点のサービスを実現しようと思うのは間違いである。もともとサービスの特性には、「個別性」があり、同じサービスを提供しても、満足する客と満足しない客がいるというのが実際である。したがって、マニュアルさえ守っていれば顧客が満足するという意識では、良いサービスはできないと考えるべきである。

次に、店舗数が多いチェーン店では店によってサービス、料理の品質が大きく違うことは許されない。したがって、サービスの品質は、どんな従

業員が接客しても、そのチェーンとしての最低レベルをクリアしなければならない。そのためには統一したガイドラインが必要になる。それがマニュアルである。店にはベテランの社員や新人のスタッフなど経験年数が違う従業員がいるが、どの従業員であってもマニュアルを順守していれば、30点や40点のサービスが提供されることはないはずである。100点満点のサービスを目的とするのではなく、だれもが最低70点以上のサービスが実践できるようにすることがマニュアルの目的であると考えるべきである。

　マニュアルに関してよく問題になるのは、「マニュアルにないことに関してどう対処するか」というテーマである。客が想定外の要望を従業員に求めた場合などにどう対処するか。マニュアルにないことはすべて「できません」とお断りすることを徹底しているチェーンもある。しかし、特に手間もかからず、毎回発生するとも思えない要望に対して柔軟に対応することも必要である。そのようなときには、マニュアルに先立つ「経営理念」の教育が大切になる。経営理念はその企業が、飲食業を営む上での客への基本姿勢や事業目的などを表わしたもので、マニュアルに優先する考え方である。マニュアルは、この経営理念を店で実現するために具体的に書かれた指標、手順書となるので、もしマニュアルにないことが起こった場合は、この「経営理念」に照らして対処することが理にかなっている。特に緊急事態や恒常的に起こらない要望などに対して、マニュアルにないから「できない」の一点張りでは、「経営理念」に反しているといわれても仕方がない。

　あくまでもマニュアルはチェーンとしての最低ラインを守っていくためには必要だが、これを守ってさえいれば十分かといえばそうではない。マニュアルを守った上で、より良いサービスを目指すには、サービス提供のタイミングや必要と思われるサービスに気を付けることである。最近の

ファミリーレストランや居酒屋では、卓上のコールボタンを押せば従業員がテーブルに来るので、一見便利なようだが、従業員スタッフが「呼ばれたら行けばよい」という意識が定着し、客のテーブルに注意を払わないようになっている。サービスで他の店と競争するにはもっと客のテーブルをよく見ることを習慣づけないといけない。

3）従業員教育のポイント

　従業員の教育と訓練には事前の準備が重要である。準備なしに行き当たりばったりの教育訓練をしても効果は上がらない。前述した通り、教育訓練には、マニュアル（教科書）、トレーナー（教育係）、訓練計画（具体的なカリキュラムと訓練の場）の3つがなければならない。

　学校教育もそうだが、教える「先生の質」が教育訓練の効果に大きく影響することは間違いない。飲食店のトレーナー（教育係）は店長や社員が担当するが、最近はパートスタッフの責任者がトレーナーを担当することも増えている。これは店長や社員が、常時訓練を担当できない環境にあることに起因している。

　人件費削減のために社員数は減り、逆に、管理業務は増え、多岐にわたっている。そこで店舗運営に関して経験が長く、業務に精通しているベテランスタッフにトレーナー資格を与えて、新人訓練を担当させていることが多い。

　訓練の質を高め効果を上げるには、このトレーナーに対しての教育も重要である。教える側の教育とは、「どのように教えるべきかを教育する」ことである。チェーン店では、教育を担当するものは最低限、以下のようなトレーナー教育を受けている。

ステップ1：訓練前に必要な準備をする（マニュアル、カリキュラム、心得など）
ステップ2：被訓練者に訓練内容をよく説明する

ステップ３：訓練者が最初にやって見せる

ステップ４：被訓練者にやってもらう

ステップ５：できたら褒め、間違ったら直す

その他の注意

　　・丁寧な言葉づかいで行なう

　　・できるようになるまでは目を離さず見て
　　　おく

　　・最初は褒めることを多くする

などである。

　上記の５つのステップは簡単なようだが、ひとつでも欠落すると教育効果は半減する。教えた後にチェックがなければ「教えっぱなし」になって、被訓練者が自分のしている仕事内容や手順がそれでよいのか判断できない。必ずチェックして、正しいのか間違っているかを本人にフィードバックしてあげることが重要である。

　また、新人研修では訓練計画（具体的なカリキュラムと訓練の場）を必ず作成しなければならない。店舗の現場では日々オペレーションで繁忙を極めており、なかなか訓練をOJT（注1）として組み込むことが難しい。しかし、時間ができたらとか、余裕があるときになどと考えていると、訓練はいつまでたってもできない。

　新人が入ったら、2週間でどこまで仕事を覚えてもらうか、あるいは1ヵ月で1人前になってもらうなどの「目標」を立てて、それに合わせた日々の訓練計画、カリキュラムを作成して、忙しい中でもそれを実践していくことが大切である。現場の実践の中で、何が大切で優先される仕事なのかを早く体験してもらうことなしには新人は育っていかない。

　失敗を恐れずにオペレーションの中に新人を入れていく勇気が必要である。いつまでもお客様扱いをしていては、逆に新人も肩身が狭いものだ。遠慮せずにどんどん訓練していくほうが戦力に育つものである。

（注1）OJTとはOn-the-Job Trainingの略で、日常の業務を通じて行なう教育訓練のことを指す。一方、日常の業務を離れて行なう教育訓練は、OFF-JT（Off the Job Training）といわれる。

4）評価とモチベーション

　従業員教育を継続的に行ない、効果を上げるには評価をきちんとして、スタッフ個々のモチベーションを活性化させることが重要なテーマとなる。評価表や評価項目は、仕事内容や能力レベルでマトリックス化したものがよく使われる。チェーン店であればこのような評価ツールは必ずあるものだ。

　しかし、評価制度を活性化させるのは、この評価表や評価項目の記入ではない。一番重要なのは、評価制度をどのように運用するかである。形だけの評価をして、本人に告げて終わりでは決してモチベーション向上にはつながらない。そこで第一に重要なことはトレーナーや店長は、個々のスタッフの教育課題をいつも意識してOJTに取り組み、常日頃から各スタッフの働きぶりや能力を見ておくことである。評価時期が来たから、その期間だけスタッフを能力評価のために見るというのでは本当の能力向上を期待することはできないし、モチベーションアップにもつながらない。また、評価される側も常日頃から自分の課題を明示されて指導されていれば、やるべきことが明確に分かっているはずである。

　店長やトレーナーが、「いつも見ている」という緊張感と「自分の課題」が明確になっているということが、やる気とモチベーションに関係してくるのである。

　そう考えるとトレーナーや店長は、毎日仕事をしながら、従業員スタッフの教育訓練を同時に行なうという意識がなければならない。客への対応をしながら、各スタッフの動きや仕事ぶりを見ていることが求められる。評価時期以外でも気が付いたことがあれば、日々オペレーションの中でア

ドバイスを行ない、スタッフが「自分は常に見られている」という意識を持たせることがポイントになる。

このような運用をするには、店長やトレーナーは、従業員スタッフ個人の教育訓練課題・テーマを作成して、こまめにチェックし日々評価しておくべきである。時間給の改定時期（昇給）の評価は、それまでの日々の評価を集計し総合的に評価をして判断すればよい。従業員本人にとっては時間給が上がるか下がるかも重要だが、店長やトレーナーは、各スタッフが自分の課題をしっかり自覚して仕事に取り組めるようにすることが最も重要である。

自分が今何をできるようにすべきなのかが明確化されていないで評価されても、努力の方向性が見えないことになる。

店長、トレーナーが行なう従業員の教育訓練で大切なのは、スタッフ個人の課題を作成して明示することと、スタッフと課題認識を共有化するためのミーティング時間を頻繁に作ることである。

このコミュニケーションが円滑に行なわれれば、どんなに忙しい中での訓練であっても、店長やトレーナーの指示や指導の意味がスタッフに理解されるようになる。忙しいときほど、今自分がすべきことが何かの優先順位を判断して、仕事に取り組むことができるようになるのである。そのような運用方法が、スタッフ本人の能力レベルの向上に直結することになる。くれぐれも評価が形骸化したものにならないよう、運用面に注意する必要がある（表3-3-2、表3-3-3）。

4 | 利益の管理

1）損益計算書の理解

損益計算書は、店の毎月の収支を計算したもので店の成績表にあたる（表3-3-4）。

売上高から売上原価（おもに原材料費）を差し引き、その後、販売費及び一般管理費（経費といわれる費目）を差し引き計算した利益が、店の「営業利益」である。企業としての決算では、営業利益から営業外損益（本業以外での損益）を加減して「経常利益」を計算し、経常利益に特別損益（資産の売却などで発生した損益）を加減して「税引き前利益」を計算する。そこから法人税を差し引いたものが企業としての最終利益の「当期利益」となる。

一般的に、企業で利益と呼ぶのは「経常利益」を指すことが多い。飲食企業では経常利益が5%以上出ていれば優良企業と判断される。

フードコーディネーターとしては、店舗の営業

表3-3-4. 損益計算書の事例

（単位：円）

勘定科目		金額	％
売上高		8,000,000	100.0
原材料費（原価）		2,560,000	32.0
売上総利益（粗利）		5,440,000	68.0
販売費及び一般管理費	人件費	2,180,000	27.3
	水道光熱費	384,000	4.8
	販売促進費	224,000	2.8
	修繕費	80,000	1.0
	通信交通費	56,000	0.7
	消耗品費	96,000	1.2
	家賃	750,000	9.4
	減価償却	240,000	3.0
	支払利息	64,000	0.8
	その他	560,000	7.0
	小計	4,634,000	57.9
営業利益		806,000	10.1

その他（リース料、支払手数料、租税公課、保険料、諸会費、図書費、雑費など）

表3-3-2. 評価表(キッチン)

ランク評価表（キッチンスタッフ）

所属店舗名

氏名：_____

査定日

	現在ランク		査定ランク	

A：しっかりできている　　B：概ねできている　　C：あまりできていない

ランク	事　　　項	本　人			トレーナー			店　長			判　定		
		A	B	C	A	B	C	A	B	C	A	B	C
研修（トレーニー）	元気なあいさつ・返事ができている												
	ハウスルールを守っている												
	当店の「経営指針」を理解している												
	店全体のクリンネスが正しくできている												
	キッチンの仕事の基本を理解している												
	九大用語を正しくはっきり言えている												
A3	洗い場の作業を正しく迅速にできている												
	料理名、セット方法を正しく理解している												
	オーダリングを適切に行うことができる												
	キッチンのクリンネスが正しくできている												
	食材、食器の正しい保管場所や保管方法を理解している												
	簡単な調理や仕込みができる												
	自分の持ち場の料理を正しく作ることができる												
	明るく仕事をしている（私情を持ち込まない）												
A2	ドリンクを正しく迅速に作ることができる												
	包丁、まな板など道具の手入れや管理ができている												
	レジ会計が正確にできる												
	その日の行うべき自分の仕事を理解している												
	自分の持ち場の仕込みができ、状態を把握している												
A1	料理・ドリンクを正しく素早く提供することができる												
	食材や備品の管理や補充ができる												
	片付けしながら通常業務ができる												
	他のスタッフとコミュニケーションが円滑にできている												
	電話対応の基本が正しくできる												
リーダー	ここまでの仕事を素早く正しくできている												
	マニュアル以上のことも臨機応変に対応ができている												
	キッチンの複数の持ち場を担当できる												
	1日のキッチン全体の仕事を理解している												
	他のスタッフに仕事を的確に指示できる												
	シフト管理を行うことができる												
トレーナー	ホールもキッチンもできる（オールラウンダー）												
	新人の教育ができる												
	他のスタッフの模範になることができる												
	食材管理・発注ができる												
	他のスタッフから厚い信頼を得ている												

表3-3-3. 評価表（ホール）

ランク評価表（ホールスタッフ）

所属店舗名

氏名：＿＿＿＿＿＿＿＿＿＿＿＿

査定日

現在ランク ☐　　査定ランク ☐

A：しっかりできている　　B：概ねできている　　C：あまりできていない

ランク	事　項	本　人			トレーナー			店　長			判　定		
		A	B	C	A	B	C	A	B	C	A	B	C
（研修）トレーニー	元気なあいさつ・返事ができている												
	ハウスルールを守っている												
	当店の「経営指針」を理解している												
	店全体のクリンネスが正しくできている												
	ホールの仕事の基本を理解している												
	九大用語を正しくはっきり言えている												
A3	洗い場の作業を正しく迅速にができている（交代）												
	食器、カトラリー、備品類の準備、整理整頓ができる												
	オーダリングを適切に行うことができる												
	料理名、セット方法を正しく理解している												
	ご案内、オーダー、提供、バッシング、見送りができている												
	ホールのクリンネスが正しくできている												
	接客の基本を理解し、確実に実行できている												
	明るく仕事をしている（私情を持ち込まない）												
A2	料理、ドリンクの説明がお客様に正しくできている												
	中間バッシングなど、より良いサービスができている												
	レジ会計が正確にできる												
	その日の自分の行うべき仕事を理解している												
	笑顔、丁寧な言葉でお客様に接している												
A1	食材や備品の管理・補充ができる												
	担当場所（エリア）を任せることができる												
	開店準備、看板の入れ替え、閉店作業などができる												
	他のスタッフとコミュニケーションが円滑にできている												
	電話対応の基本が正しくできる												
リーダー	お客様のニーズに合った気配り心配りの接客ができている												
	ここまでの仕事を素早く正しくできている												
	マニュアル以上のことも臨機応変に対応ができている												
	1日のホール全体の仕事を理解している												
	他のスタッフに仕事を的確に指示できる												
	シフト管理を行うことができる												
トレーナー	ホールもキッチンもできる（オールラウンダー）												
	新人の教育ができる												
	他のスタッフの模範になることができる												
	レジの点検・集計が正しくできる												
	他のスタッフから厚い信頼を得ている												

から得られる「営業利益」に注目して、営業利益を10％以上上げるためには、何が重要かを損益計算書の数値から読み取ることが求められる。

2）利益に影響する諸要素
（1）売上高
　利益に影響する最大の要素は売上高である。原価や経費の抑制は利益の増加に寄与するが、利益を大きく伸ばすためには、売上高の増加が最も重要である。同じ立地で営業を継続する飲食店は、客の満足なしには売上高の確保はできない。したがって店舗運営のQSCは売上高の確保向上には不可欠である。

　競合店の多いエリアでは、メニューの定期改定や価格政策、販売促進やキャンペーンの良否も売上高に影響を持つ。固定客を増やしながら新規客を取り込む営業政策が重要である。

（2）人件費
　小売業に比べて飲食業は人件費の比率が高い。ホールの接客サービス業務以外に、キッチンの調理業務にかかる人件費があるからである。飲食店の適正人件費は売上高の25％〜30％程度である。この人件費率はホール、キッチンの合計人件費である。したがって、人件費抑制は飲食業態によって、ホール側で抑制するか、厨房側で抑制するかの方向性が異なる。

　具体的な人件費管理は、来店客数に合わせた労働時間の投入を行なうことで実現できるが、その前提としては日々の売上高予測、来店客数予測を行なう必要がある。さらに、来店客数は時間帯ごとの予測を行なうことが重要である。具体的な人員配置のシフト表作成にあたっては、時間帯別の来店客数予測に基づいて、従業員を何人その時間に配置するかを検討することになるからである。人件費管理の難しさは、来店客予測の難しさと、来店客数予測が外れた場合に労働時間の増減調整がうまくできないことが多いからである。また日々の労働時間実績での目標達成ができなかった場合は、順次翌日から労働時間をコントロールして1ヵ月間の人件費率に収まるようにすることが必要である。

（3）売上原価
　売上原価は、主に食材費を指すが、ファストフードなどテイクアウト業態では包装資材を含める場合もある。業種業態によって売上原価率は異なる（表3-3-5）が、ファミリーレストランの標準値は、売上高の33〜35％である。料理単品ごとのレシピは必ずしもこの原価内でなくてもよい。月末の実地棚卸しから1ヵ月の使用原価で算出した原価率がこの数値範囲内であれば問題がない。

　原価率に影響を与える原因は
・料理、飲み物の量目（レシピ通りの量目）
・食材の廃棄ロス
・調理ミスによる廃棄
・提供ミスによる作り直し
・現金の過不足（レジ締めの誤差）

表3-3-5. 業種別食材原価率

業種別原価率の目安

業種	原価率の目安	傾　向
カフェ	25%〜35%	コーヒー専門店とフードメニューの比率で変動する
ラーメン屋	30%〜35%	扱うスープの種類で原価は変動する
居酒屋	28%〜35%	アルコールの出数で原価は変動する
イタリアン	30%〜40%	パスタやピッツァ中心かコース中心かで変動する
フレンチ	35%〜45%	食材の仕入れ価格が高い業種

・食材の仕入価格（仕入先の選択）
などがあげられる。

（4）賃借料（家賃）

飲食業にとって、家賃は利益体質を見る指標になる。一般に家賃比率は売上高の10％以内が利益体質の条件となる。デパートやショッピングセンター内は売上歩合制で15％程度の家賃比率になるケースがあるが、出店時の初期投資額や水道光熱費などでの優遇があることが多い。通常、家賃比率が10％を超えると利益が出ない場合が多く、売上を上げて家賃比率を10％以内に抑制することが必要になる。新規出店の場合、家賃の10倍以上の売上がその物件で見込めるか否かで賃借するかどうかを判断することが大切である。

（5）水道光熱費

小売業にはあまりない管理費だが、飲食業の場合は水道、ガス、電気などの水道光熱費が収益に影響する。概ね売上高の5〜8％前後になるが、業種や店舗の営業時間、繁閑によってその支出金額は異なる。中でも厨房機器で常時温めておかなければならない、茹で釜やオーブンなどは、ピーク時以外でも来店客に短時間で提供するためには、常に加熱した状態を保たなければならないことも理解しておく必要がある。

電気、水道などをこまめに管理することも大事だが、客が入っているホール側での過度の節電などは、顧客サービスの観点からあまりすすめられない。厨房側や従業員控室などでの節水、節電が望まれる。季節変動なども影響するが、人件費、原価に比べて節減効果は小さい。

（6）その他の経費

消耗品費などは、ムダをなくすことが重要である。販売促進費は売上確保のためには必要となるが、費用対効果を勘案して、毎回同じようなキャンペーンで効果が少ないものは見直すべきである。どこに重点を置くべきかをよく検討する必要がある。

減価償却費、支払利息は、あらかじめ決まった方法で計算される固定費のため、これを抑制する対策はない。借入金返済が計画通りに進んで、さらに店舗が老朽化した場合は売上アップや競争対策上、リニューアルの検討も必要となる。

（7）適正人件費率とFL比率

飲食店の利益体質に大きく影響するものに、人件費率とFL比率がある。飲食店の人件費率は、業態によって異なるが、売上高の25％〜30％に収めることが理想とされる。人件費の管理は、主に労働時間で管理することが多い。

正社員とパート・アルバイトでは時給単価が異なるが、パート・アルバイト比率が高い飲食業ではパート・アルバイトの労働時間が人件費率を左右している。人件費率が低ければ利益は出るが、できるだけ低くすればよいかといえばそう単純ではない。

なぜなら、適正人件費以下で店の営業をすれば、店舗運営に支障が出て、客に提供するQSCのレベルが低くなるからである。この人件費率の低い状態が恒常的になれば、客からの不満やクレームが増え、長期的には客数減・売上の減少を引き起こすことが多い。

したがって、あくまで適正人件費率の範囲内でQSCレベルを向上させることが、店舗運営での重要課題となる。また、同じ人件費率でも繁閑に対応した要員配置が行なわれるか否かでQSCレベル、客の満足は左右される。人件費率を適正基準内に管理することと人員配置、時間帯別の労働時間投入を繁閑に合わせてコントロールすることが店長には求められる。

FL比率とは人件費率と原価率を加算した指標である。FLの「F」はFood Cost（食材原価）

で「L」は Labor Cost（人件費）を表す。

すなわち食材原価率と人件費率を足したものが FL 比率である。この指標の適正値は売上高に対して 60% 以内に収めることが、利益体質の基準とされる。65% を超えた場合は利益を確保することは極めて困難になる。

飲食店の経営診断を行なうときは、まずこの FL 比率が適正範囲にあるかを見ることが多い。

例えば 65% を超える場合は、原価率、人件費率を個別に見て問題を発見することになる。2つの指標を加算した基準であるから、どちらかの数値が高い場合でも、他方の数値が低く合計した数値が基準値の 60% 以内なら利益体質といえる。

飲食業の場合、業態によって原価率がかなり異なる。粉が原材料のパスタ、うどん、そば、ラーメン、お好み焼き、ピザなどを扱う店は一般的に原価率が低い。逆に加工食材を多く使うハンバーガー店などは原価率が高い傾向がある。

ただし、加工食材が多くても、店内調理がマニュアル化されていればパート・アルバイトでオペレーションができるので、人件費率は抑制されるが、板前やコックなどの調理技術が必要とされる業態では人件費率は高い傾向がある。

（8）人時売上高と人件費率

1 日の売上高を 1 日の総労働時間（ホール・厨房の労働時間を加算したもの）で割ったものが人時売上高であり、従業員 1 人 1 時間に、いくらの売上を上げたかという指標である。

①人時売上高の算出

例えば、ある飲食店で 1 日の売上高が 525,000 円の日の総労働時間が 150 時間だったとすると、この日の人時売上高は以下の通りである。

人時売上高 ＝ 売上高÷総労働時間
　　　　　 ＝ 525,000 円÷ 150 時間
　　　　　 ＝ 3,500 円 / 時間

この日の人時売上高は、3,500 円になる。

②平均時間給の算出

また、この人時売上高を活用して、この日の人件費率を計算する簡単な方法がある。これはあらかじめその店の従業員（正社員、パートをすべて含む）の平均時間給を計算しておくことが必要になる。その平均時間給の計算は下記のようになる。

1 ヵ月の支払額と労働時間が

・正社員給与が 3 名で 70 万円、1 ヵ月の労働時間 600 時間
・パート・アルバイト支給額が 340 万円、1 ヵ月労働時間 3,520 時間

とすると、人件費支払総額が 410 万円（70＋340）、総労働時間 4,120 時間（600＋3,520）である。

平均時間給 ＝ 人件費支払総額÷総労働時間
　　　　　 ＝ 4,100,000 円÷ 4,120 時間
　　　　　 ＝ 995,1 円（四捨五入して 995 円とする）

この店の従業員の平均時間給は 995 円である。

③日々の人件費率の算出

この店の平均時給を知ることで、毎日、おおよその人件費率が計算できる。それは日々の人件費額を集計して算出する方法ではなく、1 時間の売上高（人時売上高）と 1 時間の人件費（平均時間給）を基にして簡単に計算する方法である。

人件費率 ＝ 人件費÷売上高× 100（%）
の公式を応用して

人件費率 ＝ 平均時給÷人時売上高× 100（%）
として 1 時間に集約して人件費率を計算する。

前記の①で計算した人時売上高と②で計算した平均時間給を活用して計算すると、この日の人件費率は

人件費率 ＝995 円（平均時間給）÷ 3,500 円（人時売上高） × 100（%）＝28.43%
となる。

このように店の従業員の平均時間給をあらかじめ把握しておけば、毎日の人時売上高を算出することで、日々の人件費率を把握することができるのである。

1ヵ月の人件費を管理するためには、日々の管理が重要である。そのためには日々の人件費率を把握してコントロールする必要がある。毎日の人件費率が適正値を超えている場合は、総労働時間を減らしつつ、人時売上高を向上させることが重要になる。

（9）労働時間計画とシフト表

店舗の利益管理は、毎月の売上目標設定から始まる。売上目標が決まった後は人件費率目標を決め、その人件費目標に見合った労働時間計画を計算し、最後は労働時間計画を曜日別のシフト表に落とし込むという流れになる。

事例で説明すると、次月の売上目標を700万円とした場合、人件費率目標28％にコントロールするための労働時間を計算する。

①総労働時間計画の計算

まず目標人件費額を算出する。

　　7,000,000円× 0.28（28％）=1,960,000円

次に人件費率28％として、使える労働時間（許容労働時間）を算出する。この場合、店の従業員の平均時給を算出しておく。ここでは995円として計算する。

　　1,960,000円÷ 995円 / 時間 =1,970時間（小数点以下四捨五入）

売上目標700万円、人件費率28％で使える労働時間は、1ヵ月1,970時間となる。

この1,970時間が次月の労働時間計画となる。

②1日の労働時間計画

平日、土日を勘案しなければ、この労働時間計画を30日（または31日）で案分した数値が、1日の労働時間計画となる。1ヵ月を30日とした場合、

　　1,970時間÷ 30日 =66時間（小数点以下四捨五入）

この65時間を1日のホール、厨房別シフト表に人員配置して営業を行なうことになる。シフト表の記入は、これまでの時間帯別来店客数をもとにして、繁忙時には人数を多く、アイドルタイムには最小限の人数で運営することが求められる。

パート・アルバイトの労働時間が1人3時間か4時間かによっても、繁忙時間帯の配置人数が異なるので、具体的なシフト表作成はオペレーションを良く見極めて作成することが重要である。

また、平日、土日祝の繁忙差を考えて、1日の労働時間計画を修正することはいうまでもない。

（10）原価計算と適正原価率

原価計算は、メニュー1品ごとのレシピの材料費を計算する原価計算と、1ヵ月の損益計算書の原価を確定する原価計算がある。前者は「理論原価」、後者は「実際原価」と呼ばれる。

①理論原価

メニュー1品ごとに、使う材料費を計算してその料理の原価を定めたもの。そのメニューに使う食材名、量目、価格などを一覧表にして、表わす（表3-3-6）。

原価の他に売価、粗利額、粗利益率、原価率などを一覧表（標準レシピ）で見ることができる。

理論原価は、標準レシピ通りの食材を、決められた量目を守って調理した場合の原価で、実際には正しい量目が守られないことなどから理論通りの原価にならないことも多い。単品ごとの原価率は、一律に同じである必要はない。原価率は販売政策によって決めることが多い。

②実際原価

実際原価の計算は、月末に実地棚卸をして、在庫高を確定した上で行なう。理論原価と異なるのは、実際に使った原価を把握して、それを1ヵ月の原価とすることである。実際に使ったというのは、調理ミス、食材廃棄ロス、野菜の歩留まり、棚卸ミスなどの要素を全て含んで使用した原価という意味である。

実際原価の計算公式は、以下の通りである。

　前月末棚卸在庫高 + 今月仕入れ高 − 今月末棚卸在庫高 = 今月実際原価

〈実際原価の計算事例〉

・前月末棚卸在庫高　　1,350,000円
・今月仕入れ高　　　　2,569,000円
・今月末棚卸在庫高　　1,225,000円
　とした場合、
・今月実際原価

　　1,350,000円 +2,569,000円 − 1,225,000円
　　　　　　　　　　　　　　=2,694,000円

今月の売上高が800万円だとすると、今月の原価率は、

　　2,694,000円　÷ 8,000,000円　× 100（%）
　　=33.7%

となる。

飲食店の原価率は、業態によって差があり、適正原価率の幅は比較的大きい。しかし、FL比率で60%が適正値であるから、原価率は30%～35%の範囲内に収めなくてはならない。ファミリーレストランの適正原価率は、32～35%程度である。

（11）正しい棚卸しのポイント

毎月の損益計算書に使う原価の計算は、実地棚卸に基づいて計算される。したがって正しい棚卸を行なうことが重要である。棚卸しのミスは実際の使用原価を誤った数値にするだけでなく、次月にその誤りが再度棚卸しに反映されることになり二重のミスとなる。

具体的な棚卸しのミスは、在庫のカウント違いから起こる。実際の在庫より少なくカウントすれば原価は上がり、多くカウントすれば原価は下がる。

このような棚卸しミスを防止するには、棚卸し前の準備が大切である。カウントミスする原因は、同じ食材がバラバラの場所に在庫されていたり、1ケース内の在庫数を間違えるなどであり、注意すれば防げることが多い。

正しい棚卸しのポイント
・食材の定位置管理を徹底する
・必要以上の在庫を持たない
・食材の先入れ、先出しを励行する
・棚卸用紙のメンテナンスを毎月必ず行なう
・棚卸し作業は2人以上で行なう
・管理者が抜き打ちチェックを行なう

表3-3-6. 理論原価の事例

メニュー名	ミックスピザ		
売価（円）	1280	粗利益（円）	938.7
食材名	数量	単価（円）	金額（円）
クラスト	1枚	100／枚	100
ピザソース	50g	500／kg	25
オニオン	50g	250／kg	12.5
ピーマン	2分の1個	30／個	15
G・アスパラ	50g	800／kg	40
ベーコン	30g	1300／kg	39
ポテト	100g	200／kg	20
チーズ	100g	850／kg	85
オレガノ	2g	2400／kg	4.8
		合計	341.3
		原価率	26.7%

同じ食材がバラバラの場所に在庫されるのは、定位置管理が行なわれていないことによる。また在庫が多すぎて置く場所がないためにそうなることもある。発注を適正に行ない、定位置に食材を在庫すれば不要なミスを防ぐことができる。食材は、仕入先が変わったりケースの入数が変わったりすることがある。これらの情報を正しく棚卸用紙に反映させることも重要である。ムール貝缶詰などの高額食材の入数を間違えると原価計算を大きく誤ることになる。

慣れているスタッフでも棚卸しは、必ず2人以上の人数で実施し、管理者にチェックを受けることが重要である。

棚卸しが正しく行なわれていない店舗は、毎月の原価率の変動が大きいという特徴がある。これは当月の棚卸しミスが、次月で正しくカウントされたために、実際とは異なる在庫高が2ヵ月にわたって継続されるからである。原価率の変動が大きい店舗は、棚卸しが正しく行なわれているかをチェックすることが必要である。

(12) 原価率の異常値に対する対策

原価率は、業態によって差があるので基準値は一概に規定できないが、同じ店舗ならば毎月の原価率はそれほど変動しない。大きく変動するのは、メニュー改定などで売れ筋商品が変わった場合などである。

同じ店舗で原価率の異常値と判断できるのは、売上高に対して3%以上の変動があった場合であ

る。3%は月商が800万円の店舗であれば24万円、これは売上高に換算すると約10%程度の金額に相当するかなり大きい金額である。

原価率の管理は、単月だけで見るのではなく時系列で管理して、変動幅が大きい場合は店の管理状態に問題があると考えるべきである。

異常値に対する対策はその原因とリンクしている。原因になる要素をチェックして改善するという方法がよい（表3-3-7）。

5 店舗の業績判断と改善

店の売上高は、普通、経時的に減少する。そこで業績を改善するためには、メニュー改定、店舗リニューアル、販売促進などの対策が必要になる。

1）メニュー改定方法と効果測定

メニュー改定は、売上高向上と客数増に寄与する。チェーン店では、年間3～4回の定期メニュー改定を実施している。これはメニューに季節感を出すことと、客数減に歯止めをかけリピートを促進する目的がある。個人店では、一度メニューを決めたらメニュー改定にかかる時間、コストなどからメニュー改定を躊躇して、5～6年メニュー改定を行なわない店も多い。

しかし、どんなに美味しい料理であっても、5年以上メニュー改定がないと客離れは免れない。

お客は美味しさだけでなくメニューの変化も同

表3-3-7. 原価の異常値の原因と対策

原　　　因	対　　　策
・食材の廃棄ロス	・在庫過多にならないようにする ・定位置管理、先入れ先出しの順守
・注文ミス、運び間違い	・ホールスタッフの教育訓練の励行
・調理ミス、料理の量目のばらつき	・キッチンスタッフのOJTの徹底
・食材の歩留まり	・食材ごとの歩留まりを正しく把握し、ムダなく使う
・食材の盗難	・店舗ルールの徹底とモラル向上
・売上金の現金過不足	・時間帯ごとの過不足チェック実施 ・就業管理の徹底
・棚卸ミス	・11）正しい棚卸しのポイントを参照

時に求めているからである。チェーン店は、年に複数回のメニュー改定を行なうが、全てのメニューを変えているわけではなく、素材となるハンバーグ、チキン、フライ物などがすべて変わることはない。

　季節感を演出するための野菜、ガルニ、ソース、ドレッシング、デザートなど基本素材以外の要素をうまく組み合わせてメニュー改定を実施しているケースが多い。全体から見ると30～40％程度のメニュー改訂でその効果を出している。客は季節ごとに変わるメニューに期待感を持ち、メニューが変わればしばらく行っていない店にも足を運ぶのである。

　店の経営の視点から考えると、メニュー改定は、食材の見直し、客単価の改善などの機会になる。POSレジで収集した販売データから、売れ筋商品、死に筋商品がわかる。メニュー改定の考え方は、売れ筋商品はより売れるようにし、死に筋商品はメニューから削除するということである。死に筋商品をメニューに残すことは、在庫回転しない食材を抱えることになり、食材の鮮度、ロス、ひいては資金繰りにまで悪影響を及ぼす。

　メニュー品目の改廃は、POSの販売データからABC分析を行ない、C群に属するメニュー群を削除することが基本である。改定時に在庫ロスが発生する場合は、C群の食材を使用して期間限定メニューなどで売り切ることも必要になる。メニュー改定による客単価改善については、安易な値上げとわかる値付けで行なうことは避ける。メニューポーション（料理の量目）の工夫、セットメニュー、コースメニュー販売などでお客に満足してもらいながら、結果として客単価改善につなげることが望ましい。

　また、メニュー改定後はPOS販売データを分析して、メニュー改定でどの商品が売れ筋となったかを継続して注視していく。メニュー改定前の考え方・仮説と異なる販売結果が出た場合は、そ

の原因を捉えることが大切である。当初の販売予測と大きく異なることは、目標客単価の達成にも影響を及ぼす。原因の把握とは、どのメニューがどの時間帯、どの客層に売れているかを見ることである。そこから、当初売れると考えていた客層が購買に至らない理由を分析してみることが必要である。

（2）店舗リニューアルとコンセプト修正

　店舗の部分的なリニューアルも業績改善に有効である。店舗は徐々に老朽化したり陳腐化したりして飲食空間としての魅力を失ってくる。チェーン店では3～5年に1度は計画的な店舗リニューアルを行なっている。床、天井、壁などの面積が大きい場所の汚れや老朽化は、店舗イメージを悪化させる。これらの部分だけでもリニューアルすると店舗イメージは回復が可能になる。

　また、客が飲食する場に設置される照明やテーブル・椅子などの家具類は、食事の楽しさの演出・くつろげる空間づくりなどの付加価値が高い。新しい飲食店が次々に開店する中で、リニューアルが全くされないと、店舗の陳腐化がおきて来店客が減少することになる。

　店舗リニューアルには、新規開店ほどではないが相当の費用がかかる。あらかじめ3年ないしは5年でリニューアルすることを念頭において、計画的に予算を計上して臨むことが重要である。定期的リニューアルを実施しなければ、競争に勝ち残れない可能性は高くなる。リニューアルコストは必要経費と認識することが大切である。

　リニューアルに際しては、ターゲットとなる客層、来店動機、メニューなどとの統一性を再検討することも重要である。時代の変化で顧客や来店動機に店舗スタイルが合っていない場合は、コンセプトの見直しや修正を行ない、今後の競争に対応できるような魅力を打ち出すことも必要である。部分的なリニューアルと比べると、店舗コン

セプト修正による店舗改装は費用が多くかかることが普通である。新規の投資計画、改装後の事業計画を作成して目標を明確化しておくことが不可欠となる。

（3）問題の発見と改善手順

店舗業績改善のための問題発見は、まず利益が出なくなった根本原因を探ることから始める。そして、その原因分析によって改善方法や手順を考えることになる。この問題発見には、店舗の損益計算書（3年分）を時系列でみて、業績（売上高・利益）の推移やFL比率が適正値内にあるかを見ることが必要である。

通常、利益が減少した原因（ケース）としては以下の2つが挙げられる。
　①売上高が減少して利益が減った
　②売上高は減少していないが利益が減った

①の場合、業績改善の対策は「売上向上策」が中心になる。②の場合は、「原価管理」、「経費管理（特に人件費）」に問題がないかをチェックすることがポイントになる。

（4）売上向上策

売上が減少した場合は、その要因が何なのかを把握しなければならない。その要因には外的要因と内的要因がある。

それぞれの要因として下記のような理由が考えられるが、当てはまるものがないか検証をする必要がある。
　[外的要因]
　・周辺環境の変化
　・競合店の存在
　・商品イメージの悪化（食品事故など）
　・時流やトレンドの変化
　・インターネットでの評価低下
　[内的要因]

　・商品の質の低下やマンネリ化
　・サービスやスタッフの質の低下
　・提供時間の遅延や回転数の低下
　・客単価の減少
　・新規客の開拓不足

このように売上減少の原因はさまざまだが、しっかりと分析し、最も効果的な改善法を行なっていかなければならない。

① QSC の改善

売上高の減少は、店舗の運営力（オペレーション力）が弱まったことが原因の場合もある。長期的に見れば、客の満足度がリピート率を決めるので、まず店舗のQSCを再チェックして、改善テーマを決め、教育訓練を徹底することが重要である。また必要に応じてマニュアルの改善、企業理念、ホスピタリティなどの徹底にも取り組むことが大切である。

②メニュー改定

前述の通り、メニュー改定は客数アップに不可欠な要素である。1年以上メニュー改定がなければ、メニューの魅力は半減して、客数は減ることになる。必ず季節ごとのメニュー改定を実施することが求められる。

メニュー改定のポイントとしては、以下のようなことが挙げられる。
　・季節感を演出する
　・食器、盛りつけの工夫をする
　・ABC分析を活用してメニュー改廃を行なう
　・商品単価と客単価の見直しと改善
　・メニュー改定後の販売数を分析する
　・メニュー構成の再検討

③販売促進・顧客管理

多くの飲食店が対象顧客に対しては、キャンペーンなどを告知して来店を促進している。何も

せずに客が来るのを待つことは無策といえる。来店客や顧客名簿にある客にはメニュー改定、季節の行事、客のアニバーサリー（記念日）に合わせて、DM を送付するなどの対策が必要である。販売促進の具体策は対象顧客や目的、予算などに応じて選択して、その後の効果がどの程度あったかも確認しておきたい。

顧客管理の目的は顧客の情報を把握し、よりパーソナルなサービスや来店促進に活用するためである。飲食店の顧客名簿は下記の情報を取得し活用していく。

・氏名・地域・性別・連絡先・誕生日・来店日
・同伴者・来店目的・料理内容・嗜好・特徴

　顧客情報の活用法
・よりきめ細かいパーソナルなサービス
・企画やイベントの案内
・バースデーカードやメッセージの送付
・データ分析による現状把握
・販売促進策の検討

（5）原価管理

FL 比率が 65％ を超えている場合は、構造的に利益が出ない体質となる。原価が通常の基準値よりも高い場合は、下記の項目をチェックして改善すべきである。

・仕入先のチェック（仕入れ価格が適正か検証する）
・料理のポーションチェック（マニュアル通りの量目が守られているか）
・廃棄ロスの記録（廃棄ロスによる原価ロス金額を把握する）
・棚卸のチェック（正しい棚卸しが行なわれているか）
・適正在庫・定位置管理の確認（在庫過多になっていないか）

仕入先の問題のほかは、ほとんどが従業員の教育訓練と関係しているので、スタッフに原価意識を持たせることが大切である。

（6）人件費管理

利益を圧迫する要因として一番大きいのが人件費である。人件費は日々の労働時間を管理しないと、必ず月末には基準値をオーバーしてしまう。

適正値は売上高の 25％ 〜 30％ ぐらいだが、QSC レベルを適正に維持するには、できるだけ低ければ良いという考え方は間違いである。

人件費管理は、売上目標、人件費率目標（人件費額目標）、労働時間目標、日々のシフト表作成という流れで計画する。しかし、日々の売上が変動した場合、それに合わせて、労働時間も柔軟に変えていかなければならないが、それが実行できないことが多い。人件費管理の難しさは日々の売上高の変化に労働時間の調整が対応できないことにある。

毎日の売上高目標に合わせて人時売上高目標を決め、労働時間の予算を組む方法が、大きな間違いがなく人件費を管理する方法である。平日、土・日・祝祭日の人時売上高の違いは、過去のデータから把握することが可能で、繁忙に合わせた労働時間投入ができれば、QSC レベルも比較的安定する。

売上高目標、人件費目標、労働時間目標、シフト表などを作成してない店では、人件費管理はできないと考えるべきである。結果として基準値以内に人件費が収まった場合でも、店舗運営のQSC が適正であったかは必ずチェックすることが重要である。それをしなければ、長期的に見て顧客のリピート率が高まることはない。

（7）飲食店の IT 化

これまで多くの飲食店では店舗運営や管理業務をオフラインで行なってきた。しかし、IT 化が進むにつれオンラインを活用した店舗運営管理業

務を行なえるようになってきた。その代表的なものとして、モバイル端末を使ってのオーダーや会計の処理などである。POSレジとしてのデータ分析もどこからでもアクセスでき、リアルタイムの店舗状況を知ることが可能である。

その他、さまざまなアプリを選択し、有効に活用することでさまざまなメリットがあることを認識しておきたい。

① POSレジ：オーダー処理、会計処理、データ分析、シフト管理、原価管理、発注業務など
② アプリ：予約管理、顧客管理、キャッシュレス（クレジット・スマホ決済）、情報発信、双方向コミュニケーション、販売促進やポイント付与など
③ タッチパネル式オーダー、セルフレジ

これらのシステムを活用することによるメリットとしては、以下のような点が挙げられる。

・ネット予約管理
・運営管理ミスの軽減
・業務作業の効率化
・迅速なオペレーション
・パーソナルなサービスの実施
・販売促進や顧客の定着化

飲食業界では店舗のIT化が急速に進んでいるが、活用できていない店舗も多いのが現状である。飲食業界の現状として、アナログ管理、主な集客がチラシ広告、人によるミスが多いなど多くのムダな業務が発生している。人手不足が深刻な状況では、ITの活用は必要不可欠となっている。

4

第4章

ホスピタリティと
食生活のサポート

1. サービスとホスピタリティ

1 ホスピタリティとサービスについて

フードサービス産業は、ホスピタリティ産業とも呼ばれる。料理や飲み物を提供しているだけでなく、利用者が快適に過ごせるようにさまざまなサービスを付加した空間を提供しているのである。

1）サービスとは

サービス（service）とはラテン語の「相手に隷属する」という意味の「servus」を語源とする。

店の従業員とお客様の間には明確な主従関係が生じている。

2）ホスピタリティとは

一方のホスピタリティ（hospitality）という言葉は「お客様の保護者」という意味が起源である。

つまり、客側と従業員側の身分的な上下関係はなく、お互いが対等であり、信頼し合っている関係なのである（図4-1-1）。

3）サービスの評価の2つの視点

（1）良いサービスを評価する視点
　①どのようなサービスがあるか（存在）
　②どのようにサービスを提供するか（やり方）

（2）サービス評価のメカニズム

サービスの評価は一般に、お客様の抱いていた「期待」と「実際に行なわれたサービスの結果」との「ギャップ」によって良い、悪いの判断がなされる。

　①期待や想像よりサービスが良くなかった場合、評価は悪い（＝不満足）
　②期待と同程度のサービスが得られた場合、評価は良い（＝満足）
　③期待に比べて実際のサービスがはるかに良かった場合、大変評価は良い（＝感動）（図4-1-2）

4）フードビジネスにおけるサービスの特徴

（1）無形性（intangibility）

サービスは「モノ」のように手で触ったり目で見たりすることはできない。

いくら事前に情報を得ていても、実際にその通りのサービスを受けられるかどうかはわからない。また、サービスという無形のものをいくら言葉で説明しようとしても具体的な共通認識は持ちにくい。つまり、初めて行くレストランでどのようなサービスが受けられるかを事前に知るには限界がある。

図4-1-1. サービスとホスピタリティ

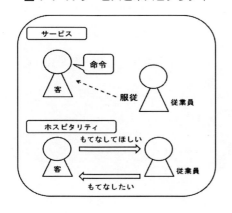

図4-1-2. サービス評価のメカニズム

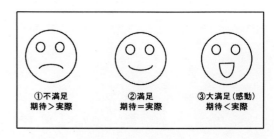

（2）非分離性（inseparability）

サービスは人間の行為そのものであるため、人の活動と分離して考えることはできない。フードサービスでは「調理」とそれを「食べる」という行為が同じ場所で行なわれることがほとんどである。つまり「生産」と「消費」が同一場所、同一時間で行なわれ不可分であることを意味し、この特性を「非分離性」と呼ぶ。

（3）不均質性（heterogeneity）

同じ店であってもサービスに当たる従業員のパーソナリティやレベルによってサービスの質は異なり、たとえ同じ人間であっても体調などのコンディションや、個々のお客様の反応によってサービスの質が異なることもある。このようにサービスにバラつきが出る可能性を「不均質性」と呼ぶ。

（4）消滅性（perishability）

「生産即消費」という特性から、商品の保存が不可能だという特徴がある。「モノ」のように在庫として保存しておくことができず、サービスした時点でサービスという商品は消費され、消滅してしまう。

5）飲食店におけるホスピタリティとサービスの実践

サービスの「質」や「スタイル」は、店舗の業種業態により大きく異なる。大前提として、その店の「コンセプト」があり、全体バランスの中で最もふさわしいサービス形式が選択されるべきである。店舗の「立地」「規模」「客層」「メニュー」「価格帯」「人員構成」「人件費」などを前提条件として、顧客満足や効率が最大となるバランスが、その店にとっての良いサービススタイルとなる。

6）飲食店のホスピタリティの本質とは

（1）従業員満足（ES）と顧客満足（CS）

飲食店の現場では、従業員のホスピタリティがお客様の満足を高め、お客様の喜びが従業員の満足を高めてホスピタリティをさらに発揮することにつながる。顧客満足（Customer Satisfaction）と同時に従業員満足（Employee Satisfaction）の大切さを十分に認識し、より良い職場環境を築いていかなければならない。

（2）接客場面以外でのホスピタリティ

①働く仲間に対するホスピタリティ
②取り扱う商品に対するホスピタリティ
③働く店舗や施設に対するホスピタリティ
④部下の教育、訓練に対するホスピタリティ
⑤地域社会に対するホスピタリティ

2 ホスピタリティとサービスにおけるスタッフ教育の重要性

1）スタッフ教育の心得〜外食における教育プログラム

近年、スタッフ教育の重要性が日増しに高まっている。しかし、成果を出している企業はまだまだごく少数であるのが現実である。

言葉では簡単にスタッフ教育といっているが、かなり難しい課題であることは事実である。人は、個性を持っている。

この個性がよい方向に向けばよい結果を得られるが、間違った方向に行くと悪い結果を生むことになる。そのことを踏まえてスタッフ教育を考える必要がある。

2）スタッフ教育の必要ツールの準備

スタッフ教育に入る前に必要ツールを準備する必要がある。行き当たりばったりの教育では成果は求められない。

（1）業務マニュアル（教科書）の作成

　外食のスタッフは、パートタイマーの比率が高く、パートタイマーがパートタイマーを指導する場合が多い。そこで、必要となるのがマニュアル（教科書）である。業務経験の浅いスタッフにも理解できるような、分かりやすいマニュアル（教科書）が必要である。

（2）トレーナー（先生）の育成

　マニュアルがあってもトレーナー（先生）の教え方が間違っていれば、良い成果は望めない。教育プログラムを進める上で、トレーナーの育成が最も重要な要素となる。十人十色の指導では、トレーニー（生徒）にとって効果を上げる教育とはならない。そこで、トレーナー（先生）となるスタッフの共通認識での育成が重要となる。

　　・教育指導上の考え方
　　・OJT と OFF-JT の使い分け
　　・メンタルマネージメント

（3）トレーニング計画書の作成

　明確なトレーニング計画を準備することによって、ムダのない指導が可能となる。ただ単に指導内容を洗い出すのではなく、どの時期にどのレベルの仕事をできるようにするかを明確にすることも必要である。

3）スタッフ教育の流れ

　外食では、短期間で質の高い即戦力を育成する必要がある。そのためには、明確な教育指導をすることが大切である。

　基本のステップは、それぞれの業務について説明し、自らやってみせ、実践させることを繰り返す。トレーナー（先生）とトレーニー（生徒）の立場を明確にしてプログラムを作成する。

（1）マニュアル、資料などを準備する

　教育を進める上での教科書的なものとして、マニュアルがある。ただし、マニュアルは、業務を進める上で変更する可能性の高いもので、常に変動すると捉えることが必要である。

　マニュアルや資料などを事前に揃え、内容について自分自身が十分に理解しているか、質問があった場合にどう答えるかなどを想定しておく。

（2）トレーニー（生徒）に心の準備をさせる

　トレーニー（生徒）は、指導を受ける前は不安を持っている。その不安を解消させるためには、メンタル面でのサポートが必要となる。

　OJT に入る前に、十分な OFF-JT で仕事の進め方について解説し、心の準備をさせる。

（3）仕事の概要を説明する

　業務内容について、マニュアル（教科書）と資料をもとに説明する。これから始まる教育内容について、「知ってもらう」段階である。この後の理解する段階へ進む際に「知ってもらう」内容を伝えないと、トレーニー（生徒）が準備できないことになる。

（4）トレーナー（先生）から積極的にやってみせる

　いきなり、トレーニー（生徒）にやらせてみるのではなく、まず最初に、トレーナー（先生）がやってみせることが重要である。

　指導のポイントは、ゆっくり、わかりやすいようにやること、その仕事のコツや注意点をわかりやすく教えることである。トレーニー（生徒）にとっては初めて体験する仕事であることを踏まえて教えること、自分が慣れているからといって、急がずゆっくりやって見せること、わからなければ、その場で質問を受けて、説明を加えることなどが重要である。

（5）トレーニー（生徒）にやらせる

　「知ってもらう」段階から「理解させる」段階の成果がわかるので、よく観察し、注意点を理解しているかを確認する。仕事が終わるまでは指摘やコメントはせず、一連の作業が終了するのを待つ。

（6）評価を明確にする

　トレーニー（生徒）の「理解度」に対して、明確な評価をすることが必要である。区切り良く業務が終了したら、できていること、間違っていることを具体的に指摘する。できたことは褒めて、できなかったことは、なぜ、間違いなのかの説明を添えること。注意点は、間違ったことに対して叱ってはいけないことである。

（7）報告・相談・共有の徹底

　各パートのトレーニング終了後には、「○○終わりました」と必ず報告をさせる。また、終えた業務に対してのQ&Aを実施する。Q&Aで理解したことは、トレーニー（生徒）間で共有をする。

4）評価とモチベーション

　トレーニー（生徒）のモチベーションを持続させるには的確な評価が必要である。そのためには、評価内容と評価基準を設定する。そうすることによって、トレーニー（生徒）の目標も明確になり、次の目標が設定できる。

　評価は、数値化することが良いであろう。

（1）評価方法

・カリキュラムの区切りごとに実施する。
・トレーニー（生徒）の技量に応じてセグメントを明確にする。
・評価項目を明確にし、評価を数値化する。
・新人のころは1週間ぐらいの短期間で、また

その後は習得レベルに応じて、1ヵ月、3ヵ月単位の中、長期で行なう。
・トレーナー（先生）個人の主観で評価をしてはならない。

（2）評価目標

・個々の技量に合った評価をする。
・スタンダードを設定し、そのレベルを到達地点とする。

5）チャレンジ設定

　最初に目指した目標が満足できるレベルに到達した場合は、トレーナー（先生）はトレーニー（生徒）に次の目標と期間を示して、新たな教育をスタートさせる。スタッフ教育は目標設定と評価の連続で、常にトレーニー（生徒）のモチベーションを喚起していくことが大切である。

6）個人指導カルテ作成

　訓練者の個々のレベルを十分に把握することによって、的確な指導が可能となり、レベルの高い指導ができる。項目としては表4-1-1～表4-1-4の通り。

7）指導方向会議

　個人指導カルテを参考に、トレーナー（先生）がトレーニー（生徒）に対しての個別指導方向性を明確にする。

（1）個別指導カルテを準備する

　トレーニー（生徒）の長所・短所に関して共有した考え方を持つ。

（2）教育に必要なマニュアル、評価表、資料などを準備する項目を検討する

　指導を円滑にすすめるには、トレーニー（生徒）のレベルにあったマニュアル、資料を準備するこ

とが必要。

（３）トレーニー（生徒）の指導スケジュールの作成

　効果的な指導をするということは、管理された中での指導が不可欠。

8）個別面接

　個人指導カルテを参考にトレーナー（先生）が個別にトレーニー（生徒）を面接し、教育プログラムを解説する。

（１）個別指導カルテを準備する

　個別の指導ポイントを明確にしておく。

（２）トレーニー（生徒）に指導主旨・スケジュールを説明する

　トレーニー（生徒）に客観的な見地から長所・短所に関して説明し、トレーニー（生徒）に課題を与える。

9）指導開始

　目標項目、期間を明確にして指導開始する。

（１）見極めテスト

　各項目ランク別で見極めテストを実施し、その評価によりステップアップを可能とする。

（２）ランクアップ会議

　ランクアップは、トレーナー（先生）全員参加および管理監督者の同意のもとで行ない、ランクアップ基準を明確にする。

（３）個別指導カルテの総合評価を作成する

　個別指導カルテでの成果を明確にする。

（４）ランクアップ要素を明確にする

　どのような要素がランクアップのポイントとなったかを明確にする。以後の指導の資料とする。

（５）指導者間で確認事項を明確にする

　トレーナー（先生）間での問題・課題がなかったかを洗い出し整理する。

参考文献
※「パート・アルバイト戦力化完全マニュアル」清水均　著（商業界）

表4-1-1. 個人指導カルテ

個人指導カルテ作成	
訓練者の個々のレベルを十分に把握することによって、的確な指導が可能となりレベルの高い指導が出来ます。項目としては以下の通りです。	
項目	評価
表　現　力	表情・身振り・動作・言動・物づくりがどの程度できているか
社　交　性	人との付き合いを好む性格又は人と上手く付き合っていける性格か
誠　実　さ	他人や仕事に対してまじめで真心がこもっているか
商 品 知 識	業務に対しての商品知識を理解しているか
利 益 知 識	利益の仕組みがどの程度理解できているか
安 全 意 識	物事を損傷したり、危害をうけたりする恐れがあることに対しての知識があるか
顧 客 意 識	顧客の満足度を調査、分析、評価することがどれくらいあるか
時 間 意 識	時間に関しての自己管理が出来ているか
目 標 意 識	目標を達成する為に設けた、目当てがどの程度か
表　　　情	状況に応じた表情が出来ているか
判　断　力	物事を認識・評価・決断する精神的能力はどの程度か
言　葉　遣　い	メリハリのある使い分けが出来ているか、適切な接客用語が理解できているか
清　潔　感	衛生的であるか、人格や品行が清くいさぎよいか

表4-1-2. スタッフ研修指導カルテ

○○○株式会社　スタッフ研修指導カルテ

入社年月日 ： 令和 1年 3月 1日　　生年月日 ： 平成10年 1月 1日　　氏名　○○○○

項目	評価
表　　現　　力	頭ではイメージできているが表現することが出来ない。
社　　交　　性	人の中に入ると無口になる。
誠　　実　　さ	人の話に耳を傾ける事が常に出来ている。
商　品　知　識	十分出来ている。
利　益　知　識	まだまだ理解できていないようである。
安　全　意　識	ベーシックなことは出来ているがプラスαが出来ていない。
顧　客　意　識	顔と名前が一致しないようである。
時　間　意　識	遅刻が多い。
目　標　意　識	方向性が定まらないようである。
表　　　　情	状況に応じた表情が出来ていない。
判　　断　　力	全く出来ていない。
言　葉　遣　い	使い分けが出来ていない。
清　　潔　　感	プライベートでは清潔であるが職場では問題あり。

備考
何かと積極性に欠け、職場での協調性が弱い為、目立たない存在である。しかし、知識力は会社の中でもずば抜けて高い水準である。

表4-1-3. スタッフ研修指導項目リスト

○○○レストラン　スタッフ研修指導項目リスト

ランク		チェック項目
Aランク	接客関係	基本接客用語、身だしなみ、灰皿交換、ウォーター準備及びサービス
	施設関係	レイアウト説明、各インフォメーション
	知識・技術関係	什器・備品名称及びストック場所、トーション活用法、トレーの持ち方、下げ物、リセット、洗い場への出方、メニュー解説初級編及びセッティング
Bランク	接客関係	ゲストに対しての初級気配り、心配り、フード＆ドリンクサービス
	施設関係	始業業務及び就業業務の確認
	知識・技術関係	メニュー解説上級編、オーダーテイク初級
Cランク	接客関係	ゲストに対しての中級気配り、心配り、フード＆ドリンクサービス
	知識・技術・管理関係	Aランクレベルの指導が出来る、トラブル処理方法を理解しているオーダーテイク中級、売上報告書が作成出来る
Dランク	接客関係	ゲストに対しての上級気配り、心配り、フード＆ドリンクサービス
	知識・技術・管理関係	Bランクレベルの指導が出来る、トラブル処理が出来るオーダーテイク上級、売上報告書及び原価管理が出来る

表4-1-4. スタッフ指導進行カルテ

	○○○レストラン　スタッフ指導進行カルテ								
開始年月日　令和1年　3月　1日　～　令和1年　3月　31日　　　　　　　該当者　○○◇◇									
項目	基本接客用語	身だしなみ	灰皿・ウォーターサービス	レイアウトインフォメーション関係	什器備品関係	トーショントレー関係	下げ物リセット	洗い場への出し方	メニュー初期解説セッティング
チェック	○3/2	○3/2	○3/2	○3/3	○3/4				

担当者	日付	評価・意見・その他
◎◎	3/1	本日、○○さんが始めての出勤ということでまずは口頭で各項目の確認をする。まだ少し不安があるようです。什器備品の名称、ストック場所も一応理解しているようです。接客用語に関しては、まだ、客前に出せるレベルではありません。店舗内の主要施設場所不明瞭。メニューに対しての説明不足。トレーの持ち方がぎこちない。
△△	3/2	Aランク項目に関して全体を説明する。その後私が全てやってみせる。しかし、不慣れな為動きがかなり硬くなっている。この雰囲気に早く慣れてもらうことが必要である。本日は、ほとんど私の後ろに立ち基本動作を確認する。 その後口頭で本日の指導項目に関して質問した結果、70%程度理解できていました。
××	3/4	本日は下げ物リセットを中心に指導する。下げ物をするテーブルを自分で見つけたりするのが不十分だと思う。言われてから仕事をするのが多いようなのでもっと自分で見つけて欲しい。シルバーの補充等も補充のタイミングが理解不十分である。どうしても動作が遅いので私達がしてしまいがちなので出来るだけ訓練生にやらせる。
□□	3/5	全体的に当初の事を考えれば進歩したと言えると思います。しかし、まだメニュー初期解説、テーブル番号など少し不安があるようです。もっと細かい点に気を付けてくれればと思います。 もう少し声を出して接遇する必要がある。次回からはもう少し細やかな点を指導してください。

2. 食のライフステージと食生活のサポート

1 ライフサポート

　食生活は、命につながる最も重要な生活活動である。それゆえに、それぞれの国・人には、守り受け継がれるべき食生活の習慣がある。しかし、健康、年齢、宗教などに由来する理由で特定の食物を食べることのできない人もいる。商品を開発する、レストランをプロデュースする、イベントプランをたてる、これらいずれの業務も遂行するためには、ライフサポートの知識・技術・経験が必要である。

1）シーン別ライフサポート

（1）家庭でのライフサポート

　家族を知ることが大切。家族が一緒に食事をすることで、家族のそれぞれの関係や役割を知り、自分がその一員であることを自覚し、愛情を感じ安心と喜びを感じる。

①両親と幼児や小学生の子供の食卓
・それぞれが座る位置を固定する（お父さんの席、僕の席 etc.）。家族の絆を作る。家族を意識し、その役割を認識させる。
・和食も洋食も正しい位置に正しく配膳する。姿勢よく、正しいマナーで食べる。

- 体にあったサイズの器をつかう（特に飯碗、汁椀、箸）。機能的で食べやすく、適量を摂取できる。
- かならず一品は取り分ける料理をいれる。家族でひとつのものを分け合うことで、家族としての意識を高める。自分の食べられる量を知る。
- この年代の家族が週日に一緒に食卓につくことはまれだが、家族全員の配膳はする。

②両親と中・高生の食卓
- それぞれの食べる量や食べたい量が大きく違ってくるので大鉢、大皿料理を多くして取りまわす。家族のコミュニケーションが少なくなる年代なので、料理を取りまわすことで会話の機会を増やす。自分の取り分け分と他の家族の取り分け分を考慮する心づかいを育てる。
- 食卓の中に特に四季の行事や、しきたり等の興味をそそるものをとりいれる。好奇心をもたせ、食を通してグローバルな知識とコミュニケーション力をつける。
- 家族の記念日や誕生日、法事などを積極的に企画し参加させる。家族の絆を深めるとともに、他へのおもいやりや、親せき等との関係を深める。
- 食器や道具に心を配り、テーブルを整える。良い物、美しい物、大切な物を意識させ、美意識を育てる。

③高齢者の食卓
- 持ちやすい、見やすい、食べやすい食器を使う。気が付かないうちに握力や視力、運動機能が低下する高齢者に対し、食器への心づかいが必要である。
- 食が細く偏りがちになる食事なので、少量でもいろいろ種類を多くする。できるだけ楽しく、満足感を持つような器揃え

に心を配る。
- 3世代いっしょに囲む食卓では、みんなが同じものを食べられるような、ユニバーサルな鍋やカレー、シチューなどが好ましい。同じものを食べることで、引きこもりがちになる高齢者のコミュニケーションを促し、孤独感をやわらげる。

このように「家族がともに食事をする」食卓はすべてにホスピタリティがあふれ、食卓で多くのことを学び、育てているかがわかる。これら食卓で学ぶことを、食育のなかの「卓育（たくいく）」として改めて食卓運動がはじまっている（p.207参照）。

（2）中食でのライフサポート

デパートの地下の食品売場や惣菜・弁当専門店、またはスーパーマーケットや、コンビニエンスストアでの惣菜、弁当の需要は年々高まり、まさに家庭内の食生活の代用となっており、消費者の健康を支えるために必要不可欠な商品となっている。

おいしいこと、使用している食材の安全性、栄養バランス、食べやすさなど、多くが求められている。現在の法律では、食品表示が義務付けられているのは、パックや缶・袋などに包装されている商品のみであり、店頭でパック詰めする量り売りの持ち帰り惣菜については、表示の義務がない。そのため、日本惣菜協会などは、ガイドラインをもうけ、できる限り食材の産地や使用している調味料の表示、アレルギー表示などの表示を行なうよう会員企業に呼びかけている。

今後は、さらに、単身の高齢者の食を支えるため、咀嚼（そしゃく）や嚥下（えんげ）しやすさの工夫がなされた惣菜や弁当や、エネルギーコントロールされた弁当などの開発も求められている。

（3）外食でのライフサポート

　外食業の食材の扱いについては衛生面で問題視されるケースも多い。外食業における食品表示が法律化されていないこともあり、消費者庁の食品表示検討会議において原産地やアレルギーの表示について、外食向けのガイドラインが策定されている。このガイドラインには、栄養表示の義務化も検討されており、より詳細な情報を提供することが望まれている。管理栄養士や栄養士が管理したメニューを提供している学生食堂や社員食堂のメニューが注目されているが、食べる人の健康を考えた食の提供が望まれている。

（4）小売・流通・製造でのライフサポート

　中食や外食のように調理済みの食品を家庭内の食事におきかえるHMR（Home Meal Replacement）の傾向が強い半面、節約意識から、安く抑えるための家庭内食も見直されている。中食や外食では、家庭でできない調理技術や調理法が求められている一方で、家庭内食では、より手軽で、より安心で、よりおいしいレシピやメニューが求められている。

　生鮮品を扱う小売店や食品メーカーでも、商品だけを売るのではなく、栄養価、調理方法、盛付け方、調理のアレンジ方法などをレシピカードやHP（ホームページ）などで、より多く、詳しく提供することが当たり前となっている。

　ただし、レシピ簡便化傾向にある。電子レンジや電子レンジ専用の調理器具を使うことや、伝統的な調理法では時間がかかるメニューを工夫して時間短縮するコツなども重要な情報となる。また、レシピ検索サイトも増え、消費者が手軽にレシピを手に入れることができるようになった。このレシピサイトを利用して、消費者へ向けて情報提供することも有効であるが、情報の正確性は常に検証する必要がある。

3. シニアフード

　以前の高齢者向けの食品は、通常の食べ物をただミキサーでドロドロにしたり、細かく刻んだりしただけのものが多く、とても食欲をそそられないものもあった。現在は、見た目も美味しそうに工夫された既製品や、自宅で調理したものをミキサーにかけムース状にすることができる食品など、多くの介護食や栄養補助食品などが出まわっている。

1 スマイルケア食

　従来、シニアフードの呼称にはさまざまなものがあったが、2014（平成26）年11月に農林水産省が「介護食品」と呼ばれてきた食品の愛称を「スマイルケア食」とすると発表した。高齢者向けの食品を、噛むこと、飲み込むことが難しい方のための食品としてだけでなく、低栄養の予防につながる食品、生活をより快適にする食品という広い領域から新たな視点でとらえ直したもので、公募により決定した名称である。「スマイルケア食」の特徴は、高齢者一人ひとりの食べる機能の状態に合わせた食形態が選択できることである。また、見た目の美しさだけでなく、食べる楽しみにも配慮した食品となっている（図4-3-1）。

2 | 学会分類 2013

「医療・福祉関係者が共通して使用できる統一基準」を作ることを目的に、日本摂食嚥下リハビリテーション学会が発表した「嚥下調整食分類2013」を指す。病院や施設における食形態の分類を提案している。

3 | 嚥下食ピラミッド

食べ物を飲み込みの難易度別に6段階に分類したものである。この基準をもとに、病院・施設、在宅の状態で、同じレベルの食事やリハビリテーションを提供することができる。

（1）レベル0（L0）：開始食（嚥下訓練食）
均質性を持ち、重力だけでスムーズにのどを通過する食品。
（2）レベル1（L1）：嚥下食Ⅰ（嚥下訓練食）
均質性を持ち、ざらつきやべたつきの少ない、ゼラチン寄せなどのゼリー食。
（3）レベル2（L2）：嚥下食Ⅱ（嚥下訓練食）
均質性を持つものの、L1に比べるとねばりが強くはりつきやすい、ゼラチン寄せなどのゼリー食。
（4）レベル3（L3）：嚥下食Ⅲ（嚥下食）
安定期における嚥下食で、不均質性の、ピューレを中心とする食品。
（5）レベル4（L4）：介護食（移行食）
パサつかず、むせにくく、なめらかな一口大の大きさの食事。
（6）レベル5（L5）：普通食
飲み込む力に問題がある方は食べることが難しい、ごく一般的な食事。

4 | 高齢者ソフト食

管理栄養士の黒田留美子氏が開発した家庭料理の調理法。高齢者の噛む力に合わせて1～3に分け、食材の選び方や調理法を工夫したものである。

5 | ユニバーサルデザインフード（UDF）

日本介護食品協議会の認定している「ユニバーサルデザインフード」（以降、UDF）（注1）とは、在宅で介護食を利用されている方や病気療養中の患者さん、また一時的な歯の治療などで「噛む力」「飲み込む力」が弱っている方に向け、食べやすさに配慮して調理された食品の総称。レトルト食品や冷凍食品などの調理加工食品があり、厚生労働省の定める高齢者・咀嚼（そしゃく）嚥下（えんげ）困難者向けの「特別用途食品」とは異なるため、「高齢者食」といった限定的な表現を用いず、"万人に使用できる"という意味合いを持たせた名称になっている。さらに、院内介護食（病院給食の一分野）とは異なり、一般の人でも買うことができる食品、という意味合いも込められている。日本介護食品協議会には多くの食品会社が加盟しており、UDFのパッケージには、必ずロゴマークが表示されている（図4-3-2）。

（注1）「ユニバーサルデザインフード」、「UDF」の各名称、ロゴマークは日本介護食品協議会の登録商標。

6 | 介護食品の統一分類

スマイルケア食普及推進会では、シニアフードを選ぶ際に利用できるよう、「噛む力」「飲み込む力」に問題のある方の状態に応じた統一分類を作成した。既存の民間規格におけるそれぞれの「硬さ」の基準に対応する、飲み込むことに問題がある方向けの食品3区分と、噛むことに問題がある

方向けの食品4区分とに統一的に分類されている。

参考文献
● 一般社団法人ケアフィット推進機構「シニアフードアドバイザー」公式テキストより抜粋

図4-3-1. スマイルケア食

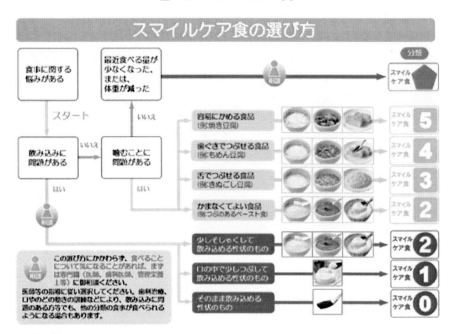

農林水産省ホームページより

図4-3-2. ユニバーサルデザインフード(UDF)の表示

日本介護食品協議会　ホームページより

表4-3-1. 介護食品の既存の分類とスマイルケア食の分類

	学会分類2013	嚥下食ピラミッド	高齢者ソフト食	UDF区分	統一分類	
既存の民間規格						
	―	―	高齢者ソフト食1 (弱い力でかめる)	区分1 (容易にかめる)	5	かむことに問題
	嚥下調整食 4	L4 (移行食)	高齢者ソフト食2 (歯ぐきでつぶせる)	区分2 (歯ぐきでつぶせる)	4	
	嚥下調整食 3 (多量の離水がない)	L4 (移行食)	高齢者ソフト食3 (舌でつぶせる)	区分3 (舌でつぶせる)	3	
	嚥下調整食 2-2 (不均質なものを含む)	L3 (嚥下食Ⅲ)	―	区分4 (かまなくてもよい)	2	
	嚥下調整食 2-1 (均質なピューレ・ペースト・ミキサー食など)	L3 (嚥下食Ⅲ)	―	区分4 (かまなくてもよい)	2	飲み込むことに問題
	嚥下調整食 1j (均質で離水に配慮したゼリー・プリン・ムース状)	L1・L2 (嚥下食Ⅰ・Ⅱ)	―	区分4 (かまなくてもよい)	1	
	嚥下調整食 0t (とろみ水)	L3の一部 (とろみ水)	―	―	0	
	嚥下調整食 0j (均質なゼリー)	L0 (開始食)	―	―	0	

固　←固さ→　軟

スマイルケア食普及推進会資料より

4. 食教育（食育、卓育）

※卓育：NPO法人食空間コーディネート協会が提唱している考え方

1 食育

1）食育の定義

「食育」とは「食」を通じて人の心も体も良く、豊かに育むということである。食の大切さを見直し、食を通して、人の心と体、人間関係、地球環境を考える（一般社団法人全国料理学校協会「"食育"調理技術の基礎」より）。

2）食生活指針とは

がん、心臓病、脳卒中、糖尿病などの生活習慣病の増加は、国民の大きな健康問題である。これらの疾病は、食事、運動などの生活習慣と密接な関連にある。このため、食生活の改善など生活習慣を見直すことで疾病の発症そのものを予防する「一次予防」の推進とともに、合併症の発症や症状の進展を防ぐ「重症化予防」が重要となっている。

また、高齢化に伴う機能の低下を遅らせる観点からは、低栄養の予防など、高齢期においても良好な栄養状態の維持を図ることが重要となってくる。さらに、食生活のあり方は、食料自給率にも大きな影響を与え、食べ残しや食品の廃棄は、地球的規模での資源の有効活用や環境問題にも関係している。

このため、2000年3月に、当時の文部省、厚生省及び農林水産省が連携して「食生活指針」を策定した。その後、2005年に食育基本法が制定され、2013年度からは10年計画の国民健康づくり運動「健康日本21（第二次）」が開始するとともに、2013年12月には「和食：日本人の伝統的な食文化」がユネスコ無形文化遺産に登録されるなど、食生活に関する幅広い分野での施策に進展がみられ、2017年には食育基本法に基づき「第3次食育推進基本計画」が作成された。

以下に食生活指針（平成28年6月一部改正）を原文のまま掲載する。

◆食事を楽しみましょう。
・毎日の食事で、健康寿命をのばしましょう。
・おいしい食事を、味わいながらゆっくりよく噛んで食べましょう。
・家族の団らんや人との交流を大切に、また、食事づくりに参加しましょう。
◆1日の食事のリズムから、健やかな生活リズムを。
・朝食で、いきいきした1日を始めましょう。
・夜食や間食はとりすぎないようにしましょう。
・飲酒はほどほどにしましょう。
◆適度な運動とバランスのよい食事で、適正体重の維持を。
・普段から体重を量り、食事量に気をつけましょう。
・普段から意識して身体を動かすようにしましょう。
・無理な減量はやめましょう。
・特に若年女性のやせ、高齢者の低栄養にも気をつけましょう。
◆主食、主菜、副菜を基本に、食事のバランスを。
・多様な食品を組み合わせましょう。

・調理方法が偏らないようにしましょう。
・手作りと外食や加工食品・調理食品を上手に組み合わせましょう。
◆ごはんなどの穀類をしっかりと。
・穀類を毎食とって、糖質からのエネルギー摂取を適正に保ちましょう。
・日本の気候・風土に適している米などの穀類を利用しましょう。
◆野菜・果物、牛乳・乳製品、豆類、魚なども組み合わせて。
・たっぷり野菜と毎日の果物で、ビタミン、ミネラル、食物繊維をとりましょう。
・牛乳・乳製品、緑黄色野菜、豆類、小魚などで、カルシウムを十分にとりましょう。
◆食塩は控えめに、脂肪は質と量を考えて。
・食塩の多い食品や料理を控えめにしましょう。食塩摂取量の目標値は、男性で1日8g未満、女性で7g未満とされています。
・動物、植物、魚由来の脂肪をバランスよくとりましょう。
・栄養成分表示を見て、食品や外食を選ぶ習慣を身につけましょう。
◆日本の食文化や地域の産物を活かし、郷土の味の継承を。
・「和食」をはじめとした日本の食文化を大切にして、日々の食生活に活かしましょう。
・地域の産物や旬の素材を使うとともに、行事食を取り入れながら、自然の恵みや四季の変化を楽しみましょう。
・食材に関する知識や調理技術を身につけましょう。
・地域や家庭で受け継がれてきた料理や作法を伝えていきましょう。
◆食料資源を大切に、無駄や廃棄の少ない食生活を。

・まだ食べられるのに廃棄されている食品ロスを減らしましょう。

・調理や保存を上手にして、食べ残しのない適量を心がけましょう。

・賞味期限や消費期限を考えて利用しましょう。

◆「食」に関する理解を深め、食生活を見直してみましょう。

・子供のころから、食生活を大切にしましょう。

・家庭や学校、地域で、食品の安全性を含めた「食」に関する知識や理解を深め、望ましい習慣を身につけましょう。

・家族や仲間と、食生活を考えたり、話し合ったりしてみましょう。

・自分たちの健康目標をつくり、よりよい食生活を目指しましょう。

3）食育基本法の概念

2005年7月15日に制定された「食育基本法」は「食」に関する情報が氾濫する中で、食品の安全確保のために食を選ぶ目を養うこと、食材に興味を持って生産性を高めること、更に健全な食生活を通して生活習慣病を防ぐことを目的とし、「食」の大切さをもう一度見直そうというもの。

①食品の安全性の確保等における食育の役割
②心身の健康の増進と豊かな人間形成
③子供の食育における保護者、教育関係者の役割
④食に関する体験活動と食育推進活動の実践
⑤伝統的な食文化等への配慮及び、農山漁村の活性化と食料自給率への貢献
⑥食育推進運動の展開
⑦食に関する感謝の念の醸成
（一般社団法人全国料理学校協会「"食育"調理技術の基礎」より）

4）食育の3つの柱

①安心・安全・健康の選食能力を養う
　　どんなものを食べたら安心か、安全か、健康になれるか？
②衣食住の伝承・しつけは共食（家族の団欒）から
　　しつけやマナー、食卓・食事の意義、家族の団欒
③食糧問題やエコロジーなど、地球の食を考える
　　食糧問題、食料自給率、地産地消・特産物や生産者の保護、環境問題、人口問題
（特定非営利活動法人日本食育インストラクター協会　ホームページ）

5）第4次食育基本計画

我が国の食をめぐる環境は大きく変化してきており、さまざまな課題を抱えている。高齢化が進行する中で、健康寿命の延伸や生活習慣病の予防が引き続き国民的課題であり、栄養バランスに配慮した食生活の重要性は増している。人口減少、少子高齢化、世帯構造の変化や中食市場の拡大が進行するとともに、食に関する国民の価値観や暮らしのあり方も多様化し、健全な食生活を実践することが困難な場面も増えてきている。古くから各地で育まれてきた地域の伝統的な食文化が失われていくことも危惧される。

食を供給面から見ると、農林漁業者や農山漁村人口の著しい高齢化・減少が進む中、我が国の2021年度の食料自給率はカロリーベースで38％、生産額ベースで63％と食料の多くを海外からの輸入に頼っている。

一方で、食品ロスが令和2年度推計で522万トン発生しているという現実もある。また、近年、日本各地で異常気象に伴う自然災害が頻発する等、地球規模の気候変動の影響が顕在化しており、食のあり方を考える上で環境問題を避けることは

できなくなっている。

（1）SDGsと食育との関係

国際的な観点から見ると、2015年9月の国連サミットで採択された国際開発目標である「持続可能な開発のための2030アジェンダ」は、17の目標と169のターゲットからなる「SDGs（Sustainable Development Goals、持続可能な開発目標）」を掲げ、「誰1人取り残さない」社会の実現を目指すものである。

SDGsの目標には、

①「目標2．飢餓を終わらせ、食料安全保障及び栄養改善を実現し、持続可能な農業を促進する」

②「目標4．すべての人々への包摂的かつ公正な質の高い教育を提供し、生涯学習の機会を促進する」

③「目標12．持続可能な生産消費形態を確保する」

などの食育と関係が深い目標がある。食育の推進は、我が国の「SDGsアクションプラン2021」（令和2年12月持続可能な開発目標（SDGs）推進本部決定）の中に位置付けられており、SDGsの達成に寄与するものである。

（2）新型コロナウイルス感染症の流行で食育の重要性が高まる

さらに、新型コロナウイルス感染症は世界規模に拡大し、その影響は人々の生命や生活のみならず、行動・意識・価値観にまで波及した。接触機会低減のためのテレワークの増加、出張機会の減少等により、在宅時間が一時的に増加するとともに、外出の自粛等により飲食業が甚大な影響を受けるなど、我が国の農林水産業や食品産業にもさまざまな影響を与えた。また、在宅時間や家族で食を考える機会が増えることで、食を見つめ直す契機ともなっており、家庭での食育の重要性が高まるといった側面も有している。

こうした「新たな日常」の中でも、食育がより多くの国民による主体的な運動となるためには、ICT（情報通信技術）や社会のデジタル化の進展を踏まえ、デジタルツールやインターネットも積極的に活用していくことが必要である。このような情勢を踏まえ、食育に関する施策を総合的かつ計画的に推進していくため、2021年度から概ね5年間を計画期間とする第4次食育推進基本計画が作成された。

本計画では、国民の健康や食を取り巻く環境の変化、社会のデジタル化など、食育をめぐる状況を踏まえ、

①生涯を通じた心身の健康を支える食育の推進

②持続可能な食を支える食育の推進

③「新たな日常」やデジタル化に対応した食育の推進

に重点をおいた取り組みが求められる。

また、持続可能な世界の実現を目指すため、SDGsへの関心が世界的に高まり、ESG投資（環境（Environment）、社会（Social）、ガバナンス（Governance）を重視した投資）も世界的に拡大する中、持続可能性の観点から食育も重視されており、SDGsの視点で食育に取り組む企業も出てきている。

SDGsが経済、社会、環境の三側面を含みこれらの相互関連性・相乗効果を重視しつつ、統合的解決の視点を持って取り組むことが求められていることにも留意し、SDGsと深く関わりがある食育の取り組みにおいても、SDGsの考え方を踏まえ、相互に連携する視点を持って推進する必要がある。

国民の健全な食生活の実現と、環境や食文化を意識した持続可能な社会の実現のために、行政、教育関係者、農林漁業者、食品関連事業者、ボランティア等関係する各主体が相互の理解を深め、連携・協働し、国民運動として食育を推進しなけ

ればならない（農林水産省「第４次食育基本計画」より）。

（３）第４次食育基本計画の重点事項と目標

第４次食育基本計画では、今後５年間に特に取り組むべき重点事項を以下の通り定め、総合的に推進している。

①重点事項１　生涯を通じた心身の健康を支える食育の推進（国民の健康の視点）

②重点事項２　持続可能な食を支える食育の推進（社会・環境・文化の視点）

③重点事項３　「新たな日常」やデジタル化に対応した食育の推進（横断的な視点）

（４）食育推進の目標：16の目標と24の目標値（図4-6-1）

6)現在食卓において問題となっている6つのコ食

①個食　家族揃って食卓を囲んでいるが、それぞれがバラバラに好きなものを食べること

②孤食　孤独に１人で食べること

③固食　自分のすきなもの、いつも同じものばかり食べること

④小食　少しの量しか食べないこと

⑤粉食　パンや麺など粉から作られるものばかり食べ、米を食べないこと

⑥濃食　濃い味付けのものばかり好んで食べること

7)食事バランスガイド

「食事バランスガイド」は、望ましい食生活についてのメッセージを示した「食生活指針」を具体的な行動に結びつけるものとして、１日に「何を」「どれだけ」食べたらよいかの目安を分かりやすくイラストで示したものである。厚生労働省と農林水産省の共同により、2005年６月に策定された（図4-6-2）。

8)食育ピクトグラム

国は、食育の取り組みを子供から大人まで誰にでもわかりやすく発信するため、表現を単純化した絵文字であるピクトグラムを作成した（図4-6-3）。

2 │ 卓育

食育基本法の三本柱のひとつ「食事の機会に食卓の環境を整備してしつけを行なう」という要素は、「食育」という全体目的の中で「卓育」というキーワードで表現できる重要なものである。

【卓育の項目】

（１）清潔なくらし（きれいにしよう。）

食空間を清潔に保つことで、伝染病や食中毒にかからない環境を作る。食空間を整理整頓することで、気持ちのよい安らぎの空間を作る。

手洗い、うがいの習慣づけで病気にかかりにくい体を作る。

（２）感謝の気持ち（いただきます。ごちそうさま。）

「いただきます」のあいさつの中に自然の恵みへの感謝、命を頂くよろこび、食材の生産や供給にたいしての知識と感謝のきもちを持つ。「ごちそうさまでした」のあいさつの中で、食材の流通や調理などに携わった人々への感謝。

（３）おいしさの自覚（おいしいね。）

五感（味覚・視覚・聴覚・触覚・嗅覚）の発達を促し、味のいろいろを知り、食材を区別し特徴を知り、表現する能力を育てる。

（４）色彩、バランスの感覚（きれいだね。）

野菜の色など食材、料理の色合いから色彩感覚を育て、器の中の料理の盛り付けや食卓まわりからバランス感覚を育て、養う。

図4-6-1. 食育推進の目標：16の目標と24の目標値

目標		
具体的な目標値	現状値 （令和2年度）	目標値 （令和7年度）
1 食育に関心を持っている国民を増やす		
①食育に関心を持っている国民の割合	83.2%	90%以上
2 朝食又は夕食を家族と一緒に食べる「共食」の回数を増やす		
②朝食又は夕食を家族と一緒に食べる「共食」の回数	週9.6回	週11回以上
3 地域等で共食したいと思う人が共食する割合を増やす		
③地域等で共食したいと思う人が共食する割合	70.7%	75%以上
4 朝食を欠食する国民を減らす		
④朝食を欠食する子供の割合	4.6%※	0%
⑤朝食を欠食する若い世代の割合	21.5%	15%以下
5 学校給食における地場産物を活用した取組等を増やす		
⑥栄養教諭による地場産物に係る食に関する指導の平均取組回数	月9.1回※	月12回以上
⑦学校給食における地場産物を使用する割合（金額ベース）を 　現状値（令和元年度）から維持・向上した都道府県の割合	―	90%以上
⑧学校給食における国産食材を使用する割合（金額ベース）を 　現状値（令和元年度）から維持・向上した都道府県の割合	―	90%以上
6 栄養バランスに配慮した食生活を実践する国民を増やす		
⑨主食・主菜・副菜を組み合せた食事を1日2回以上ほぼ毎日 　食べている国民の割合	36.4%	50%以上
⑩主食・主菜・副菜を組み合せた食事を1日2回以上ほぼ毎日 　食べている若い世代の割合	27.4%	40%以上
⑪1日当たりの食塩摂取量の平均値	10.1g※	8g以下
⑫1日当たりの野菜摂取量の平均値	280.5g※	350g以上
⑬1日当たりの果物摂取量100g未満の者の割合	61.6%※	30%以下
7 生活習慣病の予防や改善のために、ふだんから適正体重の維持や減塩等に気をつけた食生活を実践する国民を増やす		
⑭生活習慣病の予防や改善のために、ふだんから適正体重の維持や 　減塩等に気をつけた食生活を実践する国民の割合	64.3%	75%以上
8 ゆっくりよく噛んで食べる国民を増やす		
⑮ゆっくりよく噛んで食べる国民の割合	47.3%	55%以上
9 食育の推進に関わるボランティアの数を増やす		
⑯食育の推進に関わるボランティア団体等において活動して 　いる国民の数	36.2万人※	37万人以上
10 農林漁業体験を経験した国民を増やす		
⑰農林漁業体験を経験した国民（世帯）の割合	65.7%	70%以上
11 産地や生産者を意識して農林水産物・食品を選ぶ国民を増やす		
⑱産地や生産者を意識して農林水産物・食品を選ぶ国民の割合	73.5%	80%以上
12 環境に配慮した農林水産物・食品を選ぶ国民を増やす		
⑲環境に配慮した農林水産物・食品を選ぶ国民の割合	67.1%	75%以上
13 食品ロス削減のために何らかの行動をしている国民を増やす		
⑳食品ロス削減のために何らかの行動をしている国民の割合	76.5%※	80%以上
14 地域や家庭で受け継がれてきた伝統的な料理や作法等を継承し、伝えている国民を増やす		
㉑地域や家庭で受け継がれてきた伝統的な料理や作法等を 　継承し、伝えている国民の割合	50.4%	55%以上
㉒郷土料理や伝統料理を月1回以上食べている国民の割合	44.6%	50%以上
15 食品の安全性について基礎的な知識を持ち、自ら判断する国民を増やす		
㉓食品の安全性について基礎的な知識を持ち、自ら判断する 　国民の割合	75.2%	80%以上
16 推進計画を作成・実施している市町村を増やす		
㉔推進計画を作成・実施している市町村の割合	87.5%※	100%

※は令和元年の数値

農林水産省「第4次食育基本計画」より

図4-6-2. 食事バランスガイド

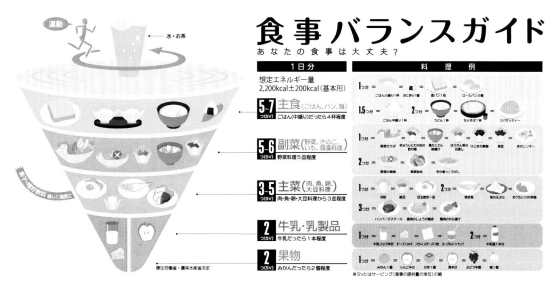

農林水産省ホームページより

図4-6-3. 食育ピクトグラム

 共食
家族や仲間と、会話を楽しみながら食べる食事は、心も体も元気にします。

 朝食欠食の改善
朝食の摂取は、健康的な生活習慣につながります。

 栄養バランスの良い食事
主食・主菜・副菜の組み合わせた食事で、バランスの良い食生活になります。

 生活習慣病の予防
適正体重の維持や減塩に努めて、生活習慣病を予防します。

 歯や口腔の健康
よくかんで食べることにより歯の発達・維持、食べ物による窒息を防ぎます。

 食の安全
食品の安全性等についての基礎的な知識をもち、自ら判断し行動する力を養います。

 災害への備え
いつ起こるかも知れない災害を意識し、非常時のための食料品を備蓄しておきましょう。

 環境への配慮（調和）
SDGsの目標である持続可能な社会を達成するため、環境に配慮した農林水産物・食品を購入したり、食品ロスの削減を進めたりします。

 地産地消等の推進
地域でとれた農林水産物や被災地食品等を消費することは、食を支える農林水産業や地域経済の活性化、環境負荷の低減につながります。

 日本の食文化の継承
地域の郷土料理や伝統料理等の食文化を大切にして、次の世代への継承を図ります。

 農林漁業体験
農林漁業を体験して、食や農林水産業への理解を深めます。

 食育の推進
生涯にわたって心も身体も健康で、質の高い生活を送るために「食」について考え、食育の取組を応援します。

農林水産省ホームページより

（5）運動機能の発達（上手でしょ。）

　箸使いや食器の持ち上げ等、こまかな運動機能を高め、視覚的触覚を育てる。料理作りや配膳の手伝いをすることで体のバランスの調節ができるようになる。

（6）コミュニケーション力をつける（楽しいね。）

　家族と一緒に食べる食卓では心を開いて会話がすすむ、会話に加わることでコミュニケーション力がつく。家族のそれぞれの関係や役割を知り、自分がその一員であることを自覚し、愛情を感じ安心と喜びを感じる。

（7）食文化やグローバルな好奇心を養う（おもしろいね。）

　四季の旬や行事やしきたりなど、料理や食卓のイベントから、日本の伝統文化や世界の文化を知ることができる。

（8）家族の喜びを共有する（うれしいな。）

　誕生日や家族の記念日にはみんなでお祝いの食卓を囲み、家族の喜びを分かち合うことで、絆が深まり、自己確立につながる。

（9）社会の動きや在り方を知る（大きくなったよ。）

　世代の違う人々と食卓を囲むことで、大人の会話を通じて、社会の動きやあり方などを知る機会となる。

（10）ホスピタリティが身に着く（おもてなしの気持ち。）

　大切な人やお客様を招いての食卓では心遣い、心配りができ、おもいやりの心が育まれる。

　（食空間コーディネート協会「卓育資格」テキストより抜粋。一部表記を筆者が改めた）

5. 特別食・宗教食

1 | 特別食

　体質や考え方によって、特定の食物の摂取を控えたり、特定の方法で調理した食物しか食べない食事。科学的根拠が明確でないものもある。

1）グルテンフリー

　主に小麦などの穀物に含まれるタンパク質から生成されるグルテンを摂取しない食事療法。小麦粉を使ったパンや麺類などに代わり、ジャガイモ粉、米粉、玄米粉、トウモロコシ粉などを原材料とするグルテンを含まない加工品を摂取する。近年では免疫力の向上や食欲の抑制といった健康・美容効果が見込める食習慣として欧米で広く取り入れられている（朝日新聞出版　知恵蔵　mini）。

2）ベジタリアン

　菜食主義者。肉や魚などの動物性食品をとらず、野菜・芋類・豆類など植物性食品を中心にとる人。肉類に加え卵・乳製品なども一切食べないビーガン（ピュアベジタリアン）、植物性食品と卵を食べるオボベジタリアン、植物性食品と乳製品を食べるラクトベジタリアンなどのタイプに分かれる

（小学館　デジタル大辞泉）。

3）マクロビオテック

食文化の研究を行なった桜沢如一（さくらざわゆきかず、1893 ～ 1966）が提唱した、玄米や雑穀、野菜、海藻などを主体に摂取する食療法。長寿法、禅式長寿法、正食療法などとよばれていたもの。

明治時代の軍医であった石塚左玄（いしづかさげん、1851 ～ 1909）が提唱した、玄米菜食を中心とした食療法（石塚式食療法）が原点にあり、身土不二（しんどふじ）、一物全体、陰陽調和などを基本理念として掲げている（小学館　日本大百科全書　ニッポニカ）。

4）ローフード(Row Food)

食物が持つ栄養素をそのまま摂取しようと、加熱しない生の状態か、48 度（食物酵素が破壊されない温度）以下で調理した食材を用いた食品。20 世紀初めに欧米で提唱され、各国に広まった食物酵素は、食べ物から摂取する酵素のことで、ある程度自己消化する力が備わっている。人間が1 日のうちに作れる潜在酵素（消化酵素と代謝酵素）の量が決まっており、食物酵素を摂取することで、消化酵素の消費量を抑え、代謝酵素の働きを増やすという考え。加工食品は使用しない（朝日新聞　朝刊　生活欄）。

2 | 宗教食

1）イスラム教

ハラールフードのハラールはウルドゥー語で「由緒正しい」「法にのっとった」の意。イスラム教徒は豚肉を食べることを禁じられているが、その他の肉もイスラム式に正しく屠殺されたものでなければ食べない。

【忌避（きひ）食品】

豚、アルコール、血液、宗教上の適切な処理

が施されていない肉、うなぎ、イカ、タコ、貝類、漬け物などの発酵食品（国土交通省「多様な食文化・食習慣を有する外国人客への対応マニュアル」。以下、国土交通省　対応マニュアルと略）。

2）仏教

食に関する禁止事項がみられるのは、一部の僧侶と厳格な信者に限定される。特に、東アジア（中国、台湾、韓国、ベトナムなど）、中央アジア（チベット、モンゴルなど）など、大乗仏教が広まっている地域に多くみられる。大乗仏教では、肉食を避ける傾向が強い。また厳格な仏教徒には、臭いが強く修行の妨げになるとの理由から、五葷（ごくん）を食べることが禁じられている。一部の宗派は食べ物に禁止事項が存在し、中国系で観音信仰の人は牛肉を食べないこともある。

【忌避食品】

一部ではあるが肉全般、一部ではあるが牛肉、一部ではあるが五葷（ニンニク、ニラ、ラッキョウ、玉ネギ、アサツキ）（国土交通省　対応マニュアル）。

3）キリスト教

キリスト教では、基本的に食に関する禁止事項はほとんどない。少数派ではあるが、一部の分派では、食を含めた様々な禁止事項を規定している。モルモン教では、アルコール類、コーヒー、紅茶、お茶の摂取が禁じられている。

【忌避食品】

一部ではあるが肉全般、一部ではあるがアルコール類、コーヒー、紅茶、お茶（国土交通省　対応マニュアル）。

4）ユダヤ教

ユダヤ教では、「カシュルート」（注1）において、食べてよいものと食べてはいけないものが厳

格に区別されている。ユダヤ教で食べてよい食べ物は「コーシェル」と呼ばれる。

【忌避食品】

　豚、血液、イカ、タコ、エビ、カニ、ウナギ、貝類、ウサギ、馬、宗教上の適切な処理が施されていない肉、乳製品と肉料理の組み合わせなど（国土交通省　対応マニュアル）。

(注1) カシュルート kashrut（適正食品規定）　小学館　日本大百科全書（ニッポニカ）

5）ヒンドゥー教

　ヒンドゥー教徒はインド及びネパールに多数存在する。

　肉食が避けられ、肉類、卵、魚が忌避の対象となるが（卵だけ、魚だけ食べる人もいる）、一般的に乳製品は多量に摂取する。高位のカーストや社会的地位の高い人ほど肉食を避ける傾向が強い。また、肉食をする人もいるが、その場合にも食べる対象は、鶏肉、羊肉、ヤギ肉に限定される。

【忌避食品】

　肉全般、牛、豚、魚介類全般、卵、生もの、五葷。

6. 食品の保存と家庭における衛生管理

1 家庭における食品の食材の保存方法

それぞれ保存法に適した食材か注意する。
①塩漬け（白菜漬け、ベーコン）
②砂糖漬け（ジャム、コンポート）
③酢漬け（ピクルス、ラッキョウ）
④酒漬け（梅酒、薬草酒）
⑤油漬け（オイルサーディン）
⑥佃煮（くぎ煮）
⑦燻製（ベーコン）
⑧乾燥（干物）

2 家庭における食材保存のポイント

　食中毒予防の3原則は食中毒菌を「つけない、増やさない、殺す（やっつける）」である。家庭における食品保存のポイントは、表4-6-1の通り。

3 選食能力を身につける

食べると危険な食品含有物
①殺虫剤（害虫から作物をまもる薬、有機リン化合物）
②ポストハーベスト農薬（収穫した後の作物が害虫などの害に遭わないようにする農薬）
③放射性物質
④自然毒（フグ、毒キノコ）

表4-6-1. 家庭における食品保存のポイント

①	冷蔵や冷凍の必要な食品は、持ち帰ったら、すぐに冷蔵庫や冷凍庫に入れる。
②	冷蔵庫や冷凍庫の詰めすぎに注意する。めやすは、7割程度である。
③	冷蔵庫は10℃以下、冷凍庫は－15℃以下に維持することが目安である。温度計を使って温度を計ると、より庫内温度の管理が正確になる。細菌の多くは、10℃では増殖がゆっくりとなり、－15℃では増殖が停止している。しかし、細菌が死ぬわけではないので、早めに使いきるようにする。
④	肉や魚などは、ビニール袋や容器に入れ、冷蔵庫の中の他の食品に肉汁などがかからないようにする。
⑤	肉、魚、卵などを取り扱う時は、取り扱う前と後に必ず手指を洗う。せっけんを使い洗った後、流水で十分に洗い流すことが大切。簡単なことだが、細菌汚染を防ぐ良い方法である。
⑥	食品を流し台の下に保存する場合は、水漏れなどに注意する。また、直接床に置いたりしてはいけない。

厚生労働省　ホームページより

7. 食品表示

1 食品表示法に基づく表記

食品の表示は、これまで複数の法律に定めがあり、非常に複雑なものになっていた。食品衛生法、JAS法（旧：農林物資の規格化及び品質表示の適正化に関する法律）及び健康増進法の3法の食品の表示に係る規定を一元化した「食品表示法」が2013（平成25）年6月28日に公布された。事業者にも消費者にも分かりやすい表示を目指した具体的な表示ルールである「食品表示基準」が策定され、「食品表示法」が2015年（平成27年）4月1日に施行された。

1）表示事項

食品表示法で定められた表示事項は、品質事項、衛生事項、保健事項の3つである（図4-7-1）。

・品質事項：JAS法で定められていた、食品の品質に関する表示の適正化を図るために必要な食品に関する表示事項
・衛生事項：食品衛生法で定められていた、国民の健康の保護を図るために必要な食品に関する表示事項
・保健事項：健康増進法で定められていた、国民の健康の増進を図るために必要な食品に関する表示事項

2）食品表示制度

食品表示制度は、図4-7-2に示した通りである。

3）JAS法に基づく表記

従来は「農林物資の規格化及び品質表示の適正化に関する法律」という名称であったが2015（平成27）年4月1日に、JAS法の品質表示の適正

化の部分、食品衛生法、健康増進法のうち食品表示に関する部分を整理・統合した食品表示法の施行に伴い、食品の表示基準の策定などに関する規定が削除され、題名が現在のものに改められた。

現在は「農林物資の規格化等に関する法律」とよばれ日本農林規格に基づき（JAS規格）の制定、保護の仕組みや認定機関・飲食料品以外の農林物資の品質表示などについて定める日本の法律。

（1）JASマーク

JAS規格に合格した食品についているマーク。強制的ではないので、マークのついていない商品もある。

図4-7-1. 食品表示法に基づく表記

図4-7-2. 食品表示制度

東京都福祉保健局　ホームページより

【規格が定められている食品】

カップめん、しょうゆ、果実飲料など

（2）有機JASマーク

化学的に作られた肥料や農薬を使わない農産物や加工品、有機農産物と同じように作ったエサを食べさせて、自由に育った家畜の卵や乳、肉などにつけられるマーク。

【規格が定められている食品】

有機農産物、有機加工食品、有機畜産物

（3）特定JASマーク

特別な作り方や育て方の規格を満たす食品を表わしている。一定期間以上熟成されたハムなどについている。

【規格が定められている食品】

熟成ハム類、熟成ソーセージ類、熟成ベーコン類、地鶏肉など

（4）生産情報公表JASマーク

だれが、どこで、どのように作った食品なのかを、消費者にきちんと伝えていると認定されてい

るマークで牛肉や豚肉、加工食品などにつけられている。

【規格が定められている食品】

生産情報公表牛肉、生産情報公表豚肉、生産情報公表農産物など

4)食品衛生法・栄養改善法に基づく表記

図4-7-3

5)消費者庁が許可する食品

（1）特別用途食品マーク

特別用途食品とは、乳児、幼児、妊産婦、病者などの発育、健康の保持・回復などに適するという特別の用途について表示するもの。特別用途食品として食品を販売するには、その表示について国の許可を受ける必要がある。

（2）特定保健用食品マーク（トクホ）

食生活において特定の保健の目的で摂取する者に対し、その摂取により当該特定の保健の目的が期待できる旨の表示を行なうもの。特定保健用食品として食品を販売するには、その表示について消費者庁長官の許可を受けなければならない（健康増進法第43条）。 表示の許可に当たっては、食品ごとに食品の有効性や安全性について国の審査を受ける必要がある。

（３）栄養機能食品

　特定のマークは無し。1日に必要な栄養成分（ビタミン、ミネラルなど）が不足しがちな場合、その補給・補完のために利用できる食品。すでに科学的根拠が確認された栄養成分を一定の基準量含む食品であれば、特に届出などをしなくても、国が定めた表現によって機能を表示することができる。

　基準が定められていない栄養成分（下記以外の成分）は、栄養機能食品として機能の表示を行なうことはできない。

　　・ミネラル類：亜鉛、カリウム、カルシウム、鉄、銅、マグネシウム
　　・ビタミン類：ナイアシン、パントテン酸、ビオチン、ビタミンA、ビタミンB_1、ビタミンB_2、ビタミンB_6、ビタミンB_{12}、ビタミンC、ビタミンD、ビタミンE、ビタミン

K、葉酸
　　・脂肪酸：n-3系脂肪酸

（４）機能性表示食品

　特定のマークは無し。事業者の責任において、科学的根拠に基づいた機能を表示した食品。販売前に、安全性及び機能の根拠に関する情報などが消費者庁長官に届出されたもの。届出情報が消費者庁の ウェブサイトで確認できる。

6）アレルゲンを含む食品の表示

　特定のアレルギー体質をもつ方の健康危害の発生を防止する観点から、過去の健康危害等の程度、頻度を考慮し、容器包装された加工食品等に特定の原材料を使用した旨の表示を義務付けている。

（１）表示が義務付けられているもの
　（7品目）
　　卵、乳、小麦、落花生、えび、そば、かに

（２）通知で表示を奨励されている特定原材料に準ずるもの、可能な限り表示
　（21品目）
　　いくら、キウイフルーツ、くるみ、大豆、カ

図4-7-3. 食品表記の体系

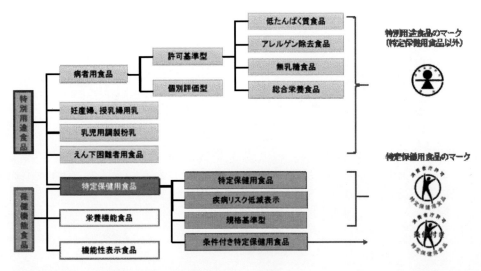

国立研究開発法人　医療基盤・健康・栄養研究所 ホームページより

※特別用途食品−病者用食品−許可基準型は令和元年9月に糖尿病用組合せ食品、腎臓病用組合せ食品の2種が追加となり6種となった

シューナッツ、バナナ、やまいも、もも、りんご、さば、ごま、さけ、いか、鶏肉、ゼラチン、豚肉、オレンジ、牛肉、あわび、まつたけ、アーモンド

7）紛らわしい表記

①有機栽培

　農薬や化学肥料を原則として不使用。種まきや種つきから2年以上禁止されている農薬や化学肥料を使用していない水田や畑で栽培され、農林水産省の認定登録機関の検査に合格したもののみが「有機」と表示できる。有機とオーガニックは同意味でつかわれている。

②低脂肪

　脂質が100g当たり3g以下

　飲料は100ml当たり1.5g以下

③低カロリー

　食品100g当たり40kcal以下

④無糖

　糖分が100g当たり0.5g未満

⑤砂糖無添加

　砂糖は不使用。砂糖以外の糖類（ブドウ糖・糖など）は使用していることがある。

⑥糖分ひかえめ

　糖分が100g当たり5g以下

　飲料の場合は100ml当たり2.5g以下

⑦甘さ控えめ

　基準のない味覚に関する表示

（一般社団法人　全国料理学校協会　「"食育"調理技術の基礎」より）

参考文献

◉農林水産省ホームページ
◉消費者庁ホームページ
◉東京都福祉保健局　ホームページ
◉国立研究開発法人　医療基盤・健康・栄養研究所 ホームページ

◉一般社団法人　全国料理学校協会　"食育"調理技術の基礎

第5章
食の表現と演出

Food Coordinator

1. 食空間コーディネート

食空間は、料理、サービス、空間デザイン、設備など、すべてが一体となり快適な環境が整えられた、「豊かな時間を過ごすことのできる空間」でなくてはならない。

例えば、飲食店の食空間をコーディネートするとき、業種・業態が年々変化していくなかで、健康志向や環境問題に結びついたコンセプトなど、新しい視点に立った店づくりを考える必要がある。

また、ライフスタイルの変化とともに、私たちの食に対する価値観、求めるものはより深化している。

1 | 豊かな食空間をコーディネートするための5つのポイント

「豊かな食空間」をコーディネートするためには、次の5つのポイントを十分に把握する必要がある。

1)食の知識
食材、調理方法、食器類の種類と使い方、食文化など

2)人間工学
色彩、家具、インテリア、照明、音響など心地よい空間を考えるうえで欠かせない

3)人間心理
ホスピタリティ、サービス
どうすれば相手に満足してもらえるか

4)社会性
コミュニケーションを活発にするための話題性、文化性、社会的知識など

5)構成力
時間的流れを考え、メニュー構成やパフォーマンスなど、印象に残る空間にする

2 | デザインコンセプト・テーマの設定

空間づくりのためには、コンセプト・テーマの明確化が重要になる。

1)全体の組み立てを考える
三間（人間、時間、空間）に基づき、6W3Hに沿って具体的に推定する（新・フードコーディネーター教本3級テキスト、第9章第2節参照）。

2)空間の性格設定
空間の基本的な性格を設定する。
例：
- アットホーム、シティーライフ、リゾートライフ
- フォーマル、インフォーマルなど

3)コンセプト・テーマの設定
さまざまな分野からテーマを探し、その時間軸（過去～現在～未来）を想定しながらコンセプトを組み立てる。
例：
- 歴史的な建築様式
- 各国の文化、生活習慣
- 自然、生物
- 美術、音楽、文化、映画、スポーツ
- 社会のトレンド

4）デザインへの展開

コンセプトに基づいて空間デザインのイメージをつくりあげ、具体的にデザインやコーディネートへと展開していく。

3 | 形、色、テクスチャー

形、色、テクスチャーは造形の基本的な3要素であり、これらを適切に組み合わせ、デザインしていく。

1）形の認識

（1）視点の高さ

姿勢によって目の位置（アイレベル）は変わる。和室のように床に座る場合は、アイレベルは低くなり、立位や椅子式の場合は高くなる。

それに合わせ、窓台や装飾などの位置は違ってくる。

異なる座位が混在する空間では、このアイレベルの調整が必要となる。

（2）視野と視距離

視野の広さを認識することで、常に見える部分とそうではない部分が把握できる。

また、近距離で見る部分と遠くから見る部分では、デザインが違ってくる。

（3）錯覚の効果

内装材料のパターンなどによって、デザイン効果を高めることができる。

例：
・横線や小さなパターンを強調することで、部屋を広く見せる。
・縦線を強調することで、部屋を高く見せる。
・ある方向にパターンを配列することで、視線を誘導できる。

2）色の効果

（1）色の対比、同化、視認性

複数の色を同時に見ると互いに影響しあい、単独で見る場合と違って見える。

①対比

色と色に色相差・明度差・彩度差がある場合、それぞれ対比効果が見られ、これを色相対比・明度対比・彩度対比という。

②同化

類似した色同士、色の面積が小さい、細かい柄といった場合、色と色が似て見える同化現象が起こる。

③視認性

図の色とその地色の色相・明度・彩度の差が大きいほど目立ち、視認性が高まる。

（2）色と面積

同じ色でも面積によって違って見える。一般に大きい面積ほど明度・彩度が高く見えるため、小さな色見本で色を決定するような場合、細心の注意が必要である。

（3）色の心理効果

①温度感

暖色は温もりを、寒色は清涼感を感じる。体感温度にして約3℃異なるという実験結果もある。

②重量感

明度の高い色は軽く、明度の低い色は重たく感じる。

空間の色は一般的に、床・壁・天井の順に明度が高くなると安定して見える。

③膨張・収縮／進出・後退

暖色系で明度が高いと膨張・進出し、寒色系で明度が低いと収縮・後退して見える。

空間を淡い色でまとめると広く感じ、逆に濃い色でまとめると狭く感じる。

④興奮・沈静

　　暖色で彩度が高くなると心が高ぶり、寒色で彩度が低くなると落ち着きを感じる。

⑤色の連想

　　人は色に対して体験を重ね合わせて見ることがある。色から連想するものやイメージは、民族、風土、文化、時代、性別、経験、深層心理などが関わっているといえる。

（4）配色と調和

　配色の調和を考えるとき、色間の三属性（色相・明度・彩度）やトーンの差を小さくする、または大きくするといった基本的な方法をはじめ、さまざまな方法がある。コンセプトに合わせて、まとまりのある配色、バランス・調和のある配色、変化のある配色といったように柔軟に考えるようにする。

　実際に空間の配色を行なう場合、その形、素材、大きさ、位置関係についても考慮する必要がある。同じ色でも分量や配置によって印象が変わること

を忘れてはならない。

（5）演色性

　物の色の見え方に及ぼす光源の性質を演色性という。白色蛍光灯のように色温度が高いと青味を帯びた光となり、白熱灯のように色温度が低いと赤味を帯びた光となる（図5-1-1、図5-1-2参照）。

　色彩を考えるとき、使用する照明の演色性を考慮する必要がある。

3）テクスチャー（材質感）のデザイン効果

（1）安定感

　テクスチャーがあることで、壁や天井などの均質な大きな面から感じる圧迫感を取り除き、安定した空間をつくる。

（2）補正効果

　製品の表面のむらや、歪みのために起こる光沢のむらなどを目立たなくする。

図5-1-1. 色温度

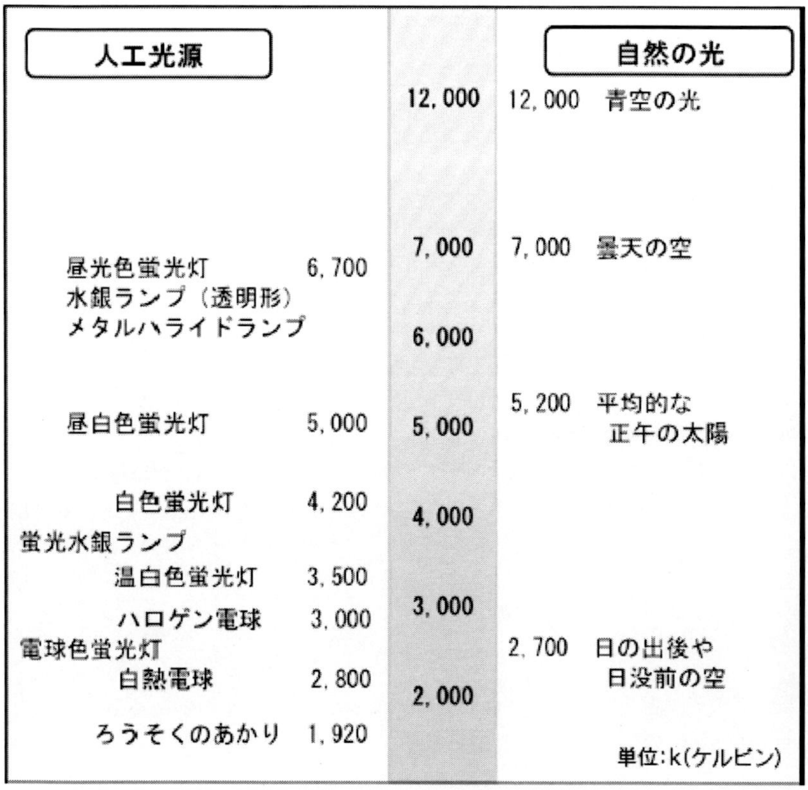

人工光源		自然の光	
	12,000	12,000	青空の光
昼光色蛍光灯　6,700	7,000	7,000	曇天の空
水銀ランプ（透明形）			
メタルハライドランプ	6,000		
昼白色蛍光灯　5,000	5,000	5,200	平均的な正午の太陽
白色蛍光灯　4,200	4,000		
蛍光水銀ランプ			
温白色蛍光灯　3,500			
ハロゲン電球　3,000	3,000		
電球色蛍光灯		2,700	日の出後や日没前の空
白熱電球　2,800	2,000		
ろうそくのあかり　1,920			単位：k（ケルビン）

（3）対比効果

粗面と滑面を対比させることで、それぞれの特徴がより強調される。

例：冷たく滑らかな大理石の床に敷かれた毛足の長いカーペットなど

（4）色彩調和補正効果

同じ材質・色のものでも、表面の光沢、粗さなどの違いにより異なる色に見え、配色が不調和になっている場合でも、テクスチャーをつけることで補うことができる。

例：ベルベットの生地は、彩度の高い色でも表面が粗いため明度が落ち、合わせやすい色になる。

4 家具

1）家具のデザイン

家具のデザインは、コンセプトを効果的に表現する要素のひとつである。

家具の様式や材質などを考慮し、コンセプトに合ったデザインを選び出す。

2）人間工学の応用

人間工学とは、「人間に直接かかわりをもつあらゆるシステムについて、人間の種々の特性を知って取り込み改善する工学」と定義されており、空間を計画するうえで欠かせないものである。人体寸法を基本とする人間工学は、家具の機能においても欠かせない。

3）椅子の座り心地

椅子の座り心地を決める要素には、寸法・角度、体圧分布、クッション性などがある。

目的に応じた正しい椅子座姿勢を保てるよう、座面の高さ・奥行き・角度、背もたれの角度・支持点の位置などが適切である必要がある。

さらにクッション性などを加味し、食事を目的とした椅子、ゆったりとお茶や酒を楽しむための椅子など、目的に合わせて選ぶ。

日本の生活様式は椅子を使う欧米型へと変化してきた。高齢者の膝への負担なども考慮され、和食店における掘りごたつや和室用椅子も欠かせないものになっている。

4）テーブルの高さ

従来日本では、器を手に持って食事をするため、食卓の高さはあまり問題ではなかった。

欧米型では、ナイフ、フォーク、スプーンなどを用いて食事をするため、顔に近い高さに器を置く方が使いやすく、それは読み書きに適したテーブルの高さと一致する。

（1）食事用の椅子座面の高さとテーブルの高さの差は、約280mmとするとよい。

例：
・座面420mmでは、テーブル高700mm
・座面460mmでは、テーブル高740mm

同時に、勝手、座り心地、安全性などの機能、またコストなども考慮しなければならない。

図5-1-2. 色温度と空間の雰囲気

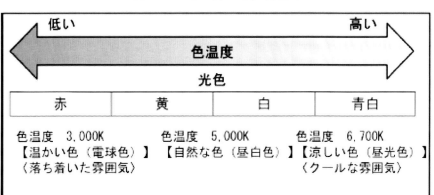

（2）和室の座卓の高さは、座面と座卓の高さの差（約280mm）に、座布団や座椅子の厚み（20〜50mm）を加えて、300〜330mmとするとよい。

（3）喫茶のように器を口に運ぶ場合、器を持つ最短の高さ＝座面から肘までの高さ（200mm）をテーブルの高さにするとよい。

　　例：
　　・座面400mmでは、テーブル高600mm
　　・座面450mmでは、テーブル高650mm

（4）ラウンジなどで、器を持ってお茶や酒を飲む程度の場合は、テーブルの高さはあまり問題にならない。

5 アート、グリーン

1）アート

絵画やオブジェといったアートを用いることで、コンセプトをより生き生きと演出することができる。

空間のフォーカルポイントとなるものでもあり、アートの種別とともに、配置場所やサイズの検討が必要となる。

スポットライトなどをあてることで装飾効果がより高まるので、照明計画も同時に検討する。

2）グリーン

エコロジーや環境への配慮から、空間に自然を取り入れる工夫のひとつとして、店内緑化など、植物を用いることがある。緑があることで、空間に視覚的な潤いや快適性がもたらされる。

植物の生育のためには光・空気・水・土などを整える必要があり、まとまった量を用いる場合、建築・設備面と関わるので、早い段階からの計画が必要となる。

6 テーブルウェア

多様化の時代、飽食の時代、個の時代といわれる中、テーブルウェア（食器、グラス、カトラリー、クロス）においても、価値評価は厳しくなってきている。

コンセプトに基づき、三間・3K（決まり、季節、気持ち）・三風（風土、風味、風流（新・フードコーディネーター教本3級テキスト、第9章第2節参照））を踏まえて十分に検討する必要がある。

その際、使用するテーブルウェアそれぞれのアイテムについて、デザインのテイストや素材・技法といったクオリティーの統一感が重要となる。

1）食器、グラス、カトラリー類の選択

コンセプトに基づき、空間デザインに調和しメニューに合ったデザインやクオリティーであることはもちろん、下記の点にも留意して選択する。また、それぞれに適した方法で維持管理することも大切である。

　①なるべく多目的に使用できるもの
　②使いやすいもの
　③収納スペースを考慮したもの
　④強度の強いもの
　⑤安全性の高いもの
　⑥耐久性の高いもの
　⑦機能的なもの
　⑧補充しやすいもの

2）クロス類の選択

選択の注意点については、食器、グラス、カトラリー類と同様である。

汚れていたり破れていたりすると食事の気分が損なわれることもあり、常に清潔に保つことが要求される。

照明計画の基本となるのは、次の3点である。
①料理や飲み物がおいしそうに見えること
②テーブルに着く人の顔がよく見えること
③空間の環境、雰囲気が快適であること
　さらに店舗の空間を考える場合は、コンセプトに合わせて、特徴的に演出することも必要である。

1）テーブル上の演出

　食事を照らすテーブル上の照明が最も重要であり、おいしそうに見せるには、演色性のよい白熱灯やハロゲンランプが適しているといえる。
　演色性は劣るが、省エネの観点から電球色の蛍光灯の採用が増加している。さらに、ＬＥＤは技術開発、性能改善が進んでおり、蛍光灯に替わる省エネ光源になっている。

（1）ダウンライト・スポットライト

　ユニバーサルダウンライトやスポットライトを使い、テーブル上にしっかり照明が当たるようにする。
　①配光が狭い器具
　　・空間演出のメリハリを利かせることができる。

・テーブルに当たった反射光で、人の顔を柔らかく照らすことができる。
　②配光が広い器具
　　・全体が明るく照らされ、カジュアルな印象になる。

（2）ペンダント

　求心性があり、器具のデザインでコンセプトを表現することもできる。
　また、外からのアイキャッチにもなる。テーブル上に配置するときの位置決めは、十分に検討する必要がある（図5-1-3 参照）。

2）空間の演出

　テーブル上以外の照明は、コンセプトに合わせて計画する。ただし、同一空間に色温度のかけ離れた光源が混在すると、違和感が生じるので、その点は注意する（図5-1-4 参照）。

（1）落ち着いた空間

　色温度の低い光源を使い、照度を抑え目にすると落ち着いた雰囲気になる。

（2）カジュアルな空間

　日中窓から入る自然光で明るさを取り込むだけでなく、同時にペンダントや壁面照明などを用い

図5-1-3. 照明の選び方

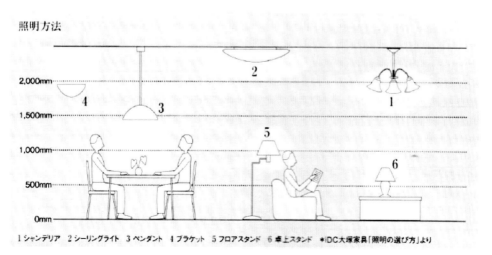

照明方法

1 シャンデリア　2 シーリングライト　3 ペンダント　4 ブラケット　5 フロアスタンド　6 卓上スタンド　＊IDC大塚家具「照明の選び方」より

ることで、さらに室内を明るい印象にすることができる。

（3）動線上のポイント

座った席から眺めるシーンなど、飽きさせない印象的な演出も重要である。

例：

・間接照明

・アート、グリーン、ディスプレイ、装飾壁面、サインなどに照明を当てる。

・印象的なデザインのスタンドを配置する。

それぞれの器具を調光できるようにすることで、時間帯の変化に対応した、自然な光環境を演出することができる。

また、店舗で客の目を楽しませるオープンキッチンを演出する場合、全体的な明るさは店内の明るさと調和を取り、キッチン内のディスプレイや作業台、食材など、見せたいポイントをしっかり照らすようにする。

なお、通路や段差においては、安全な明るさを確保することを忘れてはいけない（図5-1-4参照）。

8 | BGM

食空間に心地よさを与える要素のひとつにBGMがある。効果として次のようなことがあげられる。

①イメージを表現する

明るい、高級な、落ち着いたなど、作り出したいイメージをBGMによって表現することができる。

②感情に働きかける

BGMのテンポや曲調によって、無意識のうちに、楽しい、暗いといった気分が引き出され、それがイメージとなって記憶されることもある。

③行動に関わる

曲のテンポによって、自然に食べる速度が速まったり逆に落ち着いたりする。店舗の場合、回転率を変化させる効果を生みだすこともできる。

④雑音を隠す

人間の耳は聴きたい音だけを聴くことができるようにできている。

適切な音量でBGMを流すことにより、周りの雑音が気にならない環境をつくることができる。

9 | 室内環境

1）エコロジーな環境

地球の温暖化による様々な問題から、地球環境の維持や生態系の保護が重要課題となっている。食における生活環境を考える上でも、Reduce・Reuse・Recycle による資源やエネルギーの有効

図5-1-4. 店舗における照明演出

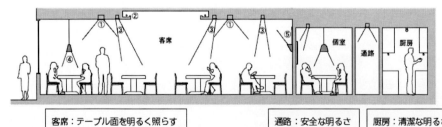

客席：テーブル面を明るく照らす　　通路：安全な明るさ　　厨房：清潔な明るさ

① ベース照明
　店舗によっては間接照明のみの配置でもよい
② 間接照明
　明るさをとる他に空間演出効果も高い
③ テーブル照明
　ユニバーサルダウンライトやスポットライトで
　テーブル上をしっかり照らす

④ ペンダント
　窓側では外からのアイキャッチにもなる
⑤ 壁面照明
　ブラケットやスポットライトで壁面にポイントを作る

利用などを実践していくことが求められている。

2）安全

　誰もが安心して飲食を楽しむためには、安全への配慮も必要である。

（1）転落・墜落

　・適切な手すり、踊り場などを設置する。

（2）転倒

　・中途半端な段差にしない。
　・段差は目立つよう、色や材料を変えたり足もとを照らしたりする。
　・滑りやすい床材は滑り止めの工夫をする。

（3）落下物

　・取り付け方法を十分に検討する。
　・落下したとしても危険が少なくなるよう工夫する。

（4）衝突

　・動作のために十分なスペースを確保する。
　・扉の開き勝手や見通しのきくデザインの検討をする。
　・大きなガラス面では、ガラスの存在を確認できる工夫をする。

（5）災害対策

　・避難通路を確保する。
　・家具などの転倒・落下防止の対策をする。
　・その他、建築基準法、消防法、条例に基づいた対策をする。

　また、車椅子への対応として、適切なスロープを設ける、通路の幅を確保するといった配慮も必要となる。

2. テーブルコーディネート

　テーブルコーディネートとは、「おいしいものをよりおいしく食べるための食空間演出」である。食卓を中心に人々が集い、同じ物を食べながら語らい、相互理解を深め、絆を結ぶ場を作ることで、会話が弾み、感動し、より良い時を過ごした喜びが、「おいしい」という感情を呼び起こさせることが目的である。そのためには、3級テキストで勉強した「食空間のあり方」・「3間」・「3K」・「三風」を基礎に考え、その上で、与えられた条件をもとに、料理をより「おいしい」と感じさせることが求められてくる。

1 ｜ 食空間演出の条件

1）居心地のよさ

　快適さを感じる空間的余裕、家具のサイズや配置、空間の色調、照明、空調、音響などの物理的環境を整える。

2）食べやすさ

　料理にあった食器や道具類、料理の温度調節、美しい盛り付け、機能的なセッティング、スムーズなサービス。

3) 会話を弾ませる

コミュニケーションを促す話題の提供、環境作り。

4) 印象に残る

人、会話、料理、サービスを通して、ホスピタリティを感じ心に残る心理的環境作り。

2 | 食空間演出のための「場」の定義

コーディネートは、何のために、どのような場面で、どのようなインテリアで、どのような形式で、どのような料理を食べるのかが、「場」の設定によって異なる。

1) フォーマルな場

フォーマルには「正式」「公式」「儀礼的」の意味があり、凛として格調高いスタイルで、相手に敬意をはらい、丁寧にもてなすことである。

政治、外交、ビジネスや個人的な祝賀会など、重要な公式の場としての晩餐会や午餐会があり、外すことのできないルールがある。プロトコールが最も重要視される。

2) セミフォーマルな場

セミフォーマルには「フォーマルに準じた」「非公式な」「略式の」「形式ばらない」の意味があり、ある程度基本に則っていれば、堅苦しくなく楽な雰囲気となる。

プライベート的要素も少し含み、より友好関係を結ぶために、垣根をこえて催される会など、幅広いおもてなしの場である。

3) カジュアルな場

カジュアルには「形式ばらず自由な」「日常的な」「気楽な」という意味があり、セミフォーマルよりは、よりプライベート的で自由に楽しめる場で

ある。

3 | 和の食空間の場

和の空間においても、すべてにおける日本の伝統文化の概念である「真」・「行」・「草」に基づいた格式で、フォーマルからカジュアルな場まで区別できる（3級テキスト参照）。

4 | 場にふさわしいインテリアとテーブルウェアの様式

主にヨーロッパでは国や民族、宗教などの影響と、時代ごとに、建築・インテリア・家具などに見られるまとまった特徴のデザイン様式（スタイル）がある（3級テキスト参照）。

テーブルウェアにもそのデザイン様式が反映され、家具やインテリアとコーディネートして、統一のとれた空間を作ることが望ましい。

5 | テーブルウェアの素材と技法のマトリックス

1) 素材とデザイン・技法を選ぶ目安

「アイテムのマトリックス（図5-2-2）」を見ると、軸上の同じような位置にある各アイテムの素材を組み合わせることによって、「場」の条件に合ったコーディネートが見えてくる。

2) デザイン様式（スタイル）

インテリア、家具などのデザイン様式（スタイル）を基準にアイテムのデザインを選び、組み合わせてトータルにコーディネートする。

欧米、特にヨーロッパや日本の公式な場では、時代様式（スタイル）に則った伝統の食空間コーディネートが求められるので、それぞれのスタイルの特徴をとらえておくと、明確なデザインコンセプトを立てることができる（図5-2-1）。

図5-2-1. デザイン様式（スタイル）

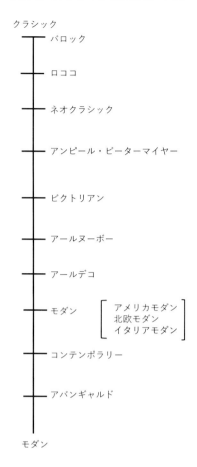

クラシック
- バロック
- ロココ
- ネオクラシック
- アンピール・ビーターマイヤー
- ビクトリアン
- アールヌーボー
- アールデコ
- モダン ［アメリカモダン 北欧モダン イタリアモダン］
- コンテンポラリー
- アバンギャルド

モダン

6 │ 洋のコーディネートの具体例

1）フォーマルクラシックの場合

（図5-2-4、表5-2-1参照）

「国賓またはそれに準ずる主客のためのプロトコールに則った晩餐会」

　会場：迎賓館またはそれに準ずるホテルなどの
　　　　宴会場
　メニュー：コンチネンタル・フルコース
　時間：晩餐会

　サービス：シッティング
　空間イメージ：格調高く、重厚な雰囲気

以上の条件を考えて、必要な各アイテムを選ぶ。
①アイテムの素材
　素材チャート軸の中心点よりも左端に位置するもの（図5-2-7参照）
②アイテムのスタイル
　重厚なインテリアデザインに合わせて、テイスト・スタイルのマトリックスのチャート軸上方に位置するもの

2）セミフォーマル・コンテンポラリーの場合

（図5-2-3、表5-2-2参照）

「新郎新婦の結婚披露宴」

多少儀式的要素をともなうが、現代風に来客が会を楽しみ、親睦がはかれるようにする。

　会場：ハウスレストラン系、ウェディング専門
　　　　会場
　メニュー：フレンチ系コンテンポラリー
　時間：夕方6時から
　サービス：シッティング
　空間イメージ：明るく、スタイリッシュ

以上の条件を考えて、必要な各アイテムを選ぶ。
①アイテムの素材
　素材チャート軸の中心点よりやや左に位置するもの（図5-2-7参照）
②アイテムのスタイル
　現代的なインテリアデザインに合わせ、テイスト・スタイルのマトリックスのコンテンポラリーからモダン系に位置するもの

3）カジュアル・モダンのコーディネートの場合

（図5-2-4、表5-2-3参照）

「男女3組の友人同士が同好を楽しみ、情報交換

図5-2-2. テイスト・スタイルのマトリックス
（フォーマルクラシック）

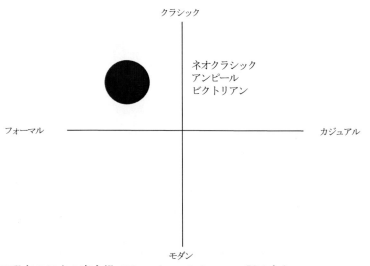

※現在の日本の宴会場では、バロックやロココ調は少ない
※赤坂迎賓館はネオバロック様式、京都迎賓館は和モダン様式

表5-2-1. 各アイテムの具体例（フォーマルクラシック）

	素材	イメージ	スタイル	備考
クロス ナプキン	麻	緊張感のある白	ダマスク ジャガード	テーブルトップから 50㎝下がる オールオーバー 60㎝　四方
食器	磁器 ファインボーン チャイナ	重厚感のある 装飾性 高級感	フラット型 輪花型 金装型 伝統柄	変形皿は使用しない
グラス	クリスタル	重厚感のある 透明度が高い	カット グラヴィエール 紋章入り	
カトラリー	純銀 洋白銀メッキ （EPNS）	装飾的 重厚感のある	バロック型 ネオクラシック型 ロココ型	ディナーナイフ・フ ォークは欧米サイズ を多く用いる
テーブル装飾品 キャンドルスタ ンド ソルト&ペッ パー	純銀 洋白銀メッキ ステンレス銀メ ッキ　（EPSS）	装飾的なもの キャンドルスタンド 等は枝付3～5本	ネオクラシック型	
センターピース	生花	バラを中心としたク ラシックな花々	ダイヤモンド型 ラウンド型 オーバル型	テーブル面1/9 高さ40～30㎝

図5-2-3. テイスト・スタイルのマトリックス
（セミフォーマル・コンテンポラリー）

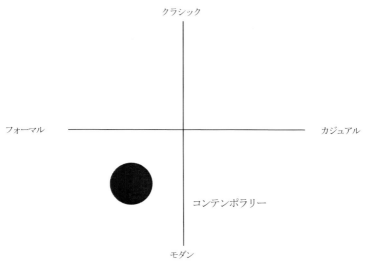

※ウェディング専門会場は、クラシックにもモダンにも適応できる場
　合が多い。ロマンチック系も好まれる。

表5-2-2. 各アイテムの具体例
（セミフォーマル・コンテンポラリー）

	素材	イメージ	スタイル	備考
クロス ナプキン	麻 または糸の細い綿	オフホワイト パステルカラー	ジャガード サテン 平織	テーブルトップ から 45〜50cm下がる 50〜60cm四方
食器	磁器 ファインボーン チャイナ	シンプル 抽象的模様 シルバー・プラチ ナ装飾	フラット型 抽象的模様 シルバー・プラチ ナ装飾	変形皿 角皿 スープカップ等 使用
グラス	カリガラス ネオクリスタル	透明度が高い シンプル 装飾性なし	ステムが長く ワインに合ったボ ール部分	
カトラリー	洋白銀メッキ ステンレス銀メ ッキ	直線的な シンプル	コンソール型 ビーズ型 モダン型	
テーブル装飾品 キャンドルスタンド ソルト&ペッパー	洋白銀メッキ クリスタル （ガラス）	シンプルなもの 抽象的造形 （ラインを強調し たもの）	高さのあるもの またはカップキャ ンドル	
センターピース	生花 フォームの花をよ く使う	シンプルな花	高く、細く アーティスティ ック	トップを高くもっ ていくので、テー ブル面積はあまり とらない

図5-2-4. テイスト・スタイルのマトリックス
（カジュアル・モダン）

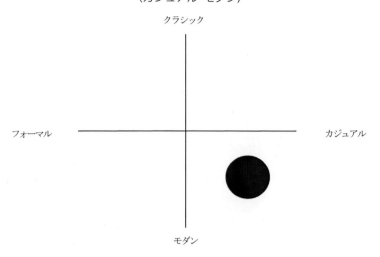

※ビュッフェ形式で料理が出されるので、サービスアイテムに
アクリル、金属等を使うと、カジュアル感が増す。

表5-2-3. 各アイテムの具体例
（カジュアル・モダン）

	素材	イメージ	スタイル	備考
クロス ナプキン	綿 ポリエステル	カラフル 特徴的 陽気	ストライプ チェック 大柄プリント	テーブルトップから30cm下がるテーブルマットも可 45cm四方
食器 パーソナルアイテム	新磁器 硬質陶器 軟質陶器	シンプル	トレンドの型 四方・変形	ディナー皿 サラダ皿
サービスアイテム	強化ガラス アクリル バスケット	装飾性なし	変形皿の おもしろい 組み合わせ	キャセロール アクリルボール
グラス	カリガラス ソーダガラス	透明度が高い シンプル	底面が安定している型 ボールとステムのバランスの 良いもの 羽反りのものでも良い	
カトラリー	ステンレス	シンプル カラフル	シンプル スタイリッシュ	柄は木やプラスチックでも良い
テーブル装飾品 キャンドル	ガラス	シンプル	カップキャンドルを 多用	
センターピース	生花 果物	イタリアンを イメージさせる	ビュッフェテーブル上はトップの花が目線にくるように シンプル	

をはかる食事会」

会場：テラスハウス
メニュー：イタリアン
時間：夕方から
サービス：シッティングビュッフェ
空間イメージ：気軽で、仲間意識が強く、好奇
　　　　　　　心、楽しさ

以上の条件を考えて、必要な各アイテムを選ぶ。
①アイテムの素材
　素材チャート軸の中心点より右の真ん中
に位置するもの（図5-2-7 参照）
②アイテムのスタイル
　場所の設定から、テイスト・スタイルのマト
リックスのコンテンポラリーからモダン系に
位置するもの

7 和のコーディネート

懐石料理、会席料理など、形態は多種にわたり、
それぞれのサービス方法も異なり、コーディネー
トも変わってくる。

和食は季節を重んじ、目で楽しむ料理である。
盛り付けの定式を守り、旬を知り、色彩感覚豊か
に演出することが求められる。
　また場の設定により、「真」・「行」・「草」に基
づいた格式に合わせて、器の素材、季節に合った
絵柄・模様を選ぶ（図5-2-7. アイテムのマトリッ
クス参照）。

1）懐石料理

本来「懐石」は、茶事の一環として濃茶をおい
しくいただくための食事である。基本は、一汁三
菜で、最初は飯、汁、向付から始める。量は多か
らず少なからず、簡素であることが第一である（図
5-2-5）。

（1）器や盛り付けには心配りをするが、飾り
　　立てることはなく、一器多用で強肴や預
　　鉢の料理も空いた向付に取り分ける。
（2）酒は出るが、最初の一献は向付で、二献
　　は椀（吸い物）で楽しみ、三献は八寸で多
　　少儀式的（ちぎりの杯）要素も含む。
（3）本膳料理のようにもてなしを数で誇り、
　　贅を競う空間展開型から、侘び茶にふさ

図5-2-5. 懐石料理

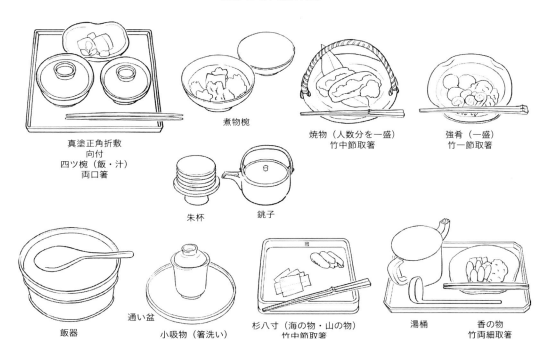

真塗正角折敷
向付
四ツ椀（飯・汁）
両口箸

煮物椀

焼物（人数分を一盛）
竹中節取箸

強肴（一盛）
竹一節取箸

朱杯　　銚子

飯器

通い盆

小吸物（箸洗い）

杉八寸（海の物・山の物）
竹中節取箸

湯桶

香の物
竹両細取箸

わしく簡素だが、「温かき物は温かきうちに」と間合いを計って、一品ずつサービスが供される時系列展開型である。

　向付と椀物以外は、全て一盛りにして出し、それぞれの客が取り回す。ご飯のおかわりも、おひつが回され、自分の良い量だけ取り分ける。

（4）茶席の客同士が、お互いに和み、コミュニケーションがはかれるようにとの心遣いから、亭主は一緒に食事をせず（相伴として裏で味見をする）、儀式的要素のある八寸のとき、客人と酒を酌み交わす。

（5）食事の終わりには、口をさっぱりさせるため、茶ではなく湯が出される。少量残しておいたご飯にかけ、出された沢庵とともにいただき、しまう。

2）会席料理

　「会席」は、酒宴向きのコース料理で、江戸中期以降に盛んになった料亭料理＝外食産業料理と

いえる。料理はもちろん、酒を楽しむことが前提なので、五感で楽しませるもてなし料理である（図5-2-6）。

（1）会席は、酒の肴から始まり宴席を盛り上げる趣向をこらす。献立の内容も自由度の高いもので、本膳や懐石のように厳密な決まりごとはない。

（2）基本的に一酒一肴で出されるので、料理と器の取り合わせが美しく、おもしろく、楽しく、料理のあしらいや盛り付けにも変化をつけ、季節感をより深く味わうことができるようにする。

（3）飯と汁（止椀）は、食事の締めに出されるが、そのときは杯や徳利は引き、おかずは香の物だけとなる。

（4）酒宴用の料理なので、量が足りなくては満足度が得られない。懐石に比べ、ボリュームはやや多めで品数も多くなる。

（5）酒や場を楽しむことを第一とするため、

図5-2-6. 会席料理

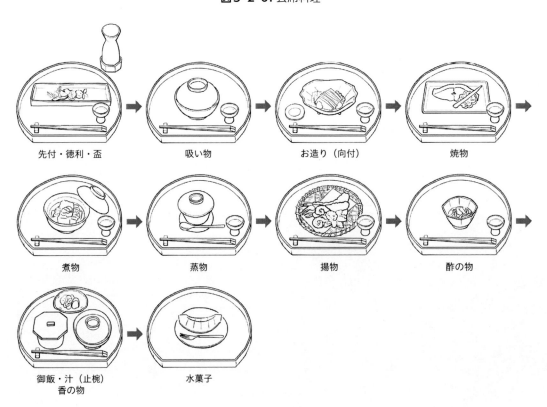

先付・徳利・盃　　吸い物　　お造り（向付）　　焼物

煮物　　蒸物　　揚物　　酢の物

御飯・汁（止椀）
香の物　　水菓子

図5-2-7. アイテムのマトリックス

洋食器（素材・絵付・技法）

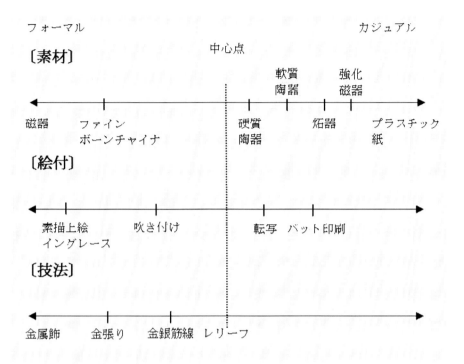

グラス（素材・装飾技法）

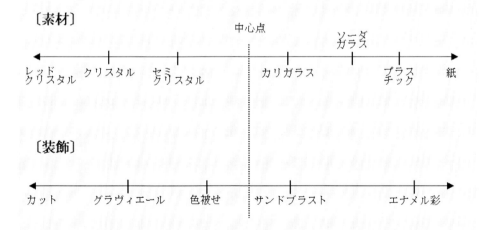

図5-2-7. アイテムのマトリックス

カトラリー・金属食器（素材）

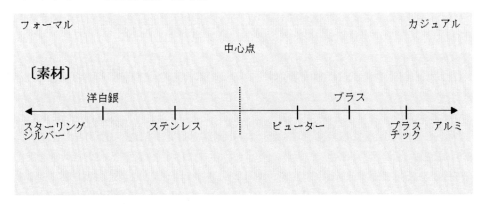

リネン（素材・糸の太さ・織り方・装飾）

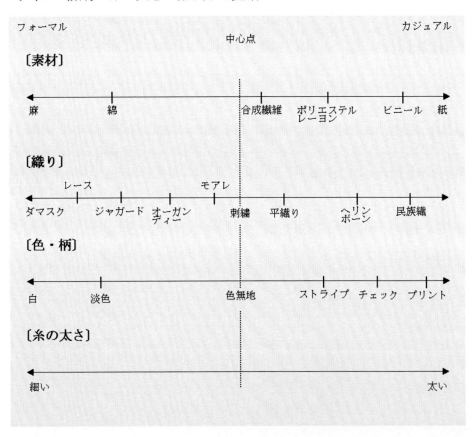

和陶磁器（素材・絵付・技法）

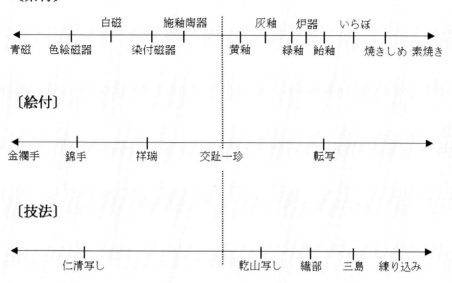

真
（フォーマル）

行
（インフォーマル）

草
（カジュアル）

〔素材〕

白磁　施釉陶器　灰釉　炉器　いらぼ
青磁　色絵磁器　染付磁器　黄釉　緑釉　飴釉　焼きしめ　素焼き

〔絵付〕

金襴手　錦手　祥瑞　交趾一珍　転写

〔技法〕

仁清写し　乾山写し　織部　三島　練り込み

漆器・木製器（素材・塗・加飾）

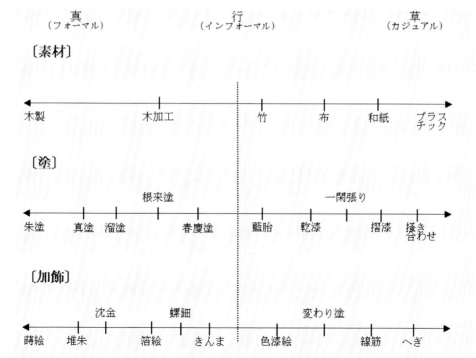

真
（フォーマル）

行
（インフォーマル）

草
（カジュアル）

〔素材〕

木製　木加工　竹　布　和紙　プラスチック

〔塗〕

根来塗　一閑張り
朱塗　真塗　溜塗　春慶塗　藍胎　乾漆　摺漆　掻き合わせ

〔加飾〕

沈金　螺鈿　変わり塗
蒔絵　堆朱　箔絵　きんま　色漆絵　線筋　へぎ

味付、料理法、盛り付け構成などにも制約はなく、時代の変化に対応する柔軟性があり、料理人の技だけでなく、空間をはじめすべてのセンスが大きく問われる。

参考文献
●NPO法人 食空間コーディネート協会 「TALK 食空間コーディネーターテキスト2級」（株式会社優しい食卓 2012年7月24日）

3. 色彩と食

おいしさは、五感で感じるといわれているが、その中で視覚は重要な役割を果たしている。

プロの手による料理の美しさ、デパ地下の食品の盛りつけなどは、色の美しさと味覚がセットになって、私達の購買力を無意識のうちに促している。また、目隠しをして食事をしたときに、味気なく感じることは視覚の重要性を示した一例でもある。

1 食材と色の効果

同じ食材を使った料理でも、盛り付ける食器の色、組み合わせる食材の色、色の配置、色彩の組み合わせによって印象が変わってくる。

色の効果を上手に使って料理をすると、同じ食材でもより美味しそうに見えて華やぐ。

美味しい食卓の演出には、色彩の知識を応用することが求められる。

2 食卓の色彩と栄養バランス

1）食材の五色「赤」「黄」「緑」「白」「黒」

食卓の彩りは食欲をそそる。食材の五色をバランスよく取り入れることで、栄養のバランスも整えることができる。

例えば懐石料理は、季節の素材を色彩で表現することで、食材の五色の考え方が大切にされてい

る。煮物の場合、人参（赤）、ふき（緑）、かぼちゃ（黄）、豆腐（白）、しいたけ（黒）などの組み合わせで表現されている。

2）食材の五色の効用

①赤の効用

心理的に活力を与え、バイタリティーを促進する。

牛肉、マグロなど赤の食材は、タンパク質や脂質の栄養素であり、主に筋肉、血液になる。トマトのリコピン、ニンジンのベータカロテンは抗酸化作用に優れている。

②緑の効用

ストレスを和らげる心理効果がある。

ほうれん草、ブロッコリーなどの緑の食材は、ビタミンやミネラルの栄養素であり、体の調子を整える。

③黄の効用

脳を刺激し、希望や発展をイメージさせる。

大豆、バナナ、卵などの黄の食材は、豊富な栄養（ビタミンB群）を含み、日々の活動を支える。

④白の効用

清浄を表わし、心を落ち着かせる。

ごはん、パン、牛乳など白の食材は主にエネルギーとなる。

⑤黒の効用

安心感や強さ、自信を与える。

わかめ、ひじき、海藻類、しいたけなどの黒の食材は、低カロリーで食物繊維、ミネラルが豊富である。

3 色と味覚

色は味覚を感じさせる。

食品の名前から色名をとることもあり、それぞれの食品から、色や味のイメージを連想させる効果がある。これは、各々の体験と記憶が合わさったものと考えられる。

①甘い色

　ピンクやケーキのクリーム色など、高明度、暖色系。

②苦い色

　漢方薬やお茶、コーヒーなどの灰色、黒、ダークな緑色。

③酸っぱい色

　レモン、ライム、酢に代表される黄色、黄緑色。

④辛い色

　唐辛子やカレーなど、赤や黄色で高彩度、刺激的。

⑤渋い色

　お茶に代表されるくすんだ黄緑色。

また、色は食品の鮮度を見分ける重要な役割をはたす。黒ずんだ食品は、カビ、腐敗を感じさせ、果物の熟れ具合を判断する場合も目安になっている。

4 器の色と料理の調和

1）器と色

洋食器の場合、料理が盛られる部分が白で、縁に色柄が入っていることが多い。西洋料理はソースで食べさせることが多く、白は、どのようなソースの色も映える。白い器はどんな料理にも映え、盛り付けもしやすく、使い勝手のよい器である。

和食器の場合は、そのような傾向は無く、幅広く色柄が使われている。

洋食器も和食器も、磁器の場合の色傾向は同様で、幅広い色相とトーンの器があり、特にＰＢ系（青紫）が多い。

それぞれの相違点は陶器に見られる。和の陶器は、土物といわれＹＲ系（橙）、Ｙ系（ベージュ、茶など）が多い。これは、自然に寄り添い暮らしている日本人の文化ともいえる。

最近は、欧米でも日本食、日本文化に注目が集まり、洋食器にも和食器のような色合いや柄が展開されている物も多く見られる。

2）器と料理の調和

器には、それぞれの持つ雰囲気がある。料理に合った器を選び、彩りよく、形よく盛り付けることが大切である。

例えば、器に料理を3種盛りつけるとき、暖色が食欲を引き立てるという理由から、3種類とも暖色系にするのではなく、中間色を合わせることで暖色が引き立つ。さらに寒色や緑の木の葉、草花を添えると、色彩効果が上がる。

器と料理の関係も同様に、白磁の磁器に色絵のあるもの、有田焼の色絵の多いものに、暖かい色ばかりを盛り付けては料理が引き立たない。暖色1種に寒色2種にすると料理が引き立つ。

また、余白を上手に取ることで、器が引き立ち、料理がいっそう美味しくなる。余白は、器の大きさと料理の分量で決まる。冬は料理6に対し余白4、または5対5とし、夏は料理3に対し余白7、または4対6とする。夏は冬より余白を多くすると涼しく感じる（図5-3-1）。

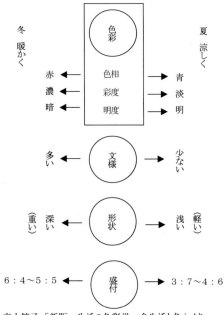

図5-3-1. 料理と器の調和

色彩

色相　彩度　明度

冬　暖かく　　　　　　　　　夏　涼しく

赤 ← → 青
濃 ← → 淡
暗 ← → 明

文様

多い ← → 少ない

形状

（重い）深い ← → 浅い（軽い）

盛付

6 : 4～5 : 5 ← → 3 : 7～4 : 6

高木節子「新版　生活の色彩学　食生活と色」より

5 | 器と季節感

　美食家で自らの作陶に料理を盛り、独創的な境地を開いた北大路魯山人の言葉に、「器は料理の着物である」がある。この言葉には、器は料理を盛り付け、よく使いこなし、料理を引き立てるものであるという意味がある。

　このように器と料理との調和を大切に、四季折々の料理と器の色彩的調和を考えることが、必要である。

　①「春」

　　日ごとに暖かさが増してくる季節なので、若やいだイメージの器、暖かく明るい色の絵付けをされた物など、柔らかく明るい色を選ぶと良い。

　②「夏」

　暑さを感じる季節なので、口が開いた朝顔形のすっきりとした感じの器、磁器の白さに藍色の柄の涼しげな色が良い。

　③「秋」

　　少しずつ寒さを感じる季節なので、暖かさを求めて、陶器の深さのある器や自然の彩りを映したような色を選ぶと良い。

　④「冬」

　　より寒くなる季節なので、暖かく温度を保つような形の器、陶器を中心に磁器を控えめに、豊かな色絵の器や暖かい色を選ぶと良い。

6 | 和の色

1）テーブルの色使い

　「和」を形成する美意識の中には、日本の風土に根ざした自然感、四季の移り変わりの美しさ、伝統行事に見られる華やかさ、庶民の生活から生まれたものがある。

　季節の移り変わりに従って、自然の色の変化を取り入れ、旬の材料を使った季節料理の色合いとの調和がポイントとなる。

2）かさねの色目

　和の色の取り合わせには、平安時代の衣服の「かさねの色目」がある。四季折々の自然を映し、衣装の重ねに光の透過で現れる微妙な色調を、季節ごとに咲く花、木の葉の色合いになぞらえ楽しんでいた。

　四季二十四節七十二候ともいわれるように、4～5日の周期で季節の移ろいを敏感に感じ、ハレの場、宮廷での儀式や節会の席、ケの日常まで王朝人は感性をみがき、色の競演を楽しんでいた。

　日本ならではの季節の色、旬の食材を使った料理との色合いやバランスは、自然が大きく影響している。

参考文献
- 高木節子「新版生活の色彩学　食生活と色」(朝倉書店 2001年4月25日)
- 門田真乍子「カラーコーディネート自由自在」カラー集団

「トータリア」編（講談社　1996年3月28日）
- 大谷光子「色彩フードセラピー」(株式会社阪急コミュニケーションズ 2008年11月5日)

4. 料理の盛り付け

1 盛り付けの基本

　盛り付けとは、料理を食器などに形よく盛ることであり、いわば「着こなし」である。目で食べるという表現の通り、料理の重要なポイントである。

　日本料理は、料理に合わせた器を選ぶ。大きさは料理に対して大きめのものが良く、空間を生かし立体的な盛り付けをする。鉢類の場合は、中高にして天盛りをのせて引き締める。

　西洋料理は、主料理と付け合せを盛り付ける場合、皿に十分な余白をもうける。また、マークのある場合、マークはお客様に対し向こう正面である。基本は主料理の向こう側に付け合せを盛ることが多かったが、現在は規則にとらわれず絵を描くように盛ることも多くなった。料理は皿の内側の線からはみ出さない。

　中国料理は、前菜以外は盛り付けをあまり重要視せず、大皿に持って取り分けることが多い。

　熱い料理は熱く、冷たい料理は冷たくして供し、器もそのように配慮する。食べやすさ・彩り・季節感を大切にする点は、和洋中共通した大切なポイントである（公益社団法人全国調理師養成施設協会発行「調理用語辞典」より）。

2 盛り付けについて

1）和食の主な盛り付け方

①杉盛り～小鉢などに和え物を山形にうず高く盛り付ける

②流し盛り～同じ形、同じ大きさに揃えた料理を並べ、傾けて断面を見せて盛り付ける

③平盛り〜大きめの皿に多人数分の料理を同じような高さで並べる盛り付ける

④放射盛り〜お皿の中心を決め、食材を同じような分量で真ん中から周囲に盛り付ける

2）和食の盛り付け方の基本

和食の盛り付けの基本は「三」である。

①皿の中に三角形をイメージし盛り盛り付けると構図が決まる

②三種三点盛りはバランスがよい

③深みのある器に盛る場合は三角錐を意識して、山の形に高く盛る

④まな板の上やボールの中で、あらかた料理の形を整えてから器に移す

⑤食材の配置は、主役の大きいものは向こう側に、あしらいなどの小さいものは手前に盛る

⑥手前は低く、奥は高めに盛り付け、立体感を出す

⑦盛り付けに青黄赤白黒（しょうおうしゃくびゃくこく）の配色を考えて取り入れる（青＝緑）

⑧アクセントに紫・茶を取り入れる場合もある

⑨器の紋様、色調、絵柄などを生かして盛り付ける

⑩季節で器を替えて変化をつける

3）洋食の盛り付け方

お皿の中の構図（コンポジション）で盛り付けを考える。

①お皿の中にある点（料理素材）と点のバランス関係を考える

②点を結んで面になる形のコンポジションパターンを考える（図5-4-1）

③お皿というキャンバスの中に色彩、ボリューム感、味わいを配置する

④メインの料理とお皿の大きさも考慮する

⑤対称と非対称を考慮する（図5-4-2）

図5-4-1. コンポジションパターン

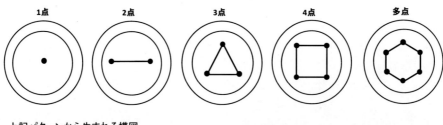

皿の中の基本的なコンポジションパターン

1点　2点　3点　4点　多点

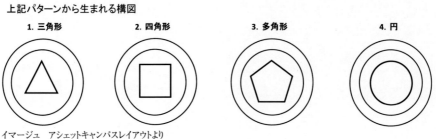

上記パターンから生まれる構図

1. 三角形　2. 四角形　3. 多角形　4. 円

イマージュ　アシェットキャンバスレイアウトより

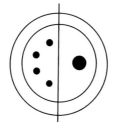

図5-4-2. 対称と非対称

対象 | 非対象

【対称】
• 安定
• 安心
• おさまりがよい
• 平凡
• 伝統

【非対称】
• 変化
• 動き
• リズム感
• 斬新
• 不安定

4)中華料理の盛り付け

① 大皿に盛るときは、どの角度（方向）から見ても同じように見えるように盛る
② 器の余白はあまり残さず、豪快で迫力のある盛り付けにする
③ 円の構図を意識し、単色にならないように、食材をトッピングする
④ 同じ食材（具）は散りばめて色合いを整える

5)パーティーフードの盛り付け

① 会話が主役なので、フィンガーフードなど片手で食べやすい料理を取り入れる
② ソースのある料理は味移りしないように別皿に盛る
③ オードブルなどは1人分ずつ高さのあるグラスなどに彩りよく盛り付ける
④ 参加者が一口ずつ食べられる量の料理が望ましい
⑤ あらかじめ小皿などに1人分を彩りよく盛り付けて並べる方法もある

3 器で変化をつける

① 器と料理が美味しそうに見える彩りを考える
② 器の形を料理によって変える
③ 器や食材に季節感を取り入れる
④ お皿を重ね使いする。異素材の場合は植物の葉などを間に入れると合わせやすい
⑤ 料理を盛り付けるときは、料理を引き立たせる器を使う

4 盛り方で変化をつける

① 「ふんわり」「こんもり」盛る
② 変化をつけるためにずらす
③ 器の余白を生かす
④ 単調な色彩の料理には、アクセントに添え物を使う
⑤ 仕上げにトッピングをする
⑥ 料理を盛り付けるときは、3色以上をバランスよくとりいれる

5 食空間と盛りつけのアクセント

料理の色彩や配置に加えて、食器のセレクト、テーブルや食空間の雰囲気、食べるシチュエーションなども考えて、最も視覚的効果が高くなるように、盛り付けの構成を考える。

① ソースでアクセントをつける
 ・皿にソースをたらし、竹串やスプーンでのばす
 ・オーブンシートでコルネを作り、ソースを絞り出して、柄を描く
 ・ソースが流れてしまう場合は、煮詰めたり、でんぷんを少し加えて粘度をつける

②セルクルで抜く
・側面の彩りが美しくなるように食材をセルクルに詰める
・セルクルをはずして彩りになるものをトッピングする
③リムの広い器に盛る
・リムの広い器は、その部分もキャンバス

として、料理やソースで飾る
④いろいろなピックを使いこなす
・季節感や料理のカテゴリーに合わせたピックを使う
・パーティーフードなどで高さを出したい場合は、ピンチョスのようにして、他の食材に刺したり、グラスにいれてもよい。

5. 食事の季節感

食事に季節感を取り入れるためにはさまざまな方法がある。これらを組み合わせて季節感を演出する。

1 季節感の演出方法

食事の季節感を演出するには、以下のような方法がある。
①旬の食材を使う。
②季節に合わせた柄の器を使う。
③季節に合わせた材質の器を使う。
④料理の温度を変化させる。
⑤クロスやテーブルフラワーなども含めた、食空間全体で四季を表現する。
⑥行事食を取り入れる。

2 行事食とは

日本人の生活の中には日常生活とは別に特別な日（ハレの日）がある。ハレの日には2種類あり、特別な食事を食べる習慣がある。
①毎年同じ時期にめぐってくる年中行事（正月・五節句など）。
②人の一生の間に経験する節目となる特別な

日。人生儀礼ともいう（誕生日・還暦など）。

3 日本の主な行事食

日本は四季の美しい自然と、山海の幸に恵まれていた。季節の節目ごとに年中行事を営み、絆を深めてきた。歳時と食は深い繋がりがあり、伝統を伝承していくことも大切である（表5-5-1）。

4 海外の行事食

（1）サンクスギビングデー
1620年イギリスからアメリカ大陸に渡ったピューリタン一行が原住民に助けられ、なんとか生き延びることができた。生活できるようになった一行は、野生の七面鳥やタラやマスといった魚介類を収穫し、それを使って、原住民達のために食事会を開催した。これがサンクスギビングデーのはじまりである。アメリカでは毎年11月の第4木曜日、カナダでは毎年10月の第2月曜日と決められている。メイン料理はローストターキー、マッシュポテトにボイルしたインゲンを付け合わせる。

（2）バレンタインデー

　3世紀、皇帝の命令に反して兵士たちを結婚させた聖バレンタイン司祭が処刑された日。日本ではチョコレートを贈る風習となっているが、海外では花やギフトを贈る。2月14日。

（3）謝肉祭（カーニバル）

　アメリカやヨーロッパのカトリック教会などでイースター（復活祭）の46日前に行なわれる行事。イースターまでの期間、人々は断食や粗食を続けなくてはならないため、肉をメインに食べる。イタリアではひき肉のたっぷり入ったラザニア、ブラジルではシェラスコなどを食べる。

（4）復活祭（イースター）

　イースターは四旬節の卵や砂糖の解禁日なので、ここぞとばかりにお菓子を食べる。これは四旬節（注1）の節制の間に産まれた卵を消費する理由もある。またイースターは肉の解禁日でもあるので、復活祭を祝う晩餐では、肉や卵などの動物性食品が並ぶ。

（5）ハロウィン

　ハロウィンとは、毎年10月31日に行なわれる、古代ケルト人が起源と考えられている祭りのことである。もともとは秋の収穫を祝い、悪霊などを追い出す宗教的な意味合いのある行事であった。その流れをくんでいるアイルランドでは伝統的なハロウィンを行なっている。アイルランドの伝統的なハロウィン料理はコルカノンというじゃがいも料理とバームブラックというドライフルーツを使ったケーキ、リンゴやナッツなどである。

（6）クリスマス

　12月25日のキリストの誕生日。アメリカやイギリスではローストターキーにクランベリーソースをかけて食べる。また、菓子ではフランスはビッシュ・ド・ノエル（キリストのために夜通し火を絶やさないという思いを込め、薪の形をしている）、イギリスはミンスパイ（キリストが眠る揺

表5-5-1. 日本の主な行事食

月	月名		名称	食べ物	意味
1	睦月	むつき	正月	雑煮	節会の料理のことで正月料理の意味ではない。節会（せちえ）とは、日本の宮廷で節日（祝の日）などに天皇のもとに群臣を集めて行われた公式行事。饗宴を伴う。食材や調理法には各々健康、長寿、子宝などの意味がある。
			人日の節句	七草粥	セリ、ナズナ、ゴギョウ、ハコベラ、ホトケノザ、スズナ、スズシロの七草が入ったかゆを食べて、その年一年の無病息災を願う。
			鏡開き	汁粉	長寿を願う歯固めの行事と固くなった餅が結びついたもの。
2	如月	きさらぎ	節分	豆まき・福豆	豆をまき、疫病や災害を鬼にみたてて追い払う。また、健康を願って、歳の数だけ豆を食べる。
				恵方巻き（太巻き）	福を巻き込むという意味で、「恵方」を向いて太巻きを食べる。
3	弥生	やよい	上巳の節句	菱餅	桃の節句とも呼ばれる。緑は新緑、白は雪、赤は桃の花をイメージし、それぞれ厄除け、長寿、健康への願いも込められている。
			春のお彼岸	ぼた餅	ぼたんの咲く季節に供える餅。
4	卯月	うづき	花まつり	甘茶	灌仏会とよばれる釈迦の誕生日を祝う仏教行事　釈迦像に甘茶をかける。
5	皐月	さつき	端午の節句	柏餅	子供の成長を願ってたべる。柏の木は神が宿る木と言われており、新芽が出るまで葉が落ちないことから「子孫繁栄」を象徴している。
				ちまき	中国から伝来した。御霊が宿っているといわれる。
6	水無月	みなづき	夏越祓（なごしのはらい）	水無月（菓子）	6月30日茅の輪くぐりをして半年間にけがれを祓い、残り半年間の無病息災を祈願する。京都では削りたての氷を表す、三角形のういろうの上にあずきののった三角形の和菓子を食べる。
7	文月	ふみつき	七夕	流しそうめん	麺の一本一本が織糸で、流れる様子が天の川を表す。
			お盆	精進料理	祖先を供養する行事なので、肉類は避け、野菜や豆腐、穀類を使った料理をいただく。
			土用の丑の日	うなぎ	丑の日に「う」のつくもの（牛、馬、うどん、梅干し）などを食べ、疲れを癒して精をつける風習から始まった。
8	葉月	はつき	お月見	月見団子	丸い団子を月に見立て、感謝の気持ちを表わす。団子はピラミッドのように積んで供える。新暦では9月15日頃の満月の夜。
9	長月	ながつき	重陽の節句	菊酒	菊の節句。菊をながめながら菊の花びらを散らした冷酒を飲むと、長寿になると言われている。
			お彼岸	おはぎ	萩の花にみたてたおはぎは、もち米をあんこで包む。小豆の朱色には邪気を祓う力があると言われている。
10	神無月	かんなづき	神たちの日	お餅	10月1日は神様が神在祭のため、出雲大社を出発する日。神様のお弁当は赤飯のおにぎり。
11	霜月	しもつき	七五三	千歳飴	以前からあった東京浅草の縁起の良い飴とお祝いの行事が結びついた。粘り気があり長くのびることから長寿の象徴と言われる。
12	師走	しわす	冬至	かぼちゃ	冬至に「ん」のつく食べ物を食べること「運盛り」といい運が呼び込まれるといわれる。にんじん、だいこん、れんこん等。ちなみに、かぼちゃは別名「なんきん」。
			大晦日	年越しそば	江戸中期からはじまった。「細く長く生きられるように」「病気や借金と縁が切れるように」と願って食べる。「労をねぎらい汚れを清める」の語呂合わせで薬味にネギをいれる。

り籠をイメージしたもの）、ドイツはシュトーレ
ン（キリストをつつむおくるみをイメージ。雪を
表すたっぷりの粉砂糖で覆ったもの）などがある。

スが荒れ野で40日間断食をしたことに由来していて、それにならっ
て40日の断食という習慣が生まれた。実際には、復活祭の46日
前の水曜日（灰の水曜日）から四旬節が始まる。それは、主日（日
曜日）には断食をしない習慣だったことによる（カトリック中央協
議会ホームページより）。

6. 味覚表現

1 味覚

1）基本五味

　味覚には、甘味・旨味・塩味・酸味・苦味の5
つがあり、基本五味と呼ばれている（図5-6-1）。
この5つの味が基本とされているのは、「味覚を
感じるセンサー」が、この5種類しか見つかって
いないためである。人は、舌の上、口腔内の軟口
蓋（上あごの後方）や咽頭部、食道などに存在す
る味蕾（みらい）という味細胞（みさいぼう）が
集まった器官で味を感じ取り、神経細胞を介して
脳に伝達されて「甘い」「苦い」などと味を判断
する。生理学的には、味蕾（みらい）を通して感
じる味のみが、味覚と定義されている。

2）第6の味覚

　新たな味覚を感じるセンサーが発見されれば、
それは「第6の味覚」になるかもしれないという
ことだが、最新の研究では、第6の味覚にはカル
シウム味、脂味、コク味、デンプン味などの候補
があげられている。なお、このうち、コク味は、
第6の味覚になるというよりは、基本5味に影響
を与えるエフェクター（作動体）としての役割を
持つと考えられている（図5-6-1）。

3）補助味

　基本五味以外の味蕾を通さずに感じる辛味、渋
味などの味は、「補助味」といわれる。受容体を
刺激し、痛みに近い感覚として認識される（図
5-6-1）。

2 美味しさを形成する要因

　美味しさを形成する要因は、食べ物の側にある
要因と、食べる人の側にある要因とに大別できる。
食べ物側にある要因は、外観、香り、味、温度・
食感、音などであり、それらを感知する感覚は、
視覚、嗅覚、味覚、触覚、聴覚などである。
　一方の食べる人の側にある要因としては、生理
的要因、心理的要因、環境的要因、先天的要因、
後天的要因などがあげられる（図5-6-2）。

3 食の表現

　食の表現にあたっては、主語である名詞の食品
を、修飾することによって、相手に共感を持って
正確に状態を伝えることが大切である。修飾とは
物に情報や意味を加えることである。

1）文節展開

　主な食に関する表現の例文を、品詞ごとに文節
展開すると下記のようになる。修飾語を変えるこ

図5-6-1. おいしさを形成する要因

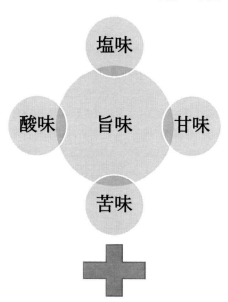

第六の味覚として研究されているもの

カルシウム味	カルシウムは、苦味・酸味・塩味が複雑に絡み合った味だと認識されているが、アメリカのモネル化学感覚研究所のマウスを使った実験によれば、カルシウム不足のマウスはカルシウムに対する食欲を示すことが分かった。カルシウムの味覚が独立した味覚である可能性があるとのこと。
脂味	アメリカのパデュー大学で行なわれた実験で、ヒトに脂を含む飲料と含まない飲料を飲んでもらい、脂の有無を区別させた結果、その区別が可能だったという。
コク味	「グルタチオン」という物質は、コクを持つとされており、それ自体には味覚を持たないものの、他の味覚の広がりや持続時間に影響を与えている可能性があるとされている。第6の味覚になるというよりは、基本5味に影響を与えるエフェクター（作動体）としての役割を持つと考えられている。
デンプン味	パンやパスタやピッツァなど一般的な「複合炭水化物源」に共通する味。オレゴン州立大学の研究によって第6の基本味に特定される可能性が出てきた。

補助味

辛味	唐辛子やワサビなどの辛味。唐辛子の辛味成分であるカプサイシンは、高温を感じる受容体を刺激し、痛みに近い感覚として認識される。
渋味	お茶や渋柿、ワインなどに多く含まれるタンニンが渋味成分の代表格。カテキン類は、タンニンの一種。タンニンには、粘膜のタンパク質と結合し、タンパク質を変性させる収れん作用があり、この収れん作用により、渋味が生じると考えられている。
えぐみ	山菜やキノコなどに多く含まれる灰汁（あく）を原因とした、舌にまとわりつくような、苦くて不快な味。普段から食べられている食材であれば、よほど大量にとらない限り、身体に悪い影響はない。

とによって、いろいろな表現のバリエーションを作ることができる。

（1）修飾語を選ぶ場合の方法
　①名詞が名詞を修飾する場合は「の」「は」を介する（表5-6-1）
　②修飾語が「い」で終われば形容詞（表5-6-3）
　③修飾語に「だ」「です」「な」をつければ形容動詞（表5-6-1・表5-6-2）
　④形容詞・形容動詞以外は基本的に副詞（表5-6-1）
　⑤擬音語・擬態語（オノマトペと総称）は副詞

（表5-6-3）

2）オノマトペ
　オノマトペとは「擬音語」と「擬態語」を包括的に指した言葉である。日本語では擬音語と擬態語を合わせて「擬声語」と呼ぶことがあり、これがオノマトペにあたる。
　物事の声や音・様子・動作・感情などを簡略的に表わし、情景をより感情的に表現させることのできる手段として用いられている。
　例　ホカホカ、ピリピリ、トロトロ

図5-6-2. おいしさを形成する要因

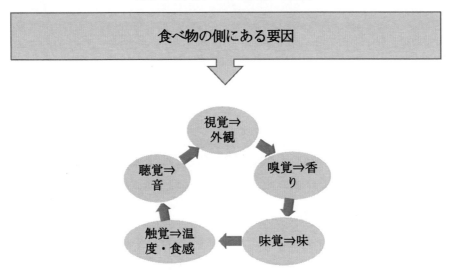

生理的要因	体質、身体の状態、満腹・空腹感など
心理的要因	感情・気分など
環境的要因	食空間の快適性、天候や気温・湿度、食べる時刻など
先天的要因	年齢、性別、人種、民族、体質など
後天的要因	食習慣、食文化、生活様式、教育、宗教など

【参考文献】
・川端晶子「おいしさの表現辞典 新装版」東京堂出版（2016）
・小俣 靖「食物の美味しさの要因について」醸 協（1989）
・鈴木隆一「日本人の味覚は世界一」廣済堂新書（2013）
・AISSY 株式会社（アイシー）味博士（鈴木隆一）の研究所ホームページ

4 食のレポート

食に関するレポートには大きく分けて、次の2種類がある。
- ・料理
- ・料理を含めた飲食店

伝える相手が知りたい情報を伝達するには、イメージがわく表現を使うことが大切である。

1）料理や食材の場合

①風味を誰にでもわかる言葉で表現する

②五味＋渋み・辛味を伝える

③香りの表現が難しい場合は、〜のような香りと「比喩」を使う

④食感（テクスチャー）はオノマトペを使ってもよい

⑤口に入れた場合の風味の変化を、時系列で表現する

⑥風味を表現する場合、フレーバー（アロマ）ホイールのある食品であれば、参考にする

⑦食材と食材のバランス

2）飲食店の場合

①どのメニューが人気なのか

②料理と料理、飲み物のバランス

③内装も含めた雰囲気

④その店の食材へのこだわり

⑤ボリュームとコストパフォーマンス

⑥他の人はどのようなものをオーダーしているのか

⑦立地・アクセス・営業時間・スタッフ（店主）等の情報

3）フレーバー（アロマ）ホイール

「風味の環」ともいい、特定の食品の風味を表現する言葉を整理したものである。フレーバーホイールを参照しながらテイスティングをすること

表5-6-1. 例文1

名詞	助詞	名詞	助詞	副詞（程度）	動詞	形容動詞	助動詞
吸い物	は	だし	が	とても	出ていて	滋味豊か	です
オレンジ	の	果汁	が	たっぷり	溢れ出て	爽やか	です
かつおぶし	の	うまみ	が	十分に	染みこんで	コク深い	です

応用　吸い物は、うまみがたっぷり溢れ出て滋味豊かです

表5-6-2. 例文2

名詞	助詞	動詞	形容動詞	名詞	助詞	名詞	助詞	動詞	助動詞
箸	が	進む	あざやかな	釜めし	は	女性	に	好まれて	います
香り	の	漂う	トロピカルな	果物	は	食後	に	向いて	います
歯ごたえ	の	ある	なめらかな	冷麺	は	締め	に	食べたい	です

応用　香りのある、あざやかな果物は締めに好まれています

表5-6-3. 例文3

名詞	助詞	副詞（オノマトペ）	動詞	形容詞	名詞	助詞	動詞	助動詞
おせんべい	が	さくっと	して	香ばしく	手	が	伸び	ます
タコス	は	じゅわーと	して	辛く	クセ	に	なり	ます
フライドチキン	は	カリカリと	して	軽く	あと	を	引き	ます

応用　フライドチキンは、じゅわーとして香ばしくクセになります

によって、その食品の特徴を正確に相手に伝えることができる。だし、しょうゆ、ワイン、コーヒー、チーズなどさまざまな食品がある（図5-6-3）。

5 味覚表現の種類

①味覚系表現
　味覚や嗅覚で感じたことを表す言葉
　甘辛い、香ばしい、スパイシー
②食感系表現
　触覚や聴覚で感じたことを表す言葉
　シャキシャキ、口どけのよい、歯ごたえがある
③視覚系表現

外観から感じたことを表す言葉
　見栄えのよい、カラフルな、ボリューミー
④情報系表現
　知識や認識で修飾する言葉
　つゆだく、旬、幻

6 表現のコツ

事前に食材、料理、店について、可能な限り調べておく。
①イメージに近い表現を、食べる前に選んでおく
②いくつかの要素がある場合には、どこの部分を表現しているのか明確にする

図5-6-3. だしフレーバーホイール

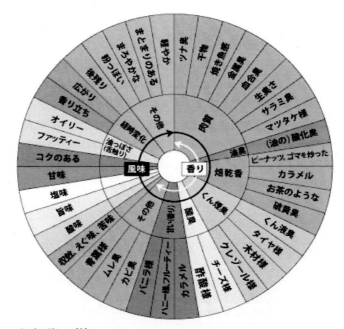

ミツカングループより

③修飾語は重ねて使っても良い

④何がどのように「美味しい」のかはっきりと表現する

⑤口に合わなくてもネガティブな表現が使えない場合は、「食べたことのない味」「インパクトのある味」などの表現を使う

7. フードスタイリング

フードスタイリングとは、撮影の被写体の中心となる料理やテーブルコーディネートなどを演出して仕上げる仕事である。

料理のスタイリング方法は、決まりがあるわけではなく、それぞれの現場で、さまざまなスタッフと相談しながら決める。

フードスタイリストは、イメージが決まったらスタイリングに必要な食器、カトラリー、リネン、その他小物などを準備する。その際に、専門のリース屋で借りることが多い。

フードスタイリング専門のリース屋があり、他の店では売っていない食器などを選ぶこともできる。もうひとつの方法は、それらを購入する方法である。食品企業のCMなどのように、料理が主体で、同じ料理を何回も撮影する場合は、同じ食器が3～5枚必要になるため、購入することが多い。この場合、食器専門の問屋などで注文する。イメージに合うものを探すのは、時間がかかることが多いので、日頃からどこに行けば、どのようなものがあるかなどの情報収集をすることが重要である。

他にも、広告媒体の場合、食器などのメーカーが番組や雑誌の掲載に協力して、商品を貸し出しているので、使える食器を優先してメニューを決めたり、スタイリングを行なったりすることもある。

1 紙媒体のスタイリングの注意点

①料理・商品のディテール（詳細）を紹介することが紙媒体の目的なので、料理そのものの出来上がりの質を高め、イメージにあった皿や小物などを加えてスタイリングすることが最も大切である。季節感はもちろん、全体のイメージが統一されていることがポイントとなる。「朝のさわやかな感じ」、「日曜日のブランチ」、「ちょっと田舎の農家カフェ」というような、イメージの引き出しを多く持つことを心がける。ただし、イメージは個人で偏りがちなので、必ず、自分の持つイメージを具現化している写真などを見せて、スタッフ全員の共通認識を持っておくことが重要である（図5-7-1、図5-7-2）。

②料理が出来上がったばかりで、湯気がでているような調理シズルだったり、網で焼いている焼肉のジュージューという瞬間をとらえたもの、あるいは、出来上がりのものを持ち上たものなど、より食欲をそそるシーン作りが求められている。

映像媒体のスタイリングの場合、テレビCM、店頭用VP（ビジュアルプレゼンテーション）、テレビ番組、映画などがある。紙媒体と違って、映像では料理のみを撮影する場合でも、湯気が出ておいしそうな調理シーンやタレントが食べるシーンなど生活感や食卓イメージが直に伝わるも

図5-7-1. 絵コンテ

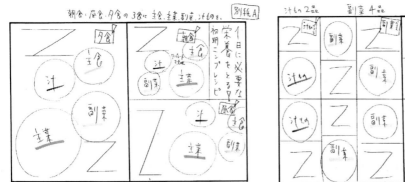
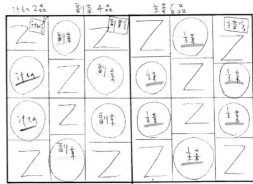

図5-7-2. 図5-7-1の絵コンテが実際に紙面になったもの

図5-7-3. VPの絵コンテの事例

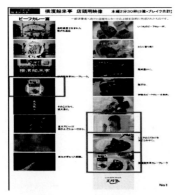
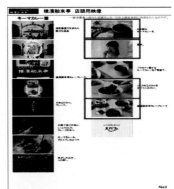
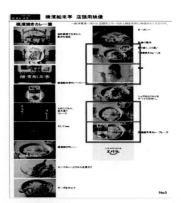

のが多い。

図5-7-3にあげたのは、エバラ食品の「横濱舶来亭」というフレーク状のカレールウの商品を紹介するVPの絵コンテである。この絵コンテは、演出担当の監督が、クライアントの意向をもとに作成する。この絵コンテをもとに、カメラマン、照明、美術、音声などそれぞれの担当者が、どのような映像を作るかの打ち合わせをする。フードコーディネーターは、その際の調理道具、食器やテーブル回りなどを準備する。

CMやVPなどクライアントの商品を紹介する映像製作の場合、広告の紙媒体と同様にその商品特性やクライアントの意図するイメージが視聴者、消費者に伝わるようなスタイリングが求められる。

また、テレビの料理番組やドラマの中の食シーンのスタイリングについては、広告媒体とは違い、その番組の制作の意図が番組内に反映されるため、演出や美術スタッフとの情報共有が重要である。料理番組は、料理担当の料理研究家などの専門家がレシピを作り、それをもとに、番組の視聴者に合わせて食器や小物を準備する。ドラマや映画の場合、食器、小物なども美術小道具となるため、スタイリング内容を美術スタッフに伝え、番組で用意する場合が多い。

2 | スタイリングの概念

①現実を写すのではない
②料理がおいしく見えるように、世界を四角く切り取る
③料理写真のバーチャルなものは違和感を持たれる（広告写真を除く）
④その場で画を決めて、なるべく修正に頼らない
⑤テーブルコーディネートではない
⑥レイアウトを念頭においた構図で（タテ位置・ヨコ位置・ヌキ）
⑦料理がだれないようにすばやく撮れるようにする
⑧シズル感を大切にする

3 | シズル感とは

シズルとは英語の「sizzle」で、肉を焼いている時のジュージューという擬音語。そこから転じて、まるで実物を目の前にした時のような、みずみずしさや美味しさが感じられる映像表現のことをさすようになった（図5-7-4）。

シズル感の具体例
①液体の水面が動いている
②湯気がたっている
③泡が盛り上がっている
④火が見えて煙を出している
⑤表面に水滴がついている
⑥料理の持ち上げ
⑦肉汁が出ている
⑧あざやかさ

4 | 食のスタイリストの道具

包丁・ペティナイフ・ナイフ・フォーク・スプーン・トング・エプロン・キッチンタオル・ガーゼ・はさみ・綿棒・ピンセット・箸・竹串・ようじ・毛抜き・がびょう・消しゴム・粘土・カッター・テープ・メジャー・定規・ソフトワイヤー・ハケ・筆・プラスティックカップ・アイロン・霧吹き・注射

図5-7-4. 焼肉のシズル撮影

器・油・オイルスプレー・みりん・しょうゆ・防水スプレーなど

5 | スタイリストの技（例）

①きれいな水滴をつけるために、水とグリセリンを1：1で混ぜたものをスプレーする

②みそ汁の撮影では、具が沈まないように輪切りの大根を椀底に置き、ようじに刺した具を刺し、静かに汁を注ぐ

③そうめんの撮影では、そうめんを少しずつ束にして、輪ゴムでしばってゆでる。ゆであがったらゴムの部分をきり、束ごとにくるっと回すように盛りつける

④パスタは具材ごとにバットにわけておき、ファインダーごしに最適な場所と色どりを見ながら、ピンセットでのせる

⑤巻きずしののりは、のりがしけらないように事前に防水スプレーをかけたり、セロハンを内側に一緒にまいておく

⑥天ぷらの半紙は、油が染みないように、コーティングされた和紙を使う

⑦赤ワイン・白ワインはイメージに近づけるために、水としょうゆでつくる

8. パーティーのプランニングと演出

1 | パーティーとは

パーティーとは、客を招待して食事・余興などでもてなす社交的な集まりであり、同じ目的のもとに集う集団を意味することもある。

パーティーといっても、形式ではフォーマルパーティーからホームパーティーまであり、目的別ではビジネスパーティーやウェディングパーティーなどさまざまである。

現代は欧米の影響を受け、パーティー志向が強くなり、結婚披露宴なども、テーマを持ちコミュニケーションのとれるウェディングパーティーへと変化してきている。また、企業などでは販売促進のためのインセンティブパーティーが行なわれている。SNSにより、会ったことのない人との交流が地球規模で広がる時代の到来であるが、一方で、人と人とが顔を合わせて会話を通じて交流を深めるコミュニケーションの重要性も高まっている。

2 | パーティーの始まり

日本では宴会は祭事との結びつきが強い。五穀豊穣を願い、神とともに喜び合う行事として宴会が行なわれ、ご馳走がつく。芸の披露などもあり、親しい人とともに分かち合って盛り上がることが日本の宴会スタイルである。

また、ヨーロッパでもギリシャ、ローマ、中世では王侯貴族たちの宴会は行なわれていたが、17世紀後半からパリでは女性が主宰するサロンが開かれ、18世紀後半頃には仮面舞踏会やディナーパーティーなどが盛んに行なわれるようになった。

パーティーとは18世紀初頭から使われだした英語で、日常生活の中でよりプライベートな人間

関係を作り上げていくためのコミュニケーションの手段である。日本でのパーティーは明治時代、鹿鳴館を舞台にした上流階級に向けたものが最初であった。一般化したのは戦後アメリカからやってきたダンスパーティーである。社交のためのものとしては、昭和40年代になってホテルで行なわれる結婚披露宴や企業パーティー、上流階級の人たちのパーティーなどが増えていった。

3 | パーティーの種類

1）時間別（日本時間）

ブレックファースト　（8：30～10：30）
ランチ　　　　　　　（11：30～14：00）
アフターヌーンティー（14：00～16：00）
カクテル　　　　　　（17：00～19：00）
ディナー　　　　　　（19：00～22：00）
アフターディナー　　（22：00～エンドレス）

2）目的別

（1）フォーマル

朝餐会、午餐会、会食会、晩餐会、舞踏会、音楽会など

（2）インフォーマル

ティーパーティー、カクテルパーティー、ダンスパーティー、バースデーパーティー、バレンタインパーティー、ブライダルシャワーパーティー、ベビーシャワーパーティー、フェアウェルパーティーなど

3）主催者別

（1）オフィシャル（会社、団体、個人主催）

新商品発表会、設立周年、出版記念、新社屋披露、優勝祝賀会など

（2）プライベート（個人主催）

ホームパーティー

4）パーティー主催者のポイント

（1）目的、趣旨、日時、会費の有無、形式（着席または立食）を明確にする
（2）招待状は一ヵ月前には発送する
（3）服装の指定（ドレスコード）があれば明記する
（4）出欠の有無が必要なら出欠票（ハガキ・ファックスシート等）を添付する
　　・R. S .V.P（Repondez sil vous plait）
　　　フランス語で、「お返事をお待ちしております」の意味
　　・Regret only
　　　欠席者のみお返事をする

4 | ビュッフェ

1）"ビュッフェ（buffet）"とは

フランス語で「食器棚」という意味である。

14～16世紀頃、王侯や貴族たちは、その富と権力を誇示するために饗宴と呼ばれる豪華な晩餐会を繰り返し行なっていた。饗宴の行なわれる大広間の主な家具にはヴェルサイユ宮殿などに見られビュッフェと呼ばれる食器を並べる飾り棚が置かれ、そこには宝石がちりばめられたオブジェや金銀の食器が飾られていた。

2）ビュッフェの始まり

歴史的には、16～18世紀の貴族社会においてアンビギュ（注1）という肉、フルーツ、デザートからなる盛り合わせの軽食、およびコラシオン（注2）という甘いものが中心の軽食が提供されていた。これらの食事を食器戸棚の中にいれて、自由に食べられるようにしたのが、ビュッフェの始まりといわれている。

（注1）アンビギュ～冷肉、デザートからなる盛り合わせの夜食。肉もデザートも最初から出ていて、もうこれ以上新たに運ばれてくることのない食事。日の沈む頃に出される。

（注2）コラシオン～軽食、間食（特に午後か晩）。甘い物を主体にした軽食。さまざまな遊びの後で出される。

3）ビュッフェスタイル

　ビュッフェスタイルとは、メインテーブル上に料理、食器、カトラリーなどを並べ、各自が自由に取り分ける形式のスタイルをいう。基本的には食事がサービスされてくるのではなく、立食であれ着席であれ、自分で料理や飲み物を取りに行くスタイルである。

（1）テーブルスタイル

　①スタンディング・ビュッフェ
　　一般的な立食形式
　②シッティング・ビュッフェ
　　あらかじめ席が用意されていて、料理のサービスは各自がメインテーブルまで取りに行く。
　③オンテーブル・ビュッフェ
　　中華料理のように、人数分の料理が大皿に盛られ、座席に着いたまま、料理を各自で取る

（2）サービススタイル

　①シングル・サービス
　　テーブル上の料理がコース順に一方向に並べられている（図5-8-1）
　②デュプリケート・サービス
　　テーブル上の料理が二方向に並べられている（図5-8-2）
　③オンテーブル・サービス
　　各自の取り皿や、ナイフ、フォーク、グラスがセットされ、中央には料理が随時サービスされる（図5-8-3）

5 ｜ パーティーのマナー

1）パーティーに招待されたとき

（1）パーティーの主旨、場所、時間、招待客を考慮して服装を選ぶ
（2）ビュッフェスタイルの場合は特に靴・バッグに気をつける
（3）昼間のパーティーでは華美な宝石を多く使ったアクセサリーは控える

2）ビュッフェパーティーのマナー

　会場に入ったらまず主催者に挨拶をし、後は食事をすすめながら出席者達と楽しく会話を楽しむ。

（1）プレート、グラスはプレートの上にグラスをのせて持つ。片手は必ず空けておくこと
（2）なるべくコース順に取る。オードブル（冷、温）、メインディッシュ、デザートの順でいただく
（3）料理の量は一度にたくさん取らず、何回かに分けて取りに行く
（4）立ち位置はメインテーブルの前に立たないで料理をとったら次の人のためにメインテーブルから離れ、歓談しながら食べる

図5-8-1. シングル・サービス

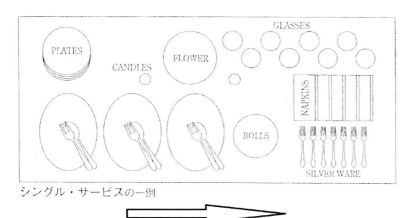

シングル・サービスの一例

プレートを取り、左から順に進み、最後にグラス、カトラリー、ナプキンをとる。

図5-8-2. デュプリケート・サービス

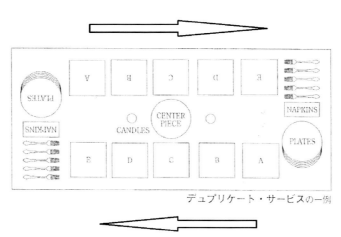

デュプリケート・サービスの一例

プレートを取り、AからEまで順に進み、最後にグラス、カトラリー、ナプキンをとる。
バーコーナーは別に用意する。

図5-8-3. オンテーブル・サービス

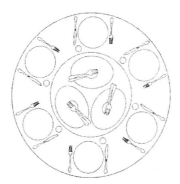

中央にサービスされる料理を、それぞれ自分
の取り皿に取る。

9. 料理教室・サロンの運営

1 料理教室の運営形態

料理を習得する教育機関には、以下の通りさまざまな運営形態がある。

1)企業
(1) PR・普及活動
食品会社・機器メーカー・エネルギー関連会社等の企業が販売している商品の宣伝・販促・普及活動のために運営している。

(2) 教育産業
企業が利益を得るために教室を運営している。

2)私塾
自宅（自宅外の場合もある）を使用し、サロン的に料理を教えているケース。

3)専門学校・各種学校
国や地方自治体によって認定を受けている学校法人。

4)財団法人
官公庁が国民の食生活を改善する目的で認可した財団法人。

5)地方自治体・公共団体
公民館や学校の施設を利用して、市民講座として開講している。利益よりは食文化の伝承を目的としている場合が多い。

2 授業の形態

授業には、大きく分けて実習方式とデモンストレーション方式、そしてその両方を取り入れたハーフメイド方式がある。

1)実習方式
先生から当日の料理に関する説明をうけて、生徒が実際に料理をする。本当に料理を身につけようとする場合は、実習体験は必要。

【長所】
・料理技術の向上が実感でき、経験を積むことにより、食材のバリエーションの応用ができ、達成感がある。

【短所】
・設備と空間が必要（水廻り、火、冷蔵庫等の設備）。
・原材料の管理やロスコントロールが必要。

2)デモンストレーション方式
先生またはアシスタントが料理を作り、生徒はそれを見ながらレジュメに必要事項を書き込む。アシスタントが調理をする場合は、メニューの試食をしながら説明を聞くこともでき、時間の節約になる。料理のヒントを聞きながらの食事会的要素が強い。

【長所】
・設備を追加しなくても、教室を開設できる場合が多い。
・食事をする感覚で気軽に参加でき、材料のロスが少ないので、原材料原価を下げること

ができる。

【短所】

・実際には料理の腕は上達しないので、達成感がない。

・料理プロセス説明と同時に調理するので、試食の料理を作れるアシスタントとスペースが必要。

3）ハーフメイド方式

味の決め手となるプロセスは、先生が担当し、生徒には調味料の混合や下ごしらえ等の簡単なプロセス部分を分担してもらい、料理実習した気分を味わってもらう。

【長所】

・比較的狭いスペースでレッスンが行なえ、調理実習をした時に近い満足感が得られ、気軽に参加できる料理教室となる。

【短所】

・生徒が作る料理の工程数は多くできないので、前準備に時間がかる。

3 | 教室の形態

1）実習教室形式

実習教室形式は、いわゆる料理学校などで採用されている形式で、調理台やシステムキッチンを数台導入する。小規模の教室には適さない（図5-9-1、図5-9-2）。

2）サロン方式

サロン方式は、家庭用のキッチンとダイニングを利用するため、設備等の大幅な変更は不要だが、プロセスが見られるような工夫が必要。運営は主にデモンストレーション方式で行なう、料理を食べて楽しむサロンとしての教室に適している（図

5-9-3）。

【フレックスサロン方式】

試食をするテーブルの上に簡単な調理器具をのせて、カリキュラムの一部に実習を取り入れる方式。調理器具は、まな板や電磁調理器等簡単に移動できるものをテーブルの上に設置し、実習の後はそれらを片付けてテーブルセッティングをしてから試食をする（図5-9-4）。

4 | 食関連教室、セミナーの企画運営

1）プラン作成

教室の根幹は何を生徒に対して教えるかということ。先生の得意な分野が、必ずしも世間のニーズやトレンドと合致しているわけではない。

2）求められているニーズを掴む方法

①毎日のニュースには必ず目を通す。経済・流通新聞系も大変参考になる。

②トレンドや食に関する話題をSNS、動画サイトから収集しておく。

③食の分野の情報誌には特に気をつけて、食の業界の話題、人気の料理人やレストラン、調理方法、スタイリングの方法などを参考にする。

④食について話ができる仲間を作り、連絡を密にして情報交換する。

⑤勉強会、見学会、講習会等は積極的に参加する。

3）運営プログラム

（1）タイムスケジュールの立て方

タイムスケジュールは、全体の進行と役割分担を先生とアシスタントが良く把握しておかないと、生徒に手際が悪いと思われる。スムーズな進行は、生徒に信頼感を与える。

（2）時間の割りふりや手順を決める要因

　調理時間と手順は、教室のタイプ、設備と構造、生徒の特性によって大きく変わる。

・時間のかかる作業から手をつけ、指導を計画的に行ない、完成に導く。

・食器、飲み物など、食卓の準備もタイミングよく進め、温かい料理は温かいうちに食べられるようにする。

・プロセスを考え、同じ器具を重ねて使用しな

いように配慮する。

・使用するものは、分かりやすくまとめておく。

・サロン形式の場合は、先生も中に入って、会話を楽しみながら作業や試食をする。

・試食後、総評とともに後片付けの方法を指示し、整理整頓もある程度行なって終了させる。

図5-9-1. 実習教室形式（アイランド方式）

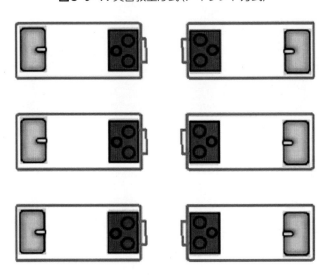

図5-9-2. 実習教室形式（壁面キッチン方式）

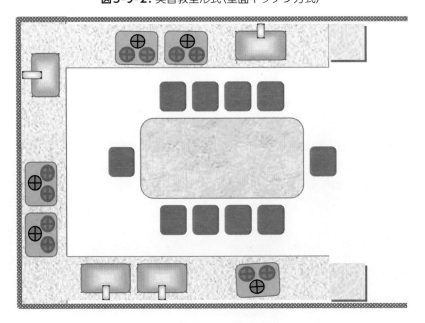

図5-9-3. サロン方式

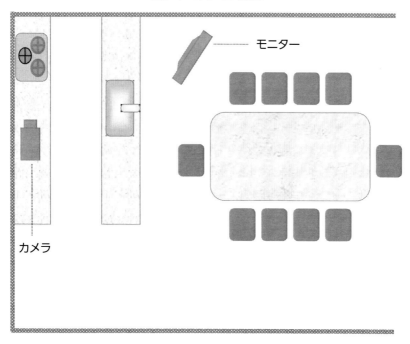

モニター

カメラ

図5-9-4. フレックスサロン方式

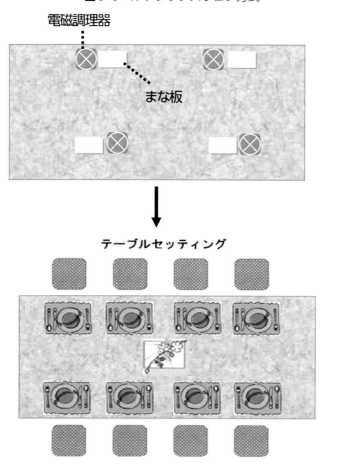

電磁調理器

まな板

テーブルセッティング

（3）後片付け

清潔であることは、食品を扱う仕事をする上で、第一条件。先生は、率先して、常に清潔を心掛ける。

①シンク、洗い桶、包丁、鍋、器具など使用したものは、全て洗剤またはクレンザーで汚れを落として洗浄し、拭くか乾かして所定の場所に置く。まな板、ふきんなどは、適宜、漂白剤で消毒する。ざるや木のまな板など乾きの悪いものは、できるだけ日光の当たる場所で乾かし殺菌する。

②箸、皿、テーブルクロスなどは汚れが残っていないかをチェックする。

③床は、掃除機で清掃し、モップなどをかける。

④トイレや手を洗う場所には、石鹸（できればポンプ式）やアルコール殺菌剤を必ず常備する。

⑤ゴミは、分別し、廃棄方法を要領よく指導する。地域の分別方法や管理規約を遵守する。

⑥清掃のための器具置場は、いつも清潔に整頓しておく。

⑦毎日の清掃のほかに、週に一度は教室全体を見直し、冷蔵庫、冷凍庫、食品庫なども衛生的に管理されているか常にチェックする。

⑧季節の節目や連休などにも大掃除を行ない、家具、備品、小物などを清潔な季節感のあるものに取り替える。

（4）話の運びかた

飽きさせずに授業に引き付けておくためには、プロセスの説明をするだけではいけない。生徒は先生のキャラクターや話題性に自分にない何かを求めて来ている。話題が豊富になれば先生としての人気も高まる。話の運びかたのポイントは以下の通りである。

①メリハリをつける

②順序よく行なう

③親しみを込めて話し掛ける

④生徒に対する作業の誘導

⑤季節感・ニュース・トピックを取り入れる

（5）デモンストレーション

プロセスが良く分かるように見せ、理解させるのが上手なデモンストレーション。ムダのない的確な動きが必要。

・時間のかかる作業から始めて、次の作業を行ないながら仕上げ、出来上がりが一緒になるようにする。

・プロセス上、差替えが必要な場合は、事前に差替えることと理由を明確に言ってから行なう（オーブン料理、ゼリーの冷し固め…等）。

・色や液体の状態などを生徒に十分見せたい場合、鍋を傾けたり、箸やへら、スプーンなどを使って状態を理解してもらう。

・珍しい素材の場合は少量を小皿にとり、生徒に回して、色、香り、感触等を実感してもらう。

・仕上げを行なうと同時に、以下のようなポイントを強調する。

＊簡単にできる

＊短時間でできる

＊残り物でできる

＊ちょっとした工夫がある

＊素材が意外な組み合わせである

＊他の素材でも応用がきく

＊彩りがきれいである

＊料理の国名、歴史、うんちくなど

＊経済的である

＊新商品を使っている

・デモンストレーションで作成したものを印象的にディスプレイするためのスペースを用意し、引き立てるコーディネイトを行なう。

・スポンサーがついている場合は、トレードマークや商品をセンスよくあしらう。

（6）アシスタント
　教室を楽しい雰囲気で清潔に気持ちよく運営していくには、有能なアシスタントの力が必要。

①アシスタントの仕事とは
　アシスタントとは、先生の補佐役として、作業がスムーズに運ぶようにサポートする助手のこと。
　先生とアシスタントの間には、信頼感はもちろんのこと、手順、役割を理解しておいて、手際よくプロセスを消化できるように、息が合っていることが必要。

【授業開始前】
・教室、キッチン、生徒の出入り口、トイレ、ストックルームにいたるまで行き届いた掃除をする。
・当日使用する器具、食器、クロスなどが決まった位置に使う分だけあるかどうか確認する。汚れ、破損も確認しておく。
・洗剤、たわし、石鹸、抗菌用石鹸、アルコール殺菌剤、洗い桶、ふきん、台ふきん、タオル等、必要なものを確認しておく。
・机、イス、テキスト（プリント人数分）、ホワイトボード（マーカー等）などを点検する。
・当日使用する材料が揃っているかチェックし、作業に適した状態にする。
・当日の出欠を確認する。

【授業】
・当日の作業プロセスを良く頭に入れておき、必要なものを手渡したり、仕上げを手伝い、出来上がりをサポートする。
・先生が説明をしているときは、発言を控え、できるだけ生徒の気持ちを集中させる。
・試食中は音を立てないように可能な限り後片付けをする。使用した道具の汚れは完全に落とす。

【後片付け】
・生徒が行なう後片付けは、戸惑わないように的確に指示をだす。
・食器などは不的確な洗剤を使っていないかどうか気をつける（銀器にクレンザー、うるし器に漂白入洗剤などの使用）。
・タオル等が衛生的にたもたれているか気を配る。
・限られたスペース内で、生徒の動線に注意を払い、衣服を汚したり怪我したりしないようにする。
・ゴミは、収集する際に分別ごとに容器を分け、大きく表示して分かりやすくする。
・明るく挨拶し、気持ちの良いプライベートなおもてなしを受けたと感じてもらうようにする。

【授業後】
・材料の残りは、記録して保存したり処分したりする。材料は保存性を考える。
・そのまま次の授業に使用できるものと、下処理をしておくものとを判断し、材料に無駄が出ないようにする。
・先生と当日の反省・打ち合わせの時間を持ち、注意する点を話し合い、感想とともに、注意点をメモする。
・授業日誌帳をつくり、献立、日付、天候、出席者、材料、反省点等を記録する。

10．料理コンテストの企画・運営

1 レシピコンテストの企画

食品メーカーなどの販売促進のひとつとして、ある商品を使ったレシピコンテストの企画がある。商品を多くの消費者に知ってもらい、購買してもらうためのひとつの手段で、より多くの人に参加してもらうことが大切である。さまざまなコンテストがあるが、基本的には、応募しやすい身近なテーマで、景品や賞金なども魅力のあるものにする必要がある。募集告知はレシピサイトなどで行なわれることも多い。

1) コンテストの目的
①ターゲットとなる層（子供、OL 等）
②何を競うコンテストなのか
（調理法・使用量・難易度・特定の人物に
食べさせる等）
③スポンサーの考え方

2) 審査基準
①美味しいか
②コンテストの目的に合致しているか
③目的の食材の使用量
④目的の食材の特徴が生かされているか
⑤他の食材との組み合わせは適当か
⑥難易度が適当か（簡便性）
⑦食材に適した調理方法をしているか
⑧仕上がりイメージが適切か
⑨適度なオリジナリティー（独創性）
⑩普及性はあるか
⑪経済性は適当か
⑫健康に配慮されているか

3) 採点方法
上記項目からコンテストの目的に合わせて、いくつかをピックアップし、審査員が点数をつけたうえで合算し、最終的に協議して入賞者を決定する。類似レシピがあり、片方が上位の場合は、その理由を明確にしておく。

2 実際のコンテストの流れ

①販売促進計画のヒアリング
②打ち合わせ（目的・費用・スケジュール）
③企画プレゼンテーション（ターゲット・媒体）
④テーマ決定
⑤告知・募集
⑥コンテスト料理の製作
⑦試食
⑧審査
⑨発表
⑩レシピブック等の2次利用写真の撮影
（図 5-10-1）

図5-10-1. レシピコンテストの流れ

図5-10-1. レシピコンテストの流れ

メーカーの販売促進計画のヒアリング

打ち合わせ
目的
費用
スケジュール

企画プレゼンテーション

テーマ決定

ターゲット決定
媒体決定

告知ツールの制作

メニュー例
レシピ作成
写真撮影

景品業者との打ち合わせ

告知・募集

コンテスト受賞作品の試作・選定

受賞者への景品発送

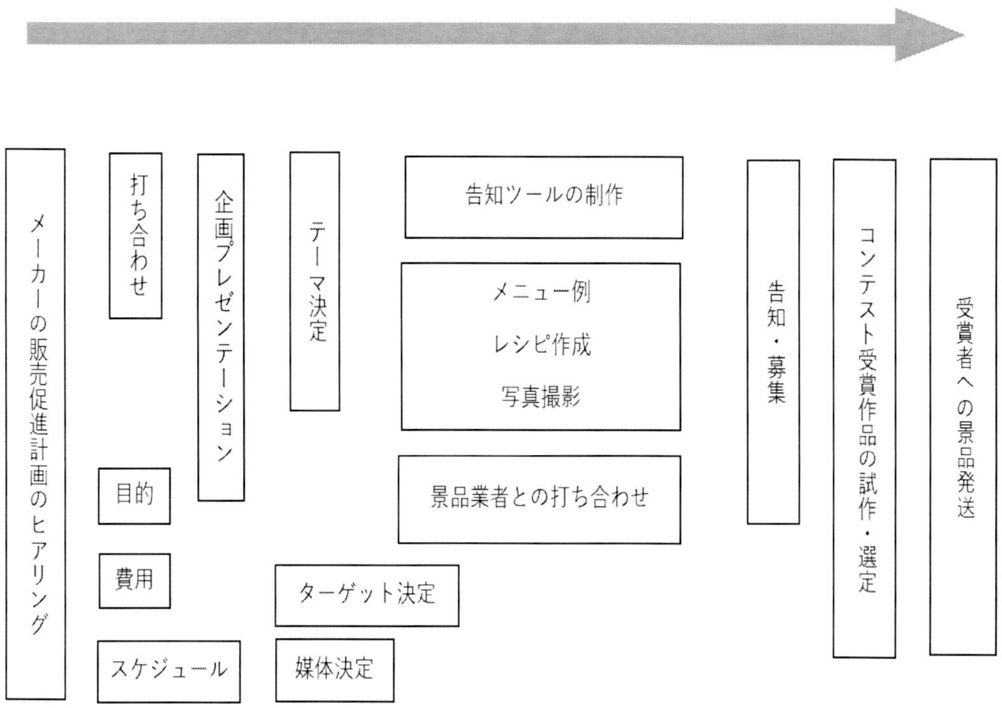

6

第6章
フードプロモーション

1. 広告・PR

1 広告と宣伝の違い

「広告」の意味は、意外と分かっているようで、いざ回答するとなると明確に答えられる人が少ないようだ。それは、「広告」「宣伝」「広報」「ＰＲ」「パブリシティ」などのまぎらわしい言葉が存在するからである。そこで、これらの言葉の違いを明らかにしよう。

まず広告とは、英語の「advertising（アドバタイジング）」の訳語として作られた日本語である。

広告主（クライアント）が、自社・自店の製品やサービス、主張を有料でメディアを通して不特定多数に訴求するのが広告である。

宣伝活動はよく広告活動と混同されることがあるが、宣伝とは、元々は英語の「propaganda（プロパガンダ）」の訳語である。

宣伝はもともと政治や宗教、思想を広める布教伝播活動のことであり、本質的には、広告とは異なる活動であるが、我が国の広告の現場では、広告とほぼ同義語としてこの宣伝という言葉が用いられている。

2 広告とＰＲの違い

PRも広告と混同されやすい言葉である。PRとは、英語の「public relations（パブリックリレーションズ）」の略で、企業や団体が顧客や取引先、地域住民、株主などとの関係を良好にするための活動である。PR誌の発行やスポーツチームの運営・支援、社会事業、寄付、セミナーなどがある。

3 パブリシティとは

PR活動のひとつにパブリシティ（publicity）がある。

パブリシティというのは、自社の商品やイベント、自社が持つ情報をニュースや記事としてメディアに取り上げてもらうことである。

パブリシティは基本的に無料であるのが特徴。

広告は有料ゆえにクライアント主導で展開し主観的な内容になるが、パブリシティはメディア側が主導権を持っていて、より客観性がある。

なお、新聞社や雑誌社と協力し記事の体裁をとった実質的な広告（有料）は、ペイド・パブリシティまたは記事体広告と呼ばれ、「PR」「企画広告」等のクレジットを明記することで区別する。

ペイド・パブリシティは事実上の広告であるが、通常のパブリシティ同様に記事の形をとっている。

そのため一定の客観性があり一般的な広告よりも読者が読んでくれる確率が高いので、良く使われる広告手法のひとつである。

「広報」はPRとほぼ同義語で、広報担当といえばPRやパブリシティ活動の窓口を指すのである。

4 広告の目的と機能

1）広告の目的

企業は、なぜ広告をするのか？

企業活動は収益を獲得することが目的である。

広告を行ない、商品、サービスの情報を伝えることで、企業の販売（売上）増加、収益拡大に寄

与しようとするのが広告の目的である。

　また、当該企業の商品やサービスの情報を提供し購買意欲を喚起すること、そして保有しているブランドイメージを高めることにより、販売を促進すること、さらに企業それ自体を周知させることも広告の重要な目的のひとつである。

2）広告の機能

　広告の機能には、広告主からみた機能①〜③、社会に影響を与える機能④などがある。

　①情報伝達機能

　　消費者に商品やサービスに関する情報を提供する。

　②説得機能

　　情報を伝えるだけではなく、ターゲット（受け手）の意識を変え、購買行動を促すことを可能にする。

　③関係強化機能

　　広告主と受け手との関係を深めブランド構築に寄与する。

　④文化的・社会的機能

　　広告そのものが作品として楽しまれたり、社会に有用な情報として広告の内容が社会に影響を与える。

　ただし、その広告が全く意図とは違うとられ方をされたり、または企業やブランドの価値を損な

うこともあるので注意を要する。

3）マーケティングと広告の関係
（1）4Pと広告

　広告は、マーケティング活動の一部であり販売促進活動に含まれる。

　すなわち、広告はマーケティングの4Pと呼ばれる、商品・サービス（product）、立地・流通（place）、価格（price）、販売促進（promotion）における販売促進の一要素である（図6-1-1）。

　販売促進には広告のほかに販促、PRなどがある。

　その中での広告活動は、マーケティング活動の一部であると認識して、広告目的と広告予算の設定はお互いに連動しながら計画を立てることが重要である。

　目的と予算が決まると表現計画と媒体計画が策定される。表現計画の策定とは、どのようなメッセージを、どのようなイメージで伝えていくかについて検討することである。

　このような広告表現を作り上げていくことをクリエイティブといい、その名の通り、創造的な広告を目指した作業のことである。

　媒体計画の策定とは、媒体（メディア）をどう活用するかについて検討することである。

図6-1-1．4Pと広告

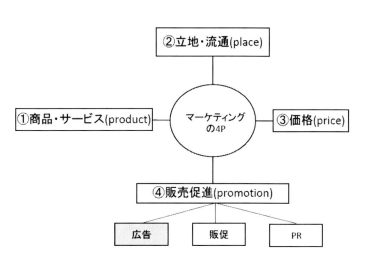

2. 食関連のメディア

1 | 媒体による広告の分類

広義では、「媒体」と「メディア」は、同じ意味として使われるが、狭義の意味では、「メディア」は、情報を伝えたい人が幅広く情報を届ける手段として用いるものの総称であり、「媒体」は、情報のなかだちするもの、すなわちテレビや新聞、雑誌、ラジオ、インターネットなどを表わす。

媒体による広告の分類方法には、使う媒体で4つに分ける方法があり、テレビや新聞などの、マスメディアを使う「マス媒体」と、それ以外の「インターネット広告」、交通や屋外系の「OOHメディア」、「SP媒体」である。

1）マス媒体は、4つのメディアで構成

マス媒体は電波を使う「テレビ」「ラジオ」と印刷系の「新聞」「雑誌」に分類され、4つで構成されることから「4マス媒体」と呼ばれる。

4マス媒体は、広い地域の多くの消費者に短時間で効率よく情報を伝えることができるので、それぞれの特色を理解して活用したい。

（1）テレビ

100万人単位の視聴者に対して、映像・音・臨場感を兼ね備えて速報的に伝えることができるメディアはテレビだけである。

そのためメディアの中で常に話題性、訴求性が強く、視聴率の数字が重要視される。

番組は情報を客観的に演出して、わかりやすく、おもしろく伝えようとするため、視聴者は一方的に流された情報を抵抗なく受け止める傾向がある。

地上デジタル放送の民放の視聴は無料であるが、衛星放送などニューメディアは有料である。

（2）ラジオ

ラジオのレギュラー出演者が「テレビは大通りに面したデパートだとすれば、ラジオは横丁の商店みたいなもの」と表現したのもラジオの庶民性を表わしている。

音声のみの情報のため、想像力を働かせる必要はあるが、仕事をしながら、通勤電車に乗りながら聞くことができる。

災害時や緊急時には持ち出せて、地域性を生かした情報をいち早く伝えられるのが大きな強みで、地域密着型のコミュニティ放送局も多数存在する。

（3）新聞

事件、事故や政治、経済、芸能、スポーツ、国際情勢などのニュースを報じるメディアで、記事の文章だけでなく写真、図などが付けられる。

世界規模の出来事から国内外、地域、さらにはコミュニティの内部情報などを伝達する手段として、規模の大小、地域の範囲、読者の想定などでさまざまな種類の新聞が発行されている。

中でも報道を専門とする大きな新聞社が発行する新聞は、情報の影響する範囲が広く、影響力が大きい。

また、新聞広告には信頼性というかけがえのない強さがあり、説得力の高さとタイムリーに出稿できる点も強みである。

（4）雑誌

決まった発売日に、定期的に発行される出版物

が雑誌である。

　週刊誌や女性誌、料理雑誌、ファッション誌など一般に流通している娯楽雑誌だけではなく、学術研究誌や官公庁が発行するものも雑誌に含まれるため、種類や数は数え切れないほど存在する。

　雑誌広告は、マス媒体のように大量到達にはならないので、明確にターゲットをセグメント（絞った）した「クラスメディア」としてのポジショニングを明確にして活用すべきメディアである。

（5）OOHメディア

　OOHメディアとは、英語の「out of home media」の略で、家庭以外の場所で接触する広告メディアの総称であり、具体的には、交通広告と屋外広告を指す。

　①交通広告

　　　電車やバスの車内広告、空港や駅構内の広告、車体ラッピング広告など。

　②屋外広告

　　　屋外看板、大型ビジョン、デジタルサイネージ、広告トラック、アドバルーン・飛行船広告など。

　OOHメディアは、日常の生活導線をメディアでつなげ、生活者に対して継続的なコミュニケーションを図ることができるので今後も大きな可能性を秘めたメディアである。

（6）SP媒体

　SP媒体のSPとは、セールスプロモーション（sales promotion）の略で、その名の通り、販売促進を目的とする媒体のことである。

　マス媒体はイメージなどの認知を目的としているが、SP媒体は消費者に商品を購入してもらうことを目的としている。

　SP媒体は、商品特性やターゲットの意識に基づいて、消費者の生活行動を狙って訴求すること

でコミュニケーション効果を高めることが可能な媒体である。

　具体的には、新聞折り込み、フリーペーパー、電話帳、POP、イベント・展示会、ダイレクトメール、映画館、店舗内広告などがある。

　ターゲットやエリアを絞り比較的低予算で広告ができるので、料飲店等では利用しやすいのがSP媒体である。

2）インターネット広告

（1）インターネット広告の特徴

　テレビの放送開始から約70年となるが、現在ではインターネットが社会的な影響力の最も強い媒体へと成長している。

　テレビなどのマス媒体とは異なるインターネットは、利用する言語が異なっても、遠く離れた場所からでも、一対一で見知らぬ人とのコミュニケーションを可能にする。

　特にスマートフォンの進化により機能や利用シーンが拡大し、利用者数も利用時間も増大し、広告媒体としての価値が高まったのである。

　今まで、広告予算が少なく4マス媒体に広告を出せなかったケースでも、インターネットによりそれぞれの目的や予算に合わせて効果的な広告計画を組むことが可能となった。

　インターネット広告には以下の4つの特徴がある。

　①小額の費用からはじめられる

　②細かなターゲティングが可能

　③効果測定がしやすい

　④出稿期間中にクリエイティブやターゲッティングの調整が可能

　例えば、広告費用が低予算の料飲店なども、ユーザーの年齢・性別や行動履歴、居住地域などを限定して、限られた予算でより効果的な広告出稿が可能である。

また効果測定が短時間でできるので、より効果的な広告内容や出稿先を再検討できるのもインターネット広告の利点である。

（2）インターネットメディア

ウェブメディアともデジタルメディアとも呼ばれるインターネットは、パソコンやスマートフォンなどを介して利用される。

デジタルメディアには、企業や個人が情報を一方的に発信するマス媒体に似た形の「オウンドメディア」と、企業や個人が双方向でコミュニケーションを行なう形の「ソーシャルメディア」がある。

①オウンドメディア

オウンドメディアとは、広義では、自社が所有するメディアの意味である。

企業や料飲店などが自社や自店で所有できるメディア（コーポレイトサイトやブランドサイト、メルマガ、ブログ、ツイッターアカウントなど）のことである。

自社や自店が所有しているメディアなので、伝えたい内容は制限なく自由に扱えるため広告枠（ペイドメディア）では伝えきれない内容を補完することが可能である。

企業やブランド、商品の理解度を高めるために見込み客に向けてのブランディングに向いている。

②ソーシャルメディア

オウンドメディアよりも、不特定多数の個人や法人も含め、双方向のコミュニケーションが手軽にできるのが、ソーシャル（アーンド）メディアである。

ここでは誰もが手軽に参加できるオープンなコミュニケーションから趣味・サークルのようなクローズドなコミュニケーションまで行なうことができる。

具体例として、フェイスブック、ツイッター、Instagram、ラインなどのサービスがある。

口コミを通じて愛好家を増やすために、既存客に向けてのファン構築が得意である。

（3）インターネット広告の分類

インターネット広告はいろいろな分類方法があるが、ここではディスプレイ広告、リスティング広告、SNS広告、ネイティブ広告、動画広告、メール広告、アフィリエイト広告に分類する（図6-2-1）。

①ディスプレイ広告

ウェブサイトやアプリ上の広告枠に表示される画像・動画・テキスト形式の広告。

ポータルサイトやブログを閲覧している際にサイトの右側や下部に表示される広告枠である。

画像などをクリックすることでユーザーを広告主が設定したウェブサイトへと移動させることができる。

この際にバナー画像を表示させることが多いので、「バナー広告」と呼ばれる。

さらに、よりユーザーの目を引き、より印象的にアピールすることができる方法に「リッチメディア広告」がある。

これは、リッチというように、多くのデータ量を使い音声や動画を流すほか、閲覧者のマウスの動きに反応するなどの手法を使う。

また、ディスプレイ広告枠にテキストのみを表示させる「テキスト広告」がある。

②リスティング広告

リスティング広告は、ユーザーが検索したキーワードやコンテンツの内容に連動して表示される広告である。

検索キーワードに連動して検索結果ページに表示される広告が「検索キーワード連動広告」である。

また、閲覧ページのコンテンツの内容に連動してページ表示されるのが「コンテンツ連動広告」である。

国内で代表的なものに、グーグル広告、ヤフー！プロモーション広告があり、契約形態として少額から出稿可能なので中小企業や地方の企業、料飲店などの大手以外の広告主でも導入しやすいのがメリットである。

③SNS広告

フェイスブックやツイッター、ラインなどのSNSを通じて、ソーシャルメディアへ情報を広める仕組みを備えた広告である。

ユーザー同士の共有・拡散により自動的に記事や広告が広がる。

低予算から出稿が可能なので、リスティング広告、ディスプレイ広告の次にチャレンジする広告としても最適である。

④ネイティブ広告

ネイティブ広告とは、広告らしさを感じさせない自然な広告である。

広告は、ほとんどの人が一目見ただけでわかるが、ネイティブ広告はデザイン、内容、

図6-2-1. 主なインターネット広告の種類

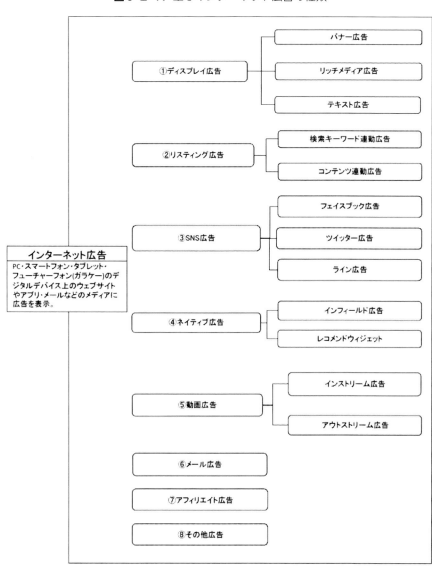

新版「広告の基本（波田浩之）、2018年度版インターネット広告の基本実務」日本インタラクティブ協会より

フォーマットが媒体コンテンツの形式や機能と同様でそれらと一体化しているので、広告とはわかりづらいのが特徴である。

ネイティブ広告には、媒体コンテンツの枠内に表示される「インフィールド広告」と媒体コンテンツ内に設置されるリコメンド（おすすめ）枠に表示される「レコメンドウィジェット」などがある。

⑤動画広告

動画ファイル形式（映像・音声）の広告。動画コンテンツの前、中、後に再生するのが「インストリーム広告」である。

広告枠など動画コンテンツ外で表示されるのが「アウトストリーム広告」である。

従来、テレビをはじめとするマス媒体で行なわれていたものをネットで行なおうとする取り組みである。

その際に効果的な手法として、表現力豊かな動画が使われるようになったのである。

スマホ接触の時間が長く、テレビCMの出稿だけでは到達させられない若年層には動画での訴求が効果的である。

⑥メール広告

電子メール媒体に広告内容が掲載されるのがメール広告である。

LINEをはじめとするメッセンジャーアプリの利用者が増えた反面、特に10代や20代では、メール自体の利用率が低下し、その影響で出稿先としてのメール広告への注目率は低下している。

⑦アフィリエイト広告

成果報酬型の広告で、その広告を通じてアクションが発生した際に費用が発生する手法の広告。

多くの広告では、インプレッションされると掲載費が発生するが、アフィリエイト広告の場合はユーザーの目に触れただけでは費用は発生しない。

それどころか、広告がクリックされても広告費用はかからず、クリックしたあとで表示されたサイト上で、ユーザーが資料請求やサンプル請求、会員登録、購入などがされて初めて広告費が発生する仕組みである。

3）広告は多様化の時代に

近年インターネットが定着したことで、マス媒体が中心だった広告とPRに、新たな情報発信チャネルであるSNSや自社サイトが加わった。

そのことにより、広告単独ではなく複数のチャネルを使い分け消費者に発信するクロス・メディアの時代に移行した。

媒体枠を買う広告は「ペイドメディア」、自社が所有する「オウンドメディア」、PRやSNSのように企業の情報を第三者が発信し信用評判を獲得するものを「アーンド（ソーシャル）メディア」と呼び、この3つの組み合わせで情報を発信しマーケティング活動をすることが有効と考えられる。

これらを「トリプルメディア」と呼ぶ（図6-2-2）。

従来のペイドメディアでの情報発信と誘導に加え、オウンドメディアでの世界観の醸成、アーンドメディアでのユーザーグループの獲得を効果的に組み合わせることで、ブランドメッセージをユーザーの生活に寄り添う形で発信し続けることが可能となり、ユーザーの脳内のブランド構築を加速させることができる。

4）インターネット時代における広告

インターネットによる情報環境の進化により、広告もその変化に対応することが求められる。

現在、インターネット広告とテレビCM、OOHメディア（なかでもビルや電車内での電子広告）が広告媒体の主力である。

この広告媒体の３極化は、このまま続くとみられており、その一方では雑誌、新聞、ラジオといった旧来の媒体は衰退すると考えられている。

これからは、人々がインターネット社会に入り込むほどに情報媒体の自由度が高まるので、次々と新しい形の広告が生まれることが予測される。

そのため企業や料飲店では、常に新しい広告を探求し活用できる適応力を持つことが重要となる。

参考文献
- 波田浩之著　新版「広告の基本」　日本実業出版社　2018年
- 岸志津江他著　第三版「現代広告論」有斐閣　2018年
- 石崎徹編著　第二版　「わかりやすい広告論」八千代出版　2013年
- 「インターネット広告の基本実務」日本インタラクティブ広告協会　2018年度版

図6-2-2. トリプルメディア

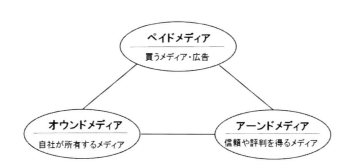

3. 料理コンテンツの制作

1 食はひとつの大きなジャンル

メディア制作にかかわるときは、料理や食べ物をいかにおいしく見せるか、納得のいく紹介ができるかの技術とセンスが問われる。ここでは実際の料理記事のプロセスを紹介していく。

1) 料理の出版としてのメディアの種類

最近の雑誌は、ジャンルを問わず、料理や食材、食文化など、食べ物にまつわる記事が多く取り上げられている。

①「食」の雑誌
- ・食好き・料理好きの雑誌（どちらかというと男性向け）〜 dancyu、食楽、料理王国など
- ・料理が主体の雑誌（どちらかというと女性向け）〜オレンジページ、エル・グルメなど
- ・食の特集が多く組まれる雑誌〜サライ、ク

ロワッサンなど
・テレビとの連動雑誌〜きょうの料理、3
　分クッキング、おかずのクッキングなど
・専門誌〜月刊専門料理、月刊食堂など
②季節の料理特集例
・春〜春野菜の料理、山菜料理、卵料理、幼
　稚園弁当、通勤弁当、バレンタインのチョ
　コレート作り、ひな祭り料理など
・夏〜夏野菜の料理、冷たい麺、ビールの
　つまみ、カレー、焼肉など
・秋〜きのこ料理、行楽弁当など
・冬〜根野菜の料理、鍋物、シチュー、ク
　リスマス料理、おせち料理など

2）雑誌記事の集大成の料理本

　料理の掲載が多い雑誌は、ある程度の期間の掲
載分をまとめて料理の本にし、出版することがあ
る。一度しか掲載しないのではもったいないし、
一度掲載しているものを加工するので手間もお金
もあまりかけずに新しい本ができるからである。
すでに料理の写真とレシピはあるので、それをい
かに加工してダブリ感なしに別の本にするかには
2つのポイントがある。ひとつはくくり方であり、
もうひとつはデザインの工夫である。
　料理の本を作るときにいちばん手間がかかるの
は料理制作と撮影、次いでレシピ制作であるから、
雑誌の集大成は非常に効率的であるといえる。

2 | 記事のコンセプト

　季節感を取り入れる工夫をしたり、その雑誌の
特徴を把握することが大切。
　節約をテーマにしたものがあるが、その場合で
も安い素材を上手にやりくりする工夫のあるもの
や、短時間で調理できるものを手作りで経済的に
済ませる方法などで雑誌のカラーをはっきりさせ
ている。

　健康系の料理が多い雑誌は健康に絡めたテーマ
性を考えて料理を選んでいく。
　流行に敏感であることも大切で、話題の食材や
料理、旬の料理人、新しい調理器具などは雑誌な
らではの登場が期待できる。

3 | 料理コンテンツの種類

1）料理の本

　料理に関することを書いた本。料理本とも呼ぶ。
料理をつくる際の参考書として、調理技術とそれ
に用いる材料の知識や選択のしかたなどの記述を
基本とする（株式会社平凡社　世界大百科事典）。

2）ムック（MOOK）

　雑誌と書籍の特性をあわせもつ出版物。
magazine（雑誌）と book（書籍）を合成した造
語で、流通コードとして雑誌コードの付与が可能
だが、雑誌のように定期的な刊行を前提としてい
ない。定期刊行物の別冊、増刊、季刊などのかた
ちで発行されることが多い（ブリタニカ国際大百
科事典 小項目事典）。
　本の大きさや厚さ、見せ方によってばらつきは
あるが、料理の本を 1 冊作ると、中に掲載する
料理は 100 点ほどになることがある。

3）新聞や週刊誌の料理

　新聞の家庭欄や週刊誌にもよく料理が紹介され
ている。これらの特徴は話題性、ニュース性に富
んだものがオンタイムで載せられることである。
　雑誌の場合、企画してから実際に掲載されるま
では 3 ヵ月ほどかかり、単行本の場合はさらにか
かる。じっくり記事を作れるというメリットはあ
るが、ニュース性の強いものや流動性のあるもの
は扱いにくい。

4）料理カードやパンフレットなど

スーパーなどで季節の料理を紹介している料理カード、特定の素材のプロモーション用に配られる小冊子、調味料の瓶や食品のパッケージに紹介されている料理など、本や雑誌以外にも料理を紹介しているものは身近にたくさん見られる。

4 | 料理ページのねらい

料理の本や記事で大事なことは、読者の役に立つだけでなく、売上につながることである。

そのためにはタイミングよく、誰でもできる料理を紹介すること。レシピはまずその料理を多くの人が作るだけでなく、繰り返し作るようになること、最終的には得意料理にしてもらうことが目的である。

1）読者をしっかり想定する

基本は、①どんな読者が、②誰に、③どんな料理を、④どう作るかをはっきりさせることである。

2）自然体の料理を見せる

料理が一番おいしいのは、普通は出来立てである。鍋でできたものを器についで湯気が上がっているくらいのものが一番おいしい。そのときの自然な形を写真で見せることも工夫のひとつである。

3）強いテーマ性を出す

雑誌の掲載はページ数もスペースも限られるため、多くの料理を出すことができないが、単行本やムックの場合はかなりの数の料理を紹介することができる。その本のテーマに合ったものを多角的に表現することができ、強いテーマ性が出せる。

4）料理家の名前で売る

料理を作る人の名前で売れる本も多数ある。有名シェフや板前、料理を得意とするタレント、有名店そのものの味を紹介する本もある。

5 | 売れる企画を目指す

食がらみの記事や本で「売り」につなげなければならない。また、商業誌なら広告が誘導できるようなテーマも求められる。画一化された誌面や個性のない文章にならないためにも、常に何か新しいものを加えていく気概が必要である。

1）料理レシピの開発

第6節の1．料理レシピの開発に詳細を記述。

2）わかりやすい料理写真

料理のページや本にとって大切な要素はおいしそうな写真が載ることである。料理のおいしさは写真で見せるのが一番わかりやすく、訴える力が強い。

料理写真で大切なことは、写真を見た読者にまず「おいしそう」と思わせること。しかし、そこで終わらせず、「自分でもつくってみよう」と思わせることが大事である。

3）遊び心を持つ

企画や見せ方で大いに遊び心を発揮すると、新しい料理が生まれる可能性が出てくる。

調理は楽しいものと捉え、遊び心を取り入れていくと、最終的にできあがった料理も楽しい印象を与えることとなる。

4. 料理写真

1 料理写真「撮影前の準備」

料理を撮る最大のポイントは「おいしそう」と思わせることだ。料理は時間が経つにつれておいしさが失われていくので、事前の準備が大切になる。料理を作る前にイメージに合わせたスタイリングや盛り付け、どこからどう撮るか（フレーミング）を決めておく。

1）訴求イメージに合わせた撮影プラン

どんな写真にするのか事前にイメージをしておくことはゴールに向かって写真を作っていく上で重要である。クライアントの考えるイメージと撮る側のイメージとが異ならないように、参考になる料理写真など、目に見える情報を用意してイメージを共有しておく。参考になるものがない場合は、ラフ画を描いて示す。クライアントと撮影現場（フードコーディネーター、カメラマン）が具体的なイメージを共有することでスムーズな撮影が行なえる。

（1）ターゲットに合わせたイメージ作り

顧客ターゲットの性別・年齢・職業など具体的に設定し、季節、歳時、ショップのコンセプト、写真の用途などを考慮しながらイメージを作っていく。

（2）器の選定

和風・洋風・高級・カジュアルなど料理全体のイメージは器で決まる。写真のイメージに合わせて大きさ、素材（陶器・磁器・木、ガラスなど）、色などを選ぶ。写真用には料理を盛り付けた時に余分な空間があかないくらいの小さめのサイズを選ぶ。写真を斜め上から撮ると、手前の余白が実際に見るより広く写ってしまうからだ。同様にリム（縁）も狭い方が、余白が強調されなくてよい。ただ、高級なイメージの場合は大きめの皿とリムがあるものを選んだ方が高級感を表現しやすい。

グラスも皿との大きさのバランスを取るために小さめのサイズを選ぶ。ワイングラスの場合は皿と一緒に並べた時に高低差があるので、ステムが長いものより短いもののほうが写真の中におさまりやすく使いやすい。

（3）カトラリー・箸の選定

カトラリー類も皿やグラスと同様、皿に合うように少し小さめのサイズを選ぶとよい。手前にカトラリーを置く場合、手前に置いたものがより大きく強調されてしまい、料理よりもカトラリーに視線が誘導されてしまうのを防ぐためだ。

また、質感にも注意しよう。鏡面仕上げのスプーンに撮影している自分や部屋の様子が写りこんでいることはないだろうか。そのような写りこみを防ぐには、少し曇った質感を持つカトラリーがよい。

（4）下地（背景）の選定

料理をのせる下地でイメージはがらりと変わる。同じハンバーグでもカジュアルであれば明るい色のランチョンマット、黒やワインレッドなど暗い色の下地を選ぶと高級感を演出できる。素材は布・木材、壁紙・和紙など、季節や顧客ターゲット、料理のコンセプトに合わせて選ぶ。

質感（表面の風合い）はザラザラしていると素朴さを表現し、ツルツルだと洗練されたイメージ

になる。布は目が粗いものはカジュアル、カントリーのイメージ、目が細かいとフォーマルでエレガントになる。

（5）色合い

器、下地、料理の素材など、全体の色を3色ぐらいでまとめるとバランスがよい。主役の料理が引き立ち、おいしそうに見えるように配色する。暖かいイメージを伝えたいなら暖色系のアイテム、涼しげで爽やかなイメージなら寒色系のアイテムを選ぶと見る人により伝わりやすい。夏のそうめんなら、そうめんの白、薬味の緑、ガラスの器、青系のクロスを敷くなど、全体の色合いで季節感を出すことができる。類似色でまとめると穏やかで落ち着いた印象になる。紫と黄色のような補色や反対色でまとめると、色の鮮やかさが強調されて華やかな印象になる。

2 | 写真の構図

1）横位置・縦位置・正方形

使用目的によって写真を横位置にするのか、縦位置にするのかを決める。横位置は画面に広がりがあり、文字を入れるデザインや、ウェブサイトなどで使いやすく、レシピやメニューなどに向いている。縦位置は高さや奥行きを出すのに効果的で、背景をぼかしたい時によい。余計なものが写りこまないので視線を画面中央に誘導しやすく、より「おいしそう」な印象を与えることができる。正方形の写真はＳＮＳで流行の構図である。カメラやスマートフォンの設定で1：1やスクエアを選択して撮影する。

2）基本の構図

構図とは画面全体の構成・まとまりのことだが、写真の見て欲しい場所（訴求ポイント）に視線を誘導したり、主役はどれか（売りたい商品は何か）

を明確にしたりする効果もある。
- （1）三分割構図……縦横それぞれ3分の1ずつ区切り、分割線上や交点にメインとなる被写体を配置する。最も便利で使いやすい構図（図6-4-1①）。
- （2）対角線構図……主役と脇役の組み合わせで配置するとバランスがよい（②）。
- （3）日の丸構図……画面の中央に被写体を配置する構図。製品写真などに使う（③）。
- （4）くの字構図……くの字型に3個配置すると動きが出てまとまりやすい（④）。
- （5）Ｓ字構図……4個以上ある場合Ｓ字に配置すると奥行きが出てバランスがよい（⑤）。

図6-4-1. 基本の構図

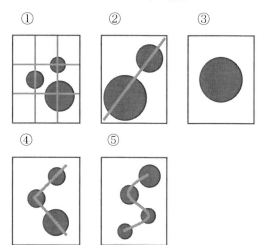

3）おいしそうに見えるアングル

（1）斜め45度

斜め45度からの角度はおいしそうに見える料理写真の基本のアングルである。臨場感を表現しやすく、奥行きを感じさせることができる。

（2）真俯瞰

料理の真上から撮る写真で、絵画やデザインのような印象を作ることができる。ラーメンなど丼鉢に入った料理やピザのメニュー写真、レシピの工程写真などに使われることが多い。

（3）水平アングル

ケーキの断面や料理の中の具材を見せたい時は、真横から水平アングルで撮影する。料理の高さやボリューム感が出る。

4）おいしそうに見える光の使い方

料理がおいしそうに見えるかどうかは光の操作で決まるといっても過言ではない。特別な照明器具がなくても、日中の自然光が入る明るい窓があればおいしそうに撮影できる。多少暗いと感じても部屋の照明は消して自然光のみで撮影する。窓がない部屋や、太陽が出ている時間帯に撮影できない場合は照明機材が必要となる。

（1）半逆光で撮る

料理写真では最もよく使われるライティング。料理の斜め後ろから来る光で撮影する。料理に光が反射して照りが出るため、おいしそうに撮れる。料理のツヤを出したい時、さわやかな朝や、昼間の雰囲気を出したい時にふさわしい。

（2）サイド光で撮る

料理の立体感やボリューム感を出したり、陰影を生かしたりするイメージカットではサイド光を使う。ツヤが出ないので、焦げ色がおいしそうなパンや焼き菓子、商品パッケージなど表面の反射を避けたい場合にサイド光を使う。

（3）順光は避ける

順光はカメラ側から来る光のこと。明るく撮れるので良いと考えがちだが、影がないため立体感がなくなり、照りやツヤもなく、全体がのっぺりとしておいしそうに撮れない。カメラについているフラッシュを使うことも避けたい。

（4）光の質をコントロールする

光の質は「硬い」「やわらかい」と表現される。硬い光とは直射日光のような直線的な光、やわらかい光は拡散された光のこと。窓からの直射日光やライティングの光は、被写体に直接当てるのではなく、レースのカーテンやトレーシングペーパー、ディフューザーなどで光を拡散させ、やわらかい光を作る。

（5）レフ板を使う

レフ板は光や色を反射させる道具。白いレフ板は光と逆の位置に置いて、光をレフ板で反射させ、影の暗い部分の明るさをコントロールする。レフ板を被写体に近づければ明るく、離すとそれより暗くなる。

ツヤがもっと欲しい時は、反射を拡散させるた

図6-4-2. 光の使い方

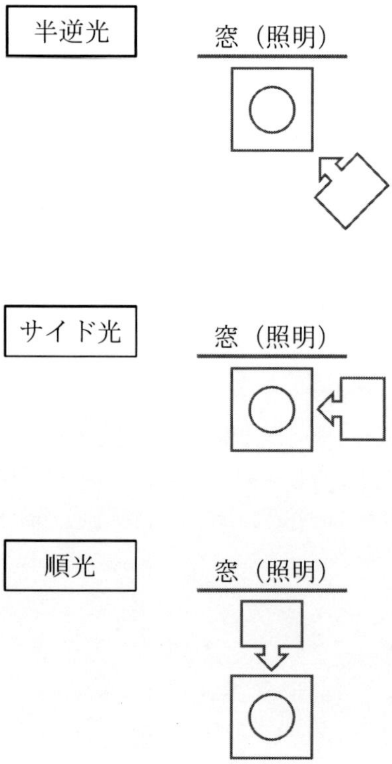

めにアルミホイルにシワをつけたものを貼った銀レフ板を使う。パン、焼き菓子には黒レフ板で焦げ色を強調するとおいしさがアップする。

5）おいしそうに見せる演出

（1）みずみずしさを表現する

野菜や果実などの新鮮さを表現するには水滴をつける。グリセリンを混ぜた水を霧吹きに入れて吹きかけると、流れにくく大きな水滴を作ることができる。カットした野菜などは切り口が乾燥しやすいので霧吹きや刷毛で水をつけて防ぐ。

（2）湯気で温かさを表現する

料理に温度を感じるとおいしさが強調される。白い湯気を写すには背景を暗い色にすると目立ちやすい。また、部屋の冷房をつけて気温を下げると湯気が出やすくなる。料理が冷めてしまい湯気が出なくなったらスチームアイロンのスチームを使って湯気を作ることもできる。

（3）冷たさを表現する

冷たい飲み物や料理を撮影する時は、類似氷を使って涼感を演出する。本物の氷を使うと時間とともに氷が溶けることや、結露で下に敷いたものが濡れてしまうためである。またグリセリンを混ぜた水を霧吹きでグラスに吹きかけて水滴をつけると冷たさが表現できる。

（4）ボリューム感を出す

例えば鍋物や丼物を撮る場合、鍋の中にザルな

どを入れて上げ底にして盛り付けると、中の具材が見えやすくボリュームが出る。

（5）断面を見せる

料理をカットして断面を見せると、中身のジューシーさや、断面の美しさ、おいしさを強調できる。また「今から食べる」というイメージを伝えられ、見ている人の共感を得ることができる。カットする前にどこを見せたいか、向きや位置を決めよう。断面は乾きやすいので、ハケなどで油や水を塗ってツヤを出す。ナスなど色が変わるものもあるのでカットしたらすぐ撮るのが基本である。

（6）箸上げをする

「箸上げ」は箸などで料理を持ち上げている状態のことを言う。麺を箸で持ち上げるなど、まさに今から食べるイメージを連想させる。箸上げ写真や、ソースやたれをかける瞬間の写真を用いることで、写真に動きをつけ臨場感を生み出すことができるため、見る人に「おいしそう」と感じさせやすくなる。

6）撮影の流れ

（1）訴求イメージに合わせてスタイリングを決める。

（2）布にアイロンをかけて撮影台に敷く。下にネルという布（アンダークロス）を敷いて、その上に布をかけて手で密着させるように伸ばすと小さなシワは気にならなくなる。

図6-4-3. 撮影風景の一例

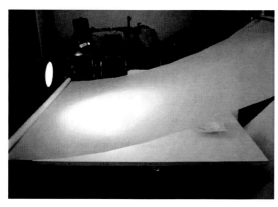

（3）グラスや器、カトラリーを配置。カメラを三脚に固定して、料理の配置、焦点距離、アングルなどを決めておく。

（4）空の器の状態でテスト撮影をする。器には料理に見立てたものを置き、影のつき方なども見ておく。ホワイトバランスや絞り値などカメラの設定の確認をする。

（5）調理スタート。調理が終わったら器に盛り付ける。ひとつひとつの具の配置も細かく調整する。器の配置やレフ板の位置など微調整しながら素早く撮影する。

参考文献

◉佐藤朗・小坂桂　共著『おいしいかわいい料理写真の撮り方　改訂版』イカロス出版　2018年

◉やまぐち千予　『売上がアップする商品写真の教科書』玄光社　2017年

5. 料理動画

1 | 高まる料理動画のニーズ

昨今、動画投稿サイトで料理動画が大変人気を集めている。料理専門サイトの一部だけでなくSNSから人気が加速し、料理動画アプリまで存在するようになった。人気の理由は情報量と伝わりやすさだ。1分間の動画が持つ情報量は文字にして約180万語（Forester Research, James McQuivery 博士調べ）に相当するといわれ、文章で説明されるより実際にやっているところを見る方が圧倒的にわかりやすい。レシピを伝えるには一度にいろいろなことを説明する必要があるが、たくさんの情報も動画なら容易に伝えることができる。動画は流れてくる映像を見たり聞いたりする「受動的」な行為だけで情報を得ることができ、「主体的」に読まなければ情報が入ってこない本などとは違って楽なのが人気の大きな理由のひとつだろう。

短いものであれば30秒、長くても数分で、非常に簡単なものから本格的なものまでさまざまな動画が存在し、SNSに対応したスクエアサイズやスマートフォンでの視聴に適した縦長の動画も出てきている。料理動画はますます需要が増えていくと思われる。

2 | 料理動画の利点

1）テクニックのわかりやすさ

食材の切り方、火加減や調理のタイミング、調理器具の使い方や盛り付け方など、細かいところも参考にできるので、動画をそのまま真似していけば美味しそうな料理が完成する。文字だけだと経験や知識がないとわかりにくい部分もあるが、動画は料理初心者や料理が苦手な人にも理解しやすい。

2）手順のわかりやすさ

料理を始める前に最初から最後まで見て工程を理解することができ、完成までの手順をイメージできる。また、見たいポイントで一時停止して手元で何度も確認できる。動画には国境がないので、簡単な英語の説明さえあれば日本の食文化が世界中のキッチンに届くことになる。また日本人が海外の郷土料理を見ることもできる。

3) 食材からレシピを検索できる

サイトの検索窓に手元にある食材を入力するだけで、その食材を使ったレシピ動画が出てくる。また、今まで使ったことがない食材でも同様に検索すれば料理が可能になり、新しいものにも挑戦しやすい。

3 視聴したくなる料理動画の作り方

料理動画はテンポよく、シズル感がありインパクトのあるものが好まれる。シズル（sizzle）とはステーキなどの肉がジュージューと焼けて肉汁がしたたり落ちている状態のことをいい、料理のみずみずしさやおいしさを表す言葉である。視聴者の視点で、とろけるチーズや立ち上る湯気など、おいしさを表現しながら撮影したい。特にシズル感を強調した動画はシズル動画とも呼ばれる。

1) 食欲に訴える

料理動画は「食欲」を促すものでなければならない。テレビ CM を見て食べたい気持ちになることがあるだろう。ビールは喉越し、冷たさ、爽快感を感じさせる。ハンバーガーは断面を見せて食欲をそそる。ゼリーのぷるぷる感はスプーンですくって見せる、いわゆる箸上げをすることで質感を表現することができる。

2) ユーザー視点の映像

真上や斜め上から撮っているものも多いが、料理する人の真正面にカメラを置いて撮影すると、目の前で自分のために料理してくれているかのような気持ちになる。できあがった料理は今から食べるように置いて撮影するとよい。

3) クリックしたくなるタイトル

タイトルはたくさんある動画の中から選んでもらうための重要な要素である。タイトルには説明

的で関連性のあるキーワードを含め、内容がわかるものを簡潔にまとめる。視聴者が誤解を招くようなタイトルは避け、内容を正しく表すことが大切である。その上で、サムネイルをクリック（またはタップ）したくなる魅力的なタイトルで視聴者を引き付けよう。

- ① 食欲をそそるシズル感のあるもの
  - 例：「パリパリな鶏もも肉の焼き方」「ふわとろプリン」
- ② 作り方がわかるもの
  - 例：「フライパンでローストビーフ」「簡単10分！冷蔵庫にあるものだけで 3 品おつまみ」
- ③ インパクトのあるもの
  - 例：「ビールがすすむ！ピリ辛おかず」「やみつきチキン」

4) 冒頭 3 秒が重要

テレビと違って動画はほぼ最初から見るものである。そのため動画の冒頭の 3 秒が非常に大切になってくる。最初がつまらないと離脱される可能性があるので、続きを見たくなる工夫を凝らすことが大切だ。例えば、冒頭においしそうな完成映像で動きを見せ（ぐつぐつと煮立つ鍋、ホットケーキの上にシロップをかける、ハンバーグにナイフを入れ肉汁を見せる等）、視聴者の食欲に訴えるようにする。

5) 簡潔で適切なキャプションを入れる

料理を作りながら手順やコツを話したり、ナレーションが入る音声解説付きの動画と、BGMのみでテンポよく進んでいく動画や、調理中の音声のみの動画などがあるが、音声解説があってもなくても、カットごとに適切で簡潔なキャプションを入れてわかりやすい動画にすることが望ましい。映像だけでは伝わりにくい部分を補ったり、大切なポイントを強調したりすることができる。

人間の五感のうち、動画で感じることができるのは視覚と聴覚のみである。視覚と聴覚だけで匂い、舌触り、味までも感じさせよう。BGM とは別に、調理中の音も入れると臨場感あふれる動画になる。包丁のリズミカルな音、鉄板の上で跳ねる油とともに焼かれるステーキ、熱い鍋肌に回しかけたしょうゆ、豊かな泡を立てて注がれるビールなど、シズル感を表現した料理動画は見る者の心にストレートに伝わってくる。

6)引きと寄りのカットを織り交ぜる

真上から撮るなど同じ方向から撮影し、最初から最後まで被写体の大きさが同じである動画も数多くみられるが、単調になりがちだ。全体を写す（引き）のカットと、手元や食材のアップ（寄り）のカットがあると、視聴者の気持ちをグッと引き寄せることができる。ただし、アップにするためにカメラをズームにすることや、左右に振ることは映像がブレる原因になるので避けた方がよい。

4 | 動画作成に必要な道具

1)カメラ

気軽な SNS の投稿ならスマートフォンでも可能だが、仕事として映像的クオリティを求めるなら一眼レフやミラーレスカメラを使用する。

2)三脚

撮影中はカメラをしっかり固定し、絶対に動かさないようにするために三脚は必須である。映像がブレると見ている方は乗り物酔いをするような気分になる。

撮影は真上から撮影（真俯瞰）する場合と斜め前から撮影する場合、真正面にカメラを設置する場合がある。可能であればカメラを 2 台用意して、全体を撮るものと手元や食材のアップを撮るものの 2 種類のカットがあると単調にならず、よりお

いしそうな動画になる。

3)照明器具

照明は被写体の周辺を囲うように配置してフラットに当てるのが基本である。まんべんなく光を当てる場合はトップ、左右、斜め手前からの 4 灯の照明器具が必要になる。陰影をつけて立体感を出すなら 2 灯、真俯瞰から手元だけを明るくする場合は 1 灯など、どんな映像にしたいかで照明の数、配置が変わるだろう。モニターで影のつきかたなど、見え方を確認する。

4)マイク

料理を作りながら解説したり、調理の音を入れる場合はマイクを使う。

5)動画編集ソフト

動画結合、カット、文字入れ、音声の入れ替え、音量調整などは動画編集ソフトを使って行なう。編集機能や使いやすさなどはソフトによってさまざまだ。

5 | フードコーディネーターの役割

フードコーディネーターは料理をおいしそうに見えるように作るのはもちろんのことだが、料理にかけるソースをどのように回しかけるのか、といった演出も不可欠である。味噌を溶き入れる、鍋の底をかき混ぜる、箸上げをして料理を見せるなど所作の美しさも求められ、おいしそうに見せる演技力も必要になる。

撮影前の事前準備が大切なのは料理写真のときと同じである。何のどこを一番きれいに撮りたいか、撮る順番など、カメラマンと綿密に打ち合わせをしておく。絵コンテがあればイメージしやすい。流れるような動作はカメラマンとの連係プレーが必要である。

①全ての材料を並べて撮影。②トンカツに塩コショウをして小麦粉、溶き卵、パン粉の順につける。③トンカツを油に落とす位置に竹串を置いてピントを合わせる（置きピン）④トンカツを油に落とし、揚げていく様子を撮影。⑤揚がったトンカツを油から取り出すカットを撮影。⑥トンカツは食べやすく切る。⑦あらかじめ用意した皿にトンカツを盛り付ける。トンカツソースをかけた時にしたたり落ちるようにキッチンペーパーを忍ばせてトンカツを傾かせる。付け合わせのキャベツの千切り、彩りにラディッシュ、レモンのくし切りを添える。⑦モニターで手の位置や動作を確認しながらソースをかける。⑧箸上げのカットを撮影する。⑨食べるシーンを撮影。マットなどは数種類用意しておき、できあがりの色合いなどを見てから決める。

参考文献

● 森寛弘『結果が出る「SNSマーケティング」てっぱん法則』扶桑社 2018年
● ビデオSALON2017年10月号玄光社

6. 料理レシピの開発と書き方

1 料理レシピの開発

料理レシピの開発にあたって心がけるポイントは以下の通りである。

1)いくつかの要素を入れる

（1）経済的である

料理がおいしいのは当たり前だが、経済的であることも大きな要素である。

安価な材料を使うだけでなく、大根1本を丸ごと使うようなレシピ提案で、材料をムダにしない工夫も結果的に経済的になる。また、調理時間が少なければ光熱費の節約にもなって経済的である。

（2）簡単にできる

伝統的な方法で行なわれてきた料理のプロセスはすべてに意味があるが、再度その意味を考え、省けるところを探して作り方を簡単にする工夫も大切である。電子レンジ、冷凍食品、缶詰、レトルト調味料など、手間と時間を大幅に短縮するものを上手に取り入れて、調理過程を省略する提案も良い。

（3）体に良い

健康志向の高まりに伴い、体に良い料理を求める人が増えている。おいしく食べて健康になる、あるいは病気を予防するという料理の企画は、今後さらに需要が見込まれる。

● プラスする

カルシウムが多くとれる料理、葉酸が多くとれる料理といったように、特定の栄養素や食材をとるために工夫された料理である。

● マイナスする

生活習慣病の予防のために塩分やコレステロールを減らす料理、ダイエットのために油脂を減らす料理など、おいしさの元になっているものを減らしても満足感のある料理を工夫する。

（4）プラスαの要素で新しさを出す

　いつもと同じ料理でも、ちょっとした工夫で目新しいものにする。盛り付けや器、テーブルセッティングなどに、本来その料理ではやらないようなことをしたら案外よく合ったというケースは多い。

2 | 料理レシピの書き方

（1）レシピは短くわかりやすく

　「自分で作ってみよう」と思わせる要素には写真以外に、レシピの長さとわかりやすさがある。

　レシピが短いほうが料理は簡単に思えるので、短いに越したことはないが、読者対象をどこに置くかでレシピの長さは変わってくる。

　一例を挙げれば、ベテラン主婦が対象のレシピでは「じゃがいもの皮をむく」で済むものが、新米主婦には「じゃがいもは洗って、薄く皮をむく」となり、全くの料理初心者には「じゃがいもは洗って水気をふき、包丁か皮むき器を使って全体の皮を薄くむく」となる。レシピは短いほうが良いが、わかりやすさをどこまで表現できるかは、料理レシピを書く人の腕にかかっているといえる。

（2）レシピのチェックポイント

〈文章〉

①誤字・脱字がない。

②表記の統一。

　例）ナスとなすが混在する

③簡潔でわかりやすい。

〈材料表〉

①でき上がり量（何人分、何個分など）の明記。

②全材料とその分量の明記。

　例）タラ切り身○切れ（○ g）

③名称は適切か。

④並べ順と作り方手順の照合。

〈作り方〉

①わかりやすい手順。

②特別な下ごしらえが必要なものはそれを明記。

③道具、下味や加熱時間、火加減、温度が明確かどうか。

④作る際の注意点を明記。

〈全体〉

　写真、材料表、作り方の照合など、すべて明記されているか。

7. 料理ページの作成と進行

1 | 料理ページ作成と進行に必要な人と役割（同じ人物が兼任することもある）

1）担当編集者

　企画を立て、スタッフを決めて進行させる。予算を立てたり、精算したりといった、マネージメント全体も担う。企画の中心となる人で、本や雑誌の場合は編集者であるが、ほかの媒体では制作責任者やプロデューサーなど、呼び方はいろいろである。

2）料理を作る人

　企画に沿った料理を考案し、撮影時の料理を作る。料理研究家、シェフ、板前、フードコーディネーター、料理の得意なタレントなど、料理を作る人はさまざまである。料理研究家の場合は簡単なレシピも書くのが普通。考案した料理は担当編集者と検討して、素材や作り方などを読者に合わせたものにしていく作業がある。

3）フードライター

　担当者から依頼されたページ数に合わせ、どのページにどの料理を載せるのかなどの構成を考える。料理人と料理の打ち合わせを進め、撮影時は料理とレシピの突き合わせや変更などをチェックする。料理家から簡単なレシピを渡されたら、それをページのデザインに合わせた字数に書き直す。長い原稿を短くする、あるいはその反対もあるので、料理のことをよく知らないとどこで削るか何をたすかがわからない。プロの料理人の中にはレシピを書き慣れない人もいるので、その場合は口頭で聞いてレシピを起こす。いずれにしても料理への理解と知識が必要で、レシピ以外にも食関係の取材や執筆も行なうため、取材力と筆力も求められる。

4）スタイリスト

　料理のおいしさや雰囲気を表現するために、撮影用の食器、食卓小物、テーブルクロスなど写真を構成するものを、借りたり買ったりして集める。また、撮影時の料理の盛り付けを直す場合もある。器やさまざまな小道具で料理をおいしく際立たせるために、料理のことをよく知っている必要がある。料理撮影用の器や小道具をレンタルする店で借りることが多い。

5）カメラマン

　料理やそれを作る過程の写真（プロセス写真）を撮る。料理のおいしい瞬間をねらう技術を有し、今はデジタル化しているので、その場でパソコンを通じて料理の細部をチェックする。

6）デザイナー

　でき上がった写真や原稿を使ってページをデザインする。先にデザインをして、そこにはめ込むように写真や原稿を用意する先割（さきわり）と、撮った写真と書き上がった原稿を入れ込むようにデザインする後割（あとわり）がある。先割の場合、デザイン段階で文字数が決まるので、料理ライターはそれに合わせてレシピを書くことになる。

2 ｜ 料理ページ作成の流れ

　料理のページや料理の本を作るときのおおまかな流れを図6-7-1に示した。ただし、これは一般的な場合であり、やり方は出版社や制作会社によって、あるいは雑誌や本によっても違ってくる。

（1）企画、ページ設定、予算

　料理の企画が編集会議に提出され、討議される。企画案にはテーマだけでなく、想定されるページ数、全体の流れなども盛り込まれているので、それも検討材料になる。企画が通れば、ページ数、料理写真の撮り方や（料理だけか、制作過程（プロセス）も入れるか）、だいたいの予算なども確定する。

（2）スタッフの選定、日程の調整

　担当になった者は、料理家、カメラ、ライター、スタイリストなど、制作に必要な人たちを決める。料理家の日程を押さえるのを第一にすることが多く、まずは料理家を決めて依頼し、撮影の日程を決めていく。撮影は雑誌の特集の場合は6〜10ページくらいが多いので1日で終わるが、単行本

やムックの場合は料理点数が多いため数日とる。料理の制作過程（プロセス）も撮る場合はさらに日数がかさみ、予備日を入れて1週間ほどとることもある。点数が多いほど準備にも時間がかかり、単行本やムックなどの場合は余裕をもったスケジュールが必要である。料理家の次にカメラマン、スタイリスト、ライターを決めていく。

料理研究家は自宅で撮影することが多いが、料理家によっては料理スタジオでの撮影もあるのでスタジオ予約も必要になる。

（3）メニュー決定（料理、スタイリング、写真のカット）

料理家と担当者、料理ライターで撮影する料理を決める。テーマを伝えておくと、料理家がメニュー案を出してくる場合が多く、それがテーマから外れていないか、読者層に合っているか、偏りがないかなどを検討して決定する。メニューが決定したら、カメラマンに料理の点数や撮り方などを伝えておく。

（4）下レイアウト

どのようなページにするのかのイメージ図をページごとに描いておく。つまり全体の設計図である。

どのページにどんな料理がどう入るのか、手描きでざっとしたラフを描くのが一般的である。ラフはデザイナーと相談する場合もあれば、担当者や料理ライター自身が描く場合もある。このラフがないと、撮影現場でどういう写真を撮ればいいのかが判断できず、スタッフがスムーズに動けなかったり、全体のイメージが、ちぐはぐだったりしかねない。このラフに基づいて、スタイリストは小物を集めるので、きちんと描いておくことが求められる。

（5）撮影（料理作成、撮影）

料理の撮影本番の日、カメラマンは撮影用の台を用意し、料理家が作った料理を順次撮影していく。よりおいしく、わかりやすく撮るために、料理の見栄えをチェックしながら進める。

図6-7-1. 料理ページ作成の流れ

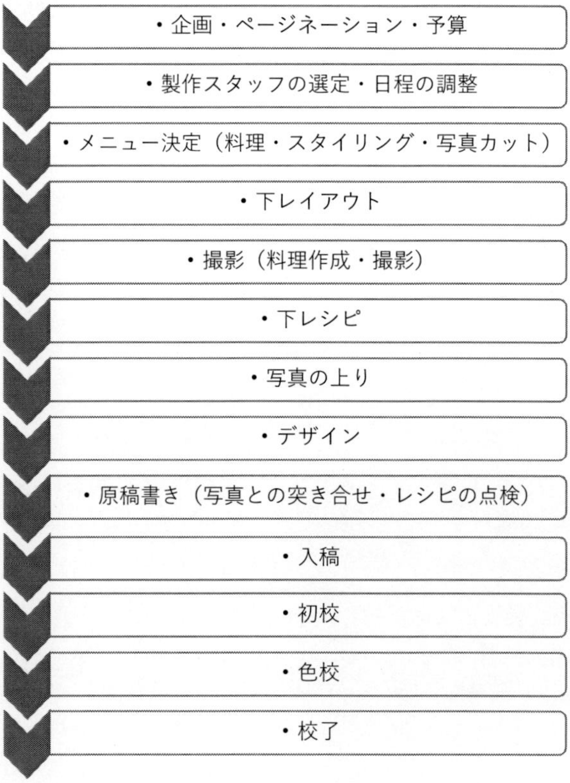

- ・企画・ページネーション・予算
- ・製作スタッフの選定・日程の調整
- ・メニュー決定（料理・スタイリング・写真カット）
- ・下レイアウト
- ・撮影（料理作成・撮影）
- ・下レシピ
- ・写真の上り
- ・デザイン
- ・原稿書き（写真との突き合せ・レシピの点検）
- ・入稿
- ・初校
- ・色校
- ・校了

（6）下レシピ

　料理家は撮影した料理のレシピを担当者に渡すが、渡すタイミングは料理家によって違う。撮影前にレシピを作って渡し、撮影当日はその通りに作る料理家もいる。その場合、担当者や料理ライターはレシピ通りの材料が写真に写っているか、切り方や分量はレシピ通りかのチェックをする。トッピングの材料を変えるなど、小さな変更はよくあるので、レシピと照らし合わせながら確認する。料理家によっては、大まかなレシピを作り、撮影当日にそのレシピに変更を加えながら作成する人もいる。その場合の完成レシピは撮影後に渡される。

（7）写真の上がり

　カメラマンが写真のデータを作成し、デザイナーに渡す。昔フィルムで撮っていた時代、カメラマンは撮ったフィルムを現像所に渡したところで仕事は終わったが、デジタル化した今、カメラマンは撮影後にデータの修正など、非常に多くの仕事を抱えるようになった。

（8）デザイン

　デザイナーは渡された写真とラフでページのデザインをする。先割のときは、原稿の大体の字数を出して料理ライターに伝える。後割のときは出された原稿と写真をページの中に収めるようにデザインをする。

（9）原稿書き（写真との突き合わせ、レシピの点検）

　デザインが先割のときは、ここでフードライターがレシピを仕上げる。料理家からの元レシピがあるので、それをデザイナーが指定した字数（1行当たりの字数×行数）にぴったりと収まるように書く。このとき、料理家のレシピに抜けや間違いがあれば直す。材料に載っている食材が、作り方には出てこない、あるいはこの逆ということもあるので、注意が必要である。また写真と原稿をよく突き合わせて、原稿に書かれている材料は全部見えているか、切り方は適切か、調味料の量は合っているかなど、こまかく点検する。この作業は撮影時でもやっているが、写真になったときも再度行なう。常にこのレシピを見ながら作る読者のことを頭に描き、「この表現でわかるだろうか」との判断で進める。

（10）入稿→初校→色校→校了

　仕上がったページを印刷所に渡すことが入稿。印刷されたものが初校（ゲラ）で、ここで間違いをチェックする（赤字を入れる）。再び印刷所に戻して、赤字が直ったものが色校（色ゲラ）として出てくる。文字通り、ここで色の校正をする。

　料理の色がおいしそうでなかったり、写真の色と違っていたりしたら、指摘をして直してもらう。

　そしてすべてがOKとなったら校了で、実際の印刷に入る。今は印刷のシステムがずいぶん変わってきているので、印刷会社によって違うが、文字直しは印刷所がやる場合もあればデザイナーが直しをする場合もある。

3 | 食に関するメディア制作の役割

1）フードライターの仕事

　フードライター、料理記者、フードジャーナリストはほぼ同じような意味で使われていて、明確な線引きはない。文字通り食に関することを取材して、記事にまとめる仕事である。

　フードライターの仕事は大きくわけて2つある。

●取材型
　飲食店やシェフ、食材の産地、製造元に出向いて取材に行って記事を書く

●編集型

料理のページや料理本の依頼を受けて絵コンテ作成や、レシピおこしを行ない、字数、表現などの校正を行なう

2)飲食店の取材

　飲食店の取材は、ランチタイムの後の店が閉まっている時間、午後2時〜5時くらいの間に行なわれることが多い。店は閉まっているが、従業員は休憩の時間でもあり、大事な仕込みの時間でもあることを忘れてはならない。「取材をさせていただく」という気持ちで、何よりも礼儀正しい態度で臨み、短時間で効率よくできるように取材項目をしっかり決めておくこと。思いつきでダラダラ聞くのは失礼である。厨房は案外狭く、いろいろなものが置いてあるので、厨房内での取材のときは、ものにぶつかったりしないように細心の注意を払う。床がぬれていたり、油っぽいこともあるため、ハイヒールや底のツルツルした靴ではなく、必ず滑りにくい靴を履いていく。

　飲食店や食の産地、製造元の取材など、人と会って取材する前には必ず周辺情報を調べておくこと。その店の歴史やオーナーについて、特徴、評判など、特に取材する項目については産地や製造元などの情報を知っておくと、取材はスムーズにいき、取材された側との信頼関係が築きやすい。

　取材型の料理本の原稿の作成については第3節「料理コンテンツの制作」を参照。

3)料理のスタイリストの仕事

　フードコーディネーターと料理のスタイリストとの違いは明確ではないが、ここでは、料理を紹介する際に、食器を含めた食卓もしくは、食空間のスタイリングをフードスタイリング（第5章第7節参照）と呼び、その担い手となるフードコーディネーターをフードスタイリストと呼ぶこともある。

　「食」を表現する場合には、料理の内容だけでなく、食器やまわりの小物、リネン類を含めたシーン展開が重要である。この場合のフードコーディネーターは、料理に関する理解も必要であるが、そのシーンをどのように視聴者、生活者に伝えるかの方法も理解しなければならない。

　紙媒体のスタイリングの場合、雑誌、カタログ、チラシ広告、レシピカード、教科書、ムック本、新聞など、紙媒体を通して「食」のシーンを伝える情報は多い。出版社が編集するページもあれば、広告目的のページもある。広告目的の場合は、媒体に限らず、クライアントの意図が最も反映されなければならない。

8. SNS

1 | SNSとは

　SNSはSocial Networking Service（ソーシャル・ネットワーキング・サービス）の略で情報の発信・共有・拡散の機能を持ったWEBサービス

である。

　スマートフォンの普及によって情報に触れる時間は以前に比べて一気に増えた。最近ではSNSを使って情報発信する企業も多くなっている。常に手元にスマートフォンがあることで、いつでもどこでも自分が欲しい時に有益な情報を得ること

ができるようになったため、マーケティング活動における重要性が増したからだ。ICT総研の「2020年度SNS利用動向に関する調査」によると、日本のSNS利用者は2013年末では5,500万人（普及率56.4%）だったのが2020年は7,975万人（普及率80%）、2022年末に8,241万人になると予想されている。SNS利用者は元々20代以下の若年層が多かったが、SNSの利用が当たり前になってきたことで40代以上にも拡大しており、登録者数・利用者数ともに増加傾向が見られる。そのような現象を踏まえ、ユーザーの行動モデルに合わせた戦略を立てたSNSマーケティングで集客につなげていきたい。

2 | マーケティングとしてのSNS

今や多くの企業や個人事業主が商品やサービスを認知させるための情報発信源としてSNSを利用している。誰でも容易にアカウントを開設でき、気軽に発信することができるのが大きな利点だが、結果につなげるためにはSNSの特色（表

6-8-1）を理解し、効果的な使い方を知っておこう。

1）Facebook

原則として実名登録、1人1アカウント制である。友人、知人を中心としたコミュニティが形成されるため、Facebookは人と人の関連性が非常に重要視される。オフィシャルな雰囲気があるため、会社情報など公式な情報発信に向いている。動画、テキスト、画像などさまざまな展開が可能で、日本では最もユーザーに購買させる力を持っているとされる。

2）X（旧Twitter）

タイムリーな情報が時系列で表示され、リツイートによって瞬時に情報が拡散される。4,500万人のユーザーは若年層が中心。匿名での投稿のため、つながりは必要としない環境である。商品（店舗）開発の舞台裏、店内やイベントの様子など、リアルタイムで配信することで興味をもってもらうことが可能である。

表6-8-1. 主なSNSの特徴

	国内ユーザー数（発表時期／出典元）	全体的な特徴
Facebook	2,800万人→2,600万人 （2017年9月→2019年4月／ソーシャルメディアラボ）	・コンテンツが豊富 ・フォーマル度が高い ・ターゲットの興味や関心が明確
X（旧Twitter）	4,500万人 （2017年10月／Twitter Japanの公式アカウント）	・1投稿140文字以内 ・タイムリーな情報 ・拡散性の高さ ・匿名性
Instagram	2,900万人→3,300万人 （2018年11月→2019年3月／ソーシャルメディアラボ）	・写真と動画中心 ・拡散性低い ・高いビジュアル性 ・モバイルでのアクティブユーザーが多い
LINE	8,900万人以上 （2021年9月末時点／LINEアカウント2022年1〜6月期版媒体資料）	・利用率が高い（日本の人口の70%） ・情報伝達の確実性 ・年齢、性別を問わず広範なユーザー層にリーチ
YouTube	6,500万人以上 （2020年12月／ソーシャルメディアラボ）	・動画中心 ・チャンネル多数 ・商品やサービスの魅力を詳細に説明することが可能
TikTok	950万人 （2019年2月／ソーシャルメディアラボ）	・15秒（または60秒）の短尺動画が中心 ・2021年7月からは最大3分までの動画作成が可能に ・豊富な動画編集機能

3）Instagram

写真や動画によるビジュアルコミュニケーションを中心としたSNS。女性を中心とした幅広い年代層からの支持が大きい。流行語にもなった「インスタ映え」という言葉が表すように、できるだけ美しい画像が求められる。Facebook、X（旧Twitter）と比べて拡散性は低いが、ユーザーはハッシュタグ検索で情報を得るため、ハッシュタグの使い方が重要となる。また、24時間で消える「ストーリーズ」は写真や動画を投稿したり、他の人の投稿をシェアしたりできる機能で、新商品の紹介、期間限定セールの情報、フォロワーとのコミュニケーションに適している。

4）LINE

ユーザーは幅広い年代層にわたり、アクティブ率も高い。LINE＠はLINEが提供している個人や企業向けのビジネス用のアカウント作成ツールで、クーポン発行や、ショップカード、自動応答などさまざまな機能がある。中でも注目すべきは顧客への一括メッセージ配信機能があることだ。メールマガジンや他のSNSに比べて圧倒的に開封率・反応率が高い傾向にある。無料プランは1ヵ月に1,000通までの配信で、それ以上配信ユーザーを増やしたい場合は、有料版にアップグレードする必要がある（2022年1月現在）。友達登録を増やすには、飲食店などの場合、店頭で直接声をかけて登録を勧めるのが効果的である。登録者へはクーポンや割引などの特典を用意しておく。

5）YouTube

18〜54歳まで幅広い年代で利用されているが、10代はInstagramや後述のTikTokを選択することが多いので、プロモーションの対象年齢には注意が必要。動画配信中心だが、チャンネル登録者数が1,000人以上になるとコメントのやり取りができるコミュニティ機能も利用できるようにな

る。エンターテイメントから専門性の高いチャンネルまでさまざまあるが、特に新型コロナウイルスの流行以降、自宅で何かを行なう上で参考となるハウツー動画（料理など）の視聴数が大きく伸びている。

6）TikTok

撮影した動画と楽曲をまとめて15〜60秒のショートムービーに作成・加工できるSNS。ほとんどのユーザーが10代〜20代とみられる。そのものの拡散力は低いが、TikTokで撮った動画をInstagramやX（旧Twitter）で共有することができる機能をSNSマーケティングに有効活用したい。

3 ｜ SNSで情報を検索する時代へ

SNSは友人・知人とつながるためのコミュニケーションツールだけでなく、情報を検索することや自分で発信することができる時代になった。若年層のSNSユーザーはGoogleやYahoo!などの検索エンジンで情報収集をする通称「ググる」行為から、「#ハッシュタグ」で関心のある情報を集める「タグる」ことが主流になってきている。このように人々がSNSから情報を取得するようになった今、これまでのようにホームページでただ情報を発信するだけでなく、SNSで共感され、喜ばれる「お役立ち情報」とともに発信していくことが求められる。

4 ｜ SNS時代のマーケティング

1）SIPSにおけるユーザーの行動パターン

SNS時代のマーケティングは「AIDMA」や「AISAS」のようにAttention（注目）から始まるものではなく、「共感」から行動が始まり、商品の購入と情報の発信や拡散が同時に起こること

が特徴だ。

電通モダン・コミュニケーション・ラボが提唱しているソーシャルメディアに対応した生活者消費行動モデルSIPSは、ユーザーの行動をモデル化したもので、「共感する」「確認する」「参加する」「共有・拡散する」の4つのプロセスからなる。SIPSの考え方をもとに企業とユーザーの行動を見てみよう（図6-8-1）。

SNSに投稿された料理写真や動画に「共感」したユーザーは、その料理はどこで提供されているのか、価格はいくらなのか、どんな雰囲気の店なのかを「確認する」。その際、店の情報がわかるよう公式な投稿やウェブサイトのリンクをはるなど、情報を公開しておくことが重要だ。

確認して気に入ったユーザーは店に出かける（参加する）。店に行かずにただ話題にしたり、「いいね」を押したりするだけでも、「参加」していることと同じ効果がある。ユーザーが料理写真や感想を投稿すると、あらたに拡散した情報が次の共感を生むサイクルを作り出すことができる。

飲食店は「これを実際に食べたい・見たい」「友達を連れて行って驚かせたい」「写真を撮りたい」といった視覚的なインパクトのある写真が重要

だ。しかし、見た目重視にとらわれすぎると飽きられるのも早く、継続が難しい。見た目の印象はそれほど強くなくても、こだわりが感じられるメニューやインテリアなどで差別化することもできる。自社独自の個性を打ち出す方法を考えることが大切である。

2）SNSで使う画像の重要性

SNSは短時間で見て楽しむものなので、最初にユーザーの目にとまるのは「文章」ではなく、「良い画像」である。まずは興味深い画像を載せることが大切だ。

FacebookやInstagramは画像の一枚一枚がブランドの顔にもなるため、統一感と美しさを重視したい。特にInstagramはセンスとクオリティの高さが求められ、フィード（正方形の写真のギャラリー）の色味や雰囲気を統一し、世界観が伝わるようにすることにより、フォロワーを増やすことが可能になる。一方、X（旧Twitter）の画像は速報性、現在進行形のライブ感が大切になり、時間をかけて画像を加工するより早く写真を公開した方が有効である。

図6-8-1. SIPSモデルをもとにした企業とユーザーの行動例

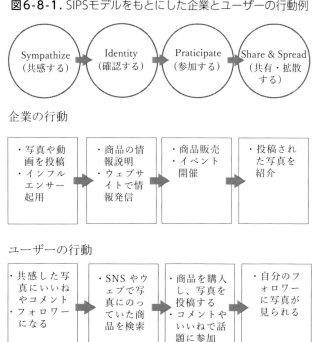

3）SNSの集客方法「Instagramのハッシュタグ」

Instagram の投稿には、ハッシュタグと呼ばれる「#」で始まる文字が付いている。ハッシュタグは検索のキーワードとなるものであり、同時にユーザーの関心事を言葉にしたものだ。フォロワーの投稿などから自社や商品に関連のあるハッシュタグを把握しておくことで、顧客の関心とトレンドを読み解くことができる。

Instagram の検索機能はハッシュタグとユーザー名、投稿に関連付けられたスポット名に限られるため、他のユーザーに投稿が見られる方法は、ユーザーにフォローされているか、検索ワードから見つけてもらう方法の2通りしかない。投稿を閲覧してもらうために、効果的にハッシュタグをつけたい。

①被写体の名称や写真を撮った場所など、検索のキーワードとなる「被写体の情報のハッシュタグ」をつける。（例：#銀座カフェ #ラテアート）
②イベントや投稿を募集しているキャンペーンのハッシュタグで参加していることを明示する。（例：#手作り桜スイーツ #ストウブスキレット）
③ハッシュタグは1件の投稿に対して最大30個まで付けることが可能。できるだけ多くのハッシュタグをつけるようにする。日本語と同様に英語でも入れる。（#東京 #tokyo）

4）インフルエンサー・マーケティング

インフルエンサーとは他のユーザーへの影響力が強いユーザーのことだ。わかりやすい例として、影響力・好感度の強いタレントや著名人、著名なブロガーなどで、フォロワーの数も非常に多い。インフルエンサーの発信する情報は、信頼する情報として受け取り、ユーザーの行動に強い影響力を持っている。そうしたインフルエンサーに自社商品やサービスのファンになってもらえれば、商品やサービスを拡散してくれるだろう。ユーザーは「この人の紹介なら」と共感したり、購買意欲を高めたりできる。

ファンになってもらうには自社商品やサービスを体験する機会を設ける。
①商品をプレゼントする
②一緒に商品開発をする
③新商品発表会に招待する
④イベントに出席（出演）してもらう

インフルエンサーに広告費を払い、広告であることを隠して SNS 上で宣伝する行為は、ステルス・マーケティング（宣伝であることを隠した宣伝行為。ステマとも呼ばれる）になる。企業とインフルエンサーのイメージを著しく損なうので注意が必要だ。現在法的なルールはないが、「一般社団法人インターネット広告推進協議会ネイティブ広告（注1）に関する推奨規定」に沿った表記をするのが適切である。

また、商品紹介の投稿で事実と異なる表現や褒める表現の行き過ぎにより、不当表示に該当する可能性もある。インフルエンサーには商品の特徴を正確に説明し、大げさな表現を避けて主観的な感想だけを書くようにと伝えることが重要だ。

（注1）デザイン、内容、フォーマットが、媒体社が編集する記事・コンテンツの形式や提供するサービスの機能と同様でそれらと一体化しており、ユーザーの情報利用体験を妨げない広告。

参考文献

●森寛弘『結果が出る［SNSマーケティング］てっぱん法則』扶桑社 2018年
●甲斐優理子『いちばんやさしい Instagram マーケティングの教本』株式会社インプレス 2018年
●山田竜也『すぐ使えてガンガン集客！WEB マーケティング 123 の技』株式会社技術評論社 2018年
●林雅之・本門功一郎『デジタル時代の基礎知識　SNS マーケティング第2版』2020年

9. 販売促進・イベント

1 飲食業界と販売促進

　飲食業界は、食品メーカーや外食業者、小売業者等が携わり、またテイクアウト、デリバリー等、その提供方法によっても分かれる多種多様な業種や業態から成り立っている。しかも消費者ニーズの変化によって、店や商品のライフサイクルの進行が速く、次々と新しいコンセプトの店が現れては消えるという、動きが激しい業界である。

　そのため、常に時代の変化を読み解き、「変えるべきもの」「変えてはいけないもの」を見極めながら努力をし続けていく必要がある。ただ、いくらニーズに沿った良いものを作ったとしても、それが、ターゲットとする顧客に「情報」として伝わらなければ集客・売上につながらない。

　変化するニーズをキャッチし、顧客の選択時の判断に影響を及ぼし、購買に繋げるための活動が、フードプロモーションにおける「販売促進」である。

1)「販売促進」とは

　「販売促進」は、SP（セールス・プロモーション）ともいわれる。お客様に興味を持ってもらう、手に取ってもらう、買ってもらう、利用してもらうようするためにはどうしたらよいかを考え、行動を促す売り手側の活動全般をいう。

（1）売上と販売促進の関係

　売上を伸ばすためには、①来店客数を増やす、②客単価を上げるの2つの方法がある。

　この2つの方法と販売促進策について見てみよう（図6-9-1）。

（2）客数を増やす方法と販売促進

　顧客はずっと来店してくれるわけではない。店が賑わっているからといって新規顧客へのアプローチをおろそかにしていると、いずれ来店客数の減少は避けられない。

　来店客数を増やすためには目的が「新規顧客の獲得」なのか、「既存顧客のリピート率」なのかによって、アプローチが違う。

図6-9-1. 売上と販売促進の関係

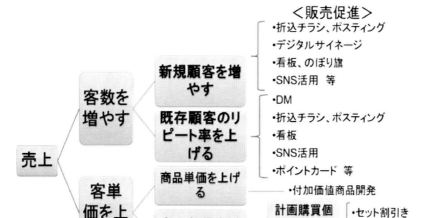

「新規顧客へのアプローチ」は、イベントやメディアを通じて、店や商品に関する情報を広く消費者に伝えることである。

「既存顧客へのアプローチ」は、すでに来店経験がある顧客のリピート率を上げ固定客になってもらうことである。ポイントカードの導入などによって、ポイントのお得感を訴求したり、SNSを使ってコミュニティを作り、お店のファンを作る方法などがある。

(3) 客単価を増やす方法と販売促進

客単価を上げるためには、「商品単価を上げる」、もしくは「顧客1人当たりの売上個数を増やす」、という2つの方法がある。

「商品単価を上げる」方法としては、付加価値商品の開発などがあげられる。

次に、売上個数を増やす策である。顧客は店を選ぶ際に、「○○を食べよう」「○○を買おう」とあらかじめ決めてから入店し購入する場合、これを「計画購買」という。

「非計画購買」とは、計画にはなかったものも購入する場合である。レストランを例にとって考えてみよう。入店すると店内に掲示されたお勧めメニュー（店側の販売促進策）を見て、「○○も美味しそう、セットで食べてみようかな」と追加注文につながる。

スーパーマーケットでは、店内での季節商品や特売品の紹介により「○○もあった方が便利だな」など、計画にはなかったものも購入してしまう。これらが「非計画購買」である。

店側は、「計画購買」で入店した顧客に販売促進策を通じて「非計画購買」を促すことで、客単価を上げていくのである。そのため店内外の販売促進策をどのようにしたらよいのか、日々工夫と努力を重ねている。

ここで使う販売促進物は、メーカーから提供される場合もあるが、店独自の工夫により行なわれることも多い。

(4) 販売促進で使われるメディアの種類

販売促進活動において使われるメディアを「SP（セールス・プロモーション）メディア」と呼び（表6-9-1）、SPメディアを効果的に組み合わせることを「SPメディアミックス」と呼ぶ。

①店内で使われる主なSPメディア

「POP」は、Point of purchase の略であり、「ピー・オー・ピー」もしくは「ポップ」と呼ばれる。店内で顧客に対し、その商品やサービスの存在を知らせ、価値を訴求し、購買意欲を高めるための広告宣伝物である。

「POP」は、売場を演出するための「ショーカード」、キャッチコピーが主体の「キャッチPOP」、価格が書かれた「プライスPOP」などに分類される。

「ブラックボード」とは、黒板のことであり、マーカーやチョークを使って手軽に書き直せることから、本日のおすすめなど、店前の通行客や、来店した顧客に、店側の訴求点をタイムリーに伝えることができる（図6-9-2）。

「パネル」は、細かいデザインが可能となるポスターと同様の効果があるが、表面に光沢感（艶）を持たせた加工をすることで、傷がつきにくい、高級感を持たせることができるなどの効果がある。

「リーフレット」は、チラシやフライヤーを2つ折り、3つ折りなどにし携帯しやすく加工されたものであり、ミニパンフレットとしての意味合いが強い。

「パンフレット」は、リーフレットが1枚物であることに対し、2枚以上の紙を使って

表6-9-1. SPメディアの種類

掲示場所	ツール類
店　内	POP、ブラックボード、パネル、リーフレット、パンフレット、フライヤー
店　外	ブラックボード看板、のぼり旗、デジタルサイネージ、チラシ

小冊子状になっているものを指す場合が
多い。

②店外で使われる主なSPメディア

　「チラシ」は、広告宣伝を目的として配布
される1枚物の小型印刷物である。フライ
ヤーはチラシと同意語として使われることが
多いが、チラシが広範囲に撒くことを目的と
していることに対し、店舗に据え置かれてい
て、顧客に持って行ってもらったり、手配り
をしているものをフライヤーと称することが
多い。

　「のぼり旗」は、長方形の縦長の布を棒に
括り付けた表示物で、遠くからでも目立ち、
顧客を店へと誘導する効果がある。

　「デジタルサイネージ」は屋外・店頭などで、
電子的な表示機器を使って情報を発信するメ
ディアであり、ディスプレイの発展、デジタ
ルネットワークの普及と相まって多様な広が
りを見せている。

図6-9-2.ブラックボード・POP例

（5）販売促進物作成の流れ

　販売促進物（例：チラシ）を作る際は、新規顧
客を増やしたいのか、既存顧客のリピート率を上
げたいのかなど、その目的を明確にし、販売促進
費用（予算）と期間及び目標数値を決める。

　その上で、制作する販促物の種類をリストアッ
プし、効果が最大になるようなSPメディアミッ
クスを考え、内容とイメージを盛り込んだ原案を
作成する。原案の検討と修正が終わったら、見積
もり合わせを行ない外注先を決める。

　決定した外注先と原稿の校正・進行管理を行な
いながら納品という流れとなる（図6-9-3）。

　目的に沿ったデザイン案にするためには、複数
のデザイン会社もしくは印刷会社と、デザイン、
見積りの打ち合わせを行なう。適した外注先を決
定するためにはこの過程をおろそかにしてはなら
ない。

　デザインが上がってきた際の発注側のチェック
ポイントは、以下の通りである。

　①店のイメージに合っているか
　②内容が分かりやすく伝わるか
　③来店したくなる魅力的な写真もしくはイラス
　　トになっているか
　④メニューと価格表記は分かりやすいか
　⑤来店する際に迷わないように地図があるか
　⑥住所、店名、電話番号、ホームページの
　　URL、SNSのアカウントの記載はあるか（二
　　次元バーコードがあればサイトにアクセス
　　しやすい）

図6-9-3. 販促物作成の流れ（例：チラシ）

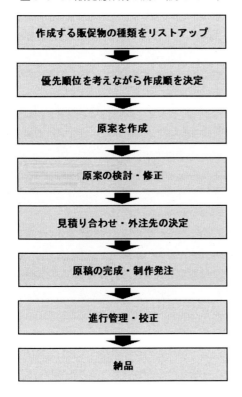

```
作成する販促物の種類をリストアップ
        ↓
優先順位を考えながら作成順を決定
        ↓
原案を作成
        ↓
原案の検討・修正
        ↓
見積り合わせ・外注先の決定
        ↓
原稿の完成・制作発注
        ↓
進行管理・校正
        ↓
納品
```

仕上がったページを印刷所に渡すことを入稿といい、印刷されたものが初校（ゲラ）と呼ばれ、ここで修正点をチェックする（赤字を入れる）。再び印刷所に戻して赤字が直ったものが色校（色ゲラ）として出てくる。文字通りここで色の校正を行ない、すべてがOKとなったら校了となり、印刷所を経て、納品される。

2 イベントについて

イベントとは、販売促進策のことで「催事」や「行事」のことを指す。

1)外食産業でのイベント実施の目的
外食産業は立地固定型のビジネスであるため、お客様が来店してくれる範囲である「商圏」が狭く、その中に多くの競合店がひしめいている。また店の収容客数（テーブル数、席数）や営業時間にも限界がある。そのような中、より多くの顧客に、店のことを知ってもらい、興味を持って、何度も来店してもらうことが売上向上のポイントとなる。イベントの企画は、商圏内のお客様に、足を運んでいただくきっかけを作ることにつながる。

2)実施主体別イベントの種類
主体別のイベントの目的例を表6-9-2に、規模・期間別によるイベントの目的例を表6-9-3にまとめた。

メーカーや製造小売業は、新商品の紹介や既存商品の新たなニーズの掘り起し、新たな活用方法の紹介などが主な目的である。飲食店では、店舗の紹介やメニュー、サービス内容など新しい営みの紹介などである。行政が主体の場合は、郷土料理や特産品等地域の魅力の発信を目的としたイベントが多い。

（1）実施の背景に着目したイベントの種類
実施の背景に着目したイベントの種類としては以下のようなものが挙げられる。

①繁盛期のイベント
かき入れ時なので、客単価を上げ売上の最大化を図るきっかけとする。イベントを開催するきっかけとなる季節の行事例をまとめたので参考にされたい（表6-9-4）。クリスマスなどの、通常より客数が増える時期には、高単価の特別メニューを設定し、装飾等で雰囲気を作り、生演奏などのエンターテイメントを投入するといったケースがこれにあてはまる。

表6-9-2. 主体別イベントの目的例

主体	イベントの目的
メーカー 製造小売業※	新商品の紹介 既存商品の新たなニーズ（顧客）の掘り起こし 既存商品の新たな活用方法の提案・紹介
飲食店	店舗の魅力の発信 新しい営みの紹介（メニュー、サービス、店内改装など）
行政	郷土料理や特産品等地域の魅力の発信

※製造小売業とは、自家製造のケーキ屋、パン屋等、その場で商品を作って個人に販売する事業所の形態である

表6-9-3. 規模・期間別によるイベントの目的例

規模もしくは期間	イベントの目的
大規模イベント	多額なコストをかけて大々的に行なうもの。 社内各部署が参画応援し、全社をあげて行なうものであり、場合によっては外部のイベント会社や専門家を動員する場合もある。そのためコストもかかり、準備期間も必要であるが、大規模であるため大きな効果が期待できる。
小規模イベント	店舗レベルが主体となり投入コストが少額なもの。 地域特性や客層に合わせたイベントにすることが重要であり、通常の営業にプラスしたサービスや商品の投入を行なう場合が多い。
期間限定イベント	クリスマスやゴールデンウィークなど季節の行事に合わせたものが多く、季節性のある素材の活用や、装飾を施すなどをして、季節感による目新しさを提供することができる。
通年イベント	季節ではなく週末限定サービス等、通年を通じて行なわれる。 顧客の反応や特性を考え、顧客側から見て店舗選択理由になるような内容を考える。

表6-9-4. イベントで参考になる季節の行事

月	行　事
1月	お正月、成人の日
2月	節分、春節祭（中国の旧正月）、バレンタインデー
3月	ひな祭り、春分の日、卒業式、年度末、送別会
4月	お花見、入学、入社、年度初め、歓迎会
5月	ゴールデンウイーク、こどもの日、母の日
6月	父の日、ボーナス、中元
7月	七夕、海の日、学生の夏休み
8月	花火大会、お盆
9月	敬老の日、秋分の日、収穫祭、十五夜
10月	スポーツの日、運動会、ハロウィーン
11月	七五三、文化の日、紅葉、サンクスギビングデー
12月	ボーナス、クリスマス、忘年会、大晦日、年越し

②業績好調な期間を延ばすイベント

　例えば、歓送迎会やグループの予約が多いシーズンに、旬の素材を使用した商品訴求型イベントを実施して、一度来店した顧客に再来店を促し、できるだけハイシーズンを延ばそうといったケースがこれにあたる。

③相乗効果を狙うイベント

　商店街や複合施設、さらに大規模な地域でのイベント、あるいはお祭りをする際などに、自社も参加するといったケースである。近隣との付き合い的な色あいが強いが、効果的に活用することによって、単独ではできない規模の販促活動を展開することが可能となる。

④業績低迷対策として行なうイベント

　イベントを実施する目的で一番多いのは、業績のテコ入れを目的としたものだろう。対策はさまざまに考えられるが、その前になぜ、業績が低迷しているのかを詳細に分析しなければならない。その分析結果により、イベントで行なう対策の方向性が異なる（表6-9-5）。

3）テーマ別イベントの種類例

　飲食店ならではの、「食材」「調理法」「新メニュー」などのテーマもイベントとなり得る（表6-9-6）。

4）イベントへの集客

　イベントの成果を最大限にするためには、イベ

ントの開催を広く知らしめるメディアとの連携が欠かせない。SNSを当たり前のように誰もが使う現在は、SNSを使っての集客策が効果的である。

　例えば、事前にSNSを使ってファンユーザーを募り、そのSNSユーザーに対しアンケートなどを使ってニーズを把握しイベントメニューなどに反映させることでファン参加型のイベントにすることもできる。

　ファンユーザーに対してイベントの内容を広く情報配信をし、イベントが近くなったらクーポンや予約サイトへの誘導を行ない、イベントへの来場を促すなど、SNSなどのメディアを効果的に活用することで集客へとつなげることができる（図6-9-4）。

5）イベントの計画から実施まで

（1）開催するイベントが、新規顧客の獲得を目的としたものか、既存顧客のリピート率を上げるものなのか、イベントの方向性を明確にする。

（2）目的に応じて予算、期間、目標値（新規顧客獲得数、リピート率、来店客数、客単価、1日の売上高など）を決める。

（3）集客に必要なSPメディアミックスを考える。

（4）担当表と実施計画表を作成し、休憩室などに掲示し従業員の誰もが内容を把握で

表6-9-5. 業績低迷から回復するためのイベントを使った対策例

問題点	対策例
狙っている客層に誤りがある	別の客層を対象にしたプランの修正
料理やメニューの内容に問題がある	料理やメニューの見直し
ターゲット顧客層の予算に合わない	料金設定・各種コストの見直し
特定の時間帯の集客に問題がある	時間帯別の集客対策を検討
サービススタッフに問題がある	教育・研修、配置変更
オフシーズンに客足が鈍い	オフシーズン対策としての企画を考える
顧客のニーズが変わってきている	ニーズ調査を行ない、思い切った新商品を投入
従来の客層だけでは先細りの懸念がある	新しい客層に対する企画を考える
近隣にライバル店が出店し、競争が厳しい	独自性をアピール
店の雰囲気が時代遅れになってきた	時代にマッチした改装の検討
商品や店そのものが飽きられている	イメージチェンジを検討

表6-9-6. テーマ別イベントの種類例

テーマ	イベントの内容
食材をテーマにする	使用している、肉、魚、野菜、果実など素材をテーマにしたもの。 「アメリカン・ビーフフェア」「ストロベリーフェア」「パスタフェア」等、特徴的な素材、旬の素材などが取上げられることが多い。素材をテーマとしたイベントでは、一部の愛好家を対象にした珍しい素材、親しみやすくわかりやすい素材をテーマにして、オリジナリティーのある調理法で仕上げる。
各国料理や国内の地方料理をテーマにする	JAや食材の輸入業者などとのタイアップで開催されることが多い。「ベトナムフェア」「アフリカフェア」などである。また、国内の特徴的な地方料理などを扱うことも多い。
調理法をテーマにする	夏のカレーフェアや冬の鍋等、季節に応じた調理方法を取り上げることが多い。調理法のテーマイベントは素材型に比べると事例は少ないが、料理長による料理セミナーを定期的に開催すると、固定客の拡大が期待できる。
新メニューをテーマにする	多国籍料理、無国籍料理など最近はジャンルにとらわれない料理の開発が盛んだ。開発した新メニューをテーマにイベントを組み、顧客の反応を見ながら定着化につなげるなど、そのきっかけとしても効果が見込める。また、料理長が交代した際などに紹介を兼ねてイベントを開催することもある。料理長のプロフィールや、料理哲学も訴求項目となる。
超豪華をテーマにする	店格にもよるが最高級の素材を使い、世界の珍品を揃え、最高のサービスでもてなし、高額メニューを揃えるというイベントである。実際に売れるか否かということもあるが、話題づくり、話題性を優先させようというプランである。
オーガニック・ナチュラルフード・SDGsをテーマにする	食の安全性がますます問われている。有機野菜や産地・生産者が明らかな素材を使い、塩、しょうゆ、オリーブオイルなど調味料も吟味し、健康に配慮した食事を提供する動きが活発になっている。期間限定の販売促進のレベルではなく、店のポリシー全体を訴える取り組みが有効である。
映画やアニメ、ニュースなどをテーマにする	大ヒットした映画をテーマにしたり、アニメの聖地等でおこなうイベントである。サミットの晩餐で提供された料理やワインを利用する、子供たちに人気のあるキャラクターをテーマにしてイベントを作るなどの実例がある。
開業記念謝恩イベント	開業記念日の前後に「謝恩サービス」と銘打って開催されるイベントである。特別のコースをサービスしたり、記念品などを配布したりすることもある。

図6-9-4. SNSを使った集客例

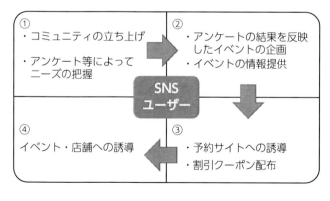

図6-9-5. イベント開催の流れ

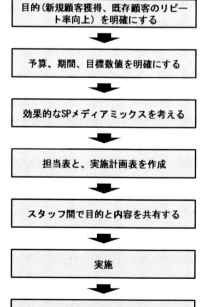

きるようにしておく。

（5）ミーティングを行ないスタッフ間でイベントの目的と内容を共有しておく。

（6）計画表に沿って実施。

（7）イベント終了後は投資した予算に対してどのくらいの成果が出たのか効果検証と振返りを行なう（図6-9-5）。

6）イベントに関わるフードコーディネーターの役割と必要スキル

（1）権限の範囲の確認

フードコーディネーターは、ひとつのイベントに際し、どの分野においてどれだけの範囲で権限が委譲されるのかを確認しておく必要がある。企業活動の基本資源は「人、モノ、金、情報」と言われるが、イベントでもスタッフの選定や予算、内容、準備、期間についてどれだけ任されているのか、決済を仰ぐ担当はだれなのか、またその責任はどこまでなのかなどである。

あいまいなままスタートをするとトラブルの原因となる場合が多い。権限や責任の範囲が明確になっていれば、突発的な出来事が起きても的確な判断がしやすくなる。

（2）営業内容、スタッフの把握

委託されたイベントをスムーズに進行させ、成功させるためにはクライアント企業の「組織」や「風土」（独自のルールや価値観）を理解し、日ごろからのコミュニケーションを密にしておくことが重要である。イベントを実施する営業店の立地、環境、施設概要、営業時間、客層や売れ筋商品なども十分に理解しておく。

また、イベントのコアメンバーのみならず、調理スタッフ、サービススタッフ、マネージメントスタッフの組織・陣営、年齢・経験なども頭に入れておきたい。

各営業店の組織・陣営を理解し評価する際のポイントでは、調理スタッフについては、調理能力、商品企画力、積極性、協調性などがあげられる。サービススタッフでは、それぞれの経験、商品知識、サービススキル（技術）・スピード、顧客対応力、アルバイト比率などである。店長、マネージャー、調理長などの各責任者については特に注意して観察する必要がある。リーダーシップがあるか、柔軟性や粘り強さなどの性格、論理性、人柄、弱点はどんなところか、調理長の技術傾向とレベル、調理センスなどである。

フードコーディネーターはイベントの準備・実施にあたって、これらの組織・陣営を十分に理解しておき、「誰に、なにを、どこまで任せられるか」または「弱点を補強するためにどんな手を打たなくてはならないのか」ということを冷静に判断する役割と責任がある。

（3）情報収集

どんなイベントでも「目新しさ」「斬新さ」「新鮮さ」「大胆さ」「楽しさ」「華やかさ」「ユニークさ」「オリジナリティー」などのうち、いくつかの要素が必要である。

そのためには日ごろからイベントに関する情報のみならずさまざまな情報を集めておくことである。多方面からの豊富な情報があれば、イベントのテーマや中身を詰めていく際のヒントにできる。また冷静な判断もしやすくなるのである。

社内でほとんどの時間を過ごすスタッフは、目の前の業務に追われがちで、世の中の動き、トレンドには疎くなりがちである。フードコーディネーターは、現場スタッフが、得難い外からの情報を集めることが任務のひとつである。

情報の種類としては、政治経済、社会情勢などの一般情報、トレンドスポット、トレンド食材などの情報、食に限らず年代別にはやっているもの、ヒット商品などの、「人（ヒト）」や「モノ」の動向、同業他社の動向、海外のトレンドなどである。

それらの「情報」は、テレビ、新聞、雑誌など
で紹介されるものから、インターネットで得られ
るもの、国際イベントなど、さまざまな食のイベ
ントには積極的に足を運び、食の傾向や今後予測
される方向性などをつかんでおく。

（4）企画提案力と説明力

すばらしい企画案があっても全社的な承認が得
られなければイベントは実施できない。企画書で
は、目的、効果、内容、メリット・デメリット、
計画、コストなどを項目ごとに要点を整理した分
かりやすい企画書を作成するスキルが必要に
なる。

また、その企画書を相手が納得できるような説
明方法や、プレゼンテーションのスキルも必要で
ある。

（5）企画推進力、調整力

十分に説明を行ない納得の上に実施しても、準
備の停滞や方向性の狂いなどが生じることもあ
る。それらに対してフードコーディネーターは冷
静に原因を分析し、現場からの声によく耳を傾け
柔軟に調整をしていく必要がある。

必要があれば再度の説明の機会をもうけ、ス
タッフの補強や分担の調整など臨機応変に対処し
なければならない。

（6）コスト感覚

イベントでのコストは、顧客の来店を促すため
の収益につながるコストである。ここを強く意識
し、目に見える成果を得るためには、ある程度の
コストも必要であることを強く認識しておく。信
頼されるフードコーディネーターになるために
は、業務内容に精通するだけではなく、コスト対
効果に対するマネジメントの感覚も備えなければ
ならない。

（7）リスク意識

各作業を実施する場合に、どのようなリスク
が想定できるかをプランニングの時点で考える
ことも重要である。

リスクを考える例：
・この作業をするとき、スケジュールを遅延さ
せる可能性のあるリスクは何か
・この作業をするとき、技術・スキル面で問題
になりそうなリスクは何か
・この作業をするとき、コストを膨れ上がらせ
る可能性のあるリスクは何か
・この作業をするとき、契約面で問題になりそ
うなリスクは何か

上記のように、あらかじめリスクの洗い出しを
しておくことで、事前の対策を講じることがで
きる。

（8）業務進行力

イベントでは、イベントに関わる多くの協力ス
タッフをまとめ、さまざまな課題をクリアしてい
くコーディネーターの能力が最も問われる。その
ためには、担当者は誰か、その作業はいつまでに
終わらせておくべきかなど、多岐にわたる作業を
網羅した「作業担当表」を作り、関係者に共有で
きる状態にしておく（表6-9-7）。

工程表はプロジェクトの進行管理などに用いら
れる表の一種でガントチャートと呼ばれるものを
使うと分かりやすい。ガントチャートを使うと計
画を視覚的に把握できるため、関わるメンバーが
作業の進捗状況を共有することができる（表
6-9-8）。

進捗管理によってできるだけ作業の遅れを発
生させないためにフードコーディネーターが常
に心掛けておきたいのは、やるべきたくさんの
業務の中で、仕事の工程を考えながら、それぞ
れの所要時間や流れを確認し組み立てる「段取

り」を考えることと「優先順位」を決めること
である。
　イベントの準備期間中や開催中に持ち込まれる
さまざまな相談に対し、「緊急度」と「重要度」
を考えて「優先順位」を決めていく業務推進力が
求められる。

表6-9-7. 作業担当表例

作業名	リソース					
	店長	Aさん	Bさん	Cさん	Dさん	Eさん
進捗管理	◎	○	△			
情報の整理	◎	△		○		
データ分析		◎	○			
告知文作成				◎	○	△
…						

◎責任者、○第2責任者、△担当

表6-9-8. 進行工程表（ガントチャート）例

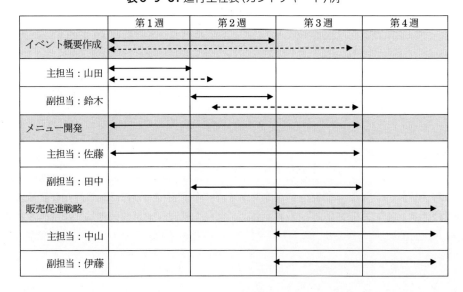

	第1週	第2週	第3週	第4週
イベント概要作成				
主担当：山田				
副担当：鈴木				
メニュー開発				
主担当：佐藤				
副担当：田中				
販売促進戦略				
主担当：中山				
副担当：伊藤				

10. ホテル・宿泊・レジャー施設におけるイベント企画

　一般にホテルにおけるイベントは、施設全体の共通イベント企画と各施設独自のイベント企画に分けることができる。

　宿泊では、食事付プラン、外部イベントと連携した宿泊プラン、旅行代理店との共同企画などがある。

　宴会では、婚礼、法要、セミナー、歓送迎会、展示会などがあり、全てに宿泊やレストランとのコラボイベントがある。

　レストランは、四季、催事、協賛、素材などをベースに独自性のあるイベントを構築しやすい環境である。

　レジャー施設といっても、シティホテル、ビジネスホテル、リゾートホテルによって施設内容は異なる。利用動機に合わせた施設を持つからである（表6-10-1）。

　それを生かして、成果を出している施設も多い。

表6-10-1. ホテルタイプ別レジャー施設例

シティホテル	単独での施設として、スポーツジムやプールなどがある。
ビジネスホテル	単独での施設は少ないが併設施設の利用がある。
リゾートホテル	周辺環境を活かした、リゾート施設が多い。 海・山・湖と広大な敷地を活かした施設がある。 温泉、遊園地、アウトドアスポーツなど。

第7章
企画書作成の実際

1. 企画書作成の基本

1 企画書とは

1）提案書と企画書の違い

　今や、企業でも団体でも業種や職種を問わず提案力、企画力が求められている。市場が成熟・飽和状態の中で競争が激化しているこの時代、従来のやり方では、モノを売るのが難しくなっている。企業が付加価値をつけて競争他社と差別化を図るためには、新しい価値を生み出す企画力が不可欠となっているのである。

　あなたが、ある食品企業の商品開発担当者だったとしよう。あなたは、健康な高齢者向けの商品開発が必要と考え、市場を分析した上で、商品コンセプト、商品の概要をまとめ、上司に、「提案書」を提出した。

　あなたの「提案書」を読んだ上司は、「市場分析もしっかりしており、課題も抽出できている。商品コンセプトも商品の概要も納得できる」とした上で、「では、この提案内容を『企画書』の形にして提出してほしい」といった。

　この「提案書」と「企画書」の違いをまとめると、以下の通りとなる。

（1）提案書

　提案書とは、課題の抽出、アイディア、コンセプト、課題解決の方向性を示したもの。建築でいえば、イメージ図、ラフスケッチ図に当たるといえよう。

（2）企画書

　企画書とは、課題を抽出し、課題解決のための具体的な方法・目的・組織（人員体制）・スケジュール・予算・費用対効果（目標）などを明示したもの。建築でいえば実施設計図に当たるといえよう。

　もっとも、「企画提案書」などといわれることもあるので、両者が同じように捉えられることもある。

2 フードコーディネーターと企画書

　フードビジネスに関する企画は、レストランのプロデュースや新商品の開発、イベントのプロモーションやメディアの制作など、多岐の分野にわたっている。企画のテーマにより、企画書の書き方も様々であるが、いかなる場合も企画者の思いを込めて、クライアントの問題解決に結びつく実行可能なプランニングを提案することが重要である。

　また、常に読み手であるクライアントの立場に立ち、読みやすく、わかりやすいよう、ポイントを簡潔にまとめることをまとめることを心がけたい。

　以下に、一般的な企画書の基本構成を記載する。実際に企画書を作成する場合は、この流れをベースに、課題に合わせてアレンジしたり、必要な項目を追加したりすると効果的である。

1）日本フードコーディネーター協会の1級資格試験

　フードコーディネーターの肩書で仕事をしている人にとって企画書作成の機会は多いことと思う。日本フードコーディネーター協会（以下、当協会と略す）の1級資格試験では、与えられた課題に応える企画書提出が必須となっており、企画書が合格点に達した場合、次に企画書の内容をプレゼンテーションしてもらい、最終の合否が決

まる。

2）当協会の企画書作成の課題例

　当協会の1級資格試験の企画書提出にあたっては、あらかじめ、課題が提示される。課題は、毎年、変わる。ここでは、過去に出題された、「商品開発」「レストラン・プロデュース」「イベント・メディア（フードプロモーション）」の各分野の課題を紹介しよう。各分野とも、課題についての企画書をA4版30枚以内（表紙・資料含む）で作成し提出となっている。

【商品開発】

　◆課題

　あなたは、ある食品関連企業から、東京名物となり、東京オリンピックの際に東京土産としても購入いただける東京の「ご当地カレー」の開発を依頼された。以下の項目を踏まえて、企画書を作成しなさい。

①カレー市場における「ご当地カレー」の現状

②市販の「ご当地カレー」商品の現状、共通する特徴

③市販の「ご当地カレー」の主な利用者、利用シーン

④東京の「ご当地カレー」に求められる要件（仮説）

⑤東京の「ご当地カレー」の想定ターゲット顧客と顧客ニーズ（仮説）

⑥商品コンセプト（ターゲット顧客にとっての商品の主たる魅力）

⑦製品の特徴（原材料、製法、形態等の差別性など）

⑧製品仕様（製品形態、包装、大きさ、内容量など）

⑨ネーミング、キャッチコピー、パッケージデザイン

⑩販売チャネル、顧客との接点、販売方法

⑪販売価格と目標製造原価

⑫プロモーション（広告・販売促進等）

⑬販売計画（売上目標、損益計算等）

【レストラン・プロデュース】

　◆課題

　総合居酒屋を3店舗展開している飲食企業から、既存店を鶏料理専門店へ業態転換するため、フードコーディネーターであるあなたにプロデュースの依頼があった。その企画書を作成しなさい。

　近年は、飲食店での飲酒需要が年々減少していることや人件費の上昇による利益の圧迫が課題となっている。

　◆与件

・店舗所在地：埼玉県さいたま市大宮区宮町1-13

・店舗：4階建ビルの1階

・交通：JR大宮駅（15路線）徒歩3分

・物件：開業10年の総合居酒屋

・店舗規模：30坪

・家賃：60万円（共益費込み）

・業種・業態：鶏料理専門店に業態転換（テイクアウト可能なメニューも一部想定する）

・投資予算：4,500万円

・自己資金：1,500万円

・銀行借入：3,000万円（金利2％）5年返済

・要望：全面改装、機器類・道具類全入換、人件費の軽減、営業利益率10％以上の確保

　◆FCの企業概要

　株式会社FCは総合居酒屋を3店舗経営しており、開業から10年になる。店舗はJR大宮駅周辺にあり、今回、業界転換する店舗の立地は駅前から徒歩3分と条件は非常に良い。鶏肉は独自の仕入れルートがあり安価で手に入る。店舗はオー

プン以来、一度も改装を行なっておらず、老朽化が進んでいるため全面改装を行なう。まずは1店舗を業態転換し、その後、他の2店舗も同業態に変更する計画である。

上記の与件以外、依頼者の要望、店舗の形状や席数、営業日数、営業時間、プロデュース料、その他の費用、メニューの特徴などは、あなたが想定し、立地に合った鶏料理専門店を開発する。

※店舗周辺の商圏調査はインターネットで検索できる範囲で可能とする。

上記の課題、与件に基づき鶏料理専門店の業態開発に必要な検討項目をリストアップし、クライアントに提出する企画書を作成しなさい。

【イベント・メディア（フードプロモーション）】

◆課題

下記の要件をよく読み、売上拡大につながる販売促進策を提案する企画書を作成しなさい。その際イベント・メディア部門を意識した内容とし、フードコーディネーターとして当企画にどのようにかかわるのかを明記した企画書にしなさい。

◆与件

大手スーパーマーケット「A社」では、日本人の「魚離れ」が指摘される中、手間をかけずに食べられる魚介類の加工食品を重点商品として、販売体制のてこ入れをすることになり、フードコーディネーターであるあなたに販売促進に関する企画提案の依頼があった。

◆A社の企業概要

県内に40店舗を展開する中堅スーパーマーケットチェーン。※県内とは、各自対象県を想定してよい

◆企画対象店舗

県内陸部の、新しく開発された地域で人口の増加が見込める幹線道路にあるB店（店舗面積：1,000㎡、開店：平成28年）

◆A社　2020年春の販促企画対象商品

骨抜き秋刀魚（バジル風味、カレー風味）、シーソーセージ（ほたて、いか、たこ）、海鮮スープカレー、骨ごといわしハンバーグ等20種類を予定（平均単価450円～500円）

◆春の販促企画

実施期間：2020年3月25日から4月24日

◆当販促企画の予算

180万円

3 企画書作成の基本

企画書作成で大事なことは、提案すべき項目に落ち・抜けがないか、提案する内容が理論的であり実現可能であり、効果が期待できるかである。

また、企画書の構成については、課題や提案内容が理解し易くインパクトのある構成をすることがポイントである。よって、実際は基本を踏まえた上で様々な企画書が作成されている。

分野別書き方の基本については第2節、3節、4節を参考にして頂きたい。

1）作成の基本的な考え方

一口に企画書といっても、新商品や新規事業の企画書、既存事業・商品の改善企画書、広告・販売促進・イベント企画書、社内組織改正企画書、レストラン新規開設・リニューアル企画書などさまざまある。

また、社内向けのものと、社外（新規または既存取引先）向けのものがあるが、企画書作成の基本的な考え方は、以下の点で共通している。

・相手が抱えている課題を解決するための実

行プランであること。
・相手が望んでいることを実現する実行プランであること。
・相手が企画内容を理解・共感し、「この企画通りにやれば成功しそうだ」と夢と希望を与えること。

そして、
・相手が実施を承諾するプランであること。

2）企画書の構成
（1）構成は「起承転結」よりも「序破急」で
　一般の文章の構成は、「起承転結」が基本とされるが、行動を起こさせることが目的の企画書は、日本の能楽、香道、剣術、茶道 などの基本理念の「序破急（じょはきゅう）」の3構成で書くとメリハリが得られるといわれる。
　①「序（つかみ）」
　　　読み手に興味をもたせる「表紙のタイトル」、共感を抱かせる「はじめに」、ひきつける「キャッチコピー」など
　②「破（展開）」
　　　企画の「背景」「目的」「コンセプト」「実施案」など
　③「急（結論）」
　　　企画を読んで行動してもらうための「予算」「スケジュール」など

（2）企画書の構成項目
　①宛先〜企画書の提出先（団体名・会社名、役職名、氏名の場合もある）。株式会社の場合、前株（株式会社○○）か後株（○○株式会社）かを間違えないように。
　②タイトル〜目的に沿った、伝わりやすい表現を心がける。
　③提出年月日〜企画書提出の年月日。
　④企画書作成者〜あなたの所属、氏名を書く。（NPO法人日本フードコーディネーター協会

認定2級資格者　○○○○）

　以上が表紙に記載する内容である。表紙は「顔」に当たるので、文字の大きさ・色・配置のバランスなどに気を配ることが大切である。
　無料のテンプレートが多数あるので、参考にすると良いだろう。

　⑤目次〜項目とページ数。企画書は相手の手元に残る。後で読み返す場合、目次がないと確認したい項目のページを探すのに手間取る。
　⑥はじめに〜今回の企画に至った背景や目的を書く。背景は、次の調査結果・分析でも触れることになるので、ここではあまり長くせずに、簡潔に書く。目的も同様。
　⑦調査結果〜社会・経済環境、市場動向、消費者動向、競合状況、提出先団体・企業の状況などの調査データ（図・表とコメント）。商品や店舗であれば、自身が商圏や店頭で観察した結果を書くことで説得力が増す。調査データは、官公庁や調査専門機関や有力企業が実施したもの、調査サンプル数が300以上のもの、引用が認められているものを使用するが、必ず、調査主体・調査時期・サンプル数を図やグラフの下部に記載する。
　　　企画書は研究論文ではないので、調査データはあまり多くならないようにする。
　⑧課題の設定〜調査結果と分析を踏まえて、どんな課題があり、何が問題となっているかを明記する。
　⑨目的と目標の設定〜設定した課題を踏まえて、企画の目的と目標を書く。目標とは、売上目標、利益目標など今回の企画実施の到達目標で、数値で具体的に表わす。単年度だけでなく3年間くらいでの目標を記載する場合もある。

⑩企画の具体的な内容

- ・ターゲットの設定（どのような客層に）
- ・何を（商品・サービス、原料、レシピ）
- ・いくらで（価格・原価）
- ・誰が（あなた個人かチームか。組織は）
- ・コンセプトの設定（商品・サービスコンセプト、店舗コンセプトなど）
- ・どのように（広告、販促、イベントなど）
- ・どこで（商圏、販売店舗、実施場所など）
- ・いつ（スケジュール）

⑪予算（費用）と効果（売上・利益）～相手が最も関心を持つ最も重要な項目である。

- ・予算（費用）～この企画を実施するにはいくら費用がかかるのか。あなたの企画書が社外向けのものであれば、あなたが請求する企画費も必ず、計上する。この費用が計上されていない企画書を見かけるが、これでは、あなたの企画作成の作業は無料の奉仕活動となってしまう。

  レストランであれば「投資回収計画（投資した金額を何年で回収するのか）」、商品であれば、その商品自体のレシピと原価を明示する。
- ・売上～商品・メニューであれば、1日当たり・月間・年間売上高（売価×販売個数）を示す。
- ・利益～売上に対して利益がどのくらい得られるのか。「収支計画」「損益計算書」の形で表記する。レストランであれば、「借入計画」と「返済計画」が必要となる。

3) 企画書の記述などの注意点

企画書の中身を記述するにあたっては、以下のような点に注意が必要である。

- （1）主語と述語がつながる、長すぎない簡潔な文章で適宜、句点・読点を入れる。文章を書いた後、必ず自分自身で読み返し、読みやすい文章になっているか確認する。
- （2）誤字・脱字がないか注意。
- （3）専門用語の使用は極力避け、使う場合は、注釈を入れる。
- （4）文章に、感嘆符の！や二重の‼などの特殊記号や造語、流行語を乱用しないよう注意したい。また、赤字やゴシック体や下線の乱用にも要注意。
- （5）数字は、読み取りやすいようにカンマ（,）を入れる。

  ［例］400000円→400,000円
- （6）文章は長く書き連ねるのでなく、
  - ・大項目 1. 2.・・
  - ・中項目 1）2）・・
  - ・小項目 （1）（2）・・
  - ・細項目①②……と分類して書く。また、本文と見出しは字体やサイズを変えるなどメリハリをつける。
- （7）写真・イラストや図表を上手に配置。引用した図表の数字や文字が読めない場合があるので、図表のサイズに要注意。また、写真やイラストは、フリー素材（無料で使用可）のものもあるが、有料のものや禁転載のものもあるので、使用前に確認が必要である。

参考文献

◎星野匡「企画の立て方」（日本経済新聞社）1988
◎高橋憲行「時代の構造が見える企画書」（実務教育出版）1984
◎生田哲雄「上級企画術」（日本能率協会）1990

2. 商品開発

1 | 商品開発分野の企画書作成の考え方

基本的な企画書の書き方や構成は、どの企画書もほぼ変わらない。企画書の優劣は、課題解決に対しどこにも存在しない効果的な戦略が明示され、費用対効果が見込め、時流に合った商品か、それは実現可能性があるか、自店のブランドに相応しいか、売上が上がり利益が出るかなど、提案先が総合判断する。

したがって企画書は、商品（料理）開発だけではなく、店舗の運営全体を想定した商品開発企画書であるべきである。

2 | さまざまな商品開発分野の存在

商品開発といっても、食品製造分野、食品卸売分野、食品小売分野、外食・中食分野、6次産業化分野、観光分野等、分野ごとに膨大な商品が存在する。

これらは消費生活に直結し、商品は日々進化している。したがって商品開発する場合は、現状の消費生活を広く深く検証分析し、確実な明日への食生活提案企画書でなければならない。

それにはまず、どの分野の商品開発をするか、自分の立脚点（開発分野）を明確にして臨まねばならない。

例えば、外食・中食分野に代表される飲食店の料理開発と、食品小売分野の商品開発には、原材料選択の段階から調理（製造）加工等、商品化する過程と考え方に大きな違いがあるからだ。

この節では、身近な商品開発として飲食店の料理開発と小売店の商品開発に的を絞り、それらの最終消費者（購買者・喫食者）を想定した企画書作成方法を解説する。表7-2-1は料理開発と商品開発に類似する企画書必須項目を記したものなの

表7-2-1. 飲食店料理開発分野と小売店商品開発分野に類似する開発項目

商品開発分野	料理開発（主に飲食店）	製品開発（メーカー）・商品開発（小売店）
食品製造分野 食品卸売分野 食品小売分野 外食・中食分野 6次産業化分野 観光分野	・原材料（食材産地・こだわり・仕入先情報）素材の組み合せ・特殊材料	・原材料（食材産地・こだわり・仕入先情報）素材の組み合わせ・特殊材料
	・容量・重量・配合（レシピ・歩留り）	・容量・重量・配合（レシピ・歩留り）
	・下ごしらえ・調理法・製造ロット・コスト	・下ごしらえ・調理法・製造ロット・コスト
	・盛り付け（味・食感・温冷・見映え・食器）	・包装（内装・外装）・容器・荷姿
	・大きさ（1人分の量・ボリューム）	・大きさ（一個の量・寸法）
	・価格（メーン料理価格・その他料理価格帯）	・価格（卸・小売）
	・料理名・料理説明　　■看板商品	・商品名・商品説明　　■看板商品
	・サービス方法（セルフ・カウンター・フルサービス）	・消費期限・賞味期限・添加物・表示・食べ方
	・メニューブック（品数・メニュー構成）	・販売チャネル（小売・通販・直販）
	・対応時間（朝・昼・カフェ・夜・夜間）	・販売エリア（配送方法・流通温度）・保存方法
	・販売促進	・販売方法（陳列・プライスカード・ＰＯＰ・動線）
	・キッチンとフロアオペレーション	・販売時期（中元・歳暮・クリスマス・正月）
	・料理ジャンル（仏・伊・アジア・無国籍・その他）	・販売促進・宣伝媒体

で参照されたい。

3 商品開発企画書に網羅すべき項目と要点

（企画書作成の順序と項目）

1）表紙（企画書の顔）タイトル
2）はじめに（企画書の全体像・要旨）前提条件
3）目次（企画の流れ）、見出し・項目・記載ページ
4）背景（商品開発の根拠）現状分析
（1）市場動向（2）消費者動向
（3）競合店（商品とサービス）動向
（4）現状分析のまとめ
5）課題の設定（商品開発の必要性）目的と目標の設定
6）基本方針（基本コンセプト）
（1）顧客コンセプト（ターゲット設定）
（2）商品コンセプト（どのような商品・こだわり）
7）看板商品と商品構成（主たる商品と品揃え）
（1）看板商品（2）看板商品とネーミング
（3）商品の量と見せ方と演出
8）価格（いくらで）商品の量・料理原価・商品原価・レシピ
9）販売方法（どのような売り方・どのようなサービス）店舗コンセプト（どのような店）
10）商品の供給（どこで作る・どこで売る・誰に売る）流通・販路・顧客接点
11）販売促進（もっと売るには）告知と販促
12）売上計画（何を・いつまでに・何個売る・いくら売る）売上予測と収益見込、想定予算・損益計算
13）商品年間計画（どのような商品を・誰とどのように・いつまでに出すか）
14）商品開発計画（どのような作業を・誰と

どのように・いつまでにやるか）
15）終わりに

以下、順を追って説明する。

1）表紙（企画書の顔）　タイトル

　表紙は、提案先が一番先に見るページで、企画書の顔にあたる。提案先の正式名称、魅力的な表現で書くタイトルやキャッチフレーズが重要である。解決すべき課題をタイトルにすると分かりやすい。必要ならば今回提案する料理や商品写真、イラスト貼付も効果的である。文字サイズ・割付け等、デザインに配慮する。提案日時、自社名・所属・氏名を明記する。企画に先立ち提案先会社の歴史や規模・ホームページ等、分かる範囲で調査する。

2）はじめに（企画書の全体像・要旨）　前提条件

　はじめには、企画内容の全体像を、簡単明瞭にまとめた企画書の要旨である。表紙タイトルの付け方と企画内容の要旨で、提案先の心をつかめるかの大切な項目である。提案先から、あらかじめ入手した、企画にあたっての前提条件があれば記述する。

3）目次（企画の流れ）、見出し・項目・記載ページ

　目次は、内容説明の流れで、見出し・項目・記載ページを記した、プランニングの全体像である。提案先は、このページで、企画内容全体が把握できるので最後まで安心して聴くことができる。相手の興味が、項目を進むごとに連鎖・喚起できるように組み立てる。

4）背景　（商品開発の根拠）　現状分析

　このページは食市場の現状を検証・分析・考察する重要なページである。提案先の課題の本質を知り、その課題解決に必要な情報を効率的に集め、

企画提案の糸口を発見、商品開発につなげる。これが提案先の要望に合致するかどうか、企画内容を裏付けるデータやグラフ等で、商品開発ポイント（商品開発の根拠）を明確にする。現状分析は、（1）市場動向、（2）消費者動向、（3）競合店（商品とサービス）動向等が挙げられ、他に補足データがあれば積極的に活用する。これらから導き出された分析を、企画者として考察し、（4）現状分析のまとめとして記述すると、提案商品がより明確になる。

特筆すべきは、食業界の現状「今このような商品が売れていて、このような商品は、今後このように伸長または衰退すると推測でき、現提案先の類似商品はこのような状況と思われる」と、市場の売れ筋と提案先の商品の現状を対比して、企画の目的と新商品導入の必要性に導くことだ。それには提案先が興味を持てるよう調査結果をまとめ、最後まで論拠がぶれないように整合性を持たせ、書き進むことが必要である。

（1）市場動向

市場動向とは過去・現在・近未来の商品動向ということもできるであろう。近年、食品業界は多種多様で膨大な新商品ラッシュが続いている。特に、提案類似商品群は慎重に競合状況を検証することが必要である。将来性があり、提案先の商品群の中でも、ブランドを牽引する新商品提案が望まれる。

（2）消費者動向

消費者の食生活商品動向は十分な検証が必要である。日常食からご馳走まで、季節と年間催事にまつわる私たちの食生活は、多種多様に提供され食されている。この大多数の人達が欲し食したい食とは何か、今、何が売れているのか、どのような人が、どのような買い方をして、どのような食べ方をしているのか、自分も含めた生活感を嗅ぎ分け、食のニーズやウォンツを探ることが必要である。世代間の食嗜好も大きく異なる昨今である。近年、食生活に大きな影響があるものは、健康志向、シニア人口の増加、シングル世帯の増加、働き方改革による時短料理の需要増、インバウンド消費の増大等が挙げられ、食生活、消費者動向に大きな影響を与えている。

（3）競合店（商品とサービス）動向

競合店（商品とサービス）動向調査は、競合店に足を運び、商品の試食や観察をするのが最優先である。競合商品の購買率・使用率・喫食率など、商品の特徴や売れ筋、広告・ＣＭ等、市場の評価も含め検証することが必要となる。その他、食関連特集記事を掲載する女性雑誌は、各年齢層向けに発信されているので、検証し食の傾向等を考察する。インターネットグルメサイト「食べログ」の得点数情報・クックパッド等も必要なら引用し、あらゆる角度からの傾向を見出し、精度の高い情報分析が必要である。特に外食業界、流通業界（百貨店・スーパー・コンビニエンスストア・通販等）は、私たちの食生活を牽引しているので、商品売れ筋傾向は要チェックである。引用した資料は出典年月日を明記し、提案商品の裏づけとする。

（4）現状分析のまとめ

このように時流・データ・トレンド・ネットワーク等から導き出された検証分析結果を、総合リンク考察し、企画者としてまとめる。次期新商品出現の可能性と、今企画の新商品導入の必要性へ進めば、提案先から理解と賛同が得られる。企画書には、過去から現在、そして出品を想定する時期（期間）に向けて時系列グラフで解説すると分かりやすい。示したグラフなど注目すべき箇所を、文字の種類や大きさ、色など変化させ、強調することでより分かりやすくなる。企画提案者の食市場に対する洞察力とセンスが問われる項目である

から慎重に取り組むべきである。

5）課題の設定（商品開発の必要性） 目的と目標の設定

　課題とは、提案先にとって最も優先して改善すべき案件のことである。課題解決するために今企画はふさわしいか、提案先との相互理解が得られるかどうかの重要ページである。商品開発の必要性を明記し、その目的と目標を記す。

　目的設定は文章で、目標設定は数値で示す。これらを明記することで、今企画の費用対効果も類推することができる。

6）基本方針（基本コンセプト）

　企画の目的と目標の設定を踏まえ、目的を達成するための事業の方向性や、商品の方向性、サービスの方向性等、基本方針を定める。内容を列挙すると、基本コンセプト（何屋で何を）、顧客コンセプト（どこの誰に）、商品コンセプト（どのような商品・こだわりは）、看板商品（店を代表する商品は）、サービスコンセプト（どのようなサービスで）、店舗コンセプト（どのような店で）等が挙げられる。さらに、いつまでにどれだけ売るか要約説明の記述も必要である。

　以上の基本方針の着眼点が面白く、提案先のブランド価値を上げ、現実味のあるプランであれば、この企画は前に進むことができる。以下、商品開発分野の企画書として特筆すべき、（1）顧客コンセプト（ターゲット）（2）商品コンセプト（こだわり）について解説する。

（1）顧客コンセプト（何処の誰に）ターゲット設定

　顧客コンセプトとは、主たるターゲットの人物像を明確にすることである。ターゲットの属性とその購買目的を具体的に想定する。さらに、ターゲットとする顧客像を、日常食生活レベルまで落とし込み、商品を利用する飲食シーンを具体的に相手に示すことが必要である。主たるターゲット顧客が、提案した商品やサービスを利用して、楽しむ姿を想定し提案することが求められる。

（2）商品コンセプト（どのような商品、こだわり）

　商品コンセプトとは、商品開発の根幹となる、商品のこだわりや特徴、商品開発の方向性である。商品開発をする場合、飲食店の料理開発であっても、小売店の加工食品の商品開発であっても、共通するのはターゲット顧客にとって商品の主たる魅力を明確にすることである。

　原材料、配合、製法を駆使して高付加価値商品を生み出す関係を、図7-2-1に示した。説明も加えたので参照されたい。

【図7-2-1の解説】

①原材料は、主要原材料・副材料・調味料等を選んだ理由、それは商品提案する商品価値の総合力にどのように役立つのか、どこの産地・季節・栄養・生産量等、希少価値があるか、それらの流通条件（流通温度帯）も特筆すべきなら明記する。

②配合は、こだわりの原材料やその他原材料の、意外な組み合わせや配合増減を吟味することで、味づくりがどれほど向上するかを明記する。配合は原材料総量・廃棄率（歩留り）、出来上がり総量、生産経済ロット（効率的に製造できる量）での配合と原価の明記が必要である。

③製法（調理法）は、調理加工場所と調理加工

図7-2-1. 原材料、配合、製法と、高付加価値商品の関係

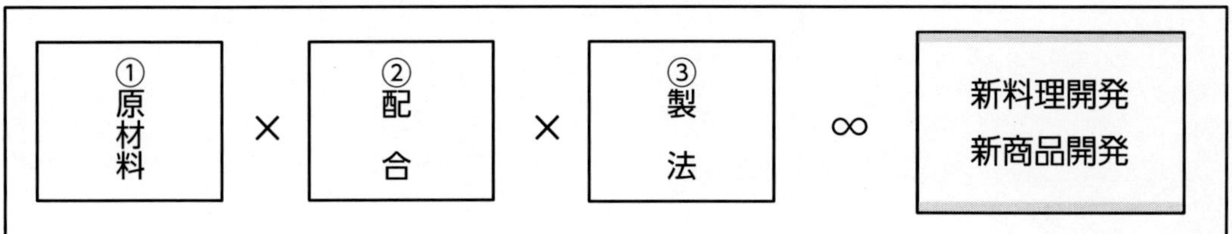

| ① 原材料 | × | ② 配合 | × | ③ 製法 | ∞ | 新料理開発 新商品開発 |

機器も含め、製造工程（調理法）を明記する。原材料・配合・製法の複合効果で、どこにもない独創的商品となり、新料理開発、新商品開発が生まれるのである。料理加工に要した所要時間も必要である。

企画書には、これらの、①原材料、②配合、③製法を書いた、レシピとその原価計算書、原価率明記は不可欠である。場合によっては図や写真・イラストを添えて商品や味を最大限にイメージできるようにする。この原価計画書で示された数値と条件が、販売価格（卸価格や小売価格）を設定するベースとなる。これが商品開発の根幹であり、売上・収支計画の起点となるので特に詳細に明記する。

以上を明確にすることで、顧客への接客応対やサービス方法、販売促進にも生かすことができる。飲食店では、メニュー考案時の起案ベースとなり、料理説明時にも役立てることができる。小売店では、プライスカードやPOP考案時の商品説明文の起案ベースとなり、接客販売時に生かすことができる。

これこそが将来のブランド構築の礎となり、ブランドの品質保証になるので、商品開発企画の中でも特に不可欠の項目で重要である。

7）看板商品と商品構成（主たる商品と品揃え）

（1）看板商品

看板商品とは、店を代表する「こだわりの名物商品」である。商品コンセプトを商品に具現化したものということである。この看板商品で集客し、人気を集め、売上を上げ、提案先のブランド力を上げることが可能となる。さらに、看板商品とその他商品（既存商品群）との相乗効果も高めることができる。どこにもない看板商品と、立地・ターゲットにマッチした商品構成（品揃え）があれば、提案立地で優位を保つことができる。この全商品群の品揃えは、ターゲット顧客向け、再来店顧客向け、新規顧客の確保につながる大切な戦略的商品構成である。商品企画書には特にこの看板商品の明記は不可欠である。

（2）看板商品とネーミング

看板商品には、美味しさや食べる場面がイメージできるような、ふさわしい名前が必要である。料理店の料理帳（メニュー）に記載する料理名、小売店でプライスカードに記述する商品名である。見ただけで購買を即決できる商品名が理想的である。商品を見ても商品名を読んでも、どのような味の商品か想定できない、カタカナ造語ネーミングは購買に結びつきにくい。商品コンセプトにふさわしく、この商品名にどのような意味合いがあるのかが反映されていなければならない。ネーミングの良さやキャッチフレーズで売上が上がる例はたくさんある。企画書には看板商品のネーミングや、商品に付記するキャッチコピーは不可欠である。

（3）商品の量と見せ方と演出

飲食店でも小売店でも1人分の料理量（商品量）の設定は、慎重に検討すべきである。さらに、その魅せ方と演出方法で、購買が促進され、売上に直結するからである。

【飲食店の場合】

1人分の料理の量と、どの器に、どのように盛り付けて魅力的な一皿に仕上げるかが大切である。出店コンセプトや提供時間によっては、ランチ用に1人分の量を一皿に盛り付けることもある。ディナーのコース料理は、1人分の量を喫食総量で設定することもあるので、提案先の要望にマッチする量で提案する。

料理の盛り付け・付け合せ・彩り・食器等、料

理に付加価値がつくアイディアの明記も必要である。

企画書には、料理の完成写真やイラスト、シズル感あるメニューブックなど、料理を勧めるセールストークも併せて提案し、顧客に料理を選んでもらうための演出提案も必要である。

【小売店商品の場合】

1人分の量、あるいは一袋の量（一購買単位）をどの量にするか、それをどんな包装容器にするか、消費期限・賞味期限・商品内容表示等の表示義務も、必要ならば安全基準に従って記入する。あらかじめ試作可能ならば、ターゲット顧客への適量と想定する包装容器や表示シールも貼って、その商品の完成イメージを提案する。販売形態や販売場所によって、商品の加工条件や流通条件が異なるので、想定できる範囲内で企画書に明記する。写真や手描きイラストでも良い（第2章第8節．食品表示参照）。

【小売店の魅せ方と演出】

小売店での販売は、顧客の来店に備え、商品を製造し、陳列を済ませ、顧客が即購買できるように準備しておかなければならない。

それには、顧客の購買意欲を喚起するため、プライスカードやPOPに顧客便益を明記した、販促メッセージ案内が必要である。顧客が楽しく店内を見て回れるような店舗レイアウト（客導線）の明記も必要である。

エントランスから、主通路への導き方、商品棚のサイズや配置など、商品陳列のあり方なども総合判断して、顧客にとって見やすく、手に取りやすい売場（買場）提案は商品開発提案とともに重要である。

企画書に添付する必要があれば、プライスカードやPOP、店舗全体が描かれた店前景（パース）、什器備品、商品群配置図（棚割り）等も明記する。

8）価格（いくらで）商品の量・料理原価・商品原価・レシピ

価格の決定に至るには、原材料原価（レシピ明記）に始まって、目標製造原価（製造工程と製造所要時間、製造に関わる人件費や経費の明記）等、商品化するまでの全ての経費を計算して、販売価格の算出をする。市場においては値付け競争力のある価格が必要であり、提案先には利益が出る価格の設定が必要である。この価格算出は、売上を構成する最も基本的な数字となるので慎重に算出する。

9）販売方法（どのような売り方・どのようなサービス）店舗コンセプト（どのような店）

飲食店でも小売店でも、どのような形態の店か、どのようなサービスにするかで、厨房条件や販売空間、サービス方法、人員配置も大きく変化する。

企画書に盛り込む場合は飲食店ならば厨房機器とその配置、フロアー内サービス方法の明記が必要となる。厨房が必要な小売店は、厨房機器と、店内什器とともにサービス方法を明記する。

作業員にとって効率的なキッチンオペレーションとサービスオペレーションでなければならないのである。顧客にとっては購買に迷わず、心地よい接客サービスが受けられるよう、顧客動線の十分な配慮が必要である。

10）商品の供給（どこで作る・どこで売る・誰に売る）流通・販路・顧客接点

商品の供給は、どこで作る、どこで売る、誰に売るかの条件によって変化する。飲食店は、ほとんどの場合、オーダーを受けてから店舗内厨房で作り、即提供するので問題はない。厨房付き小売店は、飲食店と同じである。しかし、小売店の業態によっては、他部門・他場所から商品供給する場合がある。このような複合商品構成店の商品供給は、販路と運搬に要する時間・流通の形態と商

品の温度管理等、品質保持に関わる重要事項なので企画書に明記する。

11）販売促進（もっと売るには）告知と販促

商品提案時期（開店日）に向かい、商品の告知活動と販売促進をどのようにするかを分かる範囲内で明記する。開発スケジュール表内に盛り込むことが必要である。

12）売上計画

売上計画とは、何を、いつまでに、何個、いくら売り、いくらの利益を見込むかを明記した、売上と利益の予測である。売上計画をする場合、顧客の利用動機や利用時間によって売上が変化するので、時間帯別売上・曜日別（週末・休日）売上の特性を割り出す。まずは平日売上を基本として、平日1日の売上、週末を含む1週間の売上、1ヵ月の売上、季節や催事を読み込んだ売上予測をする。3ヵ月・半年・1年の売上予測が通常行なわれている。

企画書には、基本となる平日1日売上と週末を含む1週間の売上は必須項目である。

【売上予測と収益見込】

企画書で最も重要な項目である。この企画の実施にいくらかかり（投資予算）、いつまでにどれだけの売上が推定され（売上予測）、どのくらいの効果（収益見込）が期待できるかを明記する。予算は相手の想定予算を踏まえ、企画実施にかかる費用概算金額を提示する。

【投資回収計画】

この企画実施のために必要な投資金額を何年で回収するのかを明示する。

【利益】

投資金額に対して、売上・利益がどのくらい得られるか「収支計画」「損益計算書」の形で明記する。「借入計画」と「返済計画」も必要である。

売上や利益など、経済効果を示すことは必要だが、この企画によってもたらされる顧客の心理効果（変化したことの期待）や、従業員たちのやる気を誘引できるプラス効果も含めて提案するのも良策である。

13）商品年間計画

どのような商品を、誰とどのように、いつ出すかの商品提案（発売）時期を含む年間計画表が必要となる。私たちの食生活には、季節や旬・行事・催事などが密接に関わり、商品提案内容や販売時期に大きく影響している。四季の移り変わりに伴う衣・食・住・遊など、商品購買に関係するものは企画の段階から、提案看板商品と既存商品も含め年間計画に入れておくことが必要である。

この年間計画があることで、従業員達は、次期商品や自分たちが準備すべき作業・工場や協力会社への発注作業、店内陳列と店内装飾、従業員の確保もあらかじめ準備できる。11）で述べた告知と販売促進も事前に準備できるからこそ、販売力向上・運営力向上・ブランド力向上につながるのである。

企画書には、看板商品と既存商品群を明記し、年間催事等を盛込んだ年間商品計画表の提示が必要である。

14）商品開発計画

どのような作業を、誰とどのように、何時までにやるかを示す作業の計画表が必要である。

起案→試作→決定→納品→発売に至るまでの準備段階から開店（発売）までの大日程で示す。提案先の要望を聞き、その日程で組むことが前提となる。

条件によりさまざまだが、飲食店の場合でも、小売店の場合でも、1年前くらいから、半年、3ヵ月間くらいの準備期間で組み立てることが通常で行なわれている。

15）終わりに

この企画提案に至った謝辞と、締めの挨拶とする。

4 企画書作成の留意点

企画書を書く場合の留意点を挙げる。

1）企画書提出先を明確にする

企画書は、提出先の課題解決のために提出するものであるから、提案先主体に書き進むべきである。ときに、企画全体に整合性のないものが見受けられる。これは提案先を特定せず、商品開発だけが先行してしまう場合に多く、焦点ボケしてしまうからだ。これを防ぐには、まず提案先を明確にしてから、問題解決の本題に入るべきである。

2）企画の全体像を想定する

企画書を書く場合、いきなりパソコンに向かっても書けない。まず、白紙に順不同で、自分の書きやすいところから（発想しやすいところから）書き始めるとよい。提案先に対し「どの分野のどのような商品群を取り上げ、どの商品に的を絞るか、それで何をやりたいのか、どう進めたらうまくいくのか、この商品提案をすることで提案先はどのようなメリットがあるのか」頭の中で創意工夫を凝らし、白紙に書いて行く作業である。

1項目、1ページを基本とし、この項目で自分は何が言いたいのか、項目ごとに自分の論点（まとめ）を明確にしながら進む。提案に不可欠な項目を優先して書き加え、不要な項目は思い切って削除する。これを繰り返すことで開発の具体策が

抽出され、企画の全体像が浮き上がってくるからである。この作業を経て目処がつくまでに少し時間がかかるが、提案の骨子と具体策の進め方、企画の到達点が見えてくるので、後は足らないものを埋めていけばよい。企画の完成まで、推敲を重ねることで提案の目的と目標がより明確になる。この作業が企画の優劣を決める内容であるから慎重に取り組むべきである。

3）企画の流れは物語のように展開する

企画書は説得力のある理由を明確にしながら、ステップを踏み書き進むことで、相手も判断しやすくなる。秘訣は、問題解決に必要な項目だけを入れ、単刀直入に相手に語りかけるよう（物語調）に書き進むことである。企画の流れを物語調で展開すると、分かりやすく、聞き手はより身近に感じるものである。図7-2-2は、企画書の記述すべき項目と、書き方の順序を解説しやすく並べたものである（314ページの「3．商品開発企画書に網羅すべき項目と要点」を参照）。自分で説明しやすいように項目の順番は変えてもよい。項目から、次の項目に移るときに、話がつながるように、何度も項目順序を検討すれば物語のごとく企画を論じることができる。

4）企画書の基本構成全体を俯瞰して見直す

企画書の完成度を高める一番の見直し方法は、全体を俯瞰してみることである。この章の前段に、企画の骨子の作り方と、課題解決の具体策の進め方を解説した。この解説を読み返しながら、図7-2-2.の企画書作成の全体を俯瞰しながら見直してもらいたい。

この企画内容は、提案先主体に書いたものであるかが最重要である。そして、全体視点で、ヒト・モノ・カネ・情報を網羅した内容になっているかが大切。考え方の流れ、商品化するまでの流れ、顧客視点で行なわれる接客（サービス）方法等、

売れる仕組みになっているか、人を動かす行動力があるか等、再チェックするためである。何度も見直した方が良い。

最終的に、提案先のメリットやブランド醸成に

つながっているか、相手のニーズや、市場のニーズにマッチする商品力があるか、この事業開発（商品開発）に夢があり、顧客も従業員も喜ぶ企画になっているかが重要である。

図7-2-2. 企画書全体の基本構成　項目とページ

	表紙	はじめに	目次	1〜3枚		
企画の骨子	背景	現状分析 市場動向	消費者動向 競合状況	課題の設定 目的と目標	1〜3枚	
	基本方針	基本 コンセプト 何屋で何を	顧客 コンセプト 何処の誰に	商品 コンセプト どんな商品	看板商品 主たる商品	商品の名前 どんな名前
課題解決の具体策	具体的方策	商品の量 料理の量 サイズ・大きさ	見せ方 盛り付け パッケージ	価格 いくらで	商品原価 料理原価 レシピ	商品構成 メニュー 品揃え
		店舗 コンセプト どんな店	サービス コンセプト どんなサービス	陳列方法 什器・備品	商品の供給 何処で作る どう運ぶ	広告宣伝 どの様に告知 もっと売るには
売上計画	売上計画	売上予測 日・週・月・年	収益見込み 利益は	商品・料理 年間計画	スケジュール 何時までに	15〜25枚
	終わりに	まとめ 謝辞	1〜2枚			

3. レストランプロデュース

1 企画書作成の実際（レストランプロデュース）

1）レストランプロデュース分野、企画の依頼と情報収集

レストランのプロデュースには新規出店と既存店のリニューアルの企画を依頼されるケースがある。新規出店の場合は、全く飲食事業の経験のない企業からの依頼の場合と、飲食経験はあるが、新しい業種業態への出店を考えている場合にフードコーディネーターへ企画の依頼がある。どちらのケースであっても全く初めて出店する飲食店となるため、その企業の飲食店を運営する経験やレベルがどのくらいなのかに応じて業態を決定しなければならない。

リニューアルの場合はすでに顧客がいるため、店舗の現状調査と分析が重要になってくる。その店を利用している客がどのような利用動機であるのか、時間帯別の客層などが重要なデータになる。

そのようにレストランのプロデュースといっても、新規出店なのか、リニューアルなのかによって前提となる条件が全く違ってくる。それらの必要な情報は依頼者とのヒアリングで収集していくことになる。それにより依頼者の考えや想いを知ることになるが、そのヒアリングに臨む際に確認する内容をまとめたものがヒアリングシート（表7-3-1）である。

このように企画書を作成するには、依頼者から前提条件となる情報を収集することから始まる。そして、その情報を基に依頼者から託された事業計画をまとめあげることになる。

2 レストランプロデュースにおいてポイントとなる考え方

1）立地とターゲット

立地とターゲットのどちらが先に決定するかはその案件によってさまざまだが、この2つは常に密接に関係する。例えば、ターゲットが決定して

表7-3-1．ヒアリングシート

<table>
<tr><th colspan="3">ヒアリングシート</th></tr>
<tr><th colspan="2">項目</th><th>確認事項</th></tr>
<tr><td rowspan="4">現状</td><td>事前準備</td><td>依頼者の会社概要などをインターネットなどで調べておく</td></tr>
<tr><td>飲食店営業</td><td>飲食店営業の経験や実績、理念、現在運営している店舗の業種・業態、客層、売上状況など</td></tr>
<tr><td>異業種からの参入</td><td>現在の業種内容、理念、飲食事業に活かせる部分の有無</td></tr>
<tr><td>出店の目的</td><td>出店計画に至った経緯、依頼者の考えや想いなど</td></tr>
<tr><td rowspan="18">出店店舗の概要</td><td>業種・業態</td><td>どのような飲食店を計画しているか。　何屋か、庶民的、高級、セルフ店、フルサービスなど</td></tr>
<tr><td>出店場所・エリア</td><td>出店場所の住所やビル名、地域名やエリアなど</td></tr>
<tr><td>立地特性</td><td>周辺環境・主要駅、施設など</td></tr>
<tr><td>坪数</td><td>総坪数　ビルトインの場合はトイレが共有かどうか、駐車場の有無</td></tr>
<tr><td>家賃</td><td>家賃、共益費、店舗取得費など</td></tr>
<tr><td>店舗の現状</td><td>居抜き又はスケルトン、営業中の場合は引き渡し時期と道具代の確認</td></tr>
<tr><td>出店時期</td><td>希望する出店時期と準備期間</td></tr>
<tr><td>ターゲット層</td><td>男女、年齢、属性（サラリーマン・学生・ファミリー等）、利用動機、来店方法（徒歩・車）</td></tr>
<tr><td>メイン商品について</td><td>売りたい商品はあるか、商品へのこだわりは何かあるか</td></tr>
<tr><td>営業時間</td><td>モーニング、ランチ、アイドル、ディナー、深夜、営業方針と営業時間</td></tr>
<tr><td>最終到達地点</td><td>将来の目標、売上、店舗展開の有無など</td></tr>
<tr><td>営業・運営方針</td><td>接客スタイル、運営方法についての方針など（調理・オーダー会計システムの導入など）</td></tr>
<tr><td>調理人又は経験者</td><td>調理や店舗運営の経験者が在籍の有無、雇用するのか、パート・アルバイトの雇用について</td></tr>
<tr><td>商品の販売内容・販売方式</td><td>イートイン、テイクアウト、物販、アルコール提供の有無</td></tr>
<tr><td>内外装のイメージ</td><td>外観、ファサード、内装、カウンター、テーブル、椅子、個室、キッチンなどのイメージ</td></tr>
<tr><td>設計施工業者</td><td>指定の業者の有無</td></tr>
<tr><td>厨房機器業者</td><td>指定の業者の有無</td></tr>
<tr><td>質疑応答</td><td>出店計画についての疑問点、不安要素などについて質問を受ける</td></tr>
</table>

いる場合に、そのターゲットが商圏内に少ない立地に出店しても繁盛させるのは難しくなる。また、立地が先に決まっている場合に、その立地に合わないターゲットを設定しても繁盛させるのはそう簡単なことではない。

理想は先にターゲットを決定し、そのターゲットが集まる地域や立地に出店することがより繁盛店を作り出す一歩となる。

2）時流（外部環境の変化）

飲食店の業種・業態を決める際に重要となるのが、どう時流を読み解き、それをコンセプトに含めて企画を立てるかである。時流については、第2章第6節．レストランのメニュー開発で説明しているのでここでは省くが、大きな時代の流れに合わせていくことは考えておかなければならない。いくら魅力的で良い企画であっても時流に合っていないと繁盛させるのは難しくなるということを頭においておかなければならない。

3）差別化

近年、特徴のない店は選ばれなくなってきている。他店と比べて明確な差別化をしないと記憶にも残らず、どこにでもある店舗のひとつに選別されてしまう。そうならないためにも真似のできない料理、他ではやっていない提供の仕方や料理の演出、ボリューム、特別な仕入れ方法、また、料理に限らず、客を楽しませる接客方法、内装やキッチンの見せ方などでも話題になっている店もある。このように他店にはない明確な差別化や客を楽しませることで、話題になりやすく口コミへと繋がる。

4）長所伸展（何ができるか。得意か）

企画は、依頼者ができることを提案しなければならない。飲食の経験のない企業に高級レストランの企画を提案し運営させるのはかなりハードル

が高くなる。結果的に適切な運営ができずに客の満足を得られなくなり、やがて閉店となってしまう。飲食店経験のある依頼者の場合は、既存店の運営で得意なことや新店舗で活かせる部分を見つけブラッシュアップする。このように得意なことや興味のあることに対してやり甲斐を持って伸ばしていくことが繁盛へとつながっていくことになる。

5）商品力（メニュー開発）

飲食店で一番重要なのはやはり商品である。それが美味しいというのは当然なことであるが、強い商品力を得るには美味しい以上の感動できる何かが必要になる。それは思いもよらないマリアージュ（飲み物と料理の組み合わせが良いこと）や、さまざまな角度から試行錯誤して産み出されたオリジナリティー豊かな商品が客の心に刺さることで強い商品へと育っていく。冷たいものはより冷たく、温かいものはより温かく提供すること。鮮度感、出来立て感などを視覚に訴えたり、肉が焼けるときのジュージューというシズル感など、五感に訴えることも重要となる。その他に、商品の価格、品数、メニューの全体構成なども商品力の総合的な評価に関わってくる。

6）ホスピタリティ（サービス）

飲食店においてのサービスは、定型の接客や作業を中心としたマニュアル対応から、心の通ったおもてなしの対応で顧客満足度を高めるホスピタリティへと方針が変化してきた。また、これまでの国内需要だけでなく、海外からのインバウンド需要にも対応できるように、外国語表記のメニューや案内表示、スタッフの語学教育なども進んでいる。親切で臨機応変な個別の対応は特に重要となっており、今やマニュアル的なサービスでは支持されなくなっているのが現状である。

7）コストパフォーマンス（CP）

インターネットのグルメサイトではお店の総合的な評価を数値や口コミで投稿されたりするような時代である。どの店の評価点数が高いか、利用客はその点数と口コミの評価を見てお店を選ぶ判断基準としている。特にコストパフォーマンスに対しては重要視しており、いかに美味しいものを安く食べることができるか、さらに利用シーンによっては、お店の雰囲気、サービスなども含めての費用対効果を判断している。

今後も同様の傾向が顕著に見られるため、いかに客に高いコストパフォーマンスを感じてもらうことができるかが重要になってくる。

8）利益確保の仕組み（計数管理）

集客が多く、売上も高く、常に忙しくしていても、店舗運営に関わる日々の計数管理ができていない店舗は適正な利益を生み出せない。飲食店では、日々の収支状況を把握し、それに応じて調整するべき数値の基準というものがある。売上の目標値や損益分岐点売上高はもちろんだが、売上に対する原価や人件費などの変動費を把握し、必要に応じて適切に調整を施していかなければならない。それを理解した上で、適正な利益を確保できる仕組みの中で店舗運営していくことが大切なのである。それは店舗計画段階から利益を確保できる仕組み作りを行なっておくことが求められる。

9）居心地（店舗づくり）

店舗設計を行なう上で考えておかなければならないこととして居心地感がある。必ずしもスペースを広く取りゆったりと座れるということではない。その業態やコンセプトに合った「居心地感」がある。例えば、トロ箱系の海鮮居酒屋のような活気のある賑わいのある店づくりや、スターバックスの客席のように自宅のダイニングにいるようなくつろげる空間も居心地感になる。このような業態やコンセプトに合った居心地感のある店舗づくりを行なうことが必要とされる。

これまで述べてきた項目以外にも店舗の運営に関わる最新の状況を発信することも重要である。その日の食材の仕入れ状況やイベント開催の告知、スタッフ紹介など SNS などを活用して情報発信し、顧客とのコミュニケーションを行なうことで店を身近に感じてもらうことも顧客の定着には有効だ。このようにさまざまな事柄を考慮し、繁盛店にするための業態開発をしていかなければならないため、レストランのプロデュースは豊富な知識が必要になる分野なのである。

3　レストランプロデュース企画書に網羅すべき項目と要点（企画書作成の順序と項目）

1）表紙（企画書の顔）タイトル

企画書の表紙は依頼者が初めて見るものとなるため、最低限、以下の内容が伝わることを目的とする。

（1）宛名（左上に配置）
　　企業名、プロジェクト名、担当者名など。

（2）企画タイトル（左上または中央に配置）
　　何の企画書なのか、分かりやすく簡潔に記載する。

（3）サブタイトル（企画タイトルの上下）
　　企画タイトルで表現しきれないことを補足する。

（4）イラストや写真（タイトルの下に配置）
　　企画のイメージに合う写真やイラストがあれば表示させても良い。

（5）自社名・企画者名（右下に配置）
　　企画を作成した会社名と企画社名や担当者名を控えめにやや小さく記入する。

（6）提出日（自社名の上または右上）
　　企画書を提出する日やプレゼンテーションを行なう日を記載する。

2）はじめに（企画書の要旨、全体像）前提条件

　はじめにのページでは、この企画を進めることになった経緯や趣旨を明確に伝えること。最も重要なのはこの企画への強い思いや、クライアントや協力いただいた方への感謝の気持ちなどを書くこともある。また、図解で企画の流れや概要を記載する場合もある。

3）目次（企画の流れ）見出し・項目・頁

　目次では見出しやページに番号を入れるようにする。ページ数が多い場合はページ番号が書かれているととても読みやすく、探しやすくなる。見出しの中は項目で分け番号をふる。

　このようにすることで見たいページをすぐにみつけることができ、余分なストレスにならず、伝えたいこともスムーズに伝わる。どこに何が書いてあるかを伝える重要な役割である。

4）出店計画の目的と目標の設定

【目的と目標】

　何のためにこの事業（飲食店の出店）を行なうのか、その目的は何かを明確にしておく必要がある。企業には理念があり、個人には思いがあるが、その事業が理念や思いに適しているのか、自社の成長だけでなく、社会的にどのような貢献ができるのか。それを明確にし、箇条書きで示しておくことが必要となる。その上で、将来の目標を明確にする。

- ・クライアントの思いや目的や役割
- ・ヒアリングなどで得た情報
- ・目指したい方向性や目標（規模・数値）

5）現状調査と分析

　企画を提案するにあたりマクロな市場からミクロな市場まで現状を把握し、検証することが必要になる。調査には、マーケットリサーチやネットリサーチもあるが、実際に自らが足を運んで、見て感じ聞いてみる。そしてリアルなデータを集めることも必要である。

（1）市場調査／市場動向

　数年間の外食産業の市場規模（注1）（売上・店舗数・客単価など）の変化と現状はどうなのかを調査する。数年にわたる外食産業の市場の変化をグラフや表で示し、ポイントとなる事項については箇条書きでまとめる。リサーチで得たデータは信頼性の高いものを使用し、必ず出典元を記載する。グラフや表の重要な箇所については赤枠などをつけ一目で分かるように表示する。

　調査した市場データなどから数年間の変化を読み取り、分析し、どのような流れがあるかをまとめることも重要である。

（注1）外食産業の市場規模調査データ

（2）業態分析

　業種が、主力メニューによる店の分類であるのに対し、業態とは、店の経営・運営方式による分類である。例えば、マクドナルドの業種はハンバーガー店であり、業態はファストフードである。業態分析というのは、業種の中で、近年どのような業態が伸びているのか、その理由や長所・短所などを把握することである。

　業態は、客単価やサービス方法により店舗のポジショニングは違ってくる。同じ業種内でも景気や時流の影響を受けて業態別に状況は異なるため、どの業態の市場が消費者に支持され、好調であるかを把握することが重要である。

（3）消費者動向

　消費者動向というのは、外食に関わる消費者意識、利用頻度、利用回数、利用人数、嗜好などを世帯別、属性別、男女別、年齢別などをさまざまな角度から調査し、そのデータをもとにターゲットや業種・業態を考える上での参考にする。

消費者の外食意識は世の中の経済状況により大きく変化する。特に消費税増税の際には、一番に外食を控える傾向があり、外食産業にとっては大きな影響を受けることがある。過去にも深刻な問題となったこともあり、消費者意識の変化には常にアンテナを張っておくことが必要である。

また、2020年1月から感染者が増え続けた新型コロナウイルス感染症は、外食市場に大きな打撃を与え、業績を大幅に減らす店や閉鎖に追い込まれた店が多数に及んだ。新型コロナウイルス感染症の蔓延により、消費者の外食意識・行動は、大きく変化してきた。

（4）立地調査

次に立地調査と分析を行なうことになるが、店舗の出店候補物件が決定している場合は、その周辺の調査を行なうが、決定していない場合は、検討している業種・業態や想定するターゲット層が集まる地域やエリアを選定するところから始める。このように立地調査や立地選定、その周辺の商圏調査や競合店調査を行なう。立地調査を行なう場合の調査内容は次の通りである。

- ・商圏人口
- ・商圏昼夜間人口
- ・最寄り駅の乗降客数
- ・商圏内の関係する業種・業態店舗数
- ・商圏内のターゲット（性別・年代・職業）比率
- ・商圏内の主要施設
- ・店舗周辺建設情報
- ・店前通行量
- ・店舗の視認性

（5）競合店調査

出店候補周辺の競合店について調査し、同業種の現状を知ることで、出店前の計画やメニュー開発の参考にすることが目的となる。

調査項目は営業時間、客単価、席数、時間帯別入店者数、属性別入店者数などを曜日別や平日と休日に分けて行なう。また、人気店のメニュー内容やメニュー数、価格の調査も詳しく行ない、なぜその店舗は多くの客に支持されているかを把握することも欠かせない。

（6）調査・分析のまとめ

これらの調査を行ない、分析をした結果、どのような方向性が見えてきたか、どのような結論を得ることができたかをまとめとして提示しておく必要がある。ここで得られた結果が、提案する店舗の各種コンセプトの立案に深く影響するため、とても重要であることを認識しておくべきである。

6）基本コンセプト

基本コンセプトの立案では、計画の方針や企画の基本的な考え方の全体像を提示していく。

企画の提案に至った考え方を整理し、分かりやすく伝えることが重要になる。それらを一言で表すキャッチコピーと企画のテーマと根拠を簡潔に提示することでコンセプトを伝える。その上で基本的な考え方をまとめたコンセプトシートを作成する（表7-3-2）。

7）商品コンセプト

商品コンセプトでは、メニュー計画の基本的な考え方「誰に、どんな商品を、どんな風に」提供するかを提示する。代表的な看板商品は、そのこだわり、食材・調理法、特徴、価格、原価などを表や写真などを使用し提案する。商品（メニュー）開発は、更にその構成が重要となる。

代表的なメニュー数は具体的に提案するが、メニューの全体構成次第で、その店の特徴を客に印象付けることになる。また、キッチンやホールのオペレーション、食材のロスにも関わることにな

るため、十分に考慮し提案することで依頼者を納得させることにつながる。

商品コンセプトの提案内容は次の通りである。

- ・看板商品の提案（メニュー名・食材・こだわり・特徴・調理法・価格・原価・写真）
- ・代表的な商品の提案
- ・商品の提供方法や演出（特別な方法）
- ・メニューの全体構成・メニューリスト（品数・カテゴリー・品名・価格の一覧）
- ・メニューの価格帯（ボリュームゾーン）
- ・フードメニュー（ランチ・ディナー）
- ・ドリンクメニュー
- ・コース料理
- ・メニューコラージュ（メニューの写真一覧）

メニューコラージュでは、写真の大きさで、アピールしたい料理を明確にすることも大切である。ページの左上や中心に看板商品を大きく表示する。

8）店舗コンセプト

店舗コンセプトでは、店舗設計の基本的な考え方を提案する。店舗のゾーニング計画から、どのような雰囲気の店舗デザインにするか、建築素材や質感、色合い、そして店内のディスプレイをど

のようにし演出するか。厨房の規模や機器類の配置、動線など、客席はテーブル席か、座敷か、個室やカウンターもあるかなどを提案する。また、ファサード（街路や広場などに面する建物の正面部分で、建物の顔としての役割をもつ）はどのようなデザインにし、集客につなげるかなども重要な提案になる。

（1）内外装（レイアウト・デザイン）

店舗の内外装のデザインイメージや施工時に使用する素材や色合い、テーブルや椅子などの家具類などについてのイメージを具体的に文章や写真を使用して提案する。

【内外装のデザインイメージ】

- ・客席（エリア別）
- ・家具、調度品
- ・厨房（オープン or クローズ）
- ・ファサード（店舗正面・入口）
- ・照明（店内外の明るさ）

（2）ゾーニング計画

ゾーニング計画は、店舗の坪数や業態に合わせて席数・席のタイプ、厨房のタイプ、入口、会計、トイレなどの区分を人の動線や店舗の回転数などを考慮し決定する。特に厨房とホールのオペレー

表7-3-2. コンセプトシート

業種業態：	店名：	坪数： 席数：
立地・商圏・物件条件	目的と目標	店舗コンセプト
収支計画 （千円）	テーマ＆キャッチコピー	運営（接客・オペレーション）
投資費用 （千円）	ターゲット	商品
	売上構成	広告・販売促進
投資回収 年		

ションを十分に考え、連携がうまくできるように配置を決定しなければならない。

厨房機器の配置は、メニュー（商品）の想定する出数に合わせて調理オペレーションを分析し、レイアウトしなければならない。厨房とホールとの連携が頻繁にあるデシャップはどのくらいの広さが必要か、オーダー伝票やカトラリーなどの備品類の配置や量も十分に考慮しなければならない。

企画書で提案するべきものは平面図、厨房配置図、厨房機器リスト、イメージパースがあげられる。

9）営業コンセプト

営業コンセプトは、店舗運営の方法を示した運営計画、採用計画、教育計画、販売促進計画（プロモーション）で構成される。店舗運営は、来店からお見送りまでの中で考えておくべき作業がある。来店〜案内〜オーダー受け〜調理〜提供〜中間バッシング〜会計〜バッシングなどの運営方法についての計画を表わしたのが営業コンセプトになる。店舗の方針次第では、人件費削減のために、タッチパネルなどのオーダーシステムの導入の有無など、どのようなタイプのオーダーエントリーシステムを導入するのが適正なのかの提案が求められる。営業コンセプトに関わる提案事項としては次の通りである。

（1）運営計画：オーダーエントリーシステム、会計システム、クレジット端末、電子マネー、BGM、ロゴデザインなど
（2）採用計画：募集人員、募集方法、募集期間、ユニフォームなど
（3）教育計画：教育カリキュラム、トレーニング方法、マニュアルの作成など
（4）販売促進計画（プロモーション）：開店前、開店後の広告掲載や販売促進策、SNS、

ホームページ、グルメサイト、チラシ配布、プレス会、レセプションの開催方法など

これらについての計画内容を提案することが必要となる。

販売促進計画は、店舗のオープン前とオープン後に分けて誰に対してどのような施策を実施するかということを提案することになる。

10）数値計画

今回の出店計画に関わるさまざまな数値の計画をまとめたものになる。いくらすばらしい企画内容であっても、提示する売上や損益の数字が適正でないと納得してもらえない。どのような考えでその数字になったのか、その根拠も含めて提案する必要がある。提示すべき数値計画は次の通りである（表7-3-3〜表7-3-6）。

①売上計画：時間帯別売上（モーニング、ランチ、アイドルタイム、ディナー）、回転数、客単価、月間売上高
②投資計画：物件取得費、企画設計料、内装設備工事、什器関連工事、保険・申請、通信、開店費用、運転資金
③返済計画：借入返済計画
④収支計画：損益計算書
（月間・年間・年次計画）
［損益計算書シミュレーション］
・月間の損益を想定する
・業態に適した売上、FLコスト、家賃など
・営業利益10％以上は確保する

11）スケジュール

開店までのスケジュールを提示するが、概ね4、5ヵ月前〜オープンまでを記載する。業態にもよるが、店舗工事の引き渡しからオープンまでの期

間は３週間程度を確保する。

　スケジュールの基本的な流れはフローチャートを参考に作成する（図7-3-1）。

12）終わりに

　最後の項では、依頼者に対しての謝辞や提案した企画が要望に対しての最善策であること、企画者の熱意、今後についての補足、提案者の詳細を記載し締めくくることになる。

　※レストランプロデュース分野の企画書としては4）〜9）までを必須項目とする。

参考文献
● 一般社団法人　日本フードサービス協会のホームページ
●「外食産業市場動向調査」データ

4 企画書の留意点

　企画書を集中して作成しているといつの間にか方向性がずれることや偏った内容になってしまうことがある。作成している途中でも全体を見直しながら常に修正や改善を行なっていくことが必要となる。

（1）企画書は問題を解決するものであるため、依頼者からの要望に対して最善の解決策を提示することである。最初に提示された条件や目的と目標を再確認し、それらに対しての企画提案になっているかを厳密に確認することを忘れてはならない。

（2）企画書の各項は重要な箇所を簡潔且つ明確に表記し、伝えたいことが容易に判断できるように記載の仕方に配慮する。そのためには、企画書のレイアウト、枠や下線、文字の大きさや色、表やグラフ、写真の選択なども重要になる。

（3）完成後に再度確認する。企画書の流れは起承転結になっているか、基本構成全体を俯瞰しながら見直す。ストーリーの中でのメリハリ、項目の漏れ、誤字脱字、数字の間違いなど再度十分に確認する。

表7-3-3. 売上計画

売 上 計 画

※席数　　席（満席率　%）

月間営業日数　　　　　　　日		最低売上	標準売上	最高売上
ランチ	客席回転数			
	客席数			
	客単価			
	売上高①	¥0	¥0	¥0
アイドル	客席回転数			
	客席数			
	客単価			
	売上高②	¥0	¥0	¥0
ディナー	客席回転数			
	客席数			
	客単価			
	売上高③	¥0	¥0	¥0
売 上 合 計（①+②+③）		¥0	¥0	¥0
想定日数				
営業日数×売上合計		¥0	¥0	¥0
			月間売上高	¥0

表7-3-4. 投資一覧表

投資一覧表

(単位：万円)

項目	内容	予算
物件取得費	保証金（敷金）	
	仲介手数料	
	礼金	
	小計	
企画設計料	企画設計料	
	内装設計料	
	厨房設計料	
	小計	
内装設備工事	内外装工事	
	設備工事	
	看板工事	
	小計	
什器関連工事	厨房機器	
	家具	
	照明機器	
	レジ	
	小計	
保険・申請	店舗保険	
	保健所・消防署申請	
	小計	
通信機器費用	回線工事・回線費	
	TEL機・FAX機	
	インターネット回線	
	音響機器	
	小計	
開店費用	販促費	
	募集広告	
	グラフィック	
	花・植木	
	メニューブック・サンプル	
	ユニフォーム	
	食器・グラス・調理道具類	
	金庫・その他什器	
	小計	
運転資金	前家賃　2ヵ月分	
	商品在庫	
	予備経費	
	小計	
	TOTAL	

表7-3-5. 借入返済計画

借入返済計画

※投資額に借り入れ金が含まれる場合を想定

借入投資金額	
金利 （%）	
返済期間（年）	
年返済額	
月返済額	

	1年度	2年度	3年度	4年度	5年度
期首残高					
返済額（元金）					
期末残高					
年金利額					
月間金利額					

支払金利額合計	

表7-3-6. 損益計画書

損益計画書

（単位：千円）	月 間 平 均		年 間	
科　　目	金　　額	%	金　　額	%
売上高				
原材料費（原価）				
売上総利益（粗利）				
人件費				
水道光熱費				
販売促進費				
修繕費				
通信交通費				
消耗品費				
減価償却				
家賃				
その他				
経費合計				
営業利益				
営業外収益				
営業外費用（支払利息）				
経常利益				
法人税、事業税他				
当期利益				
備考				

その他（リース料、支払手数料、租税公課、保険料、諸会費、図書費、雑費など）

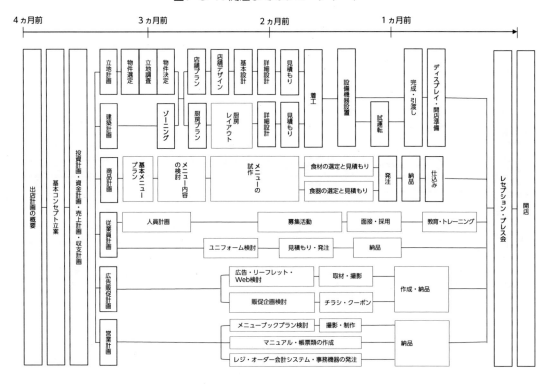

図7-3-1. 開店までのフローチャート

4. フードプロモーション

1 フードプロモーション分野の企画書作成の考え方

　良い商品、良い店ができても、それが主たる購買層に知られなければ売上にはつながらない。フードプロモーション部門の企画書は、売上を大きく左右するマーケティングの分野である。売りたい商品やサービスをイベントとメディアを使って、ターゲットとするお客様に商品をいかに知ってもらうか、購買意欲を高めてもらうための具体的なアクションプランである。

　新商品に関するイベントの企画を例にとって考えてみよう。

　イベントを開催する効果的な場所はどこか、どのような規模ですべきか、時期はいつが効果的か、商品が魅力的に見えるためにはどのようなブースデザインにすべきか、試供品は？試食は？配布するチラシ類は？など、たくさんのことを検討する必要がある。

2 | フードプロモーションの分野

フードプロモーションの分野の主な内容は、イベントやメディアを使った販売促進策に内包される、広告宣伝、PR（パブリシティ）、フードスタイリング（食空間のスタイリング）、フードライティング（料理記事や料理ページの作成）などが含まれる。

3 | 企画書を作る前の頭の整理

企画書に慣れていない場合は、どのような考え方や情報の整理をして取り掛かればよいのか迷うことも多いであろう。まずは、図7-4-1のように企画書の全体像をイメージすることから始めると良い。

4 | 市場動向を知る、課題を発見するための情報収集

フードプロモーションの分野は「新しさ」「トレンド」のアイディアが必要とされる分野である。

そのため「現状分析」として、私たちを取り巻く社会環境や、市場動向、生活者動向などがどのような状況にあるのかを常につかんでおく必要がある。

現状分析の中から「今何が求められているのか」「今後食の市場はどのような方向に向かうのか」などが企業サイドの「課題」となり、その「対策」をアイディアとして提供していく。この現状分析で使用された「情報（データ）」は「課題」や「企画の方向性」を提案する際の裏付けとすることで、提案内容に納得性が高まる（表7-4-1）。

5 | アイディアの導き方

問題点を解決するためのアイディアを捻出する際の効果的なツールとしてオズボーンのチェックリストがある（表7-4-2）。

オズボーンのチェックリストは、既存のアイディアや商品を使い、組み合わせたら？拡大したら？など「切り口を変える」「見方を変える」といったアレンジを加えることで「新しいもの」とする方法である。

図7-4-1. 企画書を作る前の頭の整理

企画テーマ明確化	・この企画をもってどうなりたいのか→到達点（目的）の明確化
現状分析	・企画を立てるために必要な社会や市場の調査項目を集める ・地域経済状況、地域の潜在特性、消費者の欲求、社会時流等
課題の抽出	・課題は、商品力か、販売方法か、認知方法か、流通の方法か、価格か、様々な角度から分析
対策案を練る	・この企画によって問題点を解決するためのアイディアを練る
コンセプトを考える	・分析結果、課題抽出から提案する「こだわり」「着眼点」「方法」などをわかりやすく表現した"方針"を作る
対策案の組立て	・コンセプトに沿って「何を」「いつ」「どこで」「誰が」「どのように」「いくらかかるのか」等、具体的な対策を組み立てる
企画書の作成	・図表等を用いて「伝わる」表現を工夫する

6 | 企画書のストーリー

企画書に網羅すべき項目は、大きく分けると、「起」「承」「転」「結」のストーリーに沿った骨子が必要になる（図7-4-2）。

「起」では、様々な切り口から集められた情報を使って「現状分析」することで、市場機会や問題点から解決すべき課題を発見していく。

「承」では、企画の狙い（目標・課題）、ターゲット、基本方針（コンセプト）などにより基本戦略を組み立てていく。

「転」では、基本戦略から具体的な解決策（内容、使用ツール、スケジュール）を展開させていくアイデアが求められる。

「結」では、提案実施時の費用と効果を述べ、費用対効果の妥当性を伝える場である。

7 | 企画書の基本構成

前述の「起」「承」「転」「結」の流れを具体的な企画書の骨子に落とし込んでみよう。フードプロモーション部門の企画書の構成は、基本的に次のような骨子によって成り立っている（図7-4-3）

ので、参考にされたい。

（1）表紙（企画書の顔）タイトル

提出先、企画元の正式名称、提出年月日を明示する。企画書のタイトルにサブタイトルを添えることで、どのような企画提案なのかが表紙から分かるように工夫する。

（2）目次

項目とページ番号により、全体像を見せる意味合いがある。

（3）はじめに

企画提案の機会を受けたことへのお礼を述べる。

（4）背景

あらかじめ分かっている企画提案の背景などの前提条件を書く。

（5）現状分析

課題に向けて必要なデータを集め、調査・分析を過不足なく実施する。その際使用するデータには忘れずに出所場所を明記する。主なデータとし

表7-4-1. 必要情報の種類

	情報収集内容
1．社会環境	①厚生労働省・農林水産省等の国・公共機関のデータ 　（白書、家計調査、人口動態） ②民間データ（民間白書、シンクタンク） ③経済雑誌、経済新聞（日本経済新聞、日経流通新聞、日本食糧新聞等）
2．市場動向	①マーケットの動向調査（マーケットシェア辞典ほか） ②民間のデータバンク ③業界団体・協会、専門家からの情報 ④業界雑誌、新聞
3．生活者動向	①既存のリサーチデータ（業界リサーチデータの活用） ②POSデータ（店頭でPOSを活用したデータ） ③ヒアリング（店頭や専門家からのヒアリング） ④消費者リサーチ（各種調査の実施） ⑤業界雑誌、新聞
4．競合動向	①会社名鑑 ②民間のデータバンク ③業界団体・協会、専門家からの情報収集 ④業界雑誌、新聞
5．提案先状況	①提案企業へのヒアリング ②販売店でのヒアリング ③アンケート

表7-4-2. オズボーンのチェックリスト

１．他に使い道は？	２．応用できないか？	３．修正したら
・改善・改良して新しい使いみちは ・そのままで新しい使いみちは	・他にこれに似たものはないか ・過去に似たものは無いか ・何か真似できないか	・新しいひねりは ・意味、色、動き、音、匂い、様式、型などを変えられないか
４．拡大したら	５．縮小したら	６．代用したら
・より大きく ・何か加えられないか ・強く、高く、長く、厚く、頻度は、付加価値は加えられないか	・より小さく ・何か減らせないか ・弱く、低く、短く、薄く、省略は、分割はできないか	・他の素材は ・他のアプローチは ・他の構成要素はないか
７．アレンジし直したら	８．逆にしたら	９．組み合わせたら
・要素を取り替えたら ・他のパターンは ・原因と結果を入れ替えたら	・後ろ向きにしたら ・上下をひっくり返したら ・主客転倒したら	・ブレンド、品揃えの変化 ・目的を組み合わせたら ・アイデアを組み合わせたら

（注）アレックス・F・オズボーンが作った発想法で、あらかじめ準備したチェック。
　　　リストに答えることでアイディアを生み出せる効果がある。

図7-4-2. 企画書のストーリー

起（現状分析）

•機会や問題点から解決すべき課題（市場動向、業界動向などを分析し、基本方針に導く）

承（基本戦略）

•企画の狙い（目標・課題）、ターゲット、基本方針、提案ポイント

転（具体的な展開）

具体的な解決策（方法、内容、計画）

結（費用・効果）

•提案実施時の費用と効果（当提案書で必要となる予算）

ては、①市場動向、②消費者動向、③競合店・競合商品動向、④メディア活用状況などが挙げられる。

（6）課題の設定
データから導き出された根拠を明確にして課題を設定する。

（7）目的と目標の設定
「何を目的に、どのくらいの目標数値か」を明示する。

（8）基本方針
企画内容の基本方針となる「ターゲット」「コンセプト」を書く。

（9）ターゲットの設定
なぜそのターゲットにしたのか理由を添える。

（10）コンセプトの明記
企画提案のコンセプトを明記することで、目的達成への方法や考え方（イメージ）を伝える。

（11）「イベント」と「メディア」を活用したプロモーション戦略
イベントとメディアの組み合わせを考え、より相乗効果を得られるような独自性や工夫を持たせる。

ア．イベントについて
①イベントコンセプト
誰に向けてどのようなイベントをするのか短文で表現する。
②イベントの具体的内容
Why（目的）
What（何を）：対象商品
Where（どこでするのか）
When（いつ、どのくらいの期間開催するのか）
Who（誰がするのか）
How（どのようなイメージでするのか）

イ．メディアについて
①メディアコンセプト
どのメディアを使って、もしくは組み合わせて広報活動をしていくのかを短文で表現する。
時流に沿った内容を検討する。

図7-4-3. 企画書の基本構成

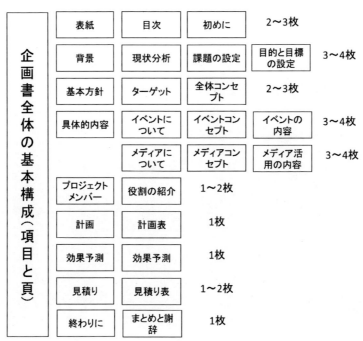

336

②メディア活用の具体的内容

Why（目的）

What（何を）：対象商品

Where（どのメディアを使うのか、また組み合わせるのか）

When（いつ、どのくらいの期間活用するのか）

How（メディア活用の内容）

(12) プロジェクトメンバーとその役割

フードコーディネーターの位置づけと役割を明記する。

(13) 計画

イベントとメディアの活用をどのような計画で行なうのかを計画表を作成する（表7-4-3）。

(14) 効果予測

当企画をすることでどのような効果が期待されるのか、将来性を見据えたものを明記する。

(15) 見積り

項目ごとに分け、分かりやすく見やすい見積りを作成する（表7-4-4）。

(16) まとめと謝辞

企画書の最後に、お礼を述べる。

8 企画書作成の留意点

（1）企画書はメリハリのあるストーリーで

企画書の目的は、提案者が市場をどのように捉え、何を問題点とし、どのような対策を打つのか、その結果どのような成果が見込まれるのかを相手に分かってもらうことである。そのため伝えたいところはページを多くして、そうでないところは調整をするなど、メリハリをつけることが重要になる。

特に、プロモーションの分野は食品・飲食店などのパブリシティ制作（メディアの選定・コーディネート、写真撮影に関わるスタイリング・空間コーディネートなど）、食関連の記事作成、飲食店などの空間コーディネート、イベントなどの運営、食品の売り方・陳列手法の提案など多岐にわたる。

常に新しい視点が求められる分野であるため、日ごろからトレンドを意識し情報収集を欠かさないように心掛ける必要がある。

（2）見直しは、企画書の基本構成全体を俯瞰で

企画書はストーリー性が重要である。「起」「承」「転」「結」が感じられるか、論旨にずれがなく終始一貫しているかに留意する必要がある。何度も見直し、書き直していくうちに、市場分析で使ったデータとは違う内容が記載されてしまったり、関係のないデータがそのまま残ってしまったりすることがある。これら論旨の根拠を示すデータ類の扱いには十分に注意が必要である。

（3）表記方法の離齬がないか、体裁を整える

企画イメージを伝える企画書にデザイン性はとても重要な要素となる。統一したイメージカラーやデザインを使うようにする。

伝えたいところと説明文はフォントサイズを変える、囲み罫をつける、色を変える等の工夫が必要である。また、1文にたくさんの内容を盛り込みすぎて伝えたい内容が読み込めない文章にならないよう、重点項目を短文で表現できるように細心の注意をする。

誤字脱字、計算間違い、表記ゆれ等は見る人の印象を悪くする一因となる。結果的に信用を失うことになりかねないので、第3者の眼を借りるなどチェックの仕方も工夫が必要である。

表7-4-3. 計画表例

	事務局	PR会社	4月	5月	6月	7月	8月	9月	10月	11月	12月	1月	2月	3月
・FCAJイベント	O							3級講習会 ●	3級試験 ●				2級講習会 ●	
・プロジェクトチーム発足	O		★											
・PR会社選定	O		→	決定 契約										
・メディア戦略														
リリース、メディア対応		O			●	●	●	●	●	●	●	●	●	●
連載記事枠確保		O					→	→	→	→	→	→	→	→
パブリシティ掲載開始		O				→	→	→	→	→	→	→	→	→
・イメージ戦略														
名刺用ロゴデータ配布	O			●										
ポスター作成	O			→	→									
駅張り広告	O					●								
車内窓上広告	O					●								
・啓蒙活動														
講師DB作成	O		→	→										
支援団体への挨拶	O		→	→										
セミナー提案発送	O				●		●		●		●		●	

表7-4-4. 見積り例

		単価	数量	単位	金額
■イメージ戦略					
シールデザイン・版下作成		50,000	1	式	50,000
シール印刷[1]		160,000	1	式	160,000
既存有資格者向け送料[2]		80	1,200	枚	96,000
ロゴ配布[3]		0			0
駅張り広告B0判ポスター[4]	渋谷	83,600	10	枚	836,000
	新宿	83,600	10	枚	836,000
	東京	76,000	10	枚	760,000
ポスターデザイン版下作成費用		200,000	1	式	200,000
ポスター印刷費用		95,000	30	枚	2,850,000
車内(窓上)[5]	3群(4・5日)	1,850,000	1	式	1,850,000
デザイン費用		50,000	1	式	50,000
窓上広告チラシ印刷代[6]		50,000	1	式	50,000
■メディア戦略					
PR会社との契約		500,000	12	ヵ月	6,000,000
タイアップ広告		2,000,000	1	式	2,000,000
■その他					
専従契約職員	週3日勤務	200,000	12	ヵ月	2,400,000
その他経費		1,000,000	1	式	1,000,000
小計					19,138,000
消費税10%					1,913,800
合計					21,051,800

※1　塩ビ 150×150 3,000 枚 資格取得者に合格発表と共に郵送
※2　既存資格取得者のうち会員のみに配布 1,200 人
※3　メールでデータを配布
※4　新宿駅、渋谷駅はS規格、東京駅はA規格
※5　5,850 枚掲示
※6　ショートサイズ 6,000 枚印刷費用

フードコーディネーター **2**級 資格認定試験

　フードコーディネーター2級資格認定試験では、3級で習得した基礎知識に加え、プロのアシスタントレベルとして、専門知識と企画力が求められます。

　2級資格認定試験は1次試験（CBT）と2次資格認定講座（オンライン講座）から構成され、1次試験合格者は2次資格認定講座の受講に進むことができます。

　1次試験の前には1次試験対策講座（オンライン講座）を実施し、試験のポイントを解説いたします。試験合格へのステップとして、是非ご活用ください。

　2次資格認定講座の受講分野については、申込時に希望する2級資格の3分野から1分野を選択し、講座視聴後、課題をご提出いただきます。

　複数分野の2級資格取得を希望する方は合格後、次年度以降に、他分野の2級資格を取得することが可能です。（その場合1次試験は免除され、希望する分野の2次資格認定講座の受講と課題の提出が必要となります。）

　1次試験の出題範囲と、2級資格・3分野の名称及び教本の主な該当章は次の通りです。

1次試験の出題範囲

　第1章～第6章

2級資格・3分野の名称（2次資格認定講座の3分野）及び教本の主な該当章

　・商品開発：第2章、第7章（第1節）

　・レストランプロデュース：第3章、第7章（第1節）

　・フードプロモーション：第5章、第6章、第7章（第1節）

　ただし、2次資格認定講座では、フードコーディネーターとして必要な幅広い知識が求められます。

※なお、2級資格認定試験の受験には3級資格認定が必要です。3級合格者で3級資格認定未登録の方は、事前に登録を申請してください。

1次試験について
- CBT（Computer Based Testing）方式
- 問題は、2級教本の内容を中心に、一部重要な食情報を含みます。

2次資格認定講座について
- 2次資格認定講座は、教本の内容を理解した上で企画書作成や実務に応用できるスキルを修得しているかを評価します。
- 講座受講後に課題をご提出いただきます。

※最新の情報は、日本フードコーディネーター協会ホームページをご覧下さい。

フードコーディネーター資格試験制度の仕組み

認定校修了	FCAJ会員	一　般

3級試験対策講座（受講は任意）	……… 受講料
3級資格認定試験	……… 受験料
3級資格認定登録	……… 認定登録料
3級資格認定　「認定証」発行	
2級1次試験対策講座（受講は任意）	……… 受講料
2級1次試験	……… 受験料
2級2次資格認定講座	……… 受講料
2級資格認定登録	……… 認定登録料
2級資格認定 「認定証」発行、「2級資格認定バッジ」贈呈	
1級試験対策講座（受講は任意）	……… 受講料
1級1次試験	……… 受験料
1級2次試験	……… 受験料
1級資格認定登録	……… 認定登録料
1級資格認定 「認定証」発行、「1級資格認定バッジ」贈呈	

■本書の執筆者・監修者・協力者（敬称略）

第１章　食市場の動向とマーケティング

日本フードコーディネーター協会名誉理事
高城 孝助（女子栄養大学客員教授）

第２章　商品開発

第１節〜第４節　日本フードコーディネーター協会名誉理事
高城 孝助（女子栄養大学客員教授）

第５節　日本フードコーディネーター協会常任理事
加治佐 由香里（香蘭女子短期大学非常勤講師）

第６節　日本フードコーディネーター協会副理事長
水谷 建治（株式会社テイスティーズ代表取締役）

第７節　日本フードコーディネーター協会名誉理事
高城 孝助（女子栄養大学客員教授）

第８節　日本フードコーディネーター協会常任理事
加治佐 由香里（香蘭女子短期大学非常勤講師）

第９節　日本フードコーディネーター協会名誉理事
日比野 恵利（恵利研 元代表取締役、フードビジネスコンサルタント）

第３章　レストランプロデュース

第１節　日本フードコーディネーター協会名誉理事
高城 孝助（女子栄養大学客員教授）

第２節　日本フードコーディネーター協会理事
豊崎 啓輔（名古屋文化短期大学元非常勤講師）

第３節　日本フードコーディネーター協会副理事長
水谷 建治（株式会社テイスティーズ代表取締役）

第４章　ホスピタリティと食生活のサポート

第１節　日本フードコーディネーター協会副理事長
江上 種英（江上料理学院主幹）

山岡 正弘（PPP yamaoka 代表）

第２節〜第７節　日本フードコーディネーター協会副理事長
江上 種英（江上料理学院主幹）

第５章　食の表現と演出

第１節〜第３節　日本フードコーディネーター協会理事
和﨑 恵子（戸板女子短期大学非常勤講師）

第４節〜第１０節　日本フードコーディネーター協会副理事長
江上 種英（江上料理学院主幹）

第6章　フードプロモーション

第1節〜第2節　　日本フードコーディネーター協会副理事長
　　　　　　　　　沢 亜紀（株式会社アトリエじゅうろく代表取締役）

第3節　　　　　　日本フードコーディネーター協会副理事長
　　　　　　　　　江上 種英（江上料理学院主幹）

第4節〜第5節　　中出 真理子（Atelier Enfamille 代表）

第6節〜第7節　　日本フードコーディネーター協会副理事長
　　　　　　　　　江上 種英（江上料理学院主幹）

第8節　　　　　　中出 真理子（Atelier Enfamille 代表）

第9節　　　　　　日本フードコーディネーター協会理事
　　　　　　　　　伊藤 裕美子（株式会社コミュ・コンサルティング代表取締役）

第10節　　　　　　山岡 正弘（PPP yamaoka 代表）

第7章　企画書作成の実際

第1節　　　　　　日本フードコーディネーター協会名誉理事
　　　　　　　　　高城 孝助（女子栄養大学客員教授）

第2節　　　　　　日本フードコーディネーター協会名誉理事
　　　　　　　　　日比 野恵利（恵利研 元代表取締役、フードビジネスコンサルタント）

第3節　　　　　　日本フードコーディネーター協会副理事長
　　　　　　　　　水谷 建治（株式会社テイスティーズ代表取締役）

第4節　　　　　　日本フードコーディネーター協会理事
　　　　　　　　　伊藤 裕美子（株式会社コミュ・コンサルティング代表取締役）

監修者　　　　　　日本フードコーディネーター協会名誉理事
　　　　　　　　　高城 孝助（女子栄養大学客員教授）

執筆協力者　　　　赤堀博美　浅川明　落合なお子　酒井一之　阪口恵子

　　　　　　　　　竹谷稔宏　右田俊幸　吉田菊次郎　柴本淑子　鳥巣研二　三輪宏子

校正協力者　　　　日本フードコーディネーター協会理事長
　　　　　　　　　右田 俊幸

　　　　　　　　　日本フードコーディネーター協会理事
　　　　　　　　　白鳥 和生

　　　　　　　　　日本フードコーディネーター協会専務理事
　　　　　　　　　中西 賀嗣

　　　　　　　　　日本フードコーディネーター協会常任理事
　　　　　　　　　加治佐 由香里

　　　　　　　　　日本フードコーディネーター協会事務局

■ 協会概要

特定非営利活動法人日本フードコーディネーター協会

〒104-0061 東京都中央区銀座 1-15-6 銀座東洋ビル 2F

TEL 03-6228-7651 URL https://www.fcaj.or.jp/

新•フードコーディネーター教本

—2 級資格認定試験対応テキスト—

2022 年 7 月 31 日　初版発行
2024 年 8 月 9 日　第 4 刷発行

著　者　特定非営利活動法人 日本フードコーディネーター協会

定　価　本体価格 3,200 円+税

発行所　株式会社　三恵社

　　　　〒462-0056 愛知県名古屋市北区中丸町 2-24-1

　　　　TEL 052-915-5211　FAX 052-915-5019

　　　　URL http://www.sankeisha.com

ISBN978-4-86693-634-5 C0063 ¥3200E